JN312424

The Political Economy of Transition
Farewell to Socialism

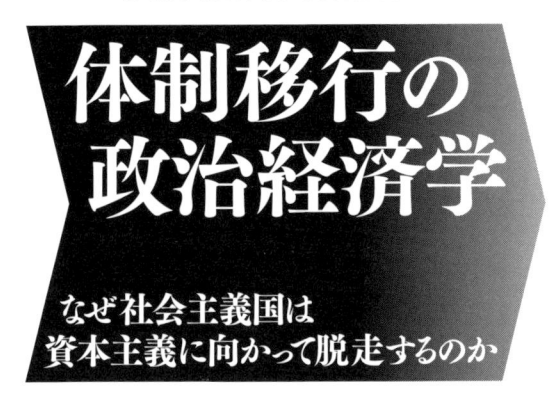

体制移行の政治経済学

なぜ社会主義国は
資本主義に向かって脱走するのか

Katsuji Nakagane
中兼和津次 著

名古屋大学出版会

まえがき

　1989年のベルリンの壁の崩壊と旧東欧諸国の民主化，1991年のソ連邦の解体，それに加えて，1970年代末からの改革開放中国の高度成長と大胆な市場化，またヴェトナムの1986年ドイモイ政策に見られる制度的大転換。社会主義圏で起こったこうした一連の世界史的出来事をどのように整理し，また理解したらいいのだろうか。中国経済や社会主義経済，あるいは比較経済体制論をかじり，学生たちにも教えてきたものとして，これは20年来の課題だった。100年後，後世の歴史家はこの時代を果たしてどう捉えるのだろうか。「ロシア革命によってねじ曲げられた不幸な歴史の軌道修正」と見るのか，それとも「偉大なる社会主義革命に対する不幸な反動期」として見るのだろうか。あるいは，それまでに体制移行は終了し，全ての移行経済国が成熟した資本主義になり，過去を忘れてしまうのだろうか。

　体制移行が本格的に始まって約20年。これまで何冊かの「移行経済論」あるいは「体制移行（または転換）の経済学」といった研究書が出版されてきた。ただし，経済発展論や開発経済学に比べてその数ははるかに少ない。経済発展が戦後一貫して大きな世界的テーマであったのに対して，体制移行に対する関心の高まりは1989年のベルリンの壁崩壊後であったから，歴史的長さからいってもこの領域における研究の浅さは仕方がないかも知れない。そうした中にあって，盛田（1994）はわが国で初めて現れた本格的な「移行経済論」だった。彼はコルナイの言う「不足」という枠組みにしたがって旧社会主義体制を分析し，不足が社会的退化（degeneration）を生み出してきたことを明らかにした。ラヴィーニュ（2001，原著は1999年刊）は，ロシアや中東欧など旧社会主義国を中心に「国家社会主義」体制の構造と実績，そして体制移行後の動きに関して包括的に論じている。そこでは移行の歴史的背景や現状，そして行く末について，包括的で示唆に富む考察が展開されている。とりわけ「国家社会主義」に対する鋭い分析と突き放したような評価は，本書における議論の展

開においても大いに参考になった。ただし，彼女の守備範囲は制度分析に止まっており，計量的な実証分析は一切取り扱っていない。また Brabant (1998) はきわめて大部で，体制移行前から移行後にかけての旧社会主義国の制度の動きを知るにはいいかも知れないが，あまり分析的ではない。一方 Roland (2000) は，移行の過程やそれに伴うさまざまな問題を新古典派経済学のモデルで解き明かそうというものだが，理論偏重であり，そのために仮定が窮屈で現実の現象を説明するのにそれほど効果的だとは思われない。ただし，新鮮な理論的視角を与えてくれるという意味で一読の価値がある。本書においても彼のモデルを一部利用している（第4章）。さらにレーンほか (2007) も社会主義の理念や理論から説明し，社会主義の現実と体制移行後の困難について包括的に論じており，とくにソ連社会主義体制の崩壊過程にかんする分析は見事であるが，私から見ればやや視角が限られており，また階級分析に力点が置かれすぎており，イデオロギー的に少々偏りがあるような気がする。

　本書は，体制移行を社会主義の理念，社会主義経済の現実，社会主義崩壊の理論的根拠，体制移行戦略と移行の過程，そしてその結果と評価といった，きわめて広範囲な視角から論じたものである。直接的な考察・分析対象は体制移行と移行経済国であるが，1つの「比較経済体制論」にもなるように試みたつもりである。上記の「移行経済論」には取り上げられなかった腐敗の問題もあえて追究してみた。

　以下，本書の概要について記しておこう。第1章では本書における分析枠組みを提示する。体制，移行，制度，発展といった本書全体で用いられるいくつかの重要な概念にかんする定義や説明がなされ，全体的な分析枠組みが与えられる。第2章では体制移行がなぜ実行されたのか，その歴史的背景を社会主義の理念から説き起こし，ロシア革命以後の社会主義体制の現実がどのように理念と異なったのか，そして社会主義体制を基本的に維持したままどのような改良が試みられたのか，そうした歴史的経緯について検討する。第3章では，体制移行が必要とされた理論的根拠を，「体制の持続可能性」という観点から追究する。そこから長期にわたって持続可能な経済体制は資本主義しかないという本書の伏線が導かれてくる。同時に，制度間の繋がりを親和性とか整合性と

いった観点から整理し，そのことがもたらす体制の強さについて理論的に新たな視点を提示する．第4章は体制移行の2つの代表的戦略であるショック療法と漸進主義を，理論，理念（哲学），現実という3つの側面から比較考察するが，体制移行に関連してしばしば問題にされるシークエンシング（政策順序）問題についても考えてみることにする．第5章は体制移行の結果と実績を，成長率や物価上昇，産業構造の変化や所得分配といった経済面から，また市場化や民主化，それに法治といった制度面から地域別，あるいは国別に比較する．第6章では民営化に焦点を当て，体制移行の中心的な制度改革である民営化が各国でどのように進められたのか，その効果はどうだったのか，またそれがなぜ必要だったのかを，理論的考察を含めながら取り上げる．第7章は，民営化に伴ってしばしば発生する腐敗を理論と実証の両面から考察する．腐敗は確かに民営化と正の関係にあると見られるが，同時に制度化が進まないときに進行し，拡大していく．そこで腐敗抑制のためのいくつかの条件が導かれてくる．第8章は，主に移行経済国における意識調査を使いながら，体制移行の評価を論じていく．そこでは，とくに経済的低迷が続いた移行国においてさまざまな批判や不満がありながらも，体制移行が定着してきたことが示される．そして終章では，移行諸国が結局はそれぞれのタイプの資本主義体制に向かうことを論じ，中国の「社会主義市場経済」もそうした大きな流れに沿うものであることが結論づけられる．

　本書は決して完成されたものではなく，修正し，補強し，あるいは再検討しなければならない多くの論点が各章にわたって存在する．たとえば第3章で展開した市場と所有制との関係がそうであるし，民営化，制度化，腐敗との連関についてもさらに追究する必要があるだろう．また経済体制と政治体制との間の内在的関係という大きく，かつきわめて重いテーマにかんしても，これまでの議論を跡づけながら，もっと新しい視点を提示すべきだったかも知れない．しかし，こうした作業は私自身の課題というよりも，読者の中で本書に何らかの刺激を受けた若い人々が行うべき仕事であるような気がする．また，なるべく独自の解釈を施そうと，乏しい脳細胞を絞って自分なりの枠組みや解釈を試みたが，この試みが成功しているかどうか，あるいは少なくとも新しい議論を

生み出すための肥料か触媒ぐらいにはなっているのかどうか，それは読者の判断に任せたい。

　最後に，「正統マルクス主義者」ないしは「社会主義信奉者」に対して一言。本書にはマルクス主義や社会主義革命にかんする耳障りな表現や不愉快な評価が随所に見られるので，彼らの怒りを買うかも知れない。また生半可な知識でマルクスやレーニン，それにロシア革命や中国革命を批判，あるいは断罪（？）しているとして，彼らから軽蔑されるかも知れない。その人たちには次のように答えようと思う。社会科学には絶対的真理はなく，全ては仮説なのだ，と。そしてマルクスたちの「唯物史観」を歴史仮説としてみると，いまやほとんど有効性を失ってしまったというのが私の仮説である。

目　次

まえがき i

第 1 章　体制移行とは：いくつかの概念的枠組み …………… 1

はじめに 1
1　歴史的大転換としての体制移行 2
2　体制移行と経済発展 5
3　体制移行を学ぶ意味について 19
　コラム 1　体制移行と体制転換 23

第 2 章　体制移行の歴史的背景 ………………………………… 25

はじめに 25
1　社会主義の理想像 26
2　ロシア革命と国家社会主義 29
3　戦後社会主義の波及 35
4　理想と現実のギャップ 37
5　計画化の実態 46
6　体制内改革の試み 48
7　体制移行前の経済的低迷 55
　コラム 2　ロシア革命に対する評価：E. H. カーと渓内謙 62

第 3 章　体制移行の理論的根拠 ………………………………… 65

はじめに 65
1　体制移行の原因をめぐって 66
2　体制内改革：構想の失敗と欠陥 68
3　体制の持続可能性 75

4　社会主義経済計算論争　92
　　5　計画化モデルの現実的操作性　94
　　6　2つの経済体制：資本主義・社会主義収斂論　100
　　7　体制移行の蓋然性　103
　　コラム3　「市場社会主義論」：ミラーとローマー　105

第4章　体制移行の過程　…………………………………… 108

　　はじめに　108
　　1　体制移行の契機　109
　　2　ショック療法と漸進主義 (1)：政策的展開の違い　115
　　3　ショック療法と漸進主義 (2)：哲学的，思想的違い　118
　　4　ショック療法と漸進主義 (3)：理論的考察　122
　　5　ショック療法と転換不況　127
　　6　中国における移行戦略の特徴：増分主義と「計画からの成長」　130
　　7　政策順序（シークエンシング）をめぐって　133
　　コラム4　ブルスとコルナイ　137

第5章　体制移行の結果　…………………………………… 139

　　はじめに　139
　　1　体制移行は何をもたらしたのか：経済実績の比較　139
　　2　成長パフォーマンスの決定要因　162
　　3　制度改革の進展　169
　　コラム5　体制と環境問題　179

第6章　民営化の経済学　…………………………………… 181

　　はじめに　181
　　1　なぜ民営化か　182
　　2　民営化のタイプ　183
　　3　民営化の経済学的背景　186
　　4　民営化の進展　192
　　5　民営化の効果にかんする実証研究　194

6　民営化に対する国民的評価：ロシアの「強盗資本主義」と中国の「官製資本主義」　204
　　7　民営化，市場化，制度化　207
　　　　コラム6　民営化と私有化：国鉄の「民営化」を中心に　212

第7章　体制移行と腐敗　………………………………………………………　215

　　はじめに　215
　　1　腐敗とは何か　216
　　2　体制移行と腐敗　220
　　3　腐敗現象の経済理論的分析　226
　　4　腐敗の効果と要因：腐敗にかんする実証的計量分析（サーベイ）　231
　　5　抑止，軽減のための政策　239
　　　　コラム7　レフ＝ハンチントン仮説とミュルダールの「軟性国家」論　244

第8章　体制移行の評価　…………………………………………………………　246

　　はじめに　246
　　1　体制移行をどう評価するか　247
　　2　LiTSから見られる人々の体制移行評価　252
　　3　他の世界的規模の調査から　259
　　4　意識調査から窺えるもの　267
　　5　中国と中欧　269
　　　　コラム8　革命と人的犠牲：毛沢東とスターリン　274

終　章　資本主義に向かって脱走する移行経済国　…………………　278

　　はじめに　278
　　1　移行の終焉？　279
　　2　多様なる資本主義　282
　　3　2つの経済思想　286
　　4　中国の「社会主義市場経済論」　290
　　　　コラム9　イースタリー対サックス　293

補論1　社会主義経済計算論争再考：ランゲとハイエク　295
補論2　体制移行の分類学　302
補論3　腐敗の測定と各種データ　306

　参考文献　309
　あとがき　325
　人名索引　329
　事項索引　334

第 1 章

体制移行とは：いくつかの概念的枠組み

はじめに

　もし「20世紀における世界史的大事件を5つ挙げよ」といわれたら，何と何を挙げるだろうか？　重要度や順序は別にして，間違いなく第一次世界大戦と第二次世界大戦は入るだろう。植民地制度の崩壊と被植民地国の独立も世界史的大事件だが，これは第二次世界大戦の派生物，結果と見なされよう。1929年の世界大恐慌を思い浮かべる人もいるかも知れない。また科学に興味のあるものなら，コンピューターの発明やDNAの発見を挙げるかも知れない。あるいは，宇宙開発の発展を指摘する人もいるかも知れない。しかし，われわれは1917年のロシア革命と1989年の東欧革命，および1991年のソ連邦崩壊をそうした大事件の候補として挙げたい。言葉を換えれば，社会主義体制の誕生とその崩壊である。社会主義体制が20世紀初頭に実際に地上に出現するとはほとんどの人は予想しなかっただろうし，ましてそれが最初に後れた農業国ロシアに誕生するとは，ロシア革命を指導したレーニンでさえ直前まで予測していなかったといわれる。他方，東と西に分かれて勢力を競い合った社会主義と資本主義の競争が，呆気なく20世紀末に勝負がついてしまうとは，まして東の盟主だったソ連が地上から姿を消してしまうとは，1980年代初めに，誰が予想しただろうか？

　この章では，まず戦前期，戦後冷戦期，それに体制移行期の3つの時期に分

けて，きわめて大づかみに世界の勢力および勢力関係図がどのように変わったのかを見てみよう（第1節）。その後で，この変化に基本的枠組みを与える体制移行と経済発展という2つの鍵概念の違いを見ておくことにしよう（第2節）。そして体制移行を学ぶことの意味を考えてみたい（第3節）。

1 歴史的大転換としての体制移行

体制移行（transition）のきちんとした定義は後ほど与えることにして，ここでは，とりあえず社会主義から資本主義への体制の転換（transformation）を体制移行と名付けることにする（「移行」と「転換」という言葉の意味や，その違いについては本章コラム1参照）。もちろん，旧および現社会主義国がかつて行ったような，資本主義，あるいは非社会主義体制から社会主義体制への体制転換も体制移行と呼べる。しかし，今日われわれが直面しているのは前者の意味での移行であって，後者の意味の移行（一般には「社会主義化」と呼ばれ，中国では「社会主義改造」といわれた）は，（社会主義）革命と呼ぶことにしよう。

19世紀から20世紀の半ばまでを単純に「戦前期」として括ると，この時期は俗にいう「帝国主義」の時代でもあった。欧米や日本などのいわゆる帝国主義列強は植民地，あるいは勢力地域を求めて，今でいう途上国，あるいは「第三世界」に進出し，またそうした地域を獲得するために激しく争った。中国は植民地ではなかったが，事実上の植民地，つまり「半植民地」だったといわれる。中南米の多くの国々も，アメリカの植民地とまではいわないが，事実上その支配下，勢力下にあった。そうすると，世界は列強と植民地および事実上の植民地と，その2つの地域のいずれにも属さない「中間地帯」の3つの地域に分割されていたことになる（図1-1参照）。中間地帯に属する諸国は，たとえば北欧などのように植民地を持たない資本主義先進国や，オーストラリアやニュージーランド，それにカナダといった旧イギリスの自治領で事実上独立していた国々，それに1917年のロシア革命によって生まれたソ連などが入るだろう[1]。当時，ソ連は社会主義体制を採用した独特な中間地帯であり，第二次世界大戦においては，他の多くの中間地帯とともに欧米列強と連合し，日独伊

第1章 体制移行とは：いくつかの概念的枠組み　3

という枢軸国列強に対抗した[2]。大まかにいえば，第二次世界大戦とは，植民地・半植民地とそこにある資源を獲得し，併せて自国領土を拡張するための列強内部における争いだった。大戦後，社会主義陣営は著しく勢力を拡大する。ソ連が東ヨーロッパのほとんどを支配下ないしは勢力下に置き，さらにソ連の軍隊とともに帰ってきた金日成が北朝鮮を抑えた。中国では毛沢東が1946-49年の国共

図 1-1　世界勢力図：戦前期

内戦に勝利して建国し（1949年），ソ連と友好条約を結び（1950年），さらに南ではホーチミンがヴェトナム民主共和国を宣言し（1945年），その後ディエンビエンフーの戦いに勝利してフランスを追い払い（1954年），北部に社会主義国を作り上げた[3]。かくして，東のソ連を盟主とする社会主義陣営と，西のアメリカを盟主とする（先進）資本主義陣営という東西対立の構造が出来上がり，いわゆる冷戦時代が始まることになった。その間，東西はいずれにも属さない第三世界（途上国）の支持獲得を目指して激しいイデオロギー合戦を繰り広げることになる。

　もし，政治経済体制と経済発展水準を2つの軸にすれば，東西と南北に世界は四分割されることになろう。つまり，先進的な資本主義国と，後進的な資本主義国，他方比較的先進的な社会主義国と後進的な社会主義国の4つである（図1-2参照）。後進的な社会主義国には中国やヴェトナムが代表例として入るが，それらの国の支持を獲得するために，あるいはその地域に自らの勢力を拡げるために西側先進国がソ連と競い合うことはなかった。両者が争ったのは，後れた第三世界における非社会主義国，そして／あるいはインドなどのいわゆる「非同盟諸国」に対してである。世界銀行がアメリカの主導で作られ，途上

---

1) ソ連，すなわちソヴィエト社会主義共和国連邦が誕生するのは，正式には1922年である。
2) 細かくいえば，枢軸国列強にはハンガリー，ルーマニアやブルガリアなどの小さな「中間地帯」諸国も参加した。
3) 国名がヴェトナム社会主義共和国になるのは，南北ヴェトナムが統一した1975年の翌年，南北統一選挙を行った後である。

図 1-2　世界勢力図：戦後冷戦期

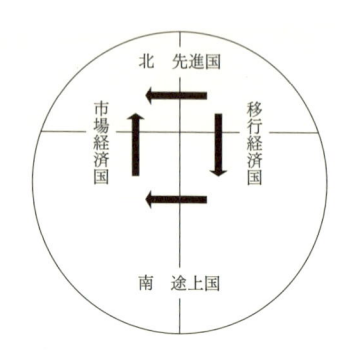

図 1-3　世界勢力図：現代・ポスト冷戦期

国への国際援助に乗り出したとき，アメリカがとくに意識したのはソ連の南への浸透だった[4]。

　西側先進国内部も決して一枚岩ではなかったが，それ以上に深刻な対立を抱えることになったのが東側である。1956 年のスターリン批判をきっかけとして社会主義陣営内部にも亀裂が入り，また東側内部の南北対立ともいうべき中ソ論争が勃発し次第に激しくなっていった。その結果，米中という，西側先進国と東側後進国が融和するような状況が生まれてきた（1971 年）。後に見るように，ゴルバチョフがソ連共産党第一書記になってから（1985 年），東西間の冷戦構造が事実上緩み始め，先進社会主義国内部での統制は次第に弱くなり，最終的には 1989 年 11 月のベルリンの壁崩壊によって東西対立は実質的には終息する。そして新しい世界の構造化（restructuring），つまり体制移行が大規模に始まり，ここで現代の世界体制と勢力構造が出来上がることになった（図 1-3 参照）。東側陣営の中の一部は直接西側先進国に移行し（あるいは移行しつつあり），また一部は所得水準が急落し北から南へ，つまり途上国化してしまった国もある（第 5 章参照）。いずれにせよ，東西間の体制対立がこのよう

---

[4] アメリカは，戦後ヨーロッパにおいて実施した「マーシャル・プラン」の成功を背景に，豊かな資金を途上国に提供すれば，彼らが「共産主義化」することはないと考えていた。他方ソ連は，途上国に対してイデオロギー面で浸透するためにアジアやアフリカ，ラテンアメリカ地域にある友好国からの留学生に対して，共産主義思想およびその経済政策を教えるための大学として，「パトリス・ルムンバ名称民族友好大学」を設立した。

にして消えてしまったことは，世界史的にも大事件といわなければならない。世界の勢力図は，かくして戦前期から今日にかけて，戦後冷戦期を挟み，大きく変わってしまったのである。

　もちろん，北朝鮮のような国は「社会主義計画経済」体制を堅持しようとし[5]，東側に留まろうともがいているが，それはごく一部の例外的ケースでしかない。東側のほとんどの国は，いまや体制として西側に移行したか，あるいは移行しつつある。これらの国々はまさに資本主義へ向けて大脱走しているといえる。こうした歴史的大転換はもはや後戻りのできないものである。なぜそうなのか，またそもそもどうしてこうした大転換が起こらざるをえなかったのか，これが本書において追究する最大のテーマである。偶然なのか？　まさかそうではあるまい。東側指導者たちの気まぐれによるのか？　そうとは思えない。アメリカなど，西側諸国による圧力のためか？　その要素は確かにないことはなさそうである。以下でも取り上げるように，ソ連が崩壊する１つの大きな要因は，ソ連がアメリカとの軍拡競争に敗れたことだった。しかし，このような「外圧」はあくまでも補足的要因でしかないように見える。もっと本質的な要因は体制そのものにあったのではないか，つまり「内因」なのではなかろうか。それでは一体どのような内在的要因が体制移行をもたらしたのか，それについては次章以下で考えてみることにし，ここではまず体制移行と経済発展の概念について考えてみよう。

2　体制移行と経済発展[6]

　前節の図 1-2 が示しているように，世界各国を東西という体制の軸，南北という発展の軸で分類することが可能である。それでは体制とは一体何だろう

---

[5] 北朝鮮の「社会主義計画経済」体制は破綻してしまっているが，それは体制としていびつな構造を持っている。通常，社会主義計画経済体制はフォーマルな計画的部分（そこには強制的計画部分も含まれる）と，インフォーマルな，たとえば闇経済の２つからなっているが，北朝鮮の場合，フォーマルな部分がさらに２つに分かれ，党（ないしは首領）営経済部分と一般の行政経済部分から構成されているといわれる。
[6] この節は，基本的に中兼（2002）に沿ったものである。

か，また体制移行とはどういうことを示しているのだろうか，また発展とは何なのか，体制移行とどの点で共通し，どういう面で異なっているのか，本書全体を貫く概念的枠組み（conceptual framework）をここで与えることにしよう。

人間社会は無数の制度（institutions）から成り立っている。実際，われわれの社会は人類の誕生以来，あるいはそれ以前の動物だった時代からもさまざまなルール（rules）や規範（norms）を持ってきた。それはそうした約束事なしには社会が動かないからである。たとえば，親が子供を慈しむのは自然の摂理ないしは人間の本性であるとともに，一種のルールであって，それに違反した場合，社会から罰せられる。逆に子供は親を敬い，親の命令や指示に従うのが人類の規範の1つである。モーゼの十戒はきわめて単純明快なルール・規範であるが，人間社会を円滑に動かすための最低限の約束事を記したものにほかならない。このようなルールや規範が1つの体系を成して制度を形作る。

制度にはさまざまなものが含まれている。法律や規定も制度だし，企業や会社，政府や教会もルールと規範の固まりからできている以上制度である[7]。人間社会には数え切れないほどの法律や政令・条例があり，無数の，また各種タイプの組織があること，しかも，経済が発達するにつれてこうした制度はますます多様化していくこと，さらにインフォーマルな制度からフォーマルなものに制度の構造は変化していくこと，これらのことは広く認められた事実である。このように制度が発展していくことを制度化（institutionalization）と呼び，近代市民社会が経験した近代化（modernization）とは，通常こうした制度化の過程でもあった。フランス革命が謳い上げた自由，平等，博愛の理想，アメリカ革命が付け加えた自主・独立の理想は，制度によって確立しない限り，単なる絵に描いた餅に終わってしまう。

体制とは，こうした種々の制度を体系化したものといえよう。ある国の経済体制とは，経済を成り立たせている多くの制度の有機的結合であるし，政治体制も，政治を動かすのに必要な各種の制度を有機的に束ねたものである。したがって，体制移行とは，体制を構成している各種の制度の主要部分（後述する

---

[7] 制度と組織を区別する概念規定もあるが（イェーガー 2001 参照），ここでは制度の定義からして，組織も制度の一種と見なすことにする。

「核」となるもの），またはその多くが変化・代替（移行）していくことと同じである。

　政治体制と経済体制，あるいはその他の体制は相互に全く無関係であるわけではない。唯物史観的にいえば，経済的土台が政治などの上部構造を基本的に決定し，両者は対応するという。言い換えれば，経済体制がその他の体制を決定するから，両者はある種の対応関係にあるものと見なされる。経済体制とその他の社会的体制を含めた総合的な社会体制を「広義の社会体制」と呼ぶことにしよう。それはパーソンズの有名な社会機能モデルに当てはめれば，「社会システム」と呼ばれる[8]。そして主として経済体制だけが移行することを狭義の移行，他方，広義の社会体制が移行することを広義の移行と名付けることにする。

　それでは，われわれが言う体制移行とは具体的にどういう移行を指すのだろうか？　これも唯物史観的にいえば，人類の歴史は原始共産制という体制から奴隷制へ，さらに封建制から資本主義体制，そして社会主義体制へと「進化」していくものと捉えられる。いま話を単純化して，狭い意味での経済体制が2つの制度，すなわち資源配分制度と所有制度のみから構成されているとしよう。実際この2つの制度は経済体制ならびに体制移行を考えるさいにきわめて重要な制度なのだが，（狭義の）資本主義体制は資源配分制度において市場制度，所有制度において私有制が，また（狭義の）社会主義体制は資源配分制度において計画制度，所有制度において公有制度が，それぞれ核ないしは根幹となってできている体制である。そうすると，マルクスやレーニンといった社会主義の古典的理論家たちによれば，私有制は公有制に，市場制度は計画制度に社会主義革命の結果移行していく，あるいは弁証法の用語を使えば「止揚」していくのが歴史法則なのである。なぜなら，所有の私的性格と生産の社会的性格とが矛盾するからだという。しかし，体制移行の現実はまさに逆で，公有制

---

8) パーソンズの機能モデルでは，社会は4つのシステム，すなわち経済を司る適応システム（adaptation），政治を司る目標設定システム（goal-making），司法を司る統合システム（integration），それに文化を司る価値保存システム（latency）というサブシステムから構成されることになる。パーソンズ＝スメルサー（1958）参照。

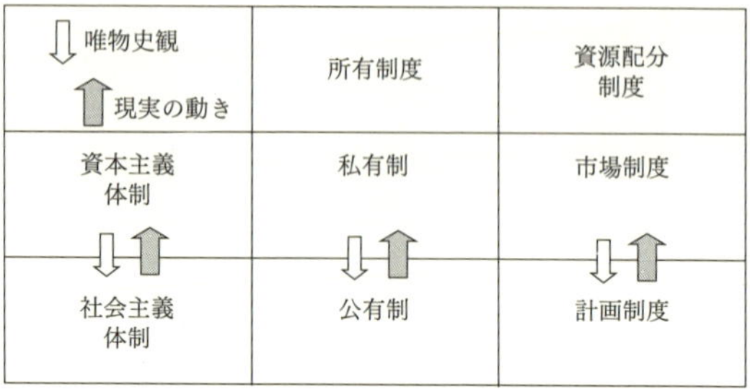

	所有制度	資源配分制度
↓唯物史観 ↑現実の動き		
資本主義体制	私有制	市場制度
↓ ↑	↓ ↑	↓ ↑
社会主義体制	公有制	計画制度

図1-4　体制移行：唯物史観と現実

は私有制に，計画制度は市場制度にそれぞれ代替されていく，あるいは移行してきた（図1-4参照）[9]。

　こうした狭義の移行に伴って広義の移行はどうなるのだろうか？　狭義の移行に比べ，広義の移行を定義することは決して簡単ではない。というのは，非経済的社会体制自体が非常に曖昧な概念だからというだけではない。非経済体制，たとえば政治体制は多様であり，政治体制を構成する政治制度も多様だからである。

　話をここでも単純化し，非経済体制として政治体制のみを取り上げ，しかも政治体制には民主制と独裁制（あるいは権威主義体制）の2種類しかないものと想定しよう[10]。何をもって民主制というのか，さまざまな定義がありうるが，ここでは単純に，また常識的に「社会の基本的ルールを究極的には平等な資格を持つ大衆が決定し，実行していく」政治制度とし，他方独裁制は，そのルールを究極的には1人，ないしは特定の集団のみが決定できる政治制度を指すことにする。そうすると，広義の社会体制，より正確には政治経済体制は以下の4つのタイプのいずれかになる（図1-5参照）。通常「国家社会主義（state socialism）」と呼ばれる政治社会体制は，基本的にはこのように公有制，計画メカニズム，それに共産党という独裁政党による支配が3点セットになった体制

---

[9] 現実には「計画経済」ではなく，「行政的＝指令経済」だったということも可能である。コルナイは「市場的調整」に対応するものとして，「官僚的調整」を取り上げた（コルナイ1986）。この点については第2章でも議論する。

[10] 独裁制（autocracy）の代わりに，権威主義体制（authoritarian regime）を民主制の対概念にすべきかも知れないが，議論を単純化するために独裁制を取り上げる。

	資本主義経済	社会主義経済
民主主義的政治	先進資本主義体制	理想的社会主義体制??
権威主義的政治	開発独裁体制	国家社会主義体制

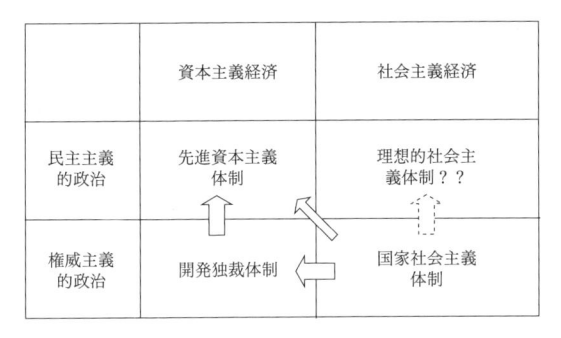

図 1-5　政治体制と経済体制との組み合わせ

を指す[11]。

　そうすると，もし，政治と経済体制の間に強い親和性（affinity）がないとすれば，広義の移行とは次のうちのいずれかになる。つまり，社会主義独裁体制（「国家社会主義」体制）から(1)先進資本主義（自由民主主義）体制への移行，(2)開発独裁体制への移行，それに(3)「民主市場社会主義」体制（図では「理想的社会主義体制??」）への移行，である。このうち，先進資本主義体制，あるいは自由民主主義体制とは欧米各国や日本が採用している体制である。次の開発独裁体制とは，政治は権威主義的で経済は自由市場を基本とする資本主義（的）体制を採る体制であり，具体的にはかつての民主化前の韓国や台湾に見られるような政治経済体制を指す。そして最後の体制は，政治は民主主義で，経済体制は市場を基本とするが，しかし公有制を維持するような，その意味での「社会主義」経済体制を具体的にはイメージする[12]。第3章コラム3や終章で取り上げる「市場社会主義」はそのようなものである。

　ところで，現実にはまだ出現していない「理想的社会主義体制」を除き，こ

---

11) ラヴィーニュは，単一の党の支配，基本的な生産手段の集団的あるいは国家的な所有，そして主要な調整メカニズムとしての強制的な中央計画を挙げているし（ラヴィーニュ2001），レーンは，国家社会主義のことを，国家所有，中央指令経済，それに「マルクス・レーニン主義に基づき国家の媒介を通じて人々を無階級社会へと動員しようとする支配的共産党によって管理される社会」としている（レーンほか2007, 29ページ）。
12) 民主主義体制に移行しつつ，かつ計画制度を維持し，私有制の下で経済を運営するような政治経済体制，たとえば戦時下の資本主義体制のようなものは論理的にありうるが，こうした体制で永続的なものは，われわれの知る限りこれまで構想されたことがない。

　　　　　a：制度Aが主体　　　　　　b：制度Aが核

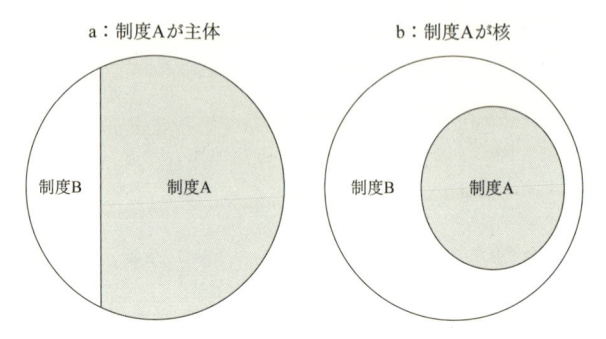

　　　　制度B　制度A　　　　　制度B　制度A

図 1-6　制度の組み合わせ

　れら3つの体制は「等価（equivalent）」なのだろうか？　あるいは「歴史的同位対立物」なのだろうか？　恐らく違う。政治体制と経済制度の間にはある種の親和性があるものと考えられる。この親和性の程度によって，これら3つの体制の内的整合性（consistency）は異なり，その結果，体制間にある種の序列がつけられそうである。この点については第3章で議論することにしよう。

　もう少し議論を進めて，現実の経済体制を考えてみよう。現実には図1-4のような単純なモデルはない。たとえば，計画と市場とは「あれかこれか」ではなく，「あれもこれも」で，どの国もどの時代も，程度の違いはあれ必ずこの2つの配分メカニズムを併用している。資本主義体制は基本的に市場への依存が高く，社会主義体制は基本的には計画制度を主たる配分制度として採用している。同じように，資本主義体制にも公有制があり，社会主義体制にも私有制がある。両者は，どの体制でも一般に併用されている。

　ところで，この2つの制度の併用・組み合わせには2種類の仕方がある。1つは制度Aと制度Bとをあるウェイトで役割分担させるやり方である（図1-6a）。制度Aをより多く用いる場合，Aを「主（体）とする（major）」と呼ぶことにしよう。そのときBは「副」となる。他方，制度Aが体制全体の中心となっているとき，Aを「核とする（core）」と呼び，そのときBはAを「補完」する役割を果たすことになる（図1-6b）。

　「主とする」ことと「核となる」ことは似ているようで，その意味は全く異なる。次のような例を考えれば分かりやすいだろう。いま制度Aを計画とし，

Bを市場としよう。そのときAが主体になるのは，たとえばある産業で計画的配分が7割，市場による配分が3割といった場合である。したがって，あくまでも量的な多少が問題になってくる。一方，計画が核となるのは，重要な産業は全て計画，つまり政府が管轄し，市場が取り仕切るのは補助的な産業やサービスにかんしてという場合である。ここではむしろ質的差異が問題になる。このとき，両者は画然と区別されるわけでは必ずしもない。核となる制度Aは小さいが，少ないAの中に核が存在することもありうる。言い換えれば，量的に制度Aは小さな比重しかないが，体制全体を動かす核の部分にAがあるという場合である。

同様に，制度Aが公有制で，Bが私有制であるとき，Aが主体となるのはたとえばある産業で国有企業が生産の7割を占め，私営企業はわずか3割という場合であり，他方Aが核になるというのは，重要，基幹産業はほとんど国有部門になっていて，私営部門は小さな商業やサービスなどに限られるようなケースである。

現実の体制は，資本主義体制の場合，市場と私有が主体であり，かつ核になっているし，国家社会主義体制では計画と公有が主体で，しかも核になっている。しかし，次章以下で展開されるように，社会主義体制内の改革では市場を主にしたり，また体制移行の過程で市場を核にするような場合が出てきているので，主体と核とを区別することは十分意味があるし，また必要である。問題は何が核を形成するのか，ということだろう。その点については第3章で明らかにしたい。

ところで，体制が転換したり，移行したりするのはどのような力学が働くからだろうか？ 再び唯物史観を参照すると，経済的土台を形成する生産力（技術）が時代とともに発展していき，生産様式（経済制度），とくにその中の最も重要な制度である所有制との矛盾が拡大し，ある限界（閾値）を超えたとき，革命が起き，広義の社会体制が変化し，新たな体制が出現するという。資本主義は私有制を基本とするから，産業革命以後，技術が飛躍的に進歩し，生産がますます社会化されていくと，生産の社会的性格と所有の私的性格との間に齟齬が生まれる，というのである。しかしわれわれの見方は違う。生産力と

生産様式の関係はそれほど単純ではない。いま狭義の経済体制と制度だけを考えてみよう。

　生産力，たとえば成長率を決めるのは経済制度だけではない。生産関数を考えてみれば分かるとおり，生産要素（資本，労働，土地，技術など）という生産力決定要因も成長率を決める。従来の新古典派的経済理論の世界では，成長率はそうした生産力のみによって決まってくる。その生産要素に大きな影響を与えるのが政策である。たとえば政府が投資政策を決め，投資率を引き上げたり，あるいはある部門や産業に対する投資配分を決めると，成長率が（他の条件を一定として）上がっていくだろう。それでは，成長率は政策によっていかようにも変えられるのだろうか？　そうではない。政策当局者が与件とするもの，つまり動かせないさまざまな条件によっても支配される。そうした条件のことを環境条件（environmental conditions）と呼ぶ。これらの環境条件の中には自然環境も含まれるが，それ以外に国際的環境や文化や価値観といった人々の精神に関わるものも含まれよう。さらに，成長の出発点というべき過去の経済状態，いわゆる初期条件（initial conditions）もこうした与件に入れられるだろう。

　今度は制度が何によって決まるのかを考えてみよう。それは政策当局者が勝手気ままに自由に作るものだろうか？　政策当局者＝独裁者であっても，そのようなことは通常ありえない。彼らは自由に制度を作れるわけではなく，いくつかの要因に支配されている。上記の環境条件も制度形成に大いに関わっているだろう。経済実績・成果を見て制度を修正したり，あるいは新たに作ることもあるだろう。たとえば，日本では国鉄が余りにも巨額の累積赤字を抱えることになったから，民営化に踏み切ったのである（第6章コラム6参照）。しかし，政策当局者は環境条件，実績，それに既存の制度を考慮するだけで新しい制度を設計したり，あるいは作るわけではない。彼らには大きな政策目的や戦略目標というものがある。それは時には政策理念ともいえよう。こうした目標や理念を実現するのに必要な，またふさわしい制度を彼らは考え出そうとするはずである（図1-7参照）。体制を資本主義と社会主義に分けたとき，資本主義的理念と社会主義的理念という2つの理念が対立することになる。具体的な

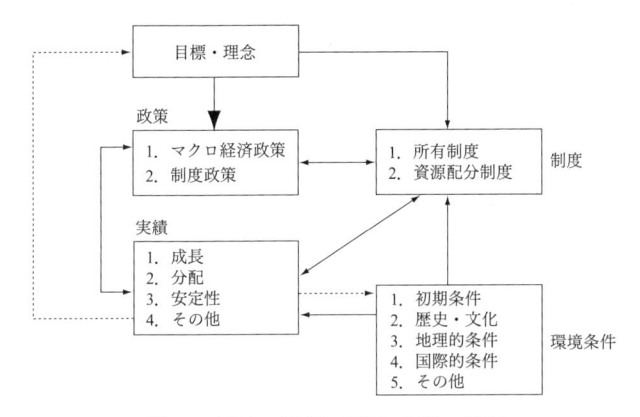

図1-7 理念，政策，制度，実績の関係
注）点線は，長期的な影響を示す。

理念については次章で述べることにしよう。

政策は大別して経済実績に直接働きかけるマクロ経済政策と，上述したように，制度を生み出す制度政策に分かれる。政策は全て何らかの目標や理念を実現するために打ち出されるものだから，経済実績もそうした目標や理念に大きく左右されることが考えられる。後ほど議論するように，社会主義と資本主義の大きな違いの1つはこの理念にあった（第2章参照）。この目標と理念は実績を評価するさいの1つの判断基準にもなりうる。もし実績が目標から大きく外れているとしたなら，実績を変えるべく政策の変更を迫られることになるだろう。そのことが制度政策を刺激し，最終的に制度を修正することになるかも知れない。

かくして，生産力ないしは実績と制度が相互規定的な関係にあることが分かる。さらに，実績と政策との間にも相互依存関係がある。そして目標・理念が制度や政策を動かしていく以上，それと経済実績との間も相互規定的関係にあるといえる。さらに，体制とは制度の束のことだったから，体制移行が目標・理念と経済実績との大きな乖離によっても生じることが理解できよう。

それでは，こうした目標や理念といったものはどうやって作られるのだろうか？　あるいは，いかにして決まってくるのだろうか？　それが人々が共通し

て抱いている価値観や理念であるなら、前述したように一種の環境条件であり、長い時間をかけて歴史的に形成されてきた、といえよう。しかし、そうした理念の形成のされ方はどのような政治体制であるかによって違ってくる。先の例を使うと、民主主義体制においては、多数の国民が信じる価値観や文化の下で、そうした価値観や文化を反映した目標や理念が選択される。しかし、同じ価値観の下でも政策を決める理念は決して不変というわけではない。ある時代には成長や豊かさ、それに効率が、またある時代には平等や環境保護といった戦略目標が国民によって支持されるかも知れない。

　他方、独裁国では、目標・理念なる政策の大前提は、独裁者1人、あるいは一部の集団の価値観を反映したものになる。もし絶対的独裁者が軍事優先を選んだなら、国民の生活を犠牲にしてでも、餓死者がいくら出ようと、軍備増強政策と軍事拡大路線を追求するに違いない。政策当局者が独裁者の意を体して軍備増強を最も重要な戦略目標に掲げるなら、その目標を実現するような資源配分や制度設計がなされる。それに対して、戦略目標が人々の福祉の増大にあるなら、政策当局は長期・短期の政策を駆使して、1人当たり所得の増大に努めるだろう。

　社会主義国の場合、その国の目標・理念は共産党という独裁政党により作られる。それは、革命前や革命直後の高揚した時代においてはきわめて理念性、イデオロギー性が強かったが、体制が「理念的社会主義」から「現存社会主義 (real socialism)」、ないしは「国家社会主義」に変化していくにつれて、それ自体実質的に大きく変化していった。ラヴィーニュに言わせれば、「『現実に存在する社会主義』のイデオロギーは、マルクス、あるいはレーニンとははとんど関係がないものであって、ほんのわずかの標準的な引用が彼らから借用されたに過ぎなかった」(ラヴィーニュ 2001、3 ページ)。次章でも指摘するように、国家社会主義の最大の目標（の1つ）は現体制ないしは権力の維持にあったから、国防や軍事がきわめて重視されることになる。とはいえ、マルクスやレーニンに由来する社会主義イデオロギーが全く意味を失ったわけではない。革命初期や建国初期にはそれなりに「革命的情熱」が作用していたし、その後もそれはある種の制約条件として現実の理念を支配していた。

指摘しておくべきことは，そうした社会主義理念がある段階，ある時期までは人々に注入されたことである。各国とも「社会主義イデオロギー教育」が学校で，職場で，その他諸々の機会に施された。次章第4節でも議論するが，こうした点で社会主義体制は実に「宗教的」ともいうべき色彩を持っていた。図1-7が示すように，理念は全ての制度を支配することになるから，個人はそうした理念から無関係ではありえない。たとえキリスト教徒であっても，公の席では無宗教を教義とする共産党の指示や決定に刃向かうことは許されない。体制の性格を決めるのは，最終的にはこうした理念の内容とその機能のあり方ではないかと思われる。ウェーバーは「資本主義の精神（Geist）」を追究したが，体制には何らかの意味でこうした精神が必要であり，それを理念が生み出すものと捉える。もし仮にほとんどの人々が，うわべはともかく，社会主義的理念を全く信じていないとするなら，社会主義体制は精神のない，単なる形式だけに止まってしまうに違いない。

　ここでいう目標とか理念といったものは，経済学でいうところの社会的厚生関数によって表される。ここで議論を単純化し，経済にはパン（という消費財）と大砲（という軍備）の2つの財しかないと仮定しよう。民主主義体制の下では消費者主権が基本的に貫徹するから，相対的に多くのパンを生産するようにマクロ経済政策や制度政策が決まってくるはずである。それに対して独裁体制の下では，独裁者は往々にして自らの威信を誇示するためか，あるいは何が何でも自らの体制を維持したいからか，より多くの大砲を生産すべく政策を決めてくるはずである。これら2つの財の生産（消費）の組み合わせは，生産可能曲線（転形曲線）Tと社会的効用曲線（厚生関数）Wの接点で決まることになるが，生産可能曲線の形状は技術水準もさることながら，経済体制によって異なってくると思われる。つまり，市場体制の場合にはパンの生産に比較優位があるだろうから，パンにより多くの資源が集中する（Tc）。他方，計画体制の場合には大砲の生産にこそ比較優位を持っているのではなかろうか。なぜなら，そこでは軍事生産に資源がより多く集中しているからである（Ts）。したがって，社会主義独裁体制の場合にはA点で生産が決定され，より多くの大砲（Qa）が，自由資本主義体制の下ではB点で生産と消費が決まり，より

多くのパン（Pb）が生産されることになる（図1-8参照）。

　個人ないしは家計（消費者）が社会的厚生関数（Wc）を決める主体なら，その体制は消費者主権（consumers' sovereignty）の下にあるという。他方，計画当局者がそうした厚生関数（Ws）を決めているとするなら，その体制は計画者主権（planner's sovereignty）が貫徹しているという。計画当局者＝独裁者なら，計画者主権というよりは独裁者主権（dictator's sovereignty）というべきだろう。市場経済では消費者主権が行き渡っているというが，それは市場経済では人々が自由に財の選択を行い，それを満たすために生産者が財のミックスを決めるからにほかならない。しかし，そうした人々の選択は政治体制にも大きく左右される。

　国家社会主義体制の下でも人々は自らの欲求を潜在的に持っている。あえていえば，国家が設定する理念に対応する形で個人も自らの理念，信条，そして欲求を持っている。ここでは単純化して，彼らの（潜在的）社会的厚生関数（Ws'）の形状は体制にかかわらず不変だとしよう。つまり，体制移行前も後も，市場化が進む前も進んだ後もその形は変わらないものとしよう。重要なことは，国家の理念と個人・家計の欲求とが異なることである。その時，人々は潜在的に Qc だけの大砲と，Pc ものパンを求めていたはずである。ここでPaPc がコルナイの言う「不足」となって現れることになる（次章第4節参照）。ついでにいえば，この図が示しているように，体制移行後に人々の厚生水準はWs' から Wc に増大する。ただし，パン以外の財の需要と供給が低下すれば，所得は減少することもありうる。

　以上の議論は，経済発展を考えるさいにも大きな示唆を与えてくれる。経済発展（economic development）とはさまざまな構造変化を伴った長期成長過程のことを指す（中兼 1999）。したがって，構造がそもそも非常に多様である以上，体制移行と同じく，それはきわめて多面的で多元的な過程といえる。ただし，経済発展は制度の変化ではなく，経済実績の変化が主体である。成長率の上昇と相伴って貯蓄率が上がり，工業化が進み，都市化が進展し，対外貿易も拡大していく。あるいは所得分配が変化し，財政や金融の役割も増大していく。こうした諸々の実績は，上述したように制度，政策，環境条件によって支

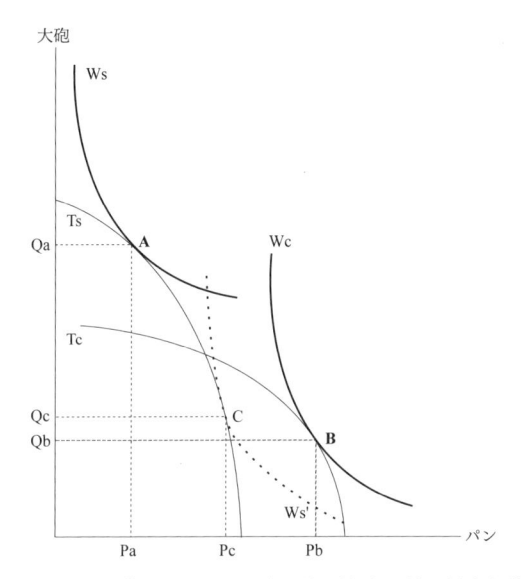

図 1-8　消費者主権と計画者主権（資本主義と社会主義）

配される（図 1-7 参照）。

　ところで，経済政策は先に述べたように政策当局者が依拠する高次の戦略目標や国家理念によって決められていく。もし経済発展が発展戦略の下になされるとするなら，戦略にはまさにそうした目標や理念が経済政策手段とともに組み込まれている（中兼 1999）。つまり，経済発展は体制移行と，いわば双対関係にあるといえる。

　さらに重要なことは，経済発展と体制移行が相互促進的関係にあることである。それは制度が経済実績を決め，その経済実績によって制度が支配されることからも明らかであろう。しかし，そのことは，経済発展した国において体制移行が促進されることを必ずしも意味しない。1人当たり所得が低いという意味で初期条件の悪い中国やヴェトナムでも，体制移行は進んでいるのである。とはいえ，所得水準ではなく成長率で見るなら，成長率の高い国ほど体制移行が比較的順調に進む傾向は見られるようである。

　体制移行に狭義の移行と広義の移行とがあるように，経済発展にも狭義の発

展と広義の発展がある。すなわち，経済的実績の進展にのみ着目した発展は狭義の発展であり，通常経済発展とはこのことを指す。産業構造が次第に高度化し，長期的に成長率が上がっていく過程が典型的な狭義の経済発展である。それに対して経済的実績のみならず非経済的実績，たとえば民主化や制度化が進展し，政治的にも社会的にも「成熟」していく過程が広義の発展である。

　狭義の経済発展と違い，広義の経済発展を的確に定義することは広義の体制移行と同様に容易ではない。まず経済実績に対応する非経済的実績，たとえば民主化や制度化の進展をどう測ればいいのだろうか？　これにかんしては，フリーダムハウスなどいくつかの民間の団体が，各国の毎年の発展状況を数値化して発表している。あるいは，どのような非経済的実績を取れば「広義の」発展といえるのだろうか？　所詮，各種各様の発展がイメージされるだけではないか？　しかしわれわれは，狭義の発展にある種の標準パターン（standard pattern）があるように，広義の発展にも標準的なパターンに類したものがあると考える[13]。

　それでは，発展と移行とはどのような関係にあるのだろうか？　そもそも移行には発展に対応した標準的パターンはあるのだろうか？　少なくとも狭義の移行にかんする限り，社会主義体制から資本主義体制への移行は標準的だ，というのがわれわれの見方である。その歴史的事実は当然のこととして，その背景には説明可能な理論的根拠がある，というのがわれわれの認識である。この点については第3章で詳しく見ることにしよう。

　また，広義の移行に標準的パターンはあるのだろうか？　先の移行モデルが示唆しているように，体制間の親和性を考えると，ある種の標準パターンがあるように見える。そうした標準パターンを実証するには，依然として多くの研究と実証の積み重ねが必要だが，狭義の移行に比べて弱いものの，長期的に見れば広義の移行にもある種の標準的パターンが存在しているように見える。

　発展と移行に各々標準パターンがあるなら，両者の関係にもある種の標準的

---

[13] 標準パターンとは，発展した国々の多くがこれまで辿ってきた，したがって，今後も多くの国が辿るであろう道のことをいう。元々はチェネリーとサーキンが言い出した概念である。Chenery and Syrquin（1975），中兼（2002）参照。

なパターンが存在するか，といえば決してそうとはいえない。これら2つの次元のものが全体的に1つの方向に動いていくにしても，その速度はさまざまだろう。われわれの仮説では，複数の，異なる発展と移行の対応関係（軌跡）がある。ある国は発展により重心を置き，ある国は移行により多くの努力を傾ける，そうした異なる歩みがあるに違いない。最終的にこれら2つの国が同じ体制に収斂するかどうか，結局は「収斂」の程度と定義にかかっていそうである。1961年のティンバーゲン論文に端を発した資本主義・社会主義収斂論争（第3章第6節参照）は決着しているが，体制移行の収斂論についてはまだ明確な結論が出ていない。ただし，きわめて蓋然性の高い道筋というものが，体制移行の結果やそれに対する人々の評価を吟味することによって導けるように思われる。こうした問題については，終章で論じることにしよう。

3 体制移行を学ぶ意味について

上述したように，ここでいう体制移行とは社会主義から資本主義への大きな体制転換のことを指している。したがって，われわれの直接の関心は，旧および現社会主義国のいわゆる移行国（transition countries）に向けられる。しかし，体制移行はこうした国だけの特殊な問題なのだろうか？　そうとは思えない。体制移行にはある種の普遍的なテーマが横たわっているように思われる。

まず，程度の差はあれ，（社会）体制全体の本質にまで影響する大きな，また深刻な制度変化ないし改革は非移行経済国においても起こっているし，またこれからも起こるに違いない。体制移行論は，その意味で「制度の経済学」にも通じるし，制度の，そして／あるいは政策論としての普遍的な意味も持っている。

1つの例として，公有企業・事業の民営化（privatization）を見てみよう。日本が国鉄の民営化や郵政の民営化を行ったように，先進各国でも公共部門の民営化は進んでいる。それではなぜ先進国において民営化が行われたのだろうか？　また民営化した結果，どのような効果が表れたのだろうか？　移行経済国でも大々的に民営化を進めている。そこでも民営化の進め方，効果，影響が

大きな争点になってきた（第6章参照）。つまり，どのような体制の下であっても，民営化は容易ならざる制度変化であって，しばしば激しい抵抗を引き起こす。ただし，移行経済国の民営化は先進国のそれと比べるとはるかに広範囲に行われ，影響も大きい。その意味で，移行経済国の民営化を研究することは先進国にとっても大いに参考になるだろう。

　もう1つの例として，今度は途上国のインドを取り上げよう。インドはかつては「社会主義的」政策，計画経済的志向がきわめて強かった。しかしそうした発展戦略の下で長期にわたり低成長に喘いでいたのである。このインドが1970年代以降，新自由主義的発展戦略を採用し，計画から市場へと一種の体制移行が進められることになった。これが今日における高度成長を導いたことは否定できない[14]。なぜ市場という経済制度は高成長を生み出すのか，逆に計画が低成長をもたらしがちなのは一体なぜか。こうした経済発展問題は，制度の効率性を研究する中で浮かび上がってくる問題の1つである。

　次に，体制移行問題には経済発展ないしは開発論にも通じる思想としての普遍的な問題が含まれていることが分かる。いま戦後における経済発展思想の展開を見てみると，そこに2つの大きな対立軸があったことが分かる。1つは市場対計画（ないしは政府）という軸であり，もう1つは狭義の発展と広義の発展という軸である。シュルツのような新古典派開発論に従えば，市場こそは最良の開発制度であるし，バランのようなマルクス主義的開発論によれば，計画なくして途上国の経済発展はありえない。1950年代に花開いたヌルクセらによる古典的開発論は，ローゼンスタイン・ローダンのビッグ・プッシュ論がそうであるように，途上国には構造的隘路がある以上，それを突破するために市場以外の強力な力，たとえば政府や外国援助機関による助けが必要だと考えた。他方，1970年代以降の世銀・IMFによる構造調整貸し付け路線は，小さな政府を目指し，市場を復権させることを狙ったものである。いわゆる「ワシントン・コンセンサス」である（第4章参照）。

　他方，狭義の発展と広義の発展の対立軸は，1990年代に入り，センの開発

---

14) インド経済の自由化については，絵所（2008）に詳しい。

思想が波及し，人間の安全保障（human security）論が盛んになり，さらに世銀において包括的開発プログラム（comprehensive development program）が展開される中で次第にはっきりしてきたように思われる[15]。それまでの経済発展は，GDP で測った経済成長をいかに生み出すか，そのためにはどのような資源配分制度が望ましいか，などといった狭義の発展の側面にのみ関心が集中していた。しかしセンの「潜在能力（capability）」アプローチが次第に多くの支持を集める中で，貧困に対する新しい定義が与えられ，人間の本来持っている潜在能力が抑圧されていることに貧困の本質的意味を見出し，「自由としての開発（development as freedom）」が唱えられるようになってから，広義の発展に本来の発展を見出す思潮が次第に主流になってきた（セン 2000）。

　終章で詳しく触れるが，イースタリーは，援助を取り巻く開発思潮には 2 種類の考え方やアプローチの対立が見られるという（Easterly 2006b）。すなわち，1 つはビッグ・プッシュとビッグ・プランという考え方であり，従来の世銀や国際機関が進めてきた援助の背後にある思想だという。あえていえば「上からの援助」というアプローチともいえようか。もう 1 つは「探索（searching）」という考え方であり，あえていえば「下からの開発」というアプローチである。イースタリーは長年世銀にいて開発・貧困問題に取り組んで来ただけに，実際に途上国において開発が成功するのは後者のアプローチによるしかないことを強固に主張する。ビッグ・プランとは決して社会主義者が提示したものではなく，世銀や IMF のような市場重視のエコノミストからも強く出された開発思想だったのである。

　先に述べたように，発展と移行が双対関係にあるとすれば，このような経済思潮の動きというものは単に経済発展にばかりではなく，体制移行の捉え方にも大きく絡んでくる。体制移行とは一体何のために必要なのか，単に人々を物的に豊かにするためなのか，あるいはセンが言うように，人間の持っている潜在能力を発揮させるためなのか，こうした問題を制度を中心として考えていくのが体制移行論の目的の 1 つである。それゆえ，体制移行とその結果を分析す

---

15) 世銀の包括的開発プログラムの概要とその成り立ちについては，大野（2000）に詳しい。

ることは，逆に経済発展や経済政策一般にも大きな示唆を与えるに違いない。

　最後に，われわれの取り上げる体制移行は社会主義から資本主義への移行であるから，社会主義とは一体何だったのか，あるいはそれを導き出した社会主義革命は何のために行われたのかという人類史上の大きな疑問についても，この体制移行論を通じて考えることができる。つまり歴史としての体制移行である。本書でもロシア革命にかんする評価（第2章コラム2）や，スターリンと毛沢東が自国民に強いたすさまじい人的犠牲について触れるが（第8章コラム8），そうした社会主義の歴史に対する評価は体制移行と切り離して語るわけにはいかない。もし体制移行が単なる資本主義への回帰に過ぎないとしたら，「革命」後，なぜかくも巨大なる犠牲を払ってまで社会主義化してしまったのだろうか。

　体制移行とは単なる一束の制度の変革に止まらない。社会主義が求めた理念の現実的適用性，そこに否応なしに組み込まれた人々の悲劇，社会主義から脱出しようとした人たちの生き様，そうしたこと全てを歴史的証拠の積み重ね，理論的洞察，それにわれわれの持っている通念や常識を再検証することによって少しずつ明らかにしていくことができるだろう。これも体制移行論を学ぶ1つの意味だといえよう。

COLUMN 1

体制移行と体制転換

　体制移行という巨大で，かつ多くの国を巻き込んだ歴史的大転換にかんして2つの呼び方がある。1つは体制移行（transition）であり，もう1つは体制転換（transformation）である。試みに，東京大学全学図書館収蔵の本を検索し，書名から見たこれら2つの呼び方の頻度を調べてみると，大体2対1の割合で体制転換という用語が多く使われている。しかし中には両者を併用している場合もあるし，同じ著者が自分の著作の書名に両者を使っている場合も見られる。

　ブラバントに言わせると，「移行」とは，共産主義と行政的計画化の残滓からある種の政治的民主化と市場形成の方向へ動いていく過程であり，「転換」とは，徹底した（incisive）広範囲な（far-reaching）構造変革（mutations）を指すという（Brabant 1998）。さらに，転換が「ほとんど退化した行政的計画経済を伴う一党政治体制を本質的に捨て去る」という明確な終局的目的を持っているのに対して，移行はかなり短期的な時間軸で見た現象であり，転換のような最終目標にかんする基本的同意ができていないという。

　あるいは盛田に言わせれば，「移行」概念には変化の連続性が暗示されており，中国やアジア諸国の場合，発展水準の「移動」としての移行が見られるが，ヨーロッパ移行経済国は「社会関係の質的変化」があるのであり，それこそ体制転換と呼ぶにふさわしいと論じる（盛田 2003）。確かに中国やヴェトナムは政治体制を変えず，かなり「国家社会主義」の体質を残しているから「移行」といえるが，盛田の主たる研究対象であるハンガリーなど中欧諸国のような国々では，その移行過程は政治も社会も，全てにおいて抜本的変化を伴ったものだから，転換と呼ぶべきなのかも知れない。

　こうしてみると，ブラバントの言うように転換がより広範囲で，より徹底した変化の過程を指し，移行がより緩やかで，連続的で部分的な構造変化を表すように見える。しかし，どちらの用語を使うにせよ，結局は定義の問題ではなかろうか[*1)]。広範囲な制度的変化をわれわれのように「広義の移行」と呼んでもいいし，限られた，しかもゆっくりとした制度変化を制度（漸進的）「転換」と名付けてもいいだろう。本書では移行という言葉を使用するが，その大きな理由は，ヨーロッパ復興開発銀行（EBRD）が毎年発行しているレポートが *Transition Report* であること，また「移行経済国（transition economies）」という言葉は一般化しているが，「転換経済

国（transformation economies）」という言葉はほとんど使われていないこと，以上 2 点である。本書では時には転換という言葉も使うが，それは実質上「移行」のことを指している。

*1) 何年か前に東京大学経済学部でエルマンを招いて研究会を開いたことがある。その席上エルマンは「中国は民主化していないから移行国ではない」と述べた。彼の定義では，移行とはわれわれの言う広義の移行のことであり，狭義の移行は移行に値しないということなのだろう。しかし，通常中国も「移行経済国」に入れられている。われわれは多くの文献に従い，中国やヴェトナムのような政治的変化を伴わない経済的移行をも「狭義の移行」として捉える。

第2章

体制移行の歴史的背景

はじめに

　社会主義体制がどのような理想を持って始まり，ロシア革命以後どのように展開されて来たのか，そしてそこにいかなる構造的問題を内在させ，また露呈させたのか，またこれらの問題に対して「経済改革」の名の下にどう取り組んできたのか，こうした体制移行の「初期条件」を考えることが本章の主な目的である。

　といっても，社会主義の「理論」や理念を詳述する余裕もなければ，社会主義の歴史を細かく追っていく歴史家としての能力もない。ここでは，あくまでも体制移行が必要だったことを示すためにいくつかの歴史的材料を整理しておきたいだけである。体制移行の「必然性」（より正確には高い蓋然性）を主張する，理論的，というよりも論理的根拠については次章において取り上げる。

　以下では，まず社会主義の理想像（理念）を大雑把に整理し（第1節），そうした理想の下に出現したロシア革命に対する歴史的評価を行い，併せてロシア革命が社会主義計画経済に与えた「歴史的母斑」にかんするわれわれの見解を述べる（第2節）。その後，社会主義がソ連の影響の下で各国に波及していくが，そうした歴史が持つ今日にまで至る影響について議論する（第3節）。そしてこれら全ての社会主義諸国において社会主義の理想と現実の乖離が次第に目立つようになり（第4節），その中でも計画化が理想とは全く異なった現

実しか生み出さなかったことを述べ（第5節），そうした理想と現実の乖離を小さくするために採られたいくつかの「改良モデル」について簡単に紹介する（第6節）。しかし，結局はこれらのモデルは全て失敗するか，あるいは失敗する運命にあったようである。移行前に現実の社会主義体制が直面したのは長期にわたる，また構造的な経済的低迷だった（第7節）。

1　社会主義の理想像

　マルクスやエンゲルス，レーニンといったマルクス主義の古典的理論家たちが，将来の社会主義社会をどのようにイメージしていたのか，マルクスの『ゴータ綱領批判』やマルクス＝エンゲルスの『ドイツ・イデオロギー』，エンゲルスの『反デューリング論』や『空想から科学へ』，それにレーニンの『国家と革命』などの著作から大体のことが摑める。厳密にいえば，彼らの「社会主義像」は論理的に詰められていたわけでもなければ，きちんと定式化されていたわけでもない。また論者の間で完全に見解が一致していたともいえないだろうが，少なくとも最大公約数的に，これら著名な社会主義理論家たちによる社会主義理念を以下のようにまとめることができるのではなかろうか[1]。こうした理念を，現存社会主義体制の下で打ち出された「現実的理念」と対比して「理想的理念」（より適切には「空想的理念」）と呼ぶことができるかも知れない。

　彼らの考えていた社会主義理念の基本を，いま順序を付けることなく，以下の4点に集約，整理しておきたい（公有制の理念は当然なので，ここでは省くこ

---

[1] 岩田は広汎に彼らの言説を渉猟し，社会主義社会の古典的「理念像」なるものを次のように整理している（岩田 1974）。すなわち，(1)生産手段の私的所有の廃絶，(2)自由な生産者（労働者）による連合，(3)生産単位における秩序，(4)労働に応じた分配，(5)経済・社会全体の意識的・計画的運営，(6)国家の死滅，(7)自由の国あるいは共産主義社会の理想像。さらに，(1)から(6)の理念を次の2つに集約化している。つまり，①社会経済の全面的計画化と，それを可能にする機構としての中央集権制経済体制，②社会を構成する諸個人の自由の全面発達。この2大理念のうち，前者を強調したのがソ連型の社会主義であり，後者を強調したのがユーゴスラヴィア型の社会主義だと捉えた。

とにする)。

1) 計画化 (planning)

　先に述べたように，市場を主たる配分メカニズムとする資本主義とは異なり，計画を経済の基幹的メカニズムとするように構想されたのが社会主義だった。それは19世紀における「無政府的市場」と，そこから必然的に発生すると考えられた経済恐慌や大量の失業に対する社会主義者の強い反感から生まれたものと思われる。同時に，計画により需給を常に一致させ，滞貨や失業といった無駄を省き，最も合理的に資源を配分できるとする，一種の近代合理主義思想の表れでもあった（終章参照）。

　エルマンは，計画の合理性をゲーム論で有名な「囚人のジレンマ」論から説明している (Ellman 1979)。つまり，もし配分を全く市場に任せてしまうと，消費者や生産者というプレーヤーはお互いに協力し合わないから，「神の手」ならぬ「見えざる手」による最適な配分ではなく，最悪の配分に陥るかも知れない。しかし，計画という協力ゲームにすれば，双方にとって最適な配分が可能になるというのである。

2) 平等 (equality)

　社会主義の「社会」には平等の概念が色濃く反映されている。まず，プロレタリアートが権力を奪い，ブルジョアジーや地主を消滅させるのだから，私有制に基づく階級としての差別は基本的になくなる[2]。他方，「労働に応じた分配」原則が支配し，労働者の能力差がある以上，同一階級内部の格差は存在するが，たとえ個人間では不平等でも，社会を媒介として人々は実質的に平等になれる。たとえば，教育や医療が無料なら，賃金格差は人々に大した不満をもたらさないだろう。食料や衣服など，生活に必要な物資は配給を通して，全ての人に等しく計画的に低価格で分配される。また運輸，通信，電気，水道といった基礎的生活インフラは全ての人に驚くべき安い価格で提供される。

---

[2] 農民や準プロレタリアートである知識人階級という階級は存続するが，それらは全てプロレタリアートが指導する同盟者であると位置づけられる。

資本主義の下でも「機会の平等」は保証される。しかし，「結果の平等」は達成できないのは当然として，私有制度の下で機会の平等も本当に保証できるだろうか？　金持ちの子供は十分な教育機会が与えられるのに対して，貧乏人の子供は満足な教育を受けられないかも知れない。そうすると就職の機会も不平等になり，貧困の悪循環が起きてくる可能性が出てくる。すなわち，貧しいから貧しくなるのである。

　社会主義の下では男女も平等になる。従来男性だけだった重労働の職場にも女性が進出し，女性は男性と同じく労働に参加するものとされた。同じく民族も平等になる。ロシア人はソ連の，漢族は中国の，それぞれ数において中心となる民族であるが，多数民族は少数民族を圧迫することなく，政治，経済，社会の全ての領域において同等の権利を持つものと謳われた。

3) 主体性 (ownership) と解放 (liberation)

　他方，社会主義になれば労働現場において労働者が「主人公」になるのだから，労働は喜びとなり，疎外は克服され，人間性が回復される。労働力はもはや「商品」ではなくなる。彼らはブルジョアジーや地主による一切の「圧政」と「搾取」から救われる。スウィージーは社会主義に自由がないというのは間違いで，社会主義こそ「人間らしい生活を送る積極的自由」を求めるものであり，ソ連にそれがないのは国際環境のせいだとソ連を擁護した（スウィージー 1951）。

　国家は労働者の国家になるのだから，その政策は全て労働者のためになされる。労働者は工場の「主人」になるばかりではなく，国家計画にも参画する。レーニンに至っては，『国家と革命』の中で「（計画経済で必要とされる）労働や給付の集計・管理は，資本主義のおかげで極度に簡略化され，点検と帳簿付け，算数の四則計算，受領証の発行など，読み書きのできるものならだれでもこなすことのできるごく簡単な作業と化している」と述べている[3]。

---

[3] 角田安正訳，ちくま学芸文庫，2001年，190ページ。なお，同じことを85ページでも述べている。レーニンのここでの狙いは，ベルンシュタインやカウツキーが批判・懸念した集権的社会主義体制における官僚化を否定することにあった。

もしその国が帝国主義によって支配される植民地であれば，社会主義は列強の支配から人々を解放し，国家の独立を勝ち取る。つまり，国家の主体性と人々の主体性とが社会主義の下で同時に開花することになる。

主体性を回復した人々の労働意欲は高まり，また計画により合理的に財・サービスが配分されるのだから生産力は当然飛躍的に高まるだろう。その結果，最終的には「必要に応じた分配」が成立する共産主義社会が実現する。

4）連帯（solidarity）あるいは協同（cooperation）

人々が平等になり，解放されるといってもバラバラの個人になるのではなく，連帯して社会を構成し，真の意味の共同社会＝社会主義社会が形成される。そこでは，「1人は万人のため，万人は1人のため」に連帯し合う麗しきアソシエーションあるいは共同体（コミューン）が作られる。また民族よりも階級こそが紐帯なのであるから，人々は民族的差別からも完全に解放され，国境を越えて「万国の労働者は団結」することになる。そこから社会主義者の言う真の「国際主義（internationalism）」という理念も生まれてくる。

こうした理念の一部は確かに変形しながらも現実的理念に転化し，そのための体制（制度）を実現する手段として各種の「社会主義的政策」が採られた（図1-7参照）。計画化理念にかんしては，ともあれソ連は国家計画制度を構築し，計画により資源を配分しようとした。社会主義各国がほとんど全てソ連に倣って「5カ年計画」制度を採用したのも，また国家計画委員会（ゴスプラン）とその類似機関を設けたのも，そうした計画化理念が現実の制度政策に作用したためである。平等理念に絡んではさまざまな社会福祉政策があり，教育，医療の無料化や勤労者のための保養施設の建設といった政策が実行に移された。現代のキューバにおいて，依然としてこのような政策が採られているのも，元を辿れば社会主義の理想的理念として平等主義があったからである。

2 ロシア革命と国家社会主義

ペレストロイカが始まり，言論の自由と情報開示がある程度進むと，ソ連の

歴史について対立する評価が現れ，ロシア国内においては大きな論争が沸き起こった。それはソ連崩壊後一層激しさを増していった。ある者は従来の正統派歴史解釈を支持し，ある者はスターリンについては批判するもののレーニンについては擁護し，またある者はレーニンに対して，果てはヤコブレフのようにマルクス主義そのものに対して徹底した批判を展開した（ヤコブレフ 1994）。

ロシア革命に対する評価にかんしては本章後掲のコラム 2 でも触れるが，この革命がその後の世界における勢力構造を築き上げる上で大きな役割を果たしたことだけは間違いない。この革命がなければソヴィエト権力とソヴィエト連邦も歴史の舞台に登場せず，ソ連という国家が地球上に現れなければ戦後社会主義陣営も，東西対立や冷戦構造も出来上がることはなかった。ソ連が出現しなければ中国革命も，ヴェトナム革命も，さらにはキューバ革命も成功したかどうか，疑わしい[4]。

われわれのここでの関心からいえば，ロシア革命が人類史上初めて「人工的な」体制を作り上げたことが重要である。カーの言葉を借りれば，「ロシア革命は，意図をもって計画され遂行された歴史上最初の大革命」だった（カー 1969, 15 ページ）。上記に見た社会主義の高邁な理念を持ったレーニンたち一部のグループが，第一次世界大戦という多分に「幸運な」時代に恵まれて，暴力をもって一気に実現した革命こそがロシア革命だった。したがって，自分たちが打ち立てるべき体制の十分詳細な設計図などあるわけがない。

理想的理念に対応する社会主義体制とは，論理的に考えて次のようなものだったはずである。前章第 2 節で挙げた 3 つの制度に限っていうと，まず所有制については，人民大衆による「共同所有」，あるいは「連合所有（associative ownership）」である。他方，資源配分制度（メカニズム）にかんしては，あえていえばバローネ的な空想的計画制度である（次章参照）。つまり，計画当局者がいて，全ての経済情報を入れて「多元連立方程式」を立てて解を求め，価格

[4) 中国国内では共産党が全く自力で革命を達成したという見方が公式になっているが，果たしてそうだろうか？　毛沢東が指導したゲリラ闘争だけで中国共産党が，あるいは八路軍が権力を奪取できたのか疑わしい。とくに内戦初期における東北地方の「解放」に当たってソ連がどれだけ援助したのか，いずれロシアの公文書館の資料が明らかにしてくれるような気がする。

というパラメーターなしに財とサービスを「最適に」配分する制度である。最後に政治制度であるが，プロレタリアート独裁を想定していたから，資本家や地主たちを追放した，大衆自身による直接統治制度である。

しかし，革命後の内戦と「戦時共産主義」の時代を経て出来上がった現実の社会主義体制，つまり国家社会主義体制はそうした理念的社会主義体制とは大きく違っていた。まず所有制は圧倒的な「国有制」に取って代わり，社会の主要な資本は全て国家が押さえ，支配することになった。国家が押さえた部門は軍事用語を援用して「管制高地」という。外国貿易や銀行，重工業やインフラ部門などは真っ先に国有化された。「集団所有」なる公有制度も作られたが，国有制よりもレベルの低い所有制度と見なされていた。

計画制度も「物財バランス法」と呼ばれる制度が現実に採用され，後に指摘するが，最初から財やサービスのバランスが取れないシステムになっていた。さらに，この点が重要なのだが，計画を取り仕切るのはレーニンが想像したような大衆ではなく，国家官僚だった。それは，計画が指令を唯一のパラメーターとして動く資源配分制度であることから，ほぼ必然的に生じてくる。もともと，「指令」は上から下に出される情報なのである[5]。最後に，これも大事な点なのだが，プロレタリアート独裁は共産党独裁に変化し，共産党を指導する政治局，そして書記局，さらにはそのトップである書記長独裁へと変質していった。前章での枠組み（図1-7）を使えば，理念―制度―政策の構造が，国家社会主義体制が形成されると大きく変わったのである（図2-1参照）。

とはいえ，そうした制度の変質過程の中でも，先に述べたように理想的理念の影響もあって，当時の資本主義体制には見られなかった新しい制度，たとえば無料の教育制度や医療制度，基本的必需品に対する国家補助制度などが誕生した。

なぜこのような政治経済体制が出来上がったかといえば，われわれの解釈では，結局理想的理念が革命後「現実的理念」に変化，というより変質していっ

---

5) かくして，スターリン体制を「党＝国家体制」，その経済管理体制を「行政的＝指令システム」と特徴付けるのが，日本におけるソヴィエト史専門の共通理解のようである。塩川(1993) 第1篇参照。

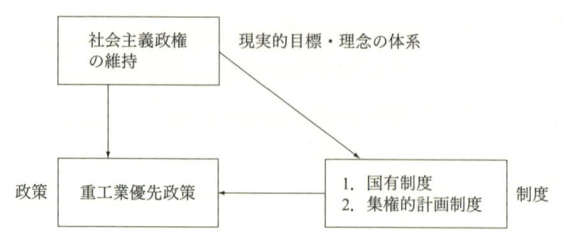

```
        ┌──────────┐
        │社会主義政権│  現実的目標・理念の体系
        │の維持    │
        └────┬─────┘
             │
             ▼
政策   ┌──────────┐        ┌──────────────┐
       │重工業優先政策│──────│1. 国有制度     │ 制度
       └──────────┘        │2. 集権的計画制度│
                           └──────────────┘
```

図 2-1　国家社会主義体制における理念，制度，政策の関係

たためである。暴力革命によって成立し，激しい内戦を経て，また国際的にも資本主義列強に囲まれ，孤立した社会主義政権がまず何を最大の目標に掲げるかといえば，政権，つまり現体制の維持である。政権を維持しなければ社会主義の理想など実現できないのではないか？　また権力を固めなければ社会主義的政策など実行できないのではないか？　それゆえ，全てに優先して政権維持・確立のための制度が作られ，それを通して国家社会主義的政策が実施されていった。内外の「敵」から自らを守るための軍事力や警察力，さらには秘密警察といった国家の暴力装置を強化することが何よりも求められた。さらに，国家統制を浸透させるためには，厳格な階層秩序（ヒエラルキー）が保たれなければならない。そのために考え出された政治制度がいわゆる「ノーメンクラツーラ制度」だった[6]。これによって，中央集権的な政治経済体制を強固なものにすることができる。またこうした国家社会主義の目的を達成するためには，先述した「管制高地」たる主要経済部門の国有化の他に，食糧の確保，そのための農業集団化，これらを梃子にした強制的工業化，中でも重工業化が遂行された。物財バランス法による国民経済の集権的計画化は，全てはそのための手段だったといっても過言ではない。

　ほとんど全ての国家社会主義国で「重工業優先」という計画的生産方式が採られ，広まったのは，理論的にいえば，資本主義・市場体制よりも高速度で経済を成長させ，「社会主義の優越性」を立証する成長モデルだからだった。

---

6) ノーメンクラツーラとは「リスト・名簿」の意味であるが，ソ連および他の社会主義国では，党によって承認される「任命職リスト」のことを指し，「支配階級」のことを表していた。この制度については，ヴォスレンスキー（1981）に詳しい。

1920年代のソ連において「社会主義工業化論争」が展開され，プレオブラジェンスキーの唱える重工業優先発展路線と，シャーニンが唱える農業・軽工業優先発展路線，さらにはブハーリンの主張するバランス成長論とが対立したとき，プレオブラジェンスキー派の経済学者だったフェリトマンが，生産財部門への投資配分率を高めることにより，長期的にはより高い成長率を達成できることを「証明した」[7]。スターリンがこのモデルを採用することによって，この理論は一層権威を持ち，経済法則とまでいわれるようになったのである。

　もう1つの現実的理念は，体制維持を強化するための愛国主義とナショナリズムである。公式的にはマルクス主義や共産主義の理念が繰り返し説かれる。しかし，理念と実態は乖離し，本音と建て前が分離し，愛国的なものこそが社会主義と同義なものと見なされるようになる。その点を強く批判したのがローザ・ルクセンブルクだった。彼女はレーニンの進めた国家主義的政策を強く批判し，マルクス主義が本来持っていた国際主義を高々と掲げた（ルクセンブルク 1985）。しかし，権力を持った者からすれば，そうした批判は非現実的，負け犬の遠吠えに過ぎなかった。

　ソ連において，内戦終結後，新しい経済政策（ネップ）が導入され，市場制度が部分的に復活する。レーニンが存命中の時でもあり，政治体制もある程度自由化され，国家社会主義体制は一時期緩むことになった[8]。そのことをもって，レーニンが市場を容認した新しい社会主義体制を目指していたという解釈もあるが，果たしてそうだろうか？　トロツキーが述べていたように，ネップはあくまでも疲弊した経済を回復させるための一時的手段に過ぎなかったし，そのように多くの党員は理解していたと思われる（トロツキー 1992）。中国においても，大躍進の大失敗後，毛沢東は一時的に体制の限定的自由化を許容していた。たとえば，集団農業の統制を緩和し，農村において市場が復活するのを認めていた。しかし，その後の社会主義教育運動や文化大革命を通じて，一層急進的，左翼的政策が採用されることになったのである。

　多大な犠牲を払って実施された農業集団化（上からの革命），そのことの帰

---

7) このモデルの厳密な証明はドーマーによって与えられた。Domar（1957）参照。
8) ネップ経済にかんしては，中山編（1980）参照。

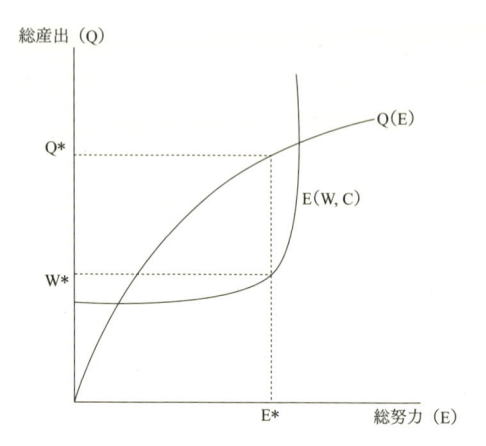

図 2-2 スターリン主義的計画経済モデル

注) Qは産出，Wは賃金率，Eは努力(efforts)，Cは消費をそれぞれ指す。Q(E)は生産関数，E(W, C)は労働供給関数に対応する。

出所) Gregory and Harrison（2005）より。

結でもあったすさまじい飢饉と飢餓，またスターリンの独裁体制が強化されるに従い繰り返された粛清の嵐，こうした国家社会主義体制の負の「実績」からすれば，この体制がその後モデルとして他国に輸出されたのは常識では理解できない。しかし，次節で見るようにこのモデルは「普遍性」を勝ちとることができた。それはなぜだろうか？ そこには少なくとも2つの大きな理由があったように思われる。1つは，1929年以後，資本主義世界を覆った経済恐慌にソ連が無傷でいられたことである。没落する資本主義と勃興する社会主義の見事な対照が生まれ，社会主義計画経済が有効かつ効率的な経済モデルだと信じられることになった。もう1つは，莫大な犠牲を払いながらも，革命前に比べればはるかに大規模な工業建設にソ連が成功したことである。後れた農業国ロシアは，いまや世界の前列に並ぶ一大工業国に変身した。その結果，国防力は増強され，最終的にはナチスの侵略にも対抗することができ，第二次世界大戦の勝利者になることができた。

　グレゴリー＝ハリソンは，スターリン時代のソ連国家社会主義の経済を「投資最大化モデル」として描く（Gregory and Harrison 2005）（図2-2参照）。すなわ

ち，国家はやみくもに投資する。それは先に述べたように工業化のために投資が必要だったからであり，その投資は重工業や国防産業に向けられた。ところが投資が余りにも多すぎると消費が減ってしまうが，消費を少なくし過ぎると，労働者は働かなくるし，働けなくなる。そこで，投資を最大にする最適な産出 Q^* と，それを可能にするような最適努力水準 E^* が存在することになる。もちろん，労働者の努力曲線は強制と恐怖によって一定程度動かすことは可能であるし，事実スターリンはそうした手法を用いた。グレゴリー＝ハリソンに言わせると，「1940 年から 55 年の 6 月まで，通常の裁判所ならびに軍事，輸送，収容所法廷は，全ての刑事事件で合計 3,580 万人に刑を言い渡した。再犯を入れなければ，これは約 1 億の成年人口のほぼ 1/3 に相当する。3,580 万人のうち 1,510 万人は監獄に入れられ，25 万人は処刑された」(Gregory and Harrison 2005)。しかし，最低限の賃金を与えつつ，強制だけによって彼らの努力を引き出すには限界がある。経済的刺激と強制・脅迫の 2 つのメカニズムが，労働供給から見た当時の国家社会主義体制を動かしていた，といえよう。これについては，次章第 5 節でも取り上げることにする。

3　戦後社会主義の波及

　第二次世界大戦が終了してから 4 年余りという短い期間に，ソ連を中核とする社会主義陣営が形成され，ソ連モデルというべき国家社会主義体制が東側各国に広まっていった。それは，1 つにはユーゴスラヴィアを除き，ソ連軍が東欧諸国を占領し，ソ連共産党に忠実な党を作り，またソ連とスターリンの息がかかった人物を各国の指導者に据えたからである。たとえば，チェコスロヴァキアのゴットワルドがそうで，合法的にできた共産党・非共産党の連立政権をクーデターによって倒して，独裁政権を築いた。同じようにハンガリーのラコシは，初期には民主党などと連合戦線を組んでいたが，次第に共産党の一党独裁権力を確立し，ハンガリーの小型スターリンになっていった。こうしたことは，ソ連の後押しや承認がなければできなかった。このような歴史的経緯こそが，その後の体制移行のあり方にとって重要な初期条件を形成したのである。

ソ連モデルの影響がかくも拡大していった理由の1つには，ソ連とスターリンの威信が戦後東側できわめて高かったことがある。ユーゴスラヴィアは独力でナチスから自国を解放したために，ソ連の直接的支配を受けることはなかったが，それでもコミンフォルムに加入するなど，1948年にそこから追放されるまではソ連の威信を受け入れていた。東西冷戦が始まり，コミンフォルムが結成されると，急速にソ連の影響力は拡大していった。中国にしても，1949年10月に建国すると真っ先にソ連と友好同盟条約を結び（1950年），ソ連からの援助を受け入れるとともに，毛沢東は公然と「ソ連一辺倒」を唱えたのである。

さらにもう1つのやや消極的な理由は，東側の新興社会主義国にとって，当時ソ連しか社会主義モデルがなかったことである。現実に存在し，それなりに機能していた社会主義モデルはソ連モデルしかなかった。その後ユーゴスラヴィアのように政治的にソ連と対立する社会主義国の中から，独自の社会主義モデルが考案され，あるいは試行されることはあったが，少なくとも1940年代末までは，ソ連と対立，対抗しようとする国は社会主義陣営内部にはなかった。

それでは，社会主義各国はどのようなやり方でソ連モデルを導入したのかというと，ほとんど決まり切ったパターンがあったようである。まず一気に社会主義化したのではなく，初めの2，3年は過渡期というべき段階で，政治的には非共産党と連合し，経済的には資本主義的要素を許容した（たとえば資本家や私的経営者の容認，市場の残存）。同じく土地改革は実施するものの，強制的な農業集団化は控えていた。

たとえばソ連占領下にあった東ドイツでは，1945年秋に土地改革が実施されるが，そのとき共産党の指導者ウルブリヒトは，「ソ連占領地域では私有財産が廃止されると主張する人がいる。しかし，実は正反対である。だれも集団化の意図は持っていない。すべての農民が入手した土地は，相続できる私有財産である」と約束した（永井ほか 1990，57ページ）。中国の場合，この時期は「新民主主義」の時代に相当し，共産党が指導する連合政府は資本家の協力を求めていたし，土地改革後1953年までは農業集団化への積極的動きは見せて

いなかった[9]。他方，これらの国々は重要産業や大企業の大部分を国有化した。またソ連に倣って国家計画員会を筆頭とする計画機構も用意した。そして「過渡期」が終了し，社会主義化のドライブが掛かると，政治的にも共産党独裁が確立していき，また農業集団化も大規模に実施されるようになった[10]。ただし，中国と（ユーゴスラヴィアとアルバニアを除く）東欧ではソ連に対する関係は異なっていた。つまり，東欧諸国はソ連の衛星国としての色彩をますます強めていったのに対して，中国はそうならず，1956年以後，次第にソ連から離れ始めることになる。

4　理想と現実のギャップ

どの国でも理想と現実とは違うものである。しかし，現実の社会主義経済ならびに社会ほど現実と理想（理念）が食い違った体制はないだろう。社会主義が理念を強調すればするだけ，その乖離は目立つものになった。しかも，ある部分，制度によってそうした乖離を体制が固定させていたことが特徴的である。そしてこの乖離はほとんどの国家社会主義国で見られた。以下，第1節で挙げた理念と対応した現存する社会主義（real socialism）体制の，しかも広義の社会体制の諸相を見ておくことにする。

1）不　足

「戦時共産主義」時代や戦争，内乱，革命直後の異常時は当然のこととして，一応政権が安定した平和な時代になっても人々が直面したのはモノ不足と行列だった。しかも，その状況は社会主義体制が崩壊し，あるいは移行の始まる時代が来るまで途絶えることはなかった。滞貨と行列が併存するといわれた社会主義計画経済だったが，実際は滞貨よりも行列，過剰よりも不足の方がはるか

---

[9] 中国における農業集団化の展開過程にかんしては，中兼（1992）参照。
[10] ユーゴスラヴィアでは1953年に，ポーランドでは1956年に農業集団化を廃止してしまった。しかし，これは例外的なケースで，ほとんど全ての社会主義国では農業の集団化は実施され，重工業化のための資金を農業が提供することが期待された。

に重大だったのである。それだけモノやサービスが量的にも質的にも，時には惨めさを感じるほど不足していた。1970年代に中国やソ連を訪れ，大都市の国営商店を覗くと，めぼしいものが何もないことに外国人は驚かされたものである。

不足の程度を測るのは容易ではないが，1つには公定価格と実勢価格（あるいは闇価格）の差が大きければ大きいほど不足が重大だったことになる。その結果，社会主義経済にはオープン・インフレはなかったが，「抑圧インフレ（repressed inflation）」が出現することになった[11]。

あるいは品物を注文してから届くまでの時間，つまり行列時間の長さで不足の大きさを調べる方法がある。たとえば自動車を購入してから商品が届くまでの時間を比べてみると，社会主義国の方がおしなべて先進資本主義国より数倍長かった。それは，流通機構の非能率もさることながら，結局は計画経済が超過需要を処理できないためである[12]。

こうした不足がなぜ現れ，また永続したのか，その理論的根拠については次章において詳しく議論するが，まずは「不足の経済学」の権威であるコルナイの見解を見てみよう。

コルナイによる不足発生と永続化の理論的メカニズムはこうである。まず，社会主義経済は資本主義のような需要制約ではなく供給制約の状況下に置かれており，その中で企業は投資渇望と拡張強制なる衝動を持つ。社会主義企業は「ソフトな予算制約」に従っており，価格が上がろうが，予算が不足しようが，欲しい財や設備を購入しようとする[13]。他方，家計は「ハードな予算制約」に

---

[11] 計画経済の下では価格は統制されているので，潜在的に超過需要があっても表面的には価格は上昇しない。しかし，行列や配給切符の形で超過需要が顕在化する。統制を撤廃すれば現れるであろうインフレのことを「抑圧インフレ」と呼ぶ。他方，統計的に測られ，実際の価格上昇となって現れるインフレのことをオープン・インフレと呼ぶ。

[12] ハンガリーでは国営住宅の割り当ては7年，乗用車を購入するには2年以上待たなければならなかった。コルナイ（1986），106ページ参照。

[13] コルナイが提示した社会主義経済にかんする鍵概念の1つ。資本主義であれば，企業は家計と同じように予算制約の下で行動し，その制約が企業に効率的生産を促すが，社会主義企業では予算制約が緩く（ソフト），不足すれば国家に泣きつくことで簡単に資金を得ることができる。

基づいて行動するので、価格が上がればその財に対する需要を低下させる。もし企業と家計とが同一の財を購入しようとすると、以上のことから分かるとおり、その財は企業需要を満たすように使われ、家計は不足状態に置かれる。不足が継続すると予測されれば、企業は（そして恐らく家計も）さらに一層その財を買いためようとするから、不足は永続化し、また深刻化する。つまり、「不足は不足を生み出す」（コルナイ 1983, 165 ページ）のである。

2) 特権と不平等

現実の社会主義体制では党員が、中でもノーメンクラツーラと呼ばれる一部特権層が大衆とは違ったさまざまな特権を享受していることに対して、政権樹立直後から政権内部から、あるいは社会主義理念の共鳴者からも批判が出ていた。たとえばトロツキーは「革命軍事会議と赤色陸海軍のすべての幹部活動家への手紙」（1920 年）の中で次のように述べている。

「特権は、それ自体、ある場合には不可避である。繰り返すが、それは当分の間、必要悪である。しかし、これ見よがしに特権に甘えることは、悪であるというだけでなく、犯罪である。そして、赤軍兵士の多くは、任務の必要性によるやむをえない特権がどこで終わり、特権の濫用がどこから始まるかを、非常によく理解している。

とりわけ軍隊にとって士気を阻喪させ解体的な性質を持つのは、確立された規則や指令や命令を侵害することと結びついた特権の濫用である。何よりも、酒や女性等々をともなうパーティがそれにあたる」[14]。

これは赤軍に宛てた手紙であるが、その趣旨は共産党体制全体にも当然当てはまる。また、特権の生まれてくる基本構造を正確に描写しているともいえよう。すなわち、供給できる財に不足があり、かつ絶対不可侵の革命目的（理念）を前提とすると、その目的の実現に献身する一部の人々（幹部）に不足財の配分が優先されることになる。その「財」には基本的必需品だけではなく、酒や女性もしばしば含まれる。そうしたことは、革命目的のためには「不可

---

14) 訳は西島栄（http://www.marxists.org/nihon/trotsky/1920-1/byoudou.htm）。同様なことは毛沢東ら中国共産党のリーダーたちによっても主張されてきた。

避」なのである。

あるいは、ジラスによる共産主義体制およびその体制が生み出した「新しい階級」批判を見てみよう。

「ローマ法の規定するように、財産とは物財を使用し、享楽し、処分することである。共産主義政治官僚は、国有化財産を使用し、享楽し、処分する。

この官僚または新しい所有者階級の一員であることが、所有権に内在する特権——この場合は国有化された物財——を行使することで示されるとすれば、新しい党階級、あるいは政治官僚の一員であるということは、このような機能にたいして社会が通常あたえるよりももっと大きな物財の収入や特権を享受することにあらわれる。現実には、新しい階級の所有上の特権は、政治官僚が国民所得を分配し、賃金を定め、経済発展を指導し、国有化その他の財産を処分する独占権として、党の独占として発揮される。だからこそ、一般の人は共産主義幹部を非常な金持とみなし、働く必要のない人とみているのである」（ジラス 1957, 59ページ）。

ここでは、「党・政治官僚の特権」なる社会主義体制における特権は、不足ではなく、私有制を廃絶し、党＝国家となったことから出現したと捉えられている。

どうして「一般の人は共産主義幹部を非常な金持とみなし」ていたのだろうか？ ソ連におけるノーメンクラツーラ（ジラスの言う党・政治官僚）の起源と規模、構造を徹底的に分析したヴォスレンスキーは、ソ連共産党中央委員会の課長を例に挙げて、彼の享受していた特権と報酬とを列挙する。まず彼の給料であるが、1カ月450ルーブルで、これはソ連の平均的労働者職員の給料167ルーブルに比べて3倍弱の多さでしかない。しかし彼はそれ以外に「クレムリョーフカ」と呼ばれる特別のクーポン券を支給され、これは1カ月当たり70ルーブルの価値があるという。また彼は論文や著書に対する執筆料や外国旅行に伴う手当、あるいは一般の人よりも広い住宅や別荘など、彼の地位に起因するさまざまな見えない収入を受け取る。これら全てを仮に貨幣価値に換算して合計したとしても西側の基準では大した収入にはならない。しかしヴォスレンスキーは言う。「ところがこれは富なのである。富とは相対的な概念なの

だ。ソヴィエト住民大衆と比較してみれば，ノーメンクラツーリスト（特権階級の人々を指す――引用者）が手に入れるものは富なのである」（ヴォスレンスキー 1981，300 ページ）と。こうした特権は，やはり不足と権力（あるいはそれが生み出す地位）が合成されて作り出された産物である。

重要なことは，これらノーメンクラツーリスト，あるいは党・政治官僚の一般大衆と比べた実質収入差の大きさにあるのではない。彼らが大衆には入手できない特殊なクーポン券や特殊な病院，居住地域，サナトリウムを利用できる，という事実にある。この特権が生み出す喩えようもない優越感こそが大事なのである。資本主義体制下では金さえあれば誰でもそうした優越感に浸ることができるのに，国家社会主義体制では地位と身分がなければできない。だから特権なのである。しばしばいわれるように，資本主義では金が権力を作り，国家社会主義では権力が金を生み出す。

また社会主義になり，男女の差別は撤廃されただろうか？ スターリン憲法により女性の参政権は認められ，男女平等の理想が高々と打ち上げられたが，今日広く用いられているジェンダー平等指数である GEM（Gender Enpowerment Measure）で測れば，かつてのソ連は恐らく現代の途上国並みの水準だっただろう。中国においても，女性が党や政府の幹部になることはほとんどなかった。社会主義社会において女性の労働参加率は高まったものの，家事労働の多くは依然として女性が担い，女性の疲労は労働に参加した分だけ高まったといわれている。中国における退職年齢男子 60 歳，女子 55 歳という性の差別は，堂々と今日まで生きており，誰も改正しようとはしない。

民族差別にかんしても，チェチェン紛争やチベット問題が典型的であるように，社会主義体制下で少数民族問題は解決しなかったばかりではなく，むしろ陰湿な形で抑えつけられ，時には 1959 年のチベットのように弾圧されることになった。スターリンのユダヤ人嫌いは有名だったし，中国共産党が少数民族を信頼していないことは，行政単位のトップである共産党委員会書記は，たとえ少数民族地区であっても全て漢族であることに表れている。

かくして，さまざまな格差が制度によって作り出され，また制度によって固定されることになった。先進資本主義国にもさまざまな格差や差別が存在す

る。たとえばわが国では「男女機会均等」を謳いながらも，実態はまだまだ男性優位社会であることは否定できない。アメリカでは人種差別が法的に禁止されているにもかかわらず，実態として黒人が差別されている。しかし，国家社会主義体制のように，制度として党員と大衆，農民と都市住民，それに民族や（中国の場合）男女が差別されている体制ではないことが重要である。

3) 抑　圧

　社会主義体制になって，人々は「主人公」になり，搾取と抑圧から解放されたのだろうか？　形式的な選挙により共産党が推薦した候補者が100％の票を獲得し，議会は単なる挙手と拍手の機関になる。議会が選ぶ政府は当然党の手足になる。ユーゴスラヴィアを除きほとんどの工場は国家の工場になり，政府から任命された工場長が労働者に命令を出す。その工場長は労働者が選ぶのではなく，党によって任命される。党は大衆を統制し，メディアを操り，社会全体を支配したために，支配者の代わった搾取と抑圧が人々を縛ることになった。秘密警察が跋扈し，密告が奨励され，恐怖が社会全体に広がることになった。その恐怖感は資本主義体制や帝政時代とは比べものにならないほどだった。当然人的犠牲もすさまじい規模に上る（第8章コラム8参照）。

　抑圧のあるところ，また恐怖のある体制の下では必ず人間不信が起こり，互いの猜疑心が社会を蝕むことになる。子供が親を密告し，そのことが国から称えられるのは国家社会主義国においてだけではなかろうか。東ドイツの場合，非公式協力者やパートタイムの情報提供者を含めれば，6.5人に1人が秘密警察シュタージに監視情報を提供していたといわれる。尾行，密告，盗聴などあらゆる方法で国家は個人の行動を監視していた[15]。中国では「档案」という個人記録が18歳に達すると（農民を除き）作られ，そこに個人の活動記録や履歴が細かく記され，所属する職場の党組織がそれを管理しているが，当該の個人は全く中身が分からない仕組みになっている。こうしたことは全て，社会の情報を党が管理する制度が作り出した人間不信機構といえよう。

---

15) なんと，夫婦生活の回数までシュタージに報告されていたといわれる。ファンダー（2005）参照。

4）刺激の低下（disincentive）

　社会主義体制の下で働く者が意欲に溢れ，積極的に労働に取り組んだ時代もあった。革命や建国直後，それに戦争期間中など，社会的緊張感が十分あった時代には，貧しい生活や低い賃金にもかかわらず，彼らは政府や党の呼びかけに応えたものである。ソ連のスタハノフや中国の王進喜といった労働英雄は，もちろん相当な脚色はあるにせよ，「労働模範」や「労働英雄」がかつて彼らの社会を動かしていたことを示している。事実，社会主義経済の比較的初期には経済成長率はおしなべて高く，高度成長期の日本には及ばないが，戦後の欧米先進国を凌ぐような高成長を一時期達成したのである。ソ連がアメリカに追いつけ追い越せと叫び，中国がそれを真似てイギリスに追いつけ追い越せと呼応したのも，それまでに社会主義経済が，少なくとも物的生産の増大という意味で成長していたことを物語っている。

　しかし，社会的安定が確保され，また時とともに「日常」が支配するようになると，次第に計画当局者は労働者や農民たちの労働意欲の低下に悩まされることになる。それはある意味で上記 1)不足や 2)特権と不平等，それに時には 3)抑圧といった体制が生み出した結果といえるかも知れない。さらに，集権的計画化は体制の官僚主義化を生み出した。創意や工夫もなく，ただ前年どおり生産することが人々の習性となったのである。

　そこでさまざまな刺激メカニズムが考案された。最も広範囲に用いられたのが物的刺激（material incentives）や金銭的刺激（pecuniary incentives）である。出来高制が奨励され，各種のボーナス制が考案され，より多く働き，よりよく生産課題に取り組んだ労働者には多くの報酬が与えられる仕組みが作られた。「労働に応じた分配」という「社会主義的分配原則」をいかに活用するかが問われるようになった。そのことは，逆に物的に刺激しなければ人々が働かなくなってきたことを如実に物語っている。精神的刺激に頼ろうとしたのは，後述するように毛沢東時代の中国だった。

　最後に，この点は強調してもし過ぎることはないのだが，どのような体制にも必ず何らかの理念や哲学が基調にあるものの，社会主義体制ほど強烈な理念

を有する体制はない。資本主義は自由と個人主義を基本として，市場こそ個人の自由を発揮し，実現できる制度であるという理念を潜在的にせよ持っている。政府や国家は，そうした個人の自由を保障するための手段でしかない。これが民主主義の哲学である。資本主義体制の「自由」の理念は現実には全ての人に信奉されているわけではないし，またそもそもその理念は完全には実現しえない。市場競争から脱落した人々は，「自由などどうでもいい，今日のご飯が欲しい」と考えるだろう。またあるグループの自由はしばしば他のグループの不自由によって実現される。競争が貫徹せず，独占や寡占がしばしば経済体制を支配する。市場と並んで現代資本主義が奉る民主主義の理念も，その現実妥当性は古来から繰り返し疑問視されてきた。民主主義とは，たかだか他の政治制度に比べて人々の不満を小さくし，合意形成を容易にできる政治的装置，ないしは手続きに過ぎない。

　しかし，近代資本主義体制の下で，こうした哲学をめぐって資本主義体制支持者の間で激しい論争を引き起こすことはあっても，その理念のために何万，何十万，時には何百万もの人間が「異端者」とされ，その家族さえも犠牲になることはなかった。なぜなら，個人の自由のために他人の自由を侵すことは許されないからである。しかし，社会主義はそうではなかった。なぜ国家社会主義体制の下で，体制の理念のために他人の自由が平然と抹殺されることになったのかといえば，体制を作り，維持するのが個人ではなく，組織や集団（具体的には党）であったためである。その結果，組織内で理念の解釈争いと権力闘争が発生することになった。これまでの歴史を振り返ると，共産党がある種の宗教集団に近いことに驚かされる。スターリンや毛沢東らが実行した異端派に対する残酷な粛清は，中世カトリック教会における宗教裁判を想起させるものがある。

　理想や理念と現実とは得てして食い違うものである。まして多数の個人が関係する国家を単位としたとき，その食い違いは大きくなるし，調整も難しい。国家の目標（理念）を全ての国民が支持し，賛同するわけでもない。個人が国家目標に反対だからといってその国を離れることは容易ではない。とくに自由の保障されていない国家ではそうである。

しかし，資本主義体制は社会主義者の言うような「理想社会の建設」という強烈な，宗教的ともいうべき理想的理念を掲げているわけではない。自由や民主主義が嫌いなら「自由から逃走」し，不自由で独裁的な国に移住すればいい。競争社会がどうしてもいやなら，離れ小島に移り住んで晴耕雨読の生活をすればいい。労働したくなければ，誰かに寄生すればいい。しかし，社会主義体制の場合はそうはいかない。理想的理念が現実的理念に変質し，もともとあった理念と現実とが背反した結果，体制選択が不自由なだけに，資本主義の場合よりはるかに深刻で重大な結果をもたらす。

たとえば，アマルリークはソ連時代，反体制であるために仕事に就けず，当局は彼を「徒食人」として捕らえ，シベリアに送ってしまった（アマルリーク 1972）。なぜなら，「働かざる者食うべからず」という社会主義の（理想的）理念に彼が違反していたからである。それ以上に重大な理由として，彼が「反体制」として「体制維持」という現実的理念と真っ向から衝突したからである。もし彼が単に仕事をしないだけだったなら，シベリアまで送られることはなかっただろう。

国家理念やイデオロギーは個人の思想や信条を支配する。社会主義体制の下においてでは「思想犯」なるものも存在する。ジラスが言うように，「イデオロギー上の差別待遇は人間のなかにある，もっとも個人的ないっさいのものを叩き潰す。精神への圧制はもっとも完璧で，もっとも野蛮な型の圧制である。他のあらゆる圧制はこの圧制から始まり，それで終わる」（ジラス 1957, 191 ページ）。内戦終結直後にロシアを訪れたラッセルは次のように言った。「共産主義を教え込まねばならぬという必要が，いわば温室的な状況を作り出す。新鮮な空気は一切，閉め出してしまわねばならない。人々には，ある決まった方法で考えることを教えねばならない。自由な知性は全てタブーになる。国は，途方もなく拡大されたイエズス会の学校に似てくる。あらゆる種類の自由が『ブルジョア的』であるとして禁じられる。そして思想が自由でないところ，知性は衰えるという事実が残るであろう」（ラッセル 1990, 104 ページ）。ルイセンコ遺伝学なるエセ科学が長期にわたってソ連の自然科学という知性領域を支配できたのも，煎じ詰めれば国家社会主義体制によるイデオロギー的庇護が

あったからである。無論、ラッセルの言うような極端な思想抑圧は体制が安定するとともに少なくなるが、本質は変わらなかった。

　社会主義体制下における理念と現実の乖離は、こうした「犯罪」を生み出すばかりではない。理念が輝けるものであるがゆえに、現実との乖離は社会に偽善と「白けた」気分や態度をも作り出すことになった。公と私の分離が著しくなり、公的世界と私的世界とが全く分裂し、そのために制度が崩れ始める。私的なものは盗まないが、公的なものは堂々と盗むようになり、いわゆる地下経済も繁殖することになる（第7章参照）。平井に言わせれば、社会主義体制下のアネクドート（ジョーク）が最も面白いという。なぜなら、「共産主義」国家の存在そのものが史上最大の冗談だからである（平井編 1983, 302ページ）。

5　計画化の実態

　上述した不足は、結局は「情報量と情報処理能力の乖離」によっても作り出される（次章第2節参照）。すなわち、計画経済は決してバローネの言うように多元連立方程式を解けばいいというものではなく、膨大な計画課題を限られた計画人員で処理することに所詮無理があったのである。ソ連では、ゴスプランの当局者によれば1983年に2,000の個別的生産物にかんする物財バランス表があったというが、実際その数は見当もつかないほどだった（ゴールドマン 1988）[16]。他方、連邦ゴスプランの情報処理能力はバランスの取れた計画の作成に必要な能力の1％に過ぎなかったという（岡 1976, 95ページ）。中国においては、きちんとした計画を立てた物資はわずか数十種類に過ぎなかったという（薛 1980）。しかも、ここでいう「バランスのとれた」、あるいは「きちんとした」計画の内実こそクセもので、後述するように、実際にはそれほどバランスがとれていたわけでもなく、またきちんとしたものでもなかった。

　国家社会主義国において実際の計画経済に使用された計画メカニズムとは、

---

[16] ゴスプラン以外に、ゴススナブ（資材・機械補給国家委員会）が1万5,000の物財バランス表を作り、各省は優先度の低い生産物について年間に5万ものバランス表を作成したという（ゴールドマン 1988, 50ページ）。

バローネのような「空想的モデル」ではなく，「物財バランス法」という手法だった。この方法は具体的には以下のようなやり方である。すなわち，いまある財 X を取り上げると，供給側の全ての企業の生産量を足し合わせ，それに輸入量を加えると総供給 ΣX となる。一方，その財を需要する全ての企業および消費量を合計し，それに輸出量を足し合わせると，総需要 ΣY となり，総需要と総供給が一致する，つまり $\Sigma X = \Sigma Y$ となるように生産と消費，それに輸出入を調整するのである。

「バランスは最初に物的投入（原材料，燃料，農産物，半加工製品，中間財）について作成され，続いて機械と設備，そして最後に製造業部門消費財について作成された。スターリン時代のソ連では，作成されるバランスの数は 18,000 を超えていた」（ラヴィーニュ 2001，11 ページ）。このような膨大な数のバランス表を作って，実際バランスするのだろうか？

この方法によっては財の全体のバランス（均衡）は決して保たれないことは初めから分かっていた。なぜなら，需要側と供給側とを物量単位で総量を等しくさせても，派生需要を全く考慮していないからである。つまり，財 X を作るための財 Z が必要とする財 X，また財 Z を作るための財 Q が必要とする財 X，等々，複雑に絡み合う産業連関全体における財 X がこのバランス方法では摑めないのである。その後レオンチェフによって産業連関表が開発され，盛んに利用されるようになったが，作成し利用した国は主に先進資本主義国で，東側ではほとんど利用されなかったのは，産業連関表によっては物財バランスが，したがって実際の計画化ができないことにも関係があるだろう[17]。

こうした原始的とでもいうべき物財のバランス法によっても，上記のように情報処理ができないのだから，結局「対前年度比 xx パーセント増」というやり方に頼るしか方法がなく，仮に（そうしたことはありえないが）初期時点で全ての財がバランスしていても，時間が経つにつれてアンバランス，つまり不足

---

[17] 物財バランスは物量表示である。たとえば，鉄鋼は何トン，自動車は何台，牛は何頭という表示で需給のバランスが図られる。他方産業連関表は派生需要を求めることができるが，金額表示で表されている。そうでなければ，財の数だけ存在する「部門」を統合できない。

と過剰が拡大していく。したがって、ここでも「不足は不足を生み出す」ことになる。無論、現実には全ての財の増加率を一定とするのではなく、計画者がとくに重要と思われる財、たとえば軍備関係の財を優先的に増産させ、一般には消費財は後回しにされる傾向にあった。

　この方法は情報処理能力を改善しない限り、どうしても多数の計画人員を必要とするから、必然的に官僚層の肥大をもたらしがちである。現実の計画経済機構は、レーニンが錯覚したような、四則演算さえできれば誰でも動かせる、というわけにはいかないのである。このシステムでは膨大な計画官僚が必要とされ、行政機構は肥大化していった。理想的理念としての計画化は最後まで維持されていたから、合理的計画化のための知的努力だけは続けられたが、それがいかにむなしい知的作業だったか、今から考えると驚かざるをえない[18]。

　それでは、「情報量と情報処理能力の乖離」を現実には何が埋めていたのだろうか？　言い換えれば、計画は計画通りにならないが、それでも現実の社会主義はそれなりに動いていた。少なくとも1970年代頃までは経済全体は何とか成長し、体制崩壊や移行の兆候さえ見せなかった。人々の欲求水準が低すぎたのだろうか？　そればかりではあるまい。西側の情報はいろいろな形で東側に流れ込んでいた。人々が完全に統制されて、不満を言えなかったからか？　それも1つの理由に挙げられるかも知れない。しかし、スターリン時代とは異なり、戦後冷戦期も1960年代以降の平和共存の時代には、それまでのような秘密警察による厳格な統制はかなり薄らいでいた。こうした現実のシステムの作動性にかんしては、次章第5節で取り上げることにする。

6　体制内改革の試み

　国によって多少の差があるが、国家社会主義体制が形成されてしばらくすると、その体制の欠陥が、あるいは機能不全が次第に露呈してくる。現実の社会主義がその理想的理念像とは余りにも違った様相を見せると、経済体制のみな

---

[18] たとえば「最適計画化（optimal planning）」という概念が、相当数の経済学者の関心を捉えていた。

らず，社会体制全体が次第に軋みを見せ始める。東ドイツにおける1953年6月のベルリン暴動，1956年6月ポーランドにおけるポズナニの暴動，1956年10月ハンガリー動乱，等々がその典型である。世界史の教科書には登場しないが，またソヴィエト政権成立後かなり経ってからのことであるが，1962年に起こったソ連のノヴォチェルカースクにおける民衆反乱もそうした軋みの一例だった[19]。言い換えれば，理想のモデルではなく，現実のマドル（混乱）が赤裸々に表れ，人々から不平や不満が噴出し始めるのである。

　こうした現実を前にして，このままでは体制を維持できなくなるのではないかという危機感を党や指導者が抱くようになる。大衆の反乱を武力で鎮圧すれば政治的には当面体制は保てよう。しかし，経済体制の行き詰まりは深刻であった。そこで，社会主義の大枠を維持しつつ，あるいはその理念を掲げつつ，現実の経済体制を修正しようとする試みが多くの国々でなされるようになった。一般にはソ連の中央集権型（centralized）社会主義モデルから分権型（decentralized）社会主義モデルへの改革と捉えられている（佐藤編 1973）。ただし，そこでいう分権型には種々さまざまなタイプのものがある。ブラバントは1960年代以降，ソ連や東欧諸国で試みられた改革を以下の3種類に整理している（Brabant 1998）。すなわち，(1)選択的分権化（selectively decentralized）モデル，(2)修正された集権化（modified centralized）モデル，それに(3)分権的モデルである。ここで選択的分権化とは1960年代になされた改革モデルで，企業合同のように，より大きな企業グループを作ってそこに中央が持っていた権限の一部を委任したり，価格や外国貿易をもう少し積極的に使おうという，あくまでも限定された分権化であって，基本的に中央計画制度は維持される。修正された集権化とは，ハンガリーを除き，1970年代初めまでに選択的分権化モデルが突然停止し，部分的に再集権化されたモデルを指す。そして分権的モデルとは，一部の国で試みられた計画の縮小や市場制度による補完，それに国

---

19) 1962年6月，食料不足や労働条件の悪さに端を発した市民の暴動。機関車工場でのストライキに始まり，労働者らがフルシチョフ書記長の肖像などを焼いて賃金や配給の増加を求め，翌日には工場から市街地へと蜂起が拡大し党委員会などへ市民が乱入する騒ぎになった。しかし軍がデモ隊に対して発砲し，多数の死者を出し鎮圧された。この事件についてはソルジェニーツィン『収容所群島』の中でも描かれている。

内価格の世界価格との連動や企業業績の評価における利潤の活用，そして小規模な私有企業の促進や外資の導入などを柱としている．

しかし，上記の分類はソ連や東欧諸国での実験に絞られ，もっと視野を広げ，1950年代以降，またアジアを含む国家社会主義各国の体制改革（その中にはとても改革と呼べそうもないものもあるが）とその構想を見てみるとどうなるだろうか．そうした改革は大別すれば以下の4種類に整理できると思われる．これらの改革は，いずれも社会主義理念と現実の背反に，何らかの形で応えようとするものだった．以下，国家社会主義諸国で構想されたり，あるいは部分的にせよ実行された経済体制改革構想で，しかも国際的にそれなりに影響のあったものに限って見ておくことにしよう．

1) 分権的改革

まず挙げられるべきは，1950年代中期以降，東欧諸国を中心に構想され，一部実施されたいわゆる「分権的改革」である．この改革の骨子は，従来の集権的計画化を改め，市場機能を一部活用し，企業の自主権を拡大することによって国家による計画メカニズムを維持しようという点にある．そこには企業に対する計画指標を削減したり，利潤指標を使うといったきわめて限定的な企業管理制度の改革（たとえばソ連におけるコスイギン改革）から，ブルス・モデルのように，企業に対する国家の直接コントロールを止め，間接的に投資と価格パラメーターを通じて国家がコントロールする改革までいくつかのタイプがあるが，ここでは，最も影響力の大きかったブルス・モデルを取り上げよう．

ブルスは経済的意思決定を3つに分類する．第1が消費と労働供給の決定で，「戦時共産主義」を除き，これらは基本的に消費者や個人が行う．第2が生産における経常的意思決定で，企業は何をどれだけ生産するかを決めるが，集権的計画経済ではそれは基本的に国家（計画委員会など）が行うことになっている．しかし，彼の主張する分権的計画化モデルではこれを全て企業に委ねることになる．第3が投資決定で，分権的モデルといえども国家が行う（ブルス 1971）．後に彼は投資決定も企業が行うモデルを「市場社会主義」と名付けた．その場合，社会主義を特徴付けるのは計画よりも公有制にある．

ブルスの分権的計画化モデルでは，企業（いうまでもなく，全て国有企業とする）間の取引は完全な意味での市場で行われるわけではない。なぜなら価格体系の決定権は依然として国家にあるからである。しかし集権モデルと比べて，市場での財の過不足を見て企業が生産できるから，国家社会主義体制に一般的な不足（と滞貨の併存）という現象はなくなるものと期待される。

　このモデルと1930年代に提起されたランゲの「市場社会主義」モデルとを比べてみると，企業による自主的意思決定，ならびに「市場」の不完備性という点では共通している[20]。また企業に投資決定権限がないという点でも似通っているといえる[21]。他方，ランゲ・モデルでは需給の過不足に対応して企業と国家との間で「試行錯誤的に」財の限界代替率（あるいは評価係数）が価格に代わって決められていくのであり，ブルス・モデルのように価格というパラメーターが一律に全て「計算用具」として国家によって決められるわけではない。いずれにせよ，両者は社会主義理念の熱烈なる支持者として，社会主義経済を作動可能なように，主として計画当局の扱う情報量の圧縮という観点から構想したといえる。しかしこのモデルでは，財・サービスの種類×企業数で決まる情報量のうち，企業数の分だけ情報量は少なくなるものの，財やサービスの種類という情報量が残り，もしその数が相当な規模なら計画当局の通常の情報処理能力では処理できない[22]。もちろん，ここでは経済の空間的配置にかんする情報は全く無視されている。

　このブルスのモデルは他の東欧諸国にも広まり，ハンガリーが1968年にNEM（新経済メカニズム）を導入したさいに，その構想の下敷きになったといわれる（盛田 1990）。中国が1980年代初期に経済制度改革を模索した時代にもブルス・モデルを研究したことがある[23]。

---

20) 「不完備性」と不完全性とは異なる。価格が十分財やサービスの希少性を反映するものとして，自由な需給関係の中から形成される場合を完備な市場と定義する。
21) より正確には，ランゲの場合，静学的モデルを考えていたので，投資については考慮外に置かれていた。それは，価格のない計画経済の下でもワルラスの「一般均衡」に対応した状況が作られることをランゲが証明したかったからにほかならない。
22) 情報効率性の他に，動機性や解の収束性，安定性といった複数の基準で物財バランスモデルやランゲ・モデル，その他の模索過程モデルを比較したものとして，青木（1971）参照。

2) 労働者自主管理モデル

　社会主義理念にある連帯性や共同性を回復するための体制改革の試みが労働者自主管理制度だといえる。これにより労働者の主体性（ownership）が強化され，そのことが労働への刺激にもなるものと期待された。

　いうまでもなく，このモデルを世界で初めて全国規模で導入したのがユーゴスラヴィアである[24]。カルデリによって構想され，チトーが中心となって広めたこの制度は，ユーゴスラヴィアがスターリンによって1948年コミンフォルムから除名されたのをきっかけとして，従来の集権的計画制度に対する批判から生まれた（岩田 1974）。労働者が企業を自ら管理し（self-management），彼らが経営者を選ぶというユニークな構想とその実践が，西側の経済理論学界でも注目され，ウォードは「イリュリア・モデル」としてこの労働者自主管理モデルを理論化した（Ward 1958）[25]。そこでは，資本主義企業のように利潤最大化が目的関数になるのではなく，労働者1人当たりの配当が最大化されるように企業は動くことになっていた。その後，このモデルの中のエッセンスである「自主決定と自主管理」原理は，ユーゴスラヴィア国内では1970年代初め以降「自主管理型社会主義」として体系化されていくことになった（岩田 1983）。社会の全ての重要事項を労働者や地域住民，あるいは利害関係者によって決定させようというのである。

　この自主管理モデルはその後ポーランドの連帯運動にも影響を与え，また実現はしなかったが，労働者の資本参加と共同決定というシクの「第三の道」構想にもつながり（シク 1976），さらにはフランス社会党をはじめとする西側世界にも信奉者を生み出すなど，その広がりという点では上記の分権モデルを凌ぐものがあった。

---

23) ブルス自身，当時中国に招かれて講演している。その他，コルナイなど有力な社会主義経済研究者が中国に招かれている。しかし，中国の体制移行はそうした「知的研究」を飛び越えて，現実が先に進んでいった。
24) 個別企業レベルでの自主管理モデルは，スペインのバスク地方で生まれたモンドラゴン協同組合でも導入されている。
25) イリュリアとは，バルカン半島西部，アドリア海東岸にあった古代国家のことを指す。ここではユーゴスラヴィアのことを示している。

このモデルは企業システムに注目が集まっているが，企業と企業，消費者と企業とを結ぶ配分メカニズムが市場であることは強調されていい。その意味から，しばしばこのモデルは「市場社会主義」と呼ばれてきた。とはいえ，市場社会主義の概念は多義的であり，上述したランゲ・モデルも，あるいはミラーやローマーたちのモデル（第3章コラム3参照）も市場社会主義と称せられている。

3) 毛沢東モデル

1956年のフルシチョフによるスターリン批判以後，中ソ間の亀裂は徐々に広がっていくが，中国では従来模倣していたソ連型の集権型社会主義体制から離脱し，独自の社会主義を構想し始める。それは主に次のような柱からなっていた。1つは行政的地方分権制度である。しかしこれは中国という人口超大国の実情に合わせた集権的制度ともいってよく，中央から見れば分権だが，末端から見ればより集権的だった（Schurmann 1966）。もう1つは精神的刺激であり，毛沢東の言う「大衆路線」なども，突き詰めれば彼の嫌悪する物的刺激批判に基づいている。政権を生み出した革命闘争が精神力や徹底した平等主義思想に基づいていただけに，この制度的支柱は，後に「貧しい社会主義（窮社会主義）」だと鄧小平から批判されるが，毛沢東時代はきわめて強固なものがあった。第3が，人民公社である。「早まった共産主義」というべき人民公社は，毛沢東の理想をある意味で最も象徴的に表している制度だといえよう。中国語の「公社」がコミューンの訳であることにそのことは端的に表れている。

このモデルが上記の2つの分権モデルと異なるのは，市場を排除しようとした点にある。集権制モデルの結果として表れた不足現象を，いわば精神の力と大衆の能動性によって解決しようとした。また国家社会主義体制に特有の官僚主義を，官僚制そのものを壊すことによって打破しようとした。毛沢東が発動した文化大革命は，官僚制ばかりか党そのものを一時期壊してしまった。幹部の特権が批判され，大量の幹部が地方の農村に送られて，自給自足の生活を強いられたりした。このモデルの下では，企業に自主的権限が与えられることはなく，企業内の意思決定に対して党委員会の権力を強めることで，政治的な大

衆動員がより容易になった。専門的能力や知識よりも思想が重視され，思想を操作する党委員会が専門的経営能力を持つ企業長をコントロールするシステムが出来上がった。

4) コンピューター社会主義

　計画経済における情報量と情報処理能力の乖離問題は，分権モデルや市場社会主義モデルのように処理すべき情報量を減らすことによってではなく，情報処理能力を引き上げることによっても解決できるはずである。そのことを最初に着想したのがランゲだった。彼は1968年に書いた「計算機と市場」と題する論文の中で次のように指摘している。

　「社会主義経済の管理者は今日，2つの経済計算の用具を持っている。1つは電子計算機であり，もう1つは市場である。資本主義国でも電子計算機はある程度，経済計算の用具として役立っている。非常に多くの問題は線形近似法で十分であることを経験は示しており，そのために線形プログラミングの技術は広く適用されている。社会主義経済ではこの種の技術はさらに広範な適用領域を持っており，それは国民経済全体に対して用いることができる」（ランゲ1974, 224ページ）。

　ランゲによれば，計算機は市場よりもはるかに高速な計算用具であり，市場は反復計算の結果最終的に収斂しないことがありうるが，計算機による反復計算は必ず収斂する。また市場は静態的な均衡問題しか扱えないが，電子計算機は目的関数と一定の制約条件を設定すれば，将来の計算価格（accounting prices）まで計算できるのである。

　このランゲの着想はその後ソ連にも波及し，コンピューター・ネットワークで経済全体を完全に覆い，中央の計算センターに超大型計算機を配置し，企業や家庭に端末を置くことで，全ての経済情報や関係する情報を集中，管理，計算するという，一種の超集権的社会主義計画経済の構想が表れた。サイバネティクスの専門家であるグルシコフは，煩雑な計算を全てコンピューターに任せることによって経営者たちの創意工夫は増すのだと言う（グルシコフ＝モーィェフ 1976）。

7　体制移行前の経済的低迷

　国家社会主義諸国は，現実的，あるいは（部分的にせよ）理想的理念を実現するために体制内の改革を試みた。しかしこうした改革構想は全て失敗したか，あるいは失敗する運命にあったといえる。これら諸国の体制移行前の約30年間の経済実績を見てみよう。体制移行の背景を探ると，国ごとに，あるいは地域ごとに原因は違う。実績にしても各国，各地域で決して同じではない。しかし多種多様な実績指標や環境条件をもって各国，各地域を比較することは困難なので，経済実績を示す最も代表的な指標である成長率や1人当たり所得に注目して，移行諸国における移行前の経済実績がどうだったか，資本主義諸国のそれと比較しながら見ておくことにしよう。ここでは国家社会主義の代表的なケースであるソ連，ポーランド，ユーゴスラヴィア，それに中国に絞って移行前の実績を整理しておくことにする。

1）ソ連のケース

　ソ連経済がブレジネフ時代以降，つまり1960年代半ばから80年代半ばまで長期的に見て低落傾向にあったことはよく知られている。1956年以降のフルシチョフ時代，「アメリカに追いつき追い越せ」の勇ましいスローガンの下，急成長・拡大路線を走っていたソ連が，また「1970年までにはアメリカに追いつき，1980年には共産主義社会に入る」とまで豪語していたソ連が，それからしばらくして次第に坂道を下るような成長鈍化に悩まされるようになった。戦後のソ連の成長率にかんしてはさまざまな推計があるが，ハーニンによれば，1950年代末に始まった経済成長の低落は1980年代まで続いた。彼の推計では，1981年から90年まで国民所得（純物的生産）は3％低下し，その間人口が約10％増加したので，1人当たりの国民所得の低下は13％にも達する。その主たる原因は資本生産性の低下と労働生産性の低下にあった（Khanin 1992）。

　他方，マディソン推計によれば，ソ連の1960年代の平均成長率は4.83％でアメリカを少し上回る程度であったが，1970年代には2.37％とアメリカを下

表2-1 マディソン推計成長率東西比較

GDP年平均成長率

	ポーランド	7 EE	ソ連	ドイツ	16 WEC	アメリカ	日本
1960-70	4.24	4.34	4.83	4.20	4.83	4.18	10.45
1970-80	3.55	3.79	2.37	2.74	2.97	3.22	4.46
1980-88	0.89	0.93	2.03	1.66	2.16	3.36	3.76

1人当たりGDP平均成長率

	ポーランド	7 EE	ソ連	ドイツ	16 WEC	アメリカ	日本
1960-70	3.25	3.45	3.53	3.51	4.04	2.87	9.31
1970-80	2.63	2.97	1.46	2.67	2.53	2.14	3.29
1980-88	0.11	0.47	1.11	1.69	1.93	2.42	3.13

注) 7 EEとは, ソ連, ポーランド, ハンガリー, チェコスロヴァキア, ルーマニア, ブルガリア, ユーゴスラヴィアの7カ国を指す。16WECとは, ドイツを含む西欧16カ国を指す。
出所) Maddison (2006) より作成。

回り，1980年代に入るとさらに低下し，2.03％に落ちて，アメリカから離されてしまった。その数字はドイツをやや下回る程度のものだったが，1人当たりにすると，アメリカはおろか，ドイツさえもはるかに下回ることになり，1970年代以降，西側先進国との成長競争に敗れた様を示している（表2-1参照）。因みに，ソ連の1人当たりGDPを100とすると，マディソン推計によれば，1960年にアメリカのそれは288，1975年には265まで接近するが，その後徐々に両国の格差は開き始め，1988年には320にまでなっていた。

　工業生産にかんするCIA推計とソ連公式統計，それに栖原推計を見てみよう（表2-2参照）。この表から分かるとおり，1965年以降公式統計は常に高めに出ており，そこからソ連経済の「停滞と低迷」を窺い知ることは難しいが，実態はCIA推計，あるいは栖原推計に近かったのではなかろうか。これらの推計はソ連の工業経済が1970年代以降明らかに減速し，1980年代はほぼゼロ成長だったことを窺わせる。ソ連経済の中心は工業生産であったから，工業生産の低迷は直接国民経済全体の低迷を反映しているといえる。

2) ポーランドのケース

　ポーランドでは，1970年代初期のギエレク政権期に一時的に経済回復が見

表2-2 ソ連における工業生産指数（各種統計の比較，1960年＝100）

	公式指数	CIA推計	栖原推計	同（民生品）
1950	33	44	42	46
1955	61	70	72	70
1960	100	100	100	100
1965	151	137	131	130
1970	227	184	166	164
1975	325	242	199	206
1980	404	272	215	218
1985	482	299	225	229
1990	546	313	225	223

出所）栖原学「ソ連工業生産指数の推計」（http://www.eco.nihon-u.ac.jp/assets/files/0707suhara.pdf）より。

られたものの，1973年のオイルショックの影響を受け，輸出は減少し，深刻な経済停滞がもたらされた。それが農業生産の不振をもたらし，その不振が食肉価格の値上げに繋がり，労働者たちによる猛烈な反発を招き，このことが1980年の「連帯運動」の誕生と社会的，政治的不安定を引き起こしたことはよく知られている（田口 2005）。

試みに，1970年代から移行の開始する1980年代末までの約20年間にわたるポーランドの成長実績を公式統計とマディソン推計の両方から見てみよう（図2-3）。公式統計は，1970年代は純物的生産で，1980年代はGDPで取られているので，両期間は厳密にいえば接合できないが，傾向を知るだけならほとんど問題はない。この図から明らかなように，体制移行前のポーランドの成長実績は，とくに1980年代に入って惨憺たるものだった。1990-91年はショック療法のせいもあってご多分に漏れずマイナス成長になるが，1980-82年には体制移行後の「転換不況」（第4章第5節参照）以上の深刻な不況に見舞われたのである。言い換えれば，ポーランドは体制移行前にすでに十分な「不況」を経験していた。このことは，ポーランドにおいて体制移行が人々に受容された要因の1つになったかも知れない。

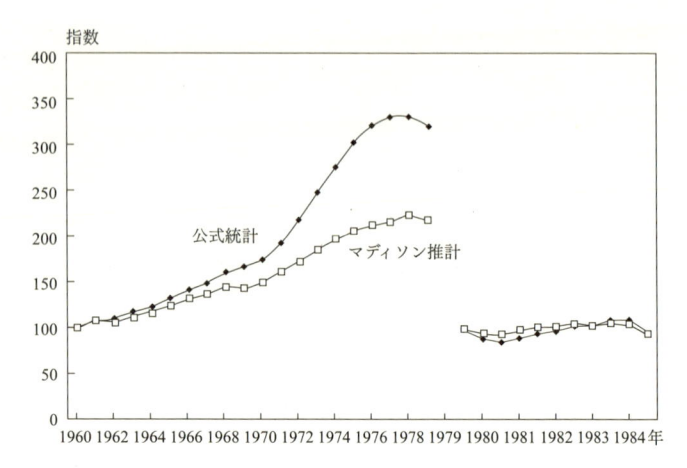

図 2-3　ポーランドの移行前成長実績（1960, 1980 年 = 100）
出所）公式統計：生産国民所得については，Glowny Urzad Statystyczny, *Rocznik Statystyczny handlu zagranicznego*, Warszawa : GUS, 1981, pp. 32-35. GDP については，同上，1993, pp. 66-69 より作成。マディソン推計：Maddison（2006）より作成。

3) ユーゴスラヴィアのケース

　ホルヴァートに言わせれば，資本主義，集権制社会主義と比べて，経済パフォーマンスが最も優れているのがユーゴスラヴィアの自主管理型社会主義体制だった。彼は自主管理型社会主義体制の優越性を主張して次のように述べた。「社会主義経済は市場，自律的，自己管理的生産単位を含意する。したがって，社会主義企業は資本主義企業が生産的にできることならどんなことでもできる。社会的所有に基づく社会主義経済は，また社会計画化を含意する。かくしてそれは集権計画的経済が上げることのできる全ての生産効果を達成することができる。それが他の代替的経済のどれとも少なくとも同じ程度に効率的で，またそれ以外の何かを達成できるのだから，（他の2つの体制）より効率的である」(Horvat 1982, p. 209)。つまり，資本主義体制と集権的社会主義体制の「いいところ」を併せ持った最適なシステムが，ユーゴスラヴィアの自主管理型社会主義だというのである。

　マディソン推計によれば，確かに 1960 年代のユーゴスラヴィアの平均成長率は 5.4% と，日本には遠く及ばないものの，アメリカやドイツ，それに西側

先進各国平均を上回るものだったし，1970年代の成長率は5.8%と，日本をも上回る実績を上げていた。

しかし，1980年代に入るとユーゴスラヴィア経済は著しい変調を示すようになる。阿部によれば，付加価値を示す「社会生産物」は1970年代は平均6.2%だったものが，1980年代には平均0.7%に急落し，後半にはマイナス成長にまで落ち込んだ。マディソン推計でも1%と1980年代は大きく成長率を落とした。こうした経済成長率の低落に加え，国際収支の赤字累積額の増大，インフレ率の上昇，労働生産性の停滞と資本生産性の低下，そして何よりも固定資産投資の下落に見舞われた。ユーゴスラヴィアは当時6つの共和国から構成されていたが，共和国別経済発展の動向を振り返ってみると，どの共和国も実質的な生活水準が大幅に低下し，他方で共和国間の格差が拡大した（阿部1993）。それがまた共和国間，民族間の対立を生み出す1つの要因になったのは当然といえよう。

4）中国のケース

中国の場合，体制移行前の成長率は，ソ連やポーランドとは異なり，長期的に見て低落ないし停滞していたわけではない。ただし，激しい変動に見舞われていた。1959-61年における大躍進政策大失敗後の経済失調，1966-69年の文化大革命，それに1976年の四人組事件，これらの時期には経済成長率はマイナスになっていた。試みに，1960年代から70年代にかけての中国と台湾，韓国とを比較してみよう（図2-4参照）。無論中国とこれらアジアNIEsとの置かれた環境や規模の違いはあるが，中国が改革開放に踏み切った背景の1つには台湾など周辺諸国のめざましい発展があったのである。明らかに1960年代以降，中国とアジアNIEsとの発展速度は大きく違い，中国がこれら諸国に置いて行かれてしまったことを示している。中国にマイナス成長をもたらした上記の運動に特徴的なことは，全て政治闘争が絡んでいることである。毛沢東が終生執念を持っていた「階級闘争」がこの政治闘争の中心的テーマである。逆にいえば，その政治闘争さえなければ，あるいは毛沢東がもう少し早く死んでいれば，中国経済はかくも激しい変動を経験することはなかっただろう。政治

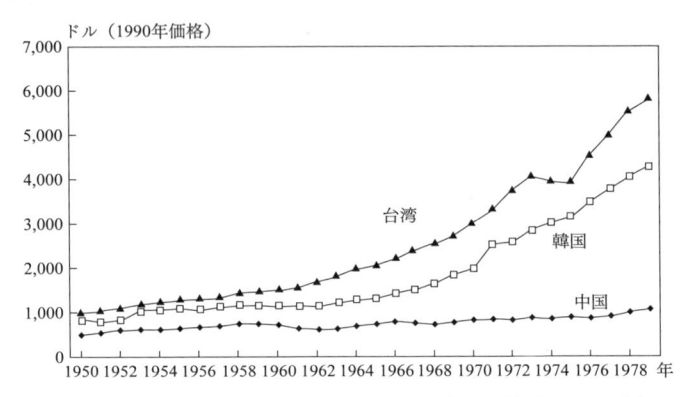

図 2-4 中国，台湾，韓国 1 人当たり GDP 成長比較（1950-79 年）
出所）Maddison（2006）より作成。

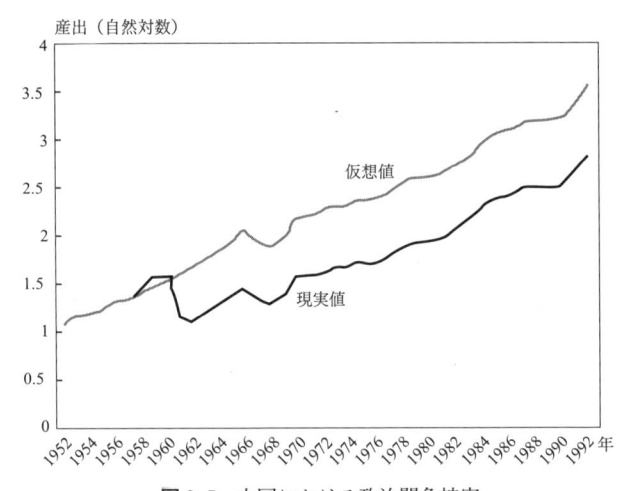

図 2-5 中国における政治闘争被害
注）産出額は 1978 年価格。
出所）Chow（2002），p. 141, Fig. 8. 3.

闘争がなければ達成したであろう仮想的経済成長経路と現実の経路の差を政治闘争による損失と定義すれば，チョウの推計によると，図 2-5 のような巨額の損失を中国は計上していたことになる（Chow 2002）。チョウの仮想的成長経路の推計は，1950 年代の比較的ノーマルな発展時期における成長関係を延長し

たものであり，図 2-4 との比較でいえば，もし政治闘争さえなければ，中国はアジア NIEs 並みに発展していたことになる。

　1976 年 10 月，毛沢東が死んだ後「四人組事件」が起こり，毛沢東に忠実な江青ら「極左派」と呼ばれた一派が打倒されたとき，「中国経済は破滅の淵にあった」といわれたものであるが，数字的に見ると，それほど落ち込んでいたわけではない。大躍進期から文化大革命期，それに毛沢東末期の時期にかけて，経済の落ち込みが次第に小さくなっていることが特徴的である。ただし，1966 年から毛沢東が死ぬまでの 10 年間を公式には「文革期」と呼ぶが，その間社会の閉塞感が非常に強かったことは確かである。四人組が逮捕されたとき北京市内の酒が売り切れたといわれるが，それだけ開放感が強かったのだろう。とくに毛沢東が執念を燃やしていた「階級闘争」，「自力更生」，それに「精神的刺激」論は経済のダイナミズムを著しく殺ぐものだった。そうした状況を根本的に打破する新たな政策が鄧小平による改革開放だったのである。

　もちろん，前章でも指摘したように，成長実績というパフォーマンスは体制（制度）だけの変数ではない。たとえばポーランドにおける 1970 年代以降における経済不振は，ある程度世界的規模のオイルショック（1973 年）という外的要因（環境条件）にも起因していた。また借金による無理な投資拡大政策など，政策面での失敗も大きかった。しかし，そうした非体制的要因が直接，間接に体制的要因に絡んでいたことも事実である。オイルショックが原因だとするなら，日本をはじめとする資本主義諸国はどうしてそこから立ち直ることができたのだろうか？　政策の失敗というのなら，誤った政策を生み出した体制こそが問われなければならない。そもそも国家社会主義体制には体制を老化させ，萎縮させる内在的メカニズムが潜んでいた，というのがわれわれの仮説である。そのメカニズムとは一体何だったのだろうか，これが次章で追求する主な課題である。

COLUMN 2

ロシア革命に対する評価：E. H. カーと渓内謙

　ペレストロイカが始まり，ついにはソ連が崩壊する中で，ロシア国内においてロシア革命をめぐって激しい論争が起こった。この点についてはデイヴィスが政治状況の変化と合わせて詳しく追いかけている（デイヴィス 1998）[*1)]。注目したいのは，ロシア革命に対する評価がソ連と社会主義の評価に直結していることである。ソ連の歴史に対する評価は，言い換えればロシア革命に対する評価でもある。ロシア革命を肯定的に評価すれば，当然ソ連そのものも少なくとも一定程度評価することになる。逆にロシア革命の意義を否定すれば，即ソ連の歴史全体も完全に否定される。またロシア革命を批判すれば社会主義批判にも発展していく傾向があるし，社会主義を徹底的に忌避する者は，ロシア革命とは人類が犯した最大の愚行（folly）の１つとして挙げるだろう。

　ロシア革命に対する全面否定に反発する歴史家たちはそのような「歴史の読み直し」に対して，「たらいのお湯と一緒に赤ん坊も捨ててしまっていいのか」式に悲憤慷慨するはずである。もしも E. H. カーがもう少し長生きして，体制移行後のソ連と歴史学界を観察していればそう嘆いたに違いない。なぜなら，彼にとって「ボリシェヴィキ革命（ロシア革命のこと——引用者）は，フランス革命に匹敵し，そして恐らくそれを凌駕する歴史上の大転換の１つであった。世界中いかなる国もその挑戦を避けることができなかった」（『革命の研究』。渓内 1988，224 ページより再引用）からである。

　カーは，「ロシア革命は，意図をもって計画され遂行された歴史上最初の大革命」であり，「1917 年の革命は，政治活動によって組織された経済統制を通じて社会正義を樹立することをめざした歴史上最初の革命」だったと捉え，次のように述べる。「30 年のあいだに，ソ連邦を，半文盲の原始的な農民を住民とした国から，世界第２位の工業国の地位，しかも最新技術進歩のリーダーの地位まで引き上げた工業化運動の成功は，おそらく，ロシア革命のあらゆる成果のなかで最も重要な意味を持つものであろう」（カー 1969，15 ページ）。

　彼は次のようにも述べた。「革命の記録に染み込んだ計り知れない汚点や，莫大な人的犠牲や，革命の名で犯された数々の犯罪にベールを被せて隠蔽する危険が問題なのではない。そうではなく，革命が達成した巨大な成果……革命の決意，その歴史への貢献，組織，そして 1960 年代後半にロシアを巨大な工業国と世界のスーパーパワーの１つにした険しく困難な

営みと努力など，全てをひっくるめて忘失し，沈黙の闇に葬らんとする誘惑に駆られる，その危険こそが問題なのである」（ハスラム 2007，423 ページ）[2]。

　日本を代表するソヴィエト史の研究者である渓内謙は，カーの思想を解釈しつつ，また共鳴しつつほぼ同様な捉え方をしている（渓内 1988）。彼に言わせれば，カーのロシア革命評価は「自由放任から計画へ，無意識的なものから自己意識的なものへ，客観的な経済法則への信仰から，人間は自分の行為によって自分の経済的運命の主人になれるという信仰へ」の転換だったという（同，226 ページ）。そして 1930 年代に作られた「ソ連計画経済もまた，この理性の支配の拡大という 20 世紀的価値の現実態として」カーは把握したと考える（同，227 ページ）。渓内自身もカーに強く共感し，ソ連における国家計画経済の失敗と失望が，「計画ひいては社会主義に対するペシミズムを生み出している」ことを批判し，「国際主義と民主主義に裏打ちされた『計画』，今日の言葉でいえば『参加』と『分権』と『地方』に裏付けられた全体計画は，古典的マルクス主義が提起した課題であり，10 月革命の綱領だったはず」だと，計画経済とロシア革命を高く評価する（同，242 ページ）。しかし，計画経済なるものには後でも議論するように，そもそも本質的な限界があるのではなかろうか？

　彼ら 2 人の主張は，要約すれば「ロシア革命によって結果的に出来上がったスターリン体制や国家社会主義体制は批判すべきだ，しかしロシア革命の持つ偉大なる歴史的意義と思想的意味を決して見失ってはいけない」ということになるだろう。だがそうだろうか？　2 人の偉大なる歴史家に対してはなはだ無礼かも知れないが，現在の時点に立って考えてみると，こうした評価に修正を加えなければならないと感じる。カーも力説するように，フランス革命は自由と平等の理念の提起 1 つとっても近代史に巨大な衝撃を与えたし，革命とその後は実際に近代的な法制度を作り出し，今日にも大きな遺産となって残っている。フランス革命の後ナポレオン体制になり，ある意味で「復古」が成し遂げられたが，ナポレオン以後も近代は着実に花開いていった。産業革命と並んでフランス革命の歴史的意義を疑う者はいまやほとんどいない。それでは，ロシア革命は**ソ連邦崩壊後今日に，一体何を残したのだろうか？**　社会主義から資本主義へ移行しつつある，あるいはレーニンたちから見れば「逆行」し「退行」つつあるロシアや他の旧社会主義国において，どう考えてもロシア革命の精神や理念は否定されているのではないか？　カーや渓内が高く評価する「計画」の思想は，ロシア革命とソ連における実践があって初めて出来たわけではない。まして計画の実態が「配給統制」そのものだったとすれば，そ

れは第一次世界大戦中のドイツに始まり，その後日本や欧米各国も採用した方法と同一である[*3]。また社会主義が短期間のうちに後れた農業国を先進的な工業国に変えたことを称えるのなら，たとえばかつて開発独裁だった韓国の経験も，その「歴史的意義」を大いに賞賛しなければならないだろう。

確かにカーも強調するように，ロシア革命が各国に飛び火し，民族解放闘争や独立運動に結びついていったことは無視できない。中国革命はロシア革命に大いに刺激されて発生した。またソ連が中国共産党を物心両面から支援したのも事実である。しかし，民族解放闘争はもともと社会主義の目的ではなかった。さらに，独立し，第三世界を形成した途上国の多くが，中国をはじめとしていまや「社会主義」を捨てつつあることを，カーや渓内はどう考えるのだろうか？

渓内が上記のようにロシア革命や（国家）社会主義の歴史的意義を説き，「これらの体制群（第二次世界大戦後，東側世界に広まった国家社会主義体制を指す——引用者）は国家間の関係においても，それぞれの国内問題においても**深刻な困難と矛盾をかかえているが，しかし近い将来，内部崩壊することはありそうもない**」（渓内 1988，1-2 ページ。ゴチックは引用者）と語ってからまもなく，これらの「体制群」の多くは雪崩を打って内部崩壊し，体制移行を始めたのは皮肉といえば皮肉である。

[*1] また，塩川は，対象とする時期はやや短いが，同じようにロシアにおける深刻な歴史見直し論争を紹介している（塩川 1993）。

[*2] これは，1978 年の秋に『ニューレフト・レビュー』のインタビューでカーが答えたものである。

[*3] ベルは，ソ連が計画経済だったのか疑問視し，それは動員経済（mobilized economy）でしかなかったとして，戦時下のアメリカにおける「戦時生産局（War Production Board）」やイギリスの「配給省（Ministry of Supply）」の経済とほとんど違わなかったと批判する。Bell（1994）参照。

第3章

体制移行の理論的根拠

はじめに

　前章で見たように，国家社会主義体制は運用開始後しばらくするとさまざまな欠陥に悩まされるようになり，それを少しでも修正しようといくつかの体制内改革が構想され，一部は実施に移されたが，全ては失敗に終わったか，ないしは終わる運命にあった。そこで現実の社会主義体制だけではなく，構想された社会主義体制も理論的に考えて実行可能性（feasibility）が低いことを示そう。そうすることで，現実的にも理論的にも体制移行が必然的だったか，もう少し正確にいえば，その蓋然性がきわめて高かったことを「証明」できるのではなかろうか。以下，まずこれまで出された体制移行の原因説を整理する（第1節）。その上で，体制内改革がなぜ失敗したのか，各々のモデルに内在していた欠陥を考えてみる（第2節）。そしてわれわれ自身の仮説を提示するために，体制がどのような条件の下で持続可能になるのか，第1章における概念的枠組みを参考にしながらいくつかの命題を提出する（第3節）。次に，1920年代から展開された「社会主義経済計算論争」を振り返り，とくに論争の一方の旗手だったランゲの「市場社会主義」モデルとハイエクの批判点を中心に再吟味する（第4節）。そして多くの問題や欠陥をかかえながらも，なぜ国家社会主義が現実に，しかも比較的長期に存在したのか，われわれなりに答えを用意することにしよう（第5節）。さらに1961年にティンバーゲンによって提起さ

れた「体制収斂論」を俎上に取り上げ，われわれの分析枠組みを用いて，いかにこの議論が間違っていたのかを考えてみよう（第6節）。最後に体制移行が結局ほぼ必然的だったことを結論づけよう（第7節）。

1 体制移行の原因をめぐって

　20世紀末に，なぜ社会主義体制から資本主義体制への歴史的大転換が起こったのだろうか？　また，なぜ東側の盟主でアメリカと並ぶ超大国だったソ連が崩壊してしまったのだろうか？　この問題については，これまでさまざまな解釈や見方が出されてきた。最も有力な意見は，1985年にゴルバチョフがソ連の指導者になってから，それまでの冷戦構造が緩み，またペレストロイカ（経済改革）とグラースノスチ（言論の自由）が始まって，ソ連の体制全体が大きく変わったからだ，というものである。確かにもしゴルバチョフがいなければ，体制移行とソ連の崩壊は，いずれ起きたにせよ何年か遅れたに違いない。

　それでは，なぜゴルバチョフが登場したのだろうか？　端的にいえば，ソ連の体制全体が「老化」し，深刻な経済成長の低下，低迷に喘いでいたためではなかったか。たとえばゴールドマンは，ソ連がIT革命に完全に遅れてしまい，イノベーションと技術革新を促進するシステムの形成に失敗したことを，前章最後で見たようなソ連経済の長期低迷（したがって最終的には崩壊）の原因と見ていたが，そうした現状を変えられない保守的，というより反動的政治体質が根本的欠陥だと見ている（ゴールドマン1983）。

　あるいは，やや突飛に見えるが，レイノルズのようにソ連国内における原油生産の落ち込みが最終的にはソ連崩壊をもたらしたという見解もある。すなわち，彼によればソ連の国家社会主義経済体制はそれほど非効率ではなかった。しかし，資源の，とくに石油の希少性を前にして，それは劇的に非効率なシステムになった，という（Reynolds 2005）。すなわち，1980年代にソ連の原油生産は大きく落ち込み，石油をがぶ飲みにする自動車のように，経済は立ちゆかなくなった。実際，原油生産の減少が経済成長の低下をもたらし，その逆ではなかったことを，彼はグレンジャーの因果性テストを用いて「証明」している

(Reynolds 2006)。

　エルマンとコントロヴィッチは，1983-86 年のソ連の経済情勢はそれほど悪くはなかったが，対抗する資本主義諸国に比べて見劣りするものだったこと，その上レーガン政権が仕掛けた軍備拡張競争や SDI（戦略防衛構想）に捕らわれて軍事支出が拡大したことを，その後の経済低迷の有力な原因に挙げている（Ellman and Kontorovich 1992）。彼らから見れば，体制そのものに内在する諸要因よりも，外部的要因の方が重大だった。

　しかし，体制移行の原因をわれわれの分析枠組みに沿って説明すれば，次のようになる。すなわち，まず一般論からいえば，社会主義体制が掲げた理念や国家目標が実現できないか，あるいは不十分にしか達成できないと感じられたとき，従来の枠組みが再構成されるはずである（第 1 章参照）。仮に競争する資本主義体制以上に発展し，国民生活が向上し，不足も行列もなく，その上，人々が資本主義国よりもはるかに自由を満喫し，解放感を持っていたなら，そのような体制を捨てて，リスクの大きい資本主義体制を選ぶだろうか？　そうした理念や目標が達成できなかったから，国民を国外に行かせないように縛り付けていたのである。典型的にはベルリンの壁がそのために築かれた。

　次に，もう少し具体的にいえば，第 1 章で説明したとおり，体制移行，つまり制度の体系的変化とは実績，政策，それに社会主義体制の発生の歴史過程や国際条件，さらに文化，つまり環境条件の変化によっても引き起こされたはずである。上に挙げた「対西側競争敗北」説は，実績や国際条件を体制移行の主要な原因と見る見方であるが，実績だけが問題だったわけではない。そうした実績をもたらした環境条件や政策が体制移行を考えるさいに重要である。しかもそれらは全て制度と密接に結びついている。したがって政策を手直ししようとしても，まして国際条件を修正しようとしても，体制（制度）と，それを支配していた理念や国家目標を変えない限り，容易には変えられない。

　それでは理念を一定として制度は変更できるのだろうか？　一般にはできるはずであるし，そうしなければならない。アメリカは 1950 年代の末にソ連との宇宙開発競争に後れをとったとき，大胆に制度を見直し，国家宇宙開発総局（NASA）の下で宇宙開発資源を国家に集中し，10 年足らずで人類初の月面着

陸に成功し，ソ連を追い抜いた。国家社会主義体制の場合も，前章で見たように制度改革をこれまで試みたのである。だがこれらの改革構想は全て失敗したか期待どおりにはいかなかった。「コンピューター社会主義」モデルは実行に移されることはなかったが，仮に試みられたとしてもたちまちのうちに頓挫しただろう。それは，その体制自体に内在的な欠陥があったからではなかろうか？　これがわれわれの仮説である。

2　体制内改革：構想の失敗と欠陥

それではなぜこうした改革構想は失敗したのだろうか，ないしは失敗する運命にあったのだろうか？　まず前章で取り上げた4つのモデルに内在していた欠陥について整理してみよう。

1）ブルス・モデルの欠陥

ブルス自身は，後年，といっても東欧において本格的体制移行が始まる直前であるが，彼のモデルが生産物市場に限定され，生産要素市場（とくに資本と労働の市場）を含まなかったこと，また「計画と市場との結合の展望を余りにも楽観的に見ていた」ことを反省している（Brus and Laski 1988）。

たとえば，次のようなケースを考えれば彼のモデルがうまく作動しないことがすぐ分かる。いま，ある消費財Xに対する超過需要が発生していることが「市場」から生産企業に伝わったとする。ブルス・モデルの企業には経常的生産にかんする意思決定権があるから，企業は増産を決意する。というのは，それによってより多くの利潤を得ることが期待されるからである。しかし，もし在庫も十分ではない，増産するには既存の設備では足りないとするとどうなるだろうか？　投資決定権は政府にあるのだから，Xを生産する機械購入のための投資資金を国家に申請することになる。そのとき，もし政府のXに対する評価が低く，生産財（重工業）優先政策を採っているためにその投資申請を却下したとすると，市場におけるその財の不足は続くことになる。あるいは，仮に政府がXの増産を認め，そのための設備購入を認めたとしても，官僚的申

請・認可手続きから，機械などの購入が1年後になり，そのとき市場ではすでにXに対する超過需要はなくなっているかも知れない。そうすると，新たに購入した機械は過剰設備になる。投資が計画で，経常生産が市場で行われることの矛盾はかくして明らかである。同様なことは労働市場にかんしても基本的に当てはまる。

もし価格決定権を企業が持っていたなら，X財の不足は価格上昇として処理できる。つまり，その財の価格をつり上げ，超過需要をなくしてしまうのである。しかし，ブルス・モデルの企業にはそうした自由は与えられていない。言い換えれば，想定された市場機構は不完全なのである。

ブルス・モデルを基に作られたハンガリーのNEM（制御された社会主義市場経済）も，当初は改革前に比べて比較的良好な経済成果をもたらしたものの，しばらくして息切れし始める。盛田によれば，この改革の下では実際上企業の政府に対する依存体質は変わることなく，「行政指導のかなり強いマクロ的調整システム」が出来たに過ぎなかったという（盛田 1990，101ページ）。

ブルス・モデルにはもう1つの大きな欠陥が内在していた。すなわち，所有制に手を触れずに市場を活用しようとしたことである。ハンガリーでは経済の停滞を財産関心に注目することで解決しようとした（西村 1995b）。私有制の復活を謳ったわけではないが，財産関心から私有制，民営化へは，あと一歩である。しかし企業経営という点からいって，国家から経営を委託された経営者は何を動因として経営に当たるというのだろうか。こうした点にかんして，ブルス・モデルは何も考慮していなかった。

2) 労働者自主管理モデルの欠陥

ユーゴスラヴィア経済は1980年代に入ると悪化の一途を辿ることになる。総需要が減少し，中でも投資の落ち込みは著しく，インフレは高進していった（阿部 1993）。もちろん，経済実績の悪化全てが体制的要因によるものではなかろう。個々の政策の失敗や石油ショックなど国際環境の変化といった要因も考慮しなければならない。しかし，かなり重要な要因の1つに体制があることも確かである。ユーゴスラヴィア国内では主たる要因は体制的なものであり，

多数派の見解は「1974年体制」, つまり社会の全面的な自主管理を謳った体制そのものにその原因を求めているという (同, 41ページ)。

かつてこのモデルがまだ輝いていた頃, 前章でホルヴァートの意見を紹介したとおり, このモデルは資本主義体制と集権的社会主義体制の「いいところ」を併せ持った最適なシステムと見なされた。しかし, 現実はそうではなかった。労働者自主管理制度には元来次のような問題があると指摘されてきた。すなわち, (1)過剰な分配, つまり労働者が (長期的) 投資よりも (短期的) 分配を選好し, 企業の利潤を分配に多く回してしまうという問題である。ウォードの描いた労働者自主管理経済モデルにもそのことは陰伏的に示されていた。(2)そのことの延長であるが, 経営自主権に対する制限。つまり企業経営者が自由な経営を行えないことによる企業効率の低下。(3)逆に, 経営者の情報と労働者の得る経営情報は同じではなく, 経営能力という専門技能を持つ経営者に労働者 (およびその代表) は敵わないという, いわゆる情報の非対称性問題。したがって, 労働者が「自主管理」するといっても実質上その自主性には限りがある (石川 1983)。

実際この制度を実施し, その上さまざまな領域に拡張していくと, 限界はこうした問題に止まらなかった。当時スロヴェニアの自主管理企業における役員だったフデイは社会調査に基づいて次のように述べている。

「公式モデルは労働者に対して意思決定の最高権限を与えているが, 労働者が実際に持っている権力や影響力は, 最も小さいのである。共和国やコミューンの指導者や, 組織の経営者・管理者は, 意思決定過程において最大の権力や影響力を持っているが, 公式モデルは彼らにそうした権限を与えているわけではない……こうした状況からコミューンの指導者も経営者・管理者も労働者も組織の中で意思決定を行う誰もが, 無責任な行動をとるという傾向が増長される」(中央大学社会科学研究所編 1988, 71ページ)。

集権的計画モデルでも「無責任」は発生した。企業は政府に対して嘘をつき, 達成可能な計画課題を故意に低く抑え, 課題を超過達成すればボーナスを受け取ることができた。他方, 課題を達成できなければ厳罰が待っていたかといえばそうではない。コルナイの言う温情主義とソフトな予算制約が働くか

ら，そうした恐怖は企業管理者には起こりえようもない。労働者は労働者で「働いたふりをする」[1]。「完全雇用制」の社会主義企業では，怠業労働者を解雇することなどありえない。どうやら労働者自主管理体制とは違った意味での無責任が蔓延していたようである。このような無責任は，根源を辿れば所有制の性格から来てはいなかっただろうか。国有制にせよ社会的所有制にせよ，公有制の下では権限，責任，利益が分離し，無責任が横行しがちである[2]。

3）毛沢東モデルの欠陥

それでは精神主義，平等主義，大衆路線を掲げた毛沢東モデルでは，こうした類いの無責任現象は起こらなかっただろうか？ しばしば人々の思想を点検し，激しい政治運動に大衆を巻き込む体制の下ではある種の恐怖感が支配する。そうした体制では無責任よりも偽善が問題となるようである。たとえば，「大衆の中から大衆の中へ」という大衆路線だが，大衆が本音として出した要求も，毛沢東の意に沿わないものは決して許されなかった。1960年代初め，安徽省鳳陽県の農民がこっそり，苦しい生活の中で求めた「集団農業解体，個人農化」の運動を毛沢東は断固取り締まった。あるいは，人々には厳しい戒律を要求しても毛沢東自らは豪奢で好色な生活を送っていた[3]。

このモデルが生産の持続的拡大や所得の成長を保証するものではないことは最初から明らかだった。1958年の大躍進期に，毛沢東が全国民を動員して「土法高炉」と称する小型溶鉱炉を建設し，大量の鉄を作らせたが，これこそ大衆路線の実践だと称せられた。大衆が技術を自分のものにし始めたというのである（小島 1975）。そこでは人々が「寝食を惜しんで」自ら燃えるような意気込みで運動に参加したという。事実，確かに表面上一時期生産力は上がっ

---

1) 旧社会主義国で流行ったアネクドートの1つ。国は労働者に「賃金を払ったふりをし，労働者は働いたふりをする」。
2) 労働者自主管理モデルと協議メカニズムを中心とした1974年体制の持つ機能不全現象にかんしては，阿部（1993）やBrus and Laski（1988）参照。
3) 毛沢東は「真理はどこから来るか」と問い，それは天から降ってくるものではなく，実践の中から生まれるものだと強調した。しかし彼の指摘は間違っていた。真理はやはり天（毛沢東）から降ってきたのである。

た。しかしその結果はあまりにも悲惨だった。大衆の疲労，農業生産の急落，飢餓，そして餓死こそが，こうして生まれた膨大な屑鉄の代償だった。

　毛沢東が法律や規則，つまり制度を毛嫌いしていたことはよく知られている。彼の「矛盾動力説」，すなわち矛盾こそ社会を発展させる動力であるという考えは，国家社会主義に普遍的に見られる官僚制に対する批判的武器にもなるが，逆に安定した経済，社会，それに政治体制を築く上での障害になる。その結果，彼の時代の中国は激しい変動に見舞われることになった。こうした体制の下でそもそも「計画経済」がきちんと機能するはずもない[4]。

　他方では市場を取り締まり，人々の自由な移動を制限し，また「自力更生」政策の名の下に国内自給や地域自給を推進したから，資源配分は著しく偏ったものになった。1960年代から「三線建設」と呼ばれる戦略が採られ，工場を沿海部から内陸部へ移動したり，交通の便の悪い山間部に無理に工場を建設し，戦争に備える体制を作ったことも，地域的資源配分の誤りの1つとして指摘されている[5]。

4）コンピューター社会主義構想の欠陥

　仮にグルシュコフたちの言うように，全経済がコンピューター・ネットワークで結ばれ，全ての情報が中央に集中され，超大型，超高速の計算機により何千万種類，もしかすると何億種類にも上る財（およびサービス）の，波及需要も含めた全ての需給にかんする情報が瞬時に計算され，企業と家計に即時に伝達できたとしよう。それではこのシステムは市場に代わり有効に機能するだろうか？　答えは明らかに否である。こうしたシステムが機能しない理由，その中でも誰もがすぐ思いつく理由を3つだけ挙げよう。

　まず，このシステムは偽りの情報が流通しないという前提に成り立っている。もし多くの企業や人々が勝手な需要情報を中央に流したらどうなるだろう

---

[4] 中国では毛沢東時代を「計画経済」の時代と呼ぶ。しかし，それは不適切な呼び方である。計画は当時，実質上機能していなかった。より適切には，「無計画経済」時代と呼ぶべきだろう。

[5] 一方では，それは奥地における工業基盤の形成に役立った。四川省における三線建設とその効果については，Bramall（1993）参照。

か？　たとえば，1千万人が高級乗用車を買いたいという希望を出したとする。中央の計算機はそのうちどれが真の需要なのか調べることはできないし，調べようとすると莫大なコストを掛けなければならない。そこでその需要を，恐らく1社しかない超大型の自動車生産企業に伝え，その企業はすぐに部品や原料を他の企業にコンピューターで発注する。そうすると，それら数十，数百にも上る関連企業はそのための部品や原料を他の企業に発注する。こうして産業の連関過程の中で理論的には全ての企業が時間の遅れはあるにせよこの1千万台の新規需要に関わることになる。しかし，大部分の需要が本当はなかったとすればどうなるだろうか？　経済の大混乱は目に見えている。現実の社会主義体制では企業の出す嘘の情報に悩まされ続けた[6]。もちろん中央のコントロール・システムが強力なコンピューター・ウィルスに犯された場合にも経済は破滅的打撃を受けるはずである。

　次に，外国部門にかんしてはこのシステムではコントロールできない。貿易が全くない閉鎖経済ならいざ知らず，ある程度の対外依存は必要だとすると，外国企業の行動は中央の計算から外れることになる。

　第3に，この点が重要なのだが，人々の欲望，したがって需要は日々変化するが，どのような新しい需要がどれだけ表れるか，このモデルでは予測できないし，それゆえ，そうした需要が生起したときにシステムは対処できない。ランゲは数理計画法により合理的に経済計画が立てられると考えていたが，その方法では新しい欲望を計算できないのはもちろんのこと，「他の人が持っているから自分も買いたい」というデモンストレーション効果などは考慮できない。言い換えれば，計画モデル全体がそうなのだが，このモデルは既知の情報を基に設計されており，未知の情報に対しては全く対応できないのである。すなわち，コンピューターはすばらしい計算能力を持っているが，新たな欲望といった未知の情報を処理する術を知らない。いわんや，リスクや不確実性に対してこのシステムは全く適応できない，というよりはきわめて脆弱である[7]。

---

6) シクは次のように述懐している。「社会主義国家における，あらゆる経済モデルの応用の多くの例をみてわかることは，結局，企業から出てきてコンピューターに入る基本データが正しくないために失敗しているということである」（シク 1976, 162 ページ）。

こうしてみると，以上4つの体制内改革構想は全てある共通の欠陥を抱えていたことが分かる。それは，1つは体制を構成する制度間の非整合性（inconsistency）という問題である。ブルス・モデルについてはすでに指摘したので省略するが，他のモデルにもそうした欠陥が無数に内在していた。いくつかの例を挙げると，まず労働者自主管理モデルでは，たとえば企業という制度と労働者による自主管理という制度が矛盾しがちである。なぜなら，企業は永続する（going concern）ために長期的投資を求めるのに対して，労働者は自己利益を最大化するために往々にして短期的である。毛沢東モデルでは，たとえば大衆を奴隷化しない限り，党による，最終的には独裁者による目的と彼らの目的とが一致しない。それ以上に重大なのは，毛沢東は体制を機能させる制度というべき制度を作らず，あるいは破壊したことである。さらにコンピューター社会主義モデルでは，人々による自由な選択とコンピューターによる中央の計画化体制とが調和できない。

　もう1つの共通の欠陥とは自律的ダイナミズムの欠如である。体制を強力に推進していくダイナミズムがこれら4つの改革構想には欠けていた。これについては次節で詳しく論じることにする。

　これら4種のモデル，およびその亜種（ヴァリアント）以外に体制内改革モデルはありえただろうか？　唯一可能なのは恐らく「市場社会主義」モデルといわれるものである。このモデルにはいくつかの亜種がありそうだが，ゴルバチョフがソ連時代の末期に模索しようとしたのは一種の市場社会主義体制だった。すなわち，経済体制は市場プラス公有制，しかし政治体制は共産党による一党独裁体制を基本とする。市場社会主義といえば，ランゲのモデルも市場社会主義といわれたが，このモデルについては別に取り上げる（補論1参照）。またユーゴスラヴィアのモデルも市場社会主義としばしばいわれ，実際この国では計画メカニズムは1960年代初め以降存在せず，市場取引が広範囲に認め

---

7) 伊藤は，バーコードやPOSシステムのような情報処理技術を拡張，援用すれば，ランゲのコンピューター社会主義も現実的に操作可能だと見る（伊藤1992，150ページ）。こうした議論は「コンピューター物神化論」と呼べるかも知れない。しかしこうした議論よりも，日本の経済計画官僚のトップだった下河辺淳氏が，1970年代初めのある研究会で吐露した発言の方が説得力がある。つまり，「経済計画は立てた瞬間から古くなる」。

られていた。しかし、「市場の動きは規制され、特に生産手段の市場については それが著しかった」（ラヴィーニュ 2001, 29 ページ）。

中国の「社会主義市場経済」モデルについては後でも触れるが（終章第4節参照）、それは所有は公有を中核とする多重所有制、配分は基本的に市場を核とするような体制である。これを「市場社会主義」の範疇に入れるべきかどうかは疑問である。実際、資本主義体制とほとんど変わらないといってもいい。このモデルは少なくとも 1980 年代までは中国以外の社会主義諸国では構想されなかった。それは、恐らくこれらの諸国では現実的理念が余りにも強力で、かつ鄧小平のような実用主義的発想をする指導者がいなかったためかも知れない。

3　体制の持続可能性

さて、移行諸国は移行前に大なり小なり経済的行き詰まりを経験していたのだが、だからといって体制移行が必要だったとはすぐにはいえない。「モデル（体制）はよかったのだが、やり方（政策）が悪かった」とか、「構想は素晴らしかったが、環境が悪かった」といった反論も可能である。そこで、「体制移行がどのみち不可避だったのではないか」というためには、国家社会主義体制に内在していた基本的な欠陥を十分明らかにしておく必要がある。それにより、先に挙げた4つの体制内改革モデルに内在していた第2の本質的欠陥（自律的ダイナミズムの欠如）が明らかになる。

そのためには、やや迂遠かも知れないが、そもそも持続的で発展可能な経済体制とは何か、またその条件は何かを明らかにしておこう。いうまでもないが、ここでいう「持続可能性（sustainability）」とは、環境的な持続可能性ではなく、体制（システム）の持続可能性である。つまり、体制が自分の力で再生産され、発展していけるとき、「持続可能」という。逆に「持続不可能」ということは、体制が自らの力だけでは支えきれず、衰退、さらには崩壊していくことを指している。その上で、従来の国家社会主義体制がともかく一定期間存続できたことを説明しておきたい。そうしなければ、ソ連にせよ東欧にせよ、

あるいは中国やヴェトナムにせよ,「無理のある,不自然な体制なら,なぜすぐ崩壊しなかったのか」と問われたとき,返答に窮してしまう。

1) 持続可能な経済体制とは

どのような社会体制(以下,経済体制に焦点を当てることにする)が持続可能なのか,理論的に規定することはわれわれの手に余るので,ここでは「社会生命体説」に倣って経済体制を人体に喩え,心臓(発展性),細胞や神経・血液(効率性),それに頭脳(創造性)という面から考えてみよう[8]。というのは,経済と同じく,人間は果てしなく永続的な生命体だからである。このような枠組みは,もちろん青木が行ったような精緻で綺麗な理論的体制比較と比べると決して洗練されたものではない(青木 1971, 1995)。しかし,青木ばかりではなく,ランゲやコルナイといった数理経済学者が見落としがちな全体論的(holistic)な捉え方が可能であり,体制移行といった大きな,また複雑な変化を考えるさいに便利なような気がする。

さて,ある経済体制がたかだか十数年とか数十年の命ではなく,もっと長期的に持続可能であるためには,単に中央(頭脳)と企業(細胞)との間で適切な情報伝達がなされるばかりではなく,また計画当局(心臓)と末端の間に財やサービス(血液)のやり取りが絶え間なく行われるばかりではなく,各種の臓器(制度)の間に整合性(consistency)やバランス,あるいはまた補完性(complementarity)がなければならない。喩えていえば,胃が直腸の下に付いているような,血管があって腎臓がないような構造では人体は保てない。制度間の整合性や補完性の問題は複雑で難問であるが,後で検討することにしよう。

もう少し具体的にいえば,経済体制が持続可能であるためには,少なくとも次のような条件を満たさなければならない。第1が情報量と情報処理能力の対応,すなわち,マクロ経済には膨大な情報が行き交い,それを処理するには制

---

[8] 自動車に喩えることもできるかも知れない。すなわち,自動車を動かすにはエンジン,ブレーキとハンドルが最低限備わっていなければならないし,それ以前に運転手がいなければならない。エンジンは発展を,ブレーキ,ハンドル,電池は制御を,そして運転手は決定を,それぞれ表す。因みに,マニュアル車の場合,エンジンが効かなくなっても,電池だけである程度動かすことができる。

度ないし機構(われわれの言う配分メカニズム)が必要である。人体に喩えれば情報が血液なら,処理機構は血管や心臓に相当するかも知れない。ここでの条件とは,血液と血管,心臓とが適切なバランスをとっていなければならないことを指す。血液の量に不相応な細さの血管や,血流を一定の速度に保つような心臓がなければ人間は倒れてしまうだろう。そのような経済全体の情報処理制度として人類がこれまで考案してきたものは,市場か計画(あるいは政府)しかない[9]。

　経済の情報量は経済発展水準の正の関数である。したがって,経済が発展するに従って情報量は増えるから,より効率的に情報を処理する制度が求められる。発展が低い段階では人々の欲求水準も高くなく,また生産力も限られているから,必要とされる情報量,具体的には財やサービスの種類,供給主体(たとえば生産企業)の数,それに生産地域や消費地域といった経済の空間的配置などは,相対的に少ない。しかし,経済が発展し,人々の欲望も多様化してくると,経済を行き交う情報量は加速度的に増大していく。それに対して情報処理能力はコンピューターがない限り,それほど増大していかない。ソ連や中国よりも経済発展水準の高いチェコスロヴァキアやハンガリーにおいても,程度の差はあれ,計画経済の理想と現実のずれに悩まされ,不足に見舞われたのも,結局ソ連などと似たような状況にあったためだろう。そこで情報処理能力を飛躍的に高めるために,前にも述べたとおり,コンピューターを利用しようという考えが1960年代以後,出てきたのである。

　第2が情報の対称性と刺激ないしは刺激(誘因)両立性(incentive compatibility)である。血液は体の各部分に流れていく。同じように情報も体制を構成している全ての組織や制度に流れていく。ただし,流れ方は経済体制によって違う。計画経済体制の下では,情報は上部と下部,たとえば中央計画当局と企業でやりとりされる。また企業内では企業長と労働者間で垂直的な情報がやりと

---

[9] 周知のように,コルナイは市場対計画という用語を嫌い,「市場的調整対官僚的調整」という二分法を用いる。また,彼が指摘するように,それ以外の調整メカニズムとして暴力的ないしは強制的調整や慈善的調整があるが,国民経済を有効に調整するメカニズムは市場か計画しかありえない。時にはコミュニティが第3の配分メカニズムとして指摘されるが,それは市場や政府を補完するものであっても,代替するものではありえない。

りされる。一方，市場経済体制の下では計画当局がないから，企業間，また企業と消費者の間で水平的な情報のやりとりがなされる。ただし，企業内においては当然垂直的に情報が行き交いする。そうしたときに，情報が正しく流れなければならない。もしある組織と他の組織間のデータが非対称（asymmetrical）だとすると，それは嘘ででたらめな情報が流れたためかも知れない。心臓が送り出した赤血球が末端の細胞では白血球だったらどうなるだろうか？

また経済体制内のアクターたちの間の目的（関数）が一致しているかどうかが，バランスのとれた体制を作るのに重要であろう。体に喩えれば，たとえば足と手を逆方向に動かすのは不自然であるし，不可能である。つまり，経済体制内の各組織・成員間に刺激が両立（compatible）しなければならない。ハーヴィッツが強調した「刺激両立性」，あるいは青木の言う「動機性」の問題である（青木 1971, 1977）。いま企業を1つの制度として考えてみると，企業長と労働者間に刺激が両立していなければ，企業はバラバラになってしまい，生存できなくなる。そのために，企業はさまざまな刺激制度を考案し，採用し，労働者が企業目的実現のために協働するように刺激・動機付けるのである。

同様な刺激非両立性問題は企業と計画当局（国家）の間でも発生する。すなわち，計画当局は企業に対して毎期毎期計画課題を下ろしていくが，上述したとおり，企業は計画を達成しやすいように，そしてより多くのボーナスを獲得するために計画課題を「値切り」始める。それを防ぐために計画当局は予め高めの課題を設定しようとする。ここに国家と企業との間に計画課題をめぐってバーゲニングが起こることになる。それというのも，計画当局は企業の在庫や生産能力を十分把握できないためであり，それ以上に，国家の目的関数と企業のそれとが両立しないからである。

国家社会主義体制の下での刺激非両立性問題は，決して企業長と労働者間，国家と企業との間だけで発生するわけではない。計画当局と消費者の間でも似たような現象が出現する。第1章の図1-8の枠組みを使っていえば，国家の設定する社会的厚生関数 Ws と，集合としての消費者による社会的厚生関数 Ws' とが一致せず，彼らは大砲よりもパンを本来選択しようとするはずであるから，パンの潜在的需要量は Pc になるはずである。したがって，第1章でも指

摘したとおり実際の生産量に比べて大幅な不足（PcPa）が発生することになる。

　第3に，しかし体制の持続性にとって最も大事なのは，体制自体が不断に発展していくダイナミズム，ないしはダイナミックな機構を持ち，体制を構成している政府や企業，それに家計といったさまざまなアクターたちが自らの将来を自律的に判断でき，そうした行動を刺激付けるようなシステムが備わっていなければならないことである。情報交換や制度間の整合性といったことはどちらかというと静態的問題であるが，体制を持続させるにはこのような動態的な機構・制度がなければならない。

　人々を刺激付け，動機付ける動態的なメカニズムとは一体何だろうか？　経営学，あるいは組織論の古典的名著であるバーナードの『経営者の役割』によれば，経営組織における刺激または誘因（incentives）には(1)経済的誘因，(2)社会的誘因，(3)文化的誘因，(4)環境的誘因，の4種類があるという（バーナード 1968）。このうち(4)の環境的誘因とは，物理的な職場環境の良し悪しを指すから，社会全体の，たとえば経済体制に関わる誘因としては無視してもいいだろう。体制に関わる誘因，つまり人間に対する動機付けは以下の4つのメカニズムに整理できそうである。すなわち，①強制や脅迫，②利他主義（altruism）的行動，③社会的関係の維持，④自己利益（self-interest）の保持・追求，である。このうち，強制や脅迫は強制労働や奴隷制の下でよく用いられる。利他主義は，他人のためや集団のため，あるいは国家のために自らを捧げることをよしとする考えである。バーナードの言う(3)文化的誘因に相当するといえよう。それに対して社会的関係から発生する動機付けとは，儀礼や習慣において，社会的関係を維持することを自らの喜びとするようなやり方であって，たとえば「メンツ」の維持というのも，こうした社会的関係維持の目的から派生した行動様式である。これがバーナードの言う(2)社会的誘因に当たる。最後の自己利益とは，個人ばかりではなく，家族的利益を重んずる動機付けの手段を表し，いうまでもなく上記の(1)経済的誘因に対応する。

　これら動機付けの方法のうち，多くの人々を，とくに経済活動において持続的に，したがって長期にわたり安定的に突き動かす方法とは社会的関係の維持

や自己利益の保持だと思われる。もちろん，後に述べるようにある一定期間，また一部の人々にとって強制や脅迫，それに利他的行動も強力な動機付け方法になりうる。しかし，それは長期の，普遍的な方法になりそうもない。たとえば，空腹のまま「愛国主義」や精神教育で人間を働かせても，長続きしないものである。

2) 社会主義経済モデルの非持続性

　このような比較の枠組み，ないしは視点を設定すると，容易に次のような命題を導くことができる。すなわち，集権的モデルであれ，分権的モデルであれ，これまで試みられてきた各種体制内社会主義経済改革モデルは，資本主義市場経済モデルと比較して，体制としての持続性に欠けている。なぜだろうか？　以下簡単にその理由を説明しよう。

　(1) 資本主義市場経済モデルは巨大な情報処理メカニズムである市場を核に据え，補助的に計画メカニズムを用いる。その結果，政府が処理する情報量は社会主義経済モデルよりもはるかに少ない。計画経済モデルでは，計画当局は全ての企業と地域（場合によっては消費者）に対して指令を下すわけであるから，その分情報量は増大する。コンピューター社会主義モデルに関連してすでに述べたことだが，計画メカニズムをコンピューターによって動かそうとしても，新しい欲求といった未知の情報は処理できないし，嘘の情報が流れたとき，たちまちの内にシステム全体はダウンしてしまう。

　(2) 資本主義市場経済モデルでは，全てのアクターに自律的決定権が与えられている。企業と消費者という経済体制を動かす主たるアクター全てに決定権が与えられ，どの企業，消費者であれ，一部が他と切り離されても存続できる。人間の体に喩えれば，肝臓の一部が切り取られても再生できるようなものである。社会主義，とくに集権的計画経済モデルでは，中央が全てをコントロールしているから，政府，中でも国家計画委員会のような中央制御部分を壊すと，あたかも脳が麻痺すると一瞬のうちに体全体が動かなくなるように，経済全体は大混乱に陥る。

　(3) 資本主義市場経済モデルの方が制度間の整合性が比較的よくとれてい

る。この点については後述する。

　(4) 最後に，資本主義市場経済モデルでは競争メカニズムが働き，企業と人々（家計）は時には競争相手を叩きのめそうとするすさまじいダイナミズムを持つ[10]。それに対して社会主義計画経済モデルでは官僚的統制が効き，常に慣例や前例が尊重され，何よりも意思決定にピラミッド構造ができているから，下位のものはいつも上を見て行動する。行動が外向き（outward looking）ではなく，内向き（inward looking）である。

　言い換えれば，資本主義市場経済体制はしっかりした心臓と，活発な血液，バランスの取れた臓器，それに独立した脳を持っているのである。他方，社会主義体制には，何よりもまず心臓がない。そして血液は血栓に溢れ，脳は極端には1つしかなく（独裁者がいる場合），複数あっても党に支配され，環境の変化に対して適切な判断ができない。われわれの言葉でいえば，このシステムは「自律的ダイナミズム」に欠けているのである（中兼1993）。

　資本主義市場経済にはなぜそうしたダイナミズムがあるのだろうか？　新古典派経済学的にいえば企業は利潤を最大化しようとし，家計は効用を最大化しようとする。それは企業や家計が「合理的経済人（ホモ・エコノミクス）」と想定されているからである。しかし，家計はいいとして，企業はなぜ利潤を最大化しようとするのだろうか？　ケインズによれば人々には「動物的精神あるいは血気（animal spirits）」があるからであり，シュンペーターに言わせれば企業家は「企業家精神（entrepreneurship）」を有するからである。それでは彼らはなぜそうした躍動的精神（élan vital）を持つのだろうか？　周知のように，ウェーバーは「プロテスタントの倫理」にその秘密を求めたが，この宗教社会学的説明は今ではほとんど廃れてしまった。このような精神は，人々の倫理や思想に内在しているのだろうが，そこから自然に発現するものではあるまい。

　このことを解く重要な鍵はシュンペーターの言う企業家の動機にあるように思われる。すなわち彼は，企業家は(1)「私的帝国を建設しようとする夢想と

---

10) もちろん，全員がそうした激しい能動性を持っているわけではないし，多くは「危険回避的」だろう。しかし，中核となる組織や個人がそうした能動性を持てば，周りに波及していく。

意志」，(2)勝利者意志，(3)創造の喜びを持つ，と指摘した（シュンペーター1980）。言い換えれば，企業家はバーナードの言う経済的誘因とともに文化的誘因にも刺激されている。容易に想像できるように，こうした動機は競争の中において初めて満たされる。逆にいえば，競争のない社会において，そのような動機は多くの場合埋もれているだけである。この競争は，自由な参入（entry）と退出（exit）があって初めて有効になる。さらに，こうした競争は「私的帝国」を制度的に可能にする私有制があって初めて意味を持つ。

集権的であれ分権的であれ，精神主義的であれ技術主義的であれ，社会主義経済モデルには基本的に競争を排除する，ないしはできるだけ小さくしようとする性向が見られる。社会主義体制下で企業倒産を制度上認めたのはハンガリーなどごく一部の国でしかなかった。市場を一部組み込んだブルスやランゲの分権的社会主義モデルでも，あるいは労働者自主管理モデルでも，倒産を含むような企業間の激しい競争は想定していない。計画や協議というメカニズムにはもともと競争原理は入っていなかった。確かにスタハノフ運動をはじめとして，ノルマ達成を競う「社会主義的競争」なるものが多くの社会主義国で採用されたが，それは全て一過性のものであったし，実際どれほど真剣な競争があったのか疑問である。恐らく，ほとんどが脚色されたものだったと思われる。

資本主義企業は「創造的破壊」（シュンペーター）をしなければ発展できない。しかし，社会主義「企業」はそもそも国家や集団のものであり，破壊しては絶対いけないものである。破壊すれば，失業や滞貨と同じく社会的「浪費」が生まれることになる。それゆえ倒産はありえない。その結果，企業という制度の革新も起こらないし，市場がないのだから新しい企業が参入することもない。人間に喩えれば，人体には新陳代謝が不可欠であり，細胞は日々生まれ変わらなければならないが，「社会主義人」の細胞は変わらない。制度の革新もないのだから，製品の革新も起こりえない。国家社会主義体制の下で，（ハンガリーの数学者ルービックが考案したルービック・キューブを除けば）世界の注目を浴びた商品が何一つ生まれなかったのも不思議ではない[11]。この体制の下で世界の先端を行った技術は，せいぜい軍事・宇宙関連の技術だけだった[12]。

20世紀後半の技術革新といえば情報技術（IT）であるが，1980年代以降，IT革命が起こったときに社会主義体制が没落し始めたのは偶然ではない。情報技術は革命的な変化を産業界に引き起こしたが，単にハードウェアの面ではなく，ソフトウェアの面で創造的革新が生まれたことは記憶に新しい。たとえばインターネットがそうであり，それに伴うさまざまな事業がそうである。こうした事業は若く，冒険心溢れる若者が起こしていったが，社会主義体制の下で，こうした事業が何も生まれなかったのはこのシステムの特徴を典型的に表している。

　盛田は，旧社会主義体制を「社会的退化」の構造として描く（盛田 1994）。すなわち，計画の失敗が不足現象をもたらし，それが社会的規範の傾向的低下である社会的退化，たとえば腐敗や規律の低下などを生み出し，そのことがシステムの単純化，硬直化，退化に結びつき，その結果さらに再分配（われわれの言う計画）の失敗が進んでいくという，いわば悪循環メカニズムが次第に社会主義体制にビルトインされるようになったという（図3-1参照）。ほとんど同様なことを宦郷も述べている。「中央集権化されればされるほど，経済は硬直する。経済が硬直するほど，人々は怠惰になり，貧しくなる。人々が貧しくなればなるほど，集権化の必要性が高まる。こうした悪循環が形成され」，そこから抜け出すのは容易ではない[13]。

　こうした類いのメカニズムは，不足という環を入れなくとも成立する。たとえば，高邁な理念に引っ張られた計画や協議といった非市場的配分メカニズムと公有制は，意味のある真の競争を排除し，その結果怠惰や惰性が生まれ，それが社会的退化となって表れ，理念と現実の距離が広がるから，そのために計

---

11) 以前，ハンガリーの元首相で改革派のリーダーだったニェルシュ氏が一橋大学に来て講演したとき，ハンガリーで世界に通用する新しい製品が生まれたかと聞かれて，酪農製品の中にそうしたものがあると答えたのを思い出す。果たして，驚くべきチーズでも開発されたのだろうか？　寡聞にして知らない。
12) この部門だけはある種の競争があった。1つには先進資本主義国との国家間の競争であり，もう1つは国内における，たとえばソ連におけるツポレフとイリューシンのような航空機製造における競争である。
13) ゴールドマン（1988），308ページより再引用。原文は1978年5月20日号の『北京週報』に掲載されているというが，筆者は確認していない。

```
         不足現象
      ↗         ↘
 再分配の失敗      社会的退化
      ↖         ↙
   システムの単純化・硬直化・退化
```

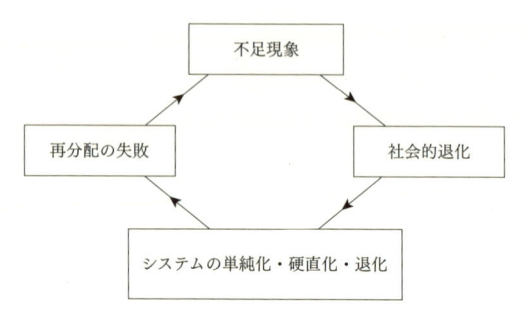

図 3-1 社会主義システムの「退化」
出所）盛田（1994），96 ページ。

画や協議がますます非現実的なものになって，社会的退化が一層進行する，というプロセスである。あるいは，理念と現実の乖離から出発し，人々の不満を抑えるために抑圧的機構（たとえば秘密警察）が用いられ，その結果社会的退化が進行し，ますます理念と現実の乖離が広がる，といったプロセスもあるだろう。こうしたプロセスは急速には進まない。しかし老人の癌のように徐々に体（体制）を蝕んでいく。

3）後進国社会主義の悲劇？

こうした社会主義体制の機能不全は，そもそもがマルクスの想定とは異なり，ロシアのような後進国に社会主義革命が起こったためだとする見方がある。いわゆる「初期条件」説の一種で，経済が後れ，市民社会が発達せず，独裁が跋扈する社会では，ソ連のような粗野な社会主義があだ花として咲き誇ったと見る。チェコやハンガリーなど一部の国を除き，社会主義を一時的にせよ積極的に受け入れた国はほとんどが後進国に属していた。この見方からすれば，「赤ん坊はいいのだが，母体が間違っていた」ということになるだろう。とはいえ，この説明はいささか説得力に欠ける。なぜなら，経済が発展し，民主化した国が社会主義体制を選択する理由がどこにあるのか分からないからである。

逆に後進国だからこそこの体制はそれなりに成果を上げ，比較的長期に持続しえたともいえる。ブルスは次のように述べている。「全体としてみると，社

会主義は，世界で利用可能な資源の増大に貢献し（成長に役立ち——引用者），また計画的資源配分および選択された部門と領域への制御された資源投入が実現可能であるという証拠を提供した，と主張してもよいであろう。今日まで存在してきた形態における社会主義が最大の成功をおさめたのは，おそらく，開発水準の低い国で新しい型の『産業革命』を招来することが，課題とされたときであった」（ブルス 1978, 255 ページ）。言い換えれば，社会主義が生産財部門に優先的に資源を投入したこと（いわゆる重工業化）により初期工業化に成功し，それがこの体制を評価させることになったというのである。この説は前章コラム 2 で見たカーのロシア革命肯定論と基本的に同じである。もしこの説が正しいとすると，社会主義は一種の途上国開発モデルとしてのみ存在理由があることになりそうである。もしそうなら，台湾や韓国がかつて採用し，一部の開発経済学者に高く評価された「開発独裁モデル」と変わりがないではないか。社会主義的政策と社会主義体制とを切り離して考えれば，計画的重工業化のような「社会主義的」政策は，何も社会主義体制でなくとも実施しうるのである。

　麗しい社会主義の理念を外してソ連や中国を見れば，開発独裁国に負けず劣らず資源を工業化のために集中し，工業生産力の増大に自国の体制の優位さを誇っていた。しかし，ブルス自身も認めているように，「社会主義諸国の実績と成果は高くついた（犠牲が大きかった——引用者）」。

　今日，開発モデルとしての社会主義を再検討してみると，そのモデルが払った代償以外にも，また純経済学的に見ても，大きな留保条件を付けなければならないことが分かる。1 つには，計画経済，あるいは政府主導でなければ工業化，とくに重工業化はできないという議論は間違いであるように思われる。市場経済の下でも十分工業化は可能であるし（ペティ＝クラークの法則），重工業化は経済発展の結果でもある（ホフマンの法則）。日本が政府主導の下で工業化を進めてきたという通説はいまや否定されつつある（三輪 1998）。もちろん，計画的に資源を配分すれば，工業化や重工業化の速度が速まることは確かだろうが，われわれの言葉でいえば，工業化の「核」となったのは，図 1-6b が示すように市場部門であり民間部門だった。

もう1つ，社会主義的政策の代表例である重工業化優先政策を採れば，理論（フェリトマン＝ドーマー・モデル）が教えるとおり一層速く成長できるのだろうか。そもそもこの政策が有効なのは，まず閉鎖経済であること，次に資本の生産性が低下しないこと，それにハロッド＝ドーマー・モデルがそうであるように，労働など資本以外の制約がないこと，といったいくつかの条件が満たされなければならない。開放経済ならば，労働豊富な途上国は労働集約的な軽工業品を国内で生産し，それを輸出することで重工業品を輸入すればいい。その方が，比較優位を享受して，輸出志向型の経済発展を遂げることが可能になる。社会主義国が重工業優先路線を採用したのも，理論的に考えればそれが成長最大化，したがってより速く先進資本主義国にキャッチアップするからではなく，閉鎖経済志向だったこと，労働が豊富だったこと，それに体制がまだ社会的退化過程に入らず，比較的高い資本の生産性を保てたからだったが，それ以上に，ソ連をはじめとして，彼らが軍事力強化政策（富国強兵）を採用したためでもあった。逆にいえば，平和な環境で開放的であったなら，これら諸国は重工業優先路線を採らず，たとえば今日の中国のように，輸出主導型で直接投資依存型の発展戦略を採れば，十分高成長することができたはずである。

4) 制度的整合性と補完性：再論

経済体制が持続可能であるためには，上述したように，体制を構成している制度の間に必ず何らかの整合性が保たれていなければならない。言い換えれば，ある制度Aがあったときに他の制度Bがそれと調和の取れたもの，つまり親和的なものでなければならない。他方，制度Aがあったとき，それを補完する制度Bがなければ，制度Aは適切に機能しない。人体が数多くの組織から構成され，各組織が各々他の組織と調和し，補完しあっているのと同じことである。そのさい大事なのは，どちらの制度が「核」になるかである。

経済体制は無数の制度から成っているが，第1章では所有制度と配分メカニズムに注目した。すなわち，資本主義体制では私有制と市場との組み合わせが，国家社会主義体制では公有制と計画の組み合わせが，それぞれ「親和的」な構造を作っていると考えられる。市場と私有制がより親和的であることは，

歴史的にも理論的にも確かめられる。というのは，(1)世界各国で公有企業の民営化が進められているし，(2)市場経済において所有制の選択は自由なのに私有部門が拡大してきている，(3)私有制の下で財産権は明確に確定でき，それにより交換が安定して進み，その結果市場は拡大していく，からである。マルクスは的確にも次のように述べている。「分業（それゆえ市場——引用者）と私的所有とは同じことの表現である——後者においては活動の生産物との関係で言い表されているものが，前者においては活動との関連で言い表されているのである」[14]。他方，計画，あるいは行政的に財やサービスを配分するには，所有権が多くの個人や企業に分散している場合よりも国家が統一的に持っている場合の方がはるかに都合がいい。たとえば空港を作る場合，候補地が全て国有地である場合と，全て私有地である場合とを比べてみよう。私有地である場合，用地収用のための（時間的，金銭的）費用が莫大なものになる。

ところが，ブルスの分権的社会主義の構想が示しているように，集権的計画制度は，不足が発生し深刻化するなど，いずれ行き詰まるため，マクロ的な配分メカニズムとして，市場を部分的に導入する分権化がどうしても避けられなくなる。しかし，部分的分権化は次のようなトラブルを発生させてしまう。すなわち，市場間の整合性問題と配分メカニズムと所有制の整合性問題，この2つの問題である。前節でも指摘したとおり，ブルス・モデルには消費財は市場に，生産財（投資）は計画という市場間の不整合性が内在していた。あるいは，企業の経常的意思決定と中央による投資決定の不整合性があった。他方，ブルス・モデルでは生産手段の公有制は堅持するわけだから，市場に親和的な私有制は認められない。認めたとしても，ごく小さな役割しか担うことはない。したがって，資本という生産要素の市場が形成されず，公有制と市場との不整合が発生することになる。

より複雑なのは，経済体制ではなく，われわれの言う広義の社会体制内の制度的整合性だろう。つまり，第1章では資本主義＝資本主義的経済体制＋民主主義とし，国家社会主義＝社会主義的経済体制＋独裁体制と捉えた。そこで

---

14) 広松渉編訳，小林昌人補訳『新編輯版　ドイツ・イデオロギー』岩波書店，2002年，65ページ。

は，経済体制と政治体制の間にある種の整合性や親和性があることが想定されている。それでは，資本主義体制の方が社会体制全般の内的整合性という点でより整合的なのだろうか？

　まず経済体制と政治体制との連関性について考えてみよう。市場と公有制，それに政治的民主主義との幸福な結婚の可能性はこれまでも「民主的社会主義者」たちによって追求されてきたが（本章コラム3参照），民主主義は果たして公有制を基本とする社会主義の下でも成立するものだろうか？　コルナイは，ただしこれは体制移行後の発言だが，経済体制としての資本主義だけが民主主義と両立すると主張する（Kornai 2000）。言い換えれば，民主主義と社会主義が両立するなどということは，彼からすれば「ナイーヴな」発想でしかない。

　フリードマン流にいえば，市場と私有制は民主主義を保証する不可欠な制度である。なぜなら，たとえば言論と出版の自由は民主主義の一要素であるが，人々が自由に意見表明ができるのは印刷機械と紙とを自由に手に入れられる場合のみである。現代中国におけるメディア統制の実情を考えると，こうしたフリードマンの主張はそれなりに説得力がある。

　しかし，経済体制と政治体制との整合性は，経済体制内部における制度間の整合性に比べて単純ではない。どうして「開発独裁」という社会体制が可能だったのだろうか？　シンガポールのように高度に市場経済が発達し，資本主義的繁栄を謳歌している国において，なぜ長期にわたりリー・クワンユー率いる人民行動党が権威主義的政治体制（事実上の独裁体制）を維持できているのだろうか？　これまでも経済発展と民主主義の関係についてはさまざまに議論されてきた。しかし，今までのところ比較的はっきりしていることは，両者の間に緩い関係があるということだけである。仮に経済発展の程度を示す1人当たり所得を横軸に，民主主義の程度を表す「政治的自由度」を縦軸に各国の実績をプロットさせてみれば，両者は緩い正の関係にあることが分かる（中兼2002, 57ページ）[15]。それは，恐らく，経済が豊かさという価値観でほぼ共有できるのに対して，政治の場合，たとえば民主主義や個人的自由の増大という価

---

[15] そこでは，1人当たりGDPとフリーダムハウスの「政治的自由度」の関係が描かれている。他の民主化指標をとってもほぼ同様の結論が得られるだろう。

値観が国により，地域により共有化されないためだと考えられる。この点は，中国のような東アジアにおける体制移行と中欧のそれとを比較する場合に重要になってくる（第8章参照）。第1章では社会的厚生関数が政治体制により異なることを指摘したが，同様にそれは文化や歴史が違う以上，国や地域間で違ってくるのは当然である。

5）体制内改革構想の推移

以上の考察を背景に，旧ソ連における社会主義体制の成立から今日における体制移行まで，前章で概観した体制内改革構想の展開を，第1章の図1-6の枠組みを使って整理してみよう。まず初めに，議論を分かりやすくするために，市場と計画という配分メカニズムだけを考える。この議論は多少の修正を施せば所有制に対しても応用可能である。その上で国家社会主義体制内の改革構想をわれわれの枠組みで整理すれば，集権的社会主義→（ブルス・モデルのような）分権的社会主義→市場社会主義→資本主義という，単純化すれば図3-2の矢印で示したような動きに沿って現実は推移してきたことになる。このことを少し詳しく説明しよう。

旧ソ連（正しくはロシア）において社会主義政権が出現し，その後スターリンの下で国家社会主義体制の原形が形成されたときは，「計画神話」が強かったため計画を核とする体制Ⅰが出来上がった。当時，計画を補完する市場は帝政時代からの残存物で，仕方なく存在し，いずれは消滅する後れた制度と見なされていた。その意味で，毛沢東時代と旧ソ連の初期は本質的に同じだった。ネップ期に導入された市場は一時的妥協に過ぎなかったことを思い起こそう（前章第2節参照）。

1950年代になり，ソ連型の国家社会主義体制が各国で模倣され運用されると，しばらくしてその欠陥が露呈し，ここにブルス・モデルを代表とする分権的社会主義構想が表れるが，それは計画を主体とするものの，市場も補完的に必要不可欠だという新しい体制Ⅱだった。そこには体制Ⅰのような，市場を後れたものとする認識はない。しかし，社会主義である以上国家が全体を計画し，投資や価格を決定するという核としての役割は断固維持されていた。

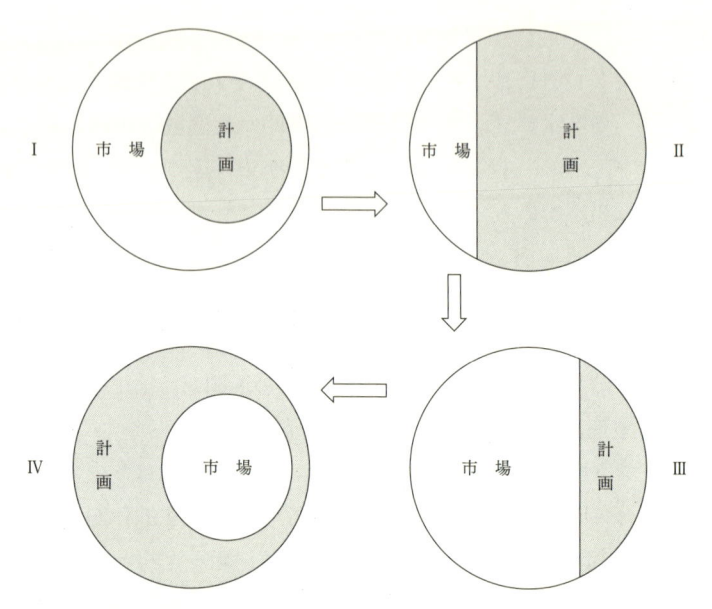

図 3-2 体制内改革構想の推移と制度的展開

 しかし，その構想も実際にはやってみると立ちゆかなくなる。当然市場が主体となるべきだという「市場社会主義」構想が現れてくる。ハンガリーにおいて 1970 年代になると国内価格を政府が決めるのではなく，国際価格をシミュレーションして決めるという構想が現れるが（盛田 1990），それもこうした方向にあると見てよい。あるいは，ユーゴスラヴィアにおける自主管理型社会主義は企業間の取引を市場で行わせようとしたから，実はこの種の市場社会主義の一種といえるかも知れない。その場合，集権的社会主義体制から直接市場社会主義が生まれたことになる。中国の「社会主義市場経済」体制も，少なくとも初めはこうした発想だった。そこにおいて，小さいながらも核としての計画制度は，公有制と同じように維持されていた。
 体制移行，つまり社会主義から資本主義への体制転換は，結局はこうした市場社会主義を飛び越え，市場を核にしようとする抜本的体制改革（体制IV）に当たる。補完的制度としての計画はこの大きい核の周りにあって，たとえば政府機能として一般に主張される公共財の提供や所得再分配機能を持っている。

19世紀的資本主義体制，つまり体制Iの対極にあった経済体制では，市場という核はきわめて大きかった。しかし，現代資本主義体制においては，財やサービスの配分における政府の役割は大きく，相対的には核としての市場は小さくなっている。ついでにいえば，前章で紹介した「コンピューター社会主義」は超集権的計画経済体制を目指していたから，究極的には全てを，したがって主体であるとか核であるとかは無関係に，計画に委ねる体制だった。

上述したように，こうした体制の推移は所有制を軸としても展開できる。すなわち，公有制を核とする体制Iから公有制と私有制が併存しつつも公有制を主体とする体制IIへ，さらに私有制が次第に勢力を強め，しかし政府が重要部門を所有する体制IIIへ，そして最終的には私有制が圧倒的な比重を占め，しかも経済の中核に座る資本主義体制IVへと通常は「進化」していく。

それでは，こうした制度的変化は政治体制に対しても適用可能だろうか？第1章で分類したような民主主義と独裁制という政治体制の場合，制度間の補完性はないからこの枠組みは使えない。代わりに，たとえば集権的意思決定と分権的意思決定という枠組みを使えば，図1-6の図式は広義の移行過程に対しても応用可能である。すなわち，共産党独裁という集権的意思決定を核とする体制Iから民主的な分権的意思決定を核とする体制IVへと，多くの旧社会主義国では経済体制変化に対応して似たような政治体制の変化が見られた。しかし経済体制と違うのは，政治体制の場合，国の大きさや歴史的，文化的背景の差異が大きく体制選択に影響を与えていることで，集権的意思決定を主体とする体制IIと分権的意思決定を主体とする体制IIIの間には「民主的決定」という点で本質的な違いはないかも知れない。体制移行後の政治体制の変遷を見ると，ロシアでは分権制主体の体制IIIから集権制主体のIIへの揺り戻しがあったようだし，中国は依然として体制IIの段階に止まっている[16]。

---

[16] 意思決定制度から見た政治体制のIとIIとの違いは余り大きくないともいえる。共産党権力がつねに中核をなしている点では変わらないが，中国においてはIIで地方分権的色彩が強まったことを表している。

4 社会主義経済計算論争[17]

　社会主義経済体制における理論的欠陥について別の角度から眺めてみよう。周知のように，1920年にミーゼスは「社会主義共同体における経済計算」と題する影響力の強い（seminal）論文を出版し，その後「社会主義経済計算論争」と呼ばれる激しい論争の口火を切った。西側経済学界ではミーゼスと彼の弟子であるハイエク，それにロビンズらが「社会主義計画経済」否定論や不可能論を，他方テーラー，ラーナー，ランゲといった経済学者たちが肯定論や可能論を展開したのである。

　「社会主義経済計算論争」とその結末は，これまで通常次のように理解されてきた[18]。すなわち，ミーゼスが生産手段の私有制と市場メカニズムを廃した社会主義体制では合理的経済計算は行いえず，したがって社会主義体制は機能しえないと主張したが，この問題は，市場がなくとも計画当局が全ての財の需給均衡方程式を解けばよいとするバローネによってすでに理論的に解決済みであった。そこでミーゼスやハイエクたちは戦線を「後退させ」，社会主義経済計画は理論的に可能かも知れないが，実際には何百万本もの方程式を計画当局が解くことは非現実的であると主張した。それに対してもテーラー，ラーナー，ランゲたちは反論するのだが，最も優美な論理を展開したランゲのモデルを説明すると，次のようになる。まず消費財と労働市場が存在し，消費者が自由に選択できるという条件の下で，計画当局が暫定的な計算価格（accounting prices）を（公有）企業に提示する。他方，企業は資本主義企業と同じように利潤最大化行動，つまり限界費用＝価格というルールの下で反応し，計画当局は財の需給に応じて価格を変動させていけば，ちょうど市場経済におけるワルラス的一般均衡をシミュレートするように，「試行錯誤」的に経済全体の均衡解に到達しうる——ランゲはこのように述べて，ミーゼス＝ハイエクらによ

---

17) この節とコラム3は，中兼（1993）第2節に基本的には沿っている。その後の研究を含めて，若干膨らましているが，趣旨は全く変わらない。
18) この論争にかんする通説的理解については，たとえば宮鍋（1986），間宮（1992）など参照。

る社会主義経済計算不可能論を「論破した」。かくして，ランゲ・モデルによって，理論的にいえばこの論争は決着がつき，ミーゼス＝ハイエクらの「敗北」となった。その結果，経済論争では負けたハイエクは，社会主義体制批判を政治と自由の問題から展開するように議論をすり替えていった，というのである。

このような通説の形成にあずかったのがシュンペーターだった。彼はランゲたちの主張に理解を示し，次のように述べる。「社会主義は作用しうるか。もちろん作用しうる。第1に，それに必要な産業発展の段階にすでに到達していること，第2に，過渡期の諸問題がうまく解決されうること，この2つの仮定が許されるならば，上の設問についてはなんらの疑いもありえない」（シュンペーター 1980，157ページ）[19]。またしばしば引用されるように，バーグソンが戦後この論争を振り返り，いくつかの問題点を指摘しながらも，全体として「社会主義計算」の理論的可能性を肯定していたこともこうした通説に貢献していたように思われる。彼はこう指摘している。「もし（社会主義経済の）実行可能性（practicability）をいうなら，論争の余地はほとんどありえない。もちろん社会主義は作動しうる。この点でランゲは確かに説得的である。しかし，もしこれが唯一の争点であるなら，この段階でそうした念入りな理論的例証が必要なのだろうか。ともかく，ソ連の計画経済は30年間にわたって機能してきたのである」(Bergson 1948)。

しかし，ミーゼスやハイエクらは本当に理論的に「破れた」のだろうか？ 1980年代の後半以降，とくに東欧やソ連において体制移行が始まって以降，この論争と通説に対して徹底した見直しがなされ，新しい解釈がなされるようになった。詳しくは「補論1」を参照していただきたいが，われわれの言う「体制の持続可能性」という視点からこの論争をもう一度整理してみよう。

まず，ミーゼスが社会主義計画経済は情報処理能力に欠けていることを主張した点である。ランゲたちはバローネのモデルを持ち出して計画モデルの実行可能性を主張しようとし，その上ランゲはコンピューターという情報処理機構

---

[19] 彼の社会主義経済論については，シュンペーター（1951），同じく初期の作品を集めた同（1977）参照。

を使うことによって，情報処理効率は市場よりも計画の方がもっと高いと述べた。しかし，この点についてはこれまで述べてきたことからも明らかなように，ランゲたちは全く間違っていた。

　次に，先に挙げた刺激両立性の問題である。すなわち，ランゲのモデルからは生産単位の管理者が計画当局の指示する計算規則を守るのかどうか，また企業は中央に対してウソをつかないのかどうか分からない。計画経済における「ウソ」の問題は，その後現実の社会主義諸国が直面したように，どのように制度を設計しても逃れることのできない難問になってしまった。たとえ企業が正直に報告すればボーナスを得るような制度にしても，国家の資源を盗みとり，作った製品を闇市場で転売した方がはるかに有利なら，そのような制度を守ろうとするものはいなくなるだろう。

　そのこと以上に社会主義計画経済にとって致命的だったのは，システムに能動性を生み出すメカニズムを欠いていたことである。繰り返すが，シュンペーターの言う「企業家精神」は市場において発揮される。「内向き思考の」計画体制には，やはりシュンペーターの言う「創造的破壊」は生まれえない。ランゲのモデルはあくまでも静態的なモデルであったのに対して，ミーゼスやハイエクの論点の根本には市場の持つ動態的作用を重視する視点があった。

5　計画化モデルの現実的操作性

　それならば，現実の社会主義経済を動かしていたのは何だったのだろうか？バーグソンが言うまでもなく，ソ連は30年どころか73年にわたって存在していたのである（もっとも実際に「機能」していたのは，それよりも短かったというべきだろうが）。また，前章第7節でも見たように，旧ソ連や東欧諸国が西側諸国に大きく差をつけられ始めるのは1980年代に入ってからである。しかし，誤解してはいけない。国家社会主義体制が一定期間持続可能だからといって，この体制が資本主義と「歴史的同位対立物」などというわけではない[20]。再び人間に喩えていうなら，伸び盛りの20歳の若者のように壮健で，体力や気力が充実しているとはいえなくとも，慢性疾患に悩まされている80歳の老人

だってある程度生きられるのである。

　社会主義計画経済が現実的に一定期間操作可能だった（practicable）こと，あるいは作動可能だった（workable）こと，つまり国家社会主義体制の限界的持続可能性は，たとえば経済の調整（coordination）ないしは配分メカニズムという観点から，以下のように説明できるだろう。

　そもそも国家社会主義体制には 3 つの調整メカニズムが働いていた。1 つは計画的調整で，前章で述べたように，これは実際にはごく一部の財に対してしか機能していなかった。これらの財は重要な財で，現実的理念が要請するような政策課題，たとえば軍事力の強化に密接に結びついていたものである。

　もう 1 つは市場的調整で，これには合法的なものと非合法のものの 2 種類があった。合法的な市場としては，たとえば農村の自留地で栽培した農産物を売りさばく自由市場がある。自留地での生産や，一定程度認められていた小規模の各種市場が計画的生産・流通の慢性的不足を補い，財の供給に欠くことのできない働きをした。しかしこうした市場はごく一部の消費財に限られる。重要なのは非合法市場で，いわゆる闇市場や影の経済（シャドウ・エコノミー）がそれに当たるが，さまざまな非合法生産や密輸がそうした市場への供給源となっていた。恒常的な不足は恒常的な闇経済を必要とする。盛田の言う体制の「社会的退化」は，皮肉なことに一面では計画がもたらした不均衡な経済体制を補強し，計画部門を下支えしていたのである。国家社会主義体制下の「第二経済」研究の先駆者であるグロスマンに言わせれば，ソ連における「非合法な個人的経済活動は……大多数の国民にとって日常茶飯事の主要な，またきわめて広範囲な現象だった」（Grossman 1997）。

　たとえば，ソ連の各地にいた「タルカーチ（押し屋）」と称するブローカー

---

20) 岩田は資本主義を長男，（ソ連のような）集権的社会主義を次男，ユーゴスラヴィアのような自主管理型社会主義を三男と名付け，これら 3 兄弟は「歴史的同位対立物」だと見なした。資本主義のパフォーマンスがいいのも，長男として長く生きてきたために習熟しているだけであって，時が経てば次男や三男もパフォーマンスが改善されると見た。岩田（1983）参照。それから 6 年，社会主義体制の崩壊と解体を目の前にして，彼は深刻な反省に迫られた。「夢なき良き時代にひととき『邯鄲の夢』をみたかったのであろう。そのわずか 6 年後に現代資本主義が現代社会主義に勝利して『今』資本主義の時代が到来することは，1983 年当時の私の視野と理論の外にあった」（岩田 2003，126 ページ）。

は，現実の計画経済の穴を市場に代わって埋めてくれる格好の助手だった。「ドニェプロペトロフスクのソヴナルホーズ（フルシチョフ時代に垂直的な省体制に代わって設けられた地域別経済組織——引用者）の計算によれば，その金属および化学工場は，1959年には，4,000人のタルカーチの訪問を受けたが，さらに3,000人が機械工場を訪れ，1,000人がソヴナルホーズ自体のスナープ（物資補給機関のこと——同上）およびズブィト（物資引渡機関のこと——同上）に押し寄せた。すなわち，合計8,000人がやってきた。これらすべては，もちろん，生産計画を裏付けるための物資補給協定の不履行に，あるいはそれが不履行に終わることの怖れに，基づくものである」（ノーヴ 1971, 289-90 ページ）[21]。

あるいは，地下経済が公式経済を補完する作用を果したともいえる。このような非合法的存在は，元来が規律が緩んだところで出現した。元ソ連邦捜査検事だったニェズナンスキイは次のように告発する。「国内のあらゆる地方からクラスノダール都市商工会本部宛に，紡績糸，靴，自動車などの不足品を積載した貨車がぞくぞくと到着した。これはいわゆる『地下』商品である。これらの商品の売上げ金は国庫に入るのではなく，販売関係者と製造工場の幹部たちの間で分けられていた。一味の首謀者たちが逮捕され，裁判を待っている間も，『地下』商品を満載した貨車が，グルジア，エストニア，レニングラードや，ゴーリキーから到着し，都市商工会本部の倉庫に積み上げられていった。当然予想されたことだが，犯人たちの行為は職務怠慢のランクに入れられただけで，軽い罪ですんだ」（ニェズナンスキイ 1984, 154 ページ）。

さらにもう1つの重要な調整メカニズムが強制という調整方法である。ここにも2種類のメカニズムが見られる。すなわち，先述したように，1つは「消極的強制」とでも呼ぶべき方法で，人々を恐怖によって働かせる方法が国家社会主義国で用いられたが，その方法は財の配分においても応用可能である。党

---

[21] タルカーチは，「計画のさまざまな要素が相互に矛盾」し，「経常計画の修正が体系的な形で行われず，その結果，たとえば供給や金融および賃金などにかんする計画の変化なしで，産出計画だけが変えられる」といった，計画全体の不整合性から派生して出現する。ノーヴ（1986），107 ページ参照。

や国家に敵対したり反抗したりする者に対しては，あるいは「監視対象」とされた者に対しては，十分な配給を与えなかったり，あるいは脅迫により作物を供出させることがありうる[22]。前章でグレゴリー＝ハリソンの「スターリン主義的計画経済モデル」を見たが（図2-2参照），しかしこの方法はせいぜい少しばかり需要を抑制したり，供給を増やしたりするのに効果があるだけで，経済全体にそれほど積極的役割を果たしたとは思われない。より重要なのは「積極的強制」というべきメカニズムで，ソ連でいえば「収容所群島」，中国では「労働改造所」や「労働教養所」に入れられた者たち，それに一般の監獄における囚人たちが作り出す生産がそれに相当する。彼らが生み出したGDPがどの程度か，推計することは難しいが，少なくとも先進資本主義国における「監獄生産」よりはるかに大きかったことだけは確かだろう。アプルボームによれば，「（ソ連の）収容所は全国の産金額の3分の1，石炭と木材の産出額の大半を占め，その他のほとんどあらゆる産品を大量に生産していた……囚人はおよそ考えられる産業部門のほとんどすべて――森林伐採，採鉱，建設，製造業，農業，航空機や火砲の設計など――で働き，実質上国家のなかの国家で生活し，別個のものといってもよい文明を形成していた」（アプルボーム 2006, 16ページ）。あるいは，デイヴィスが調べた資料では，「1941年に内務人民委員部（いわゆる秘密警察のこと――引用者）管轄工業は工業総生産の1.2％を生産し，内務人民委員部は総資本建設の18％に責任を負うことになっていた」（デイヴィス 1998, 316ページ）。

かくして，国家社会主義体制の下では頂点には計画的調整，底辺には強制的調整と地下経済を含む（事実上の）市場的調整という3つのメカニズムが存在

---

[22] ハンガリーの小農業者党のヴェレシュ氏は，1947年の選挙で落選してから政治の世界から締め出され，一農民となったが，独裁政権を確立した共産党から次から次へと不可能なノルマを出された。「（ノルマを果たせないと）罰金。……罰金が払えない。すると警察と裁判所から呼び出しがかかる。……そこで脅かされいじめられた。『追放するぞ。裁判にかけるぞ』とね。……国はすべてにわたって絶対不可能な供出量を要求してきたのです。実行できないとサボタージュだといわれました。それは，追放，逮捕，土地取り上げの理由となりました。それがねらいだったのです」（永井ほか 1990, 148ページ）。北朝鮮のように経済も破綻し，飢えや貧困に苦しんでいる国家がこれほど長期に存続しているのも，結局は「異端者」に対する徹底した弾圧と完璧なまでの統制が維持できているためだろう。

```
        計画的調整
       ⇧     ⇧
     強制的調整  市場的調整
```

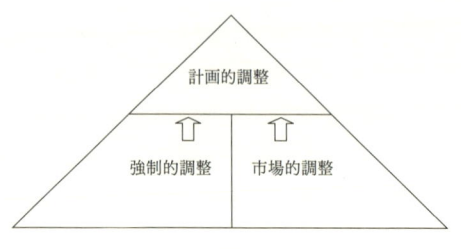

図 3-3 ソ連あるいは国家社会主義体制の調整メカニズム

し，下位にある2つのメカニズムが頂点にある計画メカニズムを支え，補佐する形で機能していたといえる（図3-3参照）。逆にいえば，非計画メカニズムがなければ，計画的調整も働かなかったのではなかろうか。その意味で，現実社会主義の現実計画化システムは，不自然というだけではなく，きわめて異常な制度だったといえそうである。盛田に言わせれば，国家社会主義国における現実の「計画」の実態は「戦時的配給システム」を超えるものではなかったという（盛田 1990）。計画的調整なるものの実態はその程度のものだった[23]。

　国家社会主義体制が限界的に持続可能だったのは，こうした現実的調整メカニズムが作動していただけではない。その他に，以下のような理由でもこのシステムは少なくとも一定期間は操作可能だったようである。

　第1に，すでに述べたことだが，この体制が革命や内戦などによって誕生して間もないときには，そのときの勢いがしばらくは持続する。さらに，その頃は情報と情報処理能力の乖離は比較的小さい。なぜなら，人々は基本的物資の配給だけで満足できたからである。その間，理念と現実の乖離はそれほど大きくはなかった。言い換えれば，貧しく，人々の欲望がそれほど強くなかった時代そして国家ならば，国家社会主義経済は比較的簡単な構造で動くことができた。途上国に「社会主義」が受け入れられやすいことの1つの理由だろう。

　第2に，しかし革命的情熱や興奮は数年間続けばいいところである。ある程度の時間が経過し，社会的退化が始まっても，上述した強制的調整（抑圧と統

---

[23] ベルも同様のことを言っている。第2章コラム2の注 *3 参照。

制）により人々の反抗を抑えるばかりでは社会的，政治的費用が高くなりすぎる。そこで，人々の物的欲望だけは満足させることで，政治的権利の喪失に対する代償を体制が人々に約束することになる。その場合，よほど強固な信念を持った反体制派でない限り，生命の危険を冒してまでも体制に反抗しようとはしなくなり，人々は現実に妥協する。石川が発見したように，社会主義体制の下で，政治的行動さえしなければ人々はある程度の福祉を享受し，生活はそれなりに安定していた（石川 1977）[24]。しかし他方で，その結果社会的退化は徐々に深化していく。同時に，体制の骨化（ossification），化石化（fossilization）現象も次第に進行していく。いわば，若さを失い，老齢化していったのである。辻村に言わせれば，「全体主義的独裁のうみだす自閉的無関心による他人志向的同調主義が支配的になる」（辻村 1967，40 ページ）。体制に同調することで人々は安全を確保し，党や政府は社会的安定性をある程度確保できる。前章で見たように，ソ連にせよポーランドにせよ，国家社会主義体制が時間を経るにつれて次第に長期的，傾向的成長率の低下に悩まされたのも，こうした体制全体の「老化」と決して無関係ではないような気がする[25]。

　第3に，前年度実績が政策当局の基準になり，毎年前年度実績に上乗せして計画が作られ，情報処理能力の不足をこうした簡単な計算法が補う。物財バランス法で一般に用いられたこうしたやり方は，元来が不均衡な経済をさらに不均衡にさせていくが（前章第5節参照），一方では上述したような人々の現実逃避と「自閉的同調」があるから，体制が急激に，また簡単に崩壊することはありえない。実際の市場メカニズムが全ての財，サービス，生産要素の価格と数量とを多元連立方程式を解くようにバランスさせないのと同様に，実際の計画メカニズムではごく少数の財，サービス，生産要素だけを考慮して，バランス

---

[24] 石川の観察によれば，「一般の勤労者はあくせく働かずに，最低生活の保障のうえにゆったりとした『ゆとりある生活』を享受しているようにみえる」（石川 1977，58 ページ）。しかし，こうした「ゆとり」が体制のダイナミズムの喪失へと結びついていった。
[25] 会社にも「寿命」があるように，体制にもある種の寿命があるようである。新陳代謝のメカニズムを欠いた体制ほど寿命は短い。たとえば，国家社会主義国は資本が国有であったために，資本の減価償却という概念がないか，または希薄であり，物理的に使えなくなるまで資本は酷使される。

させるが如く調整していただけであるが，人々の欲望を抑えるシステムが機能する限り，それでも一定期間ならばメカニズムは作動可能である。

第4に，理念と現実の乖離が一定程度大きくなると，少しでも現実を理念に近づけるために「改革」という修正努力がなされる。そのたびにある期間は状態が改善されることもある。毛沢東時代の中国の場合，改革よりもむしろ周期的に起こる政治運動によって緊張感を維持してきた。ハンガリーが1968年に導入したNEMにしても，導入直後は経済状況はそれなりに好転したのである。しかし，こうした努力はある期間を過ぎれば，次第に効果を持たなくなり，社会的退化は逆に進むことになろう。そこで再び改革に取り組むことになるが，「改革の限界生産力」は低下する。ある期間を過ぎれば，改革の限界生産力はゼロ，さらにはマイナスになり，その改革の寿命は尽きることになる。なぜなら，改革してできた新たな体制も，やはり自律的能動性がないからである。

最後に，途上国社会主義国においては，「開発モデル」としての社会主義体制はそれなりに，また一定期間有効性を持ちうる。それこそ，第1章で取り上げた「開発独裁モデル」であり，現在の移行経済国では中国やヴェトナムがその代表例といえよう。

国家社会主義体制には強力な政府と集権的計画メカニズム，それにそのメカニズムを動かすのに好都合な公有制という，開発独裁に適した制度が備わっていた。ただし，開発独裁の下で効率よく経済を動かすには，計画制度だけではなく，市場制度を大胆に導入しなければならない。かつての韓国や台湾で採用された開発独裁モデルでは，確かに比較的大きな公有・計画部門もあったが，経済発展ならびに経済体制の核となったのは私有・市場部門だったことを想起しよう。

6　2つの経済体制：資本主義・社会主義収斂論

1960年代の初め，社会主義がまだ輝いて見えていたとき，そして東西の平和共存が始まったときに，一方で社会主義体制は市場経済を部分的に取り入

れ，他方では資本主義体制は修正資本主義と福祉資本主義的性格を持つようになって政府関与が増大し，この2つの相対立する体制は次第に近づいているとする両体制収斂（あるいは収束）(convergence) 論が流行ったことがある。その口火を切ったのがティンバーゲンだった。

彼の収斂論は次のようなものである (Tinbergen 1961)。つまり，社会主義圏では部分的にせよ市場を導入し始めているし，資本主義諸国も政府による資源配分（計画）を実行している。したがって，このまま行けば両者は次第に体制として接近していくだろう。われわれの言葉で言い換えれば，社会主義国は計画を主体としつつも，次第に市場を補完的に副次的メカニズムとして導入してきており，逆に資本主義諸国では市場を主体としつつも，行政的配分を副次的に使用している。図1-6aが示唆しているように，両体制の違いは結局は市場と計画の配分の問題，つまり程度問題に過ぎないのではないか，と彼は捉えた。ただし，彼は最終的に両体制が一致するようなことは考えてもいなかった。せいぜい，漸近的に収束していく傾向があることを示唆しただけである。

似たような議論はガルブレイスらによっても展開されている。すなわち，ガルブレイスとメンシコフは，資本主義と（国家）社会主義がますます収斂していくことに強い期待を寄せていた。ソ連の学者であるメンシコフに100年後の世界がどうなるかを問われて，ガルブレイスは次のように答えている。「世界は，（資本主義と社会主義の）混合体制になるのではないかと思います。現在の社会主義世界では……市場指向の動きがあるでしょう。資本主義世界では，より大きな社会的関心への義務が生じるでしょう。そしていまから100年後には，社会主義と資本主義の，より成熟した結合形態に入りつつある諸国が存在するでしょう」（ガルブレイス＝メンシコフ 1989, 209ページ）[26]。

こうした収斂論に対して，当初からさまざまな批判が出されていた。代表的な批判者としてエルマンがいるが，彼の批判点は次のようなものである (Ellman 1980)。まず，資本主義経済における資本市場，財産所得，失業，雇用

---

[26] 因みに，原書が出版されたのは1988年，ベルリンの壁が崩壊するわずか1年前だった。なお，この訳本の「解説」を書いた都留重人は，「資本主義・社会主義両体制の収斂は，現在では通説と言ってよいくらいに広く認知されている動向である」と断言している。

の不確実性，インフレの継続，それに革命的新製品の発明や生産，といった特徴，逆にいえば社会主義経済にはそうした特徴が欠如している点を無視している。次に，以前よりも両体制の差が拡大した事実を無視している。たとえば，ソ連は 1921 年以降のネップの時代の方が現在（1980 年代初めを指す）よりもはるかに資本主義に近かった。そして，第三世界では国家社会主義が支持を集めているのに対して，第一世界ではそれから離れてしまったことを考慮していない[27]。

そのこと以上に重要なのはエルマンの次のような指摘だろう。すなわち，その後の拡張・発展を経て出来上がった修正（modified）収斂理論は以下の 4 つの前提に基づいているというものである。(1)最適な経済体制が存在し，その性質は標準的な厚生経済学を研究・発展させることによって発見できること，(2)現実の体制は似たような環境の下で機能していること，(3)時間とともに現実の体制は最適状態に近づく傾向を持つこと，(4)異なる経済体制は異なる目的を持つこと[28]（それゆえ，両体制が最終的に一致することはありえない）。中でも問題なのは，「最適体制」なるものが存在するか，という点である。最適とはある目的を最大化することに等しい。しかし，現実の社会主義経済にはそうした最大化行動が見られない。実際の国民経済計画の策定とは国家の経済目的関数を最大化するのではなく，政治家たちの望み（aspirations）と経済専門家たち（economists）が計算して出した技術的に可能な案との相互作用過程なのだ，と彼はコルナイの観察を参照しながら主張する。

そのコルナイも収斂論に懐疑的だった。彼は所有制，政治権力の集中度，計画化，市場化，それに再分配（政府から企業や家計に対する所得の再分配）の程度を尺度に，一部には確かに両体制が接近していく傾向が見られるが，全体としては明らかな収斂傾向は見られないと 1980 年代の初めに結論づけている（コルナイ 1986，第 5 章）。

---

[27] 正確にいえば，彼の批判点はもう 1 つあり，それはティンバーゲンが（社会主義経済の専門家ではないことから）社会主義経済の実態を誤認しているというものである。
[28] 最後の点は，ティンバーゲンの弟子であったヴァン・ドールによる修正だとエルマンは指摘している。

しかし，世界的規模での体制移行が出現し，ソ連や国家社会主義体制が崩壊してしまった今日から見れば，ティンバーゲンは言うに及ばず，それを批判したエルマンやコルナイも見通しや認識にずれがあったといわなければならない。市場と計画を同位に扱う捉え方，ある量的指標でもって体制間の距離を測ろうとする考え方，言い換えれば，図1-6aで見たような，どちらの制度が主で，どちらの制度が従であるか，といった発想からは体制移行の内発的動因を探ることはできない。両体制が収斂したのではない。一方の体制が1991年以降，事実上消えてしまったのである。

もちろん，こうした断定は「後知恵」によるものかも知れない。しかし，彼らには共通して体制の持続可能性にかんする理解にやや欠けるところがあったようである。1961年の時点で1989年を見通すことは無理だったかも知れない。とはいえ，1980年代初めから将来を読むことはそれほど難しくはなかったのではなかろうか[29]。

7　体制移行の蓋然性

これまで国家社会主義体制内にいくつかの改革構想が現れ，また一部は実施に移された。しかしわれわれの認識ではそれらは全て失敗したか，失敗する運命にあった。それは単に歴史のいたずらによるものではなく，論理的に考えてみて社会主義体制には内在的な，そして致命的な欠陥があったためである。「歴史の必然」という言葉は軽々しく使うべきではない。しかし，少なくともロシア革命や社会主義革命に比べれば，体制移行は「歴史の必然」に近かったような気がする。より正確にいえば，蓋然性ははるかに高かった。なぜならロシア革命や社会主義革命は戦争抜きには考えられないが，体制移行は平和時に起こったからである。

もっと別のやり方や体制選択があったのではないか，という疑問も当然出て

---

[29] 社会主義に夢を持たなかった筆者は，すでに1983年の時点で労働者自主管理型社会主義体制と，集権的社会主義体制の没落を予想していた。中兼（1984）参照。ただし，まさか数年後にそれが実際起こるとは考えてもみなかった。

こよう。しかし，次章で述べる移行のやり方や戦略には確かに代替的モデルはありえても，選ぶべき体制そのものにそれほど代替案があったようには思えない。中国流の「市場社会主義」（社会主義市場経済論）を1つの代替案（alternative）と見ることができるかも知れないが，それは事実上「資本主義」，ただし開発独裁型の資本主義と見ることもできるし，たとえ社会主義の変種だとしても，今後数十年にわたってこのままの体制を維持できるか，はなはだ疑問である。それゆえ，大局的に見れば体制は「収斂」する方向にあるのかも知れない。ただし，ティンバーゲンとは全く違った意味においてであるが。この問題については本書の最後でもう一度触れることにしよう。

COLUMN 3

「市場社会主義論」：ミラーとローマー

　古来から人間はユートピアに憧れ，夢を抱いてきた。現実が辛く苦しく，また醜いものであるなら，極楽浄土や天国に希望を託す心理とそれは基本的に同じものなのだろう。エンゲルスは，オーエンたちの「社会主義」を空想的と揶揄したが，われわれから見るとマルクスやエンゲルスの「共産主義」こそ空想以外の何ものでもなかった[*1)]。オーエンとマルクス＝エンゲルスたちの「社会主義」の本当の違いは，うがった見方をすれば，どちらが本当に実践しようとしたのか，またどちらが相手を軽蔑したか，さらに（この点が重要だが）どちらの支持者がその思想と教義を背景に多くの人を殺したか，ではなかろうか。オーエンが手がけた「生活と労働の共同体（ニューハーモニー村）」は確かに失敗に終わるが，マルクスたちの共産主義論に刺激されて創られた「人民公社」とは違い，2,000万人，あるいは3,000万人以上が餓死し，人肉食いさえ現れるような悲惨，悲劇は生み出さなかった。

　体制移行後，あるいは社会主義崩壊以後，いまや「社会主義」は後れたもの，うだつの上がらぬものと一般に見なされているが，しかしその思想は死に絶えたわけではない。効率よりも平等に人々の関心が移るとき，また資本主義や市場社会の行き過ぎが批判されるとき，社会主義（思想）は生き返るようである。1989年にベルリンの壁が崩壊し，戦後を形作っていた冷戦構造，あるいは東西二分の構造（図1-2参照）が消滅し，「資本主義の勝利」が謳われ，フクヤマにより「歴史の終わり」が宣言されると（フクヤマ 1992），逆にそれに対抗するように，とはいえ決して活発ではないが，「市場社会主義」と称する新しい「社会主義」の模索が始まった。それは，図1-5で見た「理想的社会主義」の模索の1つといってもいい。その社会主義は，これまでの国家社会主義体制の崩壊を目の当たりにしているだけに，全て民主主義と市場とを組み込んだ社会主義である。したがってその体制は，政治体制において，また経済体制の中の配分メカニズムにおいて（先進的）資本主義体制と近いものがある。しかし，所有制において公有制を核としている点で資本主義とは決定的に異なっている。

　より具体的には，彼らの考える社会主義とは，(1)物的厚生の分配における平等の拡大，(2)政治的のみならず，労働現場における民主主義の強化，(3)コミュニティの拡大，それに(4)マクロ，ミクロ両レベルでの社会的合理性の拡大，を目的にするものだった（Weiskopf 1993）。ここから窺えるように，その社会主義観は，資本主義体制に内在する不平等性に対す

る反感と，国家社会主義に見られた反民主主義，それに資本主義企業における労働者「疎外」に対する批判に裏打ちされていた。

たとえば，Roosevelt and Belkin eds. (1994) に寄せられている何本かの論文を見てみよう。ミラーは資本の公有制を前提として労働者自主管理型の市場社会主義を模索する（Miller 1994）。企業は資本を公的資本機構から一定の利率で借りる。この機構は独占体ではなく，中央にも地方にもあるような競争的機構である。この企業はもちろん生産と価格の自主的決定権を持ち，他の企業と市場で自由に競争する。もし失敗すれば企業は倒産する。このような協同組合型企業でも企業家精神を発揮できる。なぜなら，そうした精神を発揮して企業に利益を与えた場合には，それ相応の報酬を受け取ることができるからである。かくして，こうした体制を作ることにより，民主主義，平等，それに自由の価値を守ることができるとミラーは主張する。それはあたかもユーゴスラヴィアの労働者自主管理モデルの再生版といえるかも知れない。しかしミラー自身，このモデルが効率性に問題があり，国内で作動しえても外国の資本主義企業には太刀打ちすることが難しいことを認めている。

あるいはローマーは，生産手段の公有制を残し，また投資に対しては，政府が利子率を操作することで介入できるシステムを作るとともに，企業の利潤を全ての家計にできるだけ平等に分配する市場社会主義体制を模索する（Roemer 1994）。彼のモデルはミラーのそれとは異なり，労働者自主管理企業を鍵となる制度として組み込んでいない。なぜなら，労働者自主管理企業では，労働者は自らが働く企業の分配に与かれることになり，豊かな企業と貧しい企業との間で労働者の収入に不平等が発生するからである。問題は，想定される公有制企業において，果たして経営者は利潤を最大化するべく行動するように動機付けられているか，また企業家精神を持つことができるかどうか，である。ローマーは最初の問題を日本におけるメインバンク制や系列制度を例にして乗り切ろうとする。つまり，アメリカのように資本市場による企業ガバナンスがなくとも，取引銀行や系列関係でそれは可能になると考える。第2の問題は，革新や発明が大企業の調査研究部門でなされる程度には，市場社会主義企業でも可能だと見なしている。

市場社会主義に夢を託すのもいいだろう。しかし，彼らの議論は公有制と市場との幸福な結婚を夢見る余り，両者の非親和的関係を見過ごしている。本章でも指摘したとおり，市場には私有制が合うのである。また，どう考えても彼らのモデルからダイナミックな企業，したがって企業家精神が生まれ出てくることは期待できない[2]。そして，平等性を強調するのな

ら，資本主義体制の下でも財政などの補完的メカニズムを動員することによって，たとえば北欧のような福祉資本主義国では所得分配の極端な不平等化を回避していることを考えると，厄介な財産権制度に手をつけることなく，彼らの求めている社会主義の理想の一部は実現できるはずである。もし企業内に「民主主義」を求めたいなら，資本主義体制内部にそうした企業を創ればいい。ミラーのように労働者自主管理にこだわるなら，利潤最大化企業と資本主義市場経済の土俵で競争できるのである。

さらに，資本を公的機構が所有するというアイデアは，自由な企業の形成を妨げる恐れがあり，その上ワイスコフが挙げた市場社会主義体制下の「社会的合理性」（そこには効率性も含まれている）の原則に背反するはずである。公有制企業が資本主義企業よりも効率的である理由は全くない（第6章参照）。

しかし，もっと本質的な欠陥は，彼らの構想する市場社会主義には，19世紀社会主義者が持っていたよう強固な理念なり精神がないことである。極端にいえば，単なる知的興味からこのような社会主義を構想しているに過ぎない。果たして21世紀に第2のオーエンは現れるだろうか？

*1) 『ドイツ・イデオロギー』に出てくる有名なマルクス＝エンゲルスの「共産主義」イメージは，「朝は狩をし，午後は漁をし，夕方には家畜を追い，そして食後には批判をする——猟師，漁夫，牧人あるいは批判家になることなく，私の好きなようにそうすることができるようになる」というものである（広松渉編訳，小林昌人補訳『新編輯版 ドイツ・イデオロギー』岩波書店，2002年，67ページ）。分業を否定し，したがって市場を否定し，かつ「必要に応じた分配」（『ゴータ綱領批判』）を実現できる社会は，まさに空想の中でしかありえない。

*2) ローマーは，個人的企業家による革新事業が彼の考える企業制度の下では出現しないのではないかと自ら問い，それに対して，いったん彼らに企業を興させ，その企業を企業主に報酬を与えた後，国有化すればいいと答えている。このようなやり方でシュンペーターの言う「私的帝国」を築こうとする企業家が誕生するはずがない。

第4章

体制移行の過程

はじめに

　国家社会主義諸国は「体制内改革」に失敗して，そして／あるいは旧来の国家社会主義体制に行き詰まりを感じて，抜本的な体制転換である「体制移行」に乗り出した。その過程は国によってさまざまである。急激な政治革命がきっかけで開始した国もあれば（たとえばロシアやチェコスロヴァキア），民主的な選挙を通じて移行を始めた国もある（たとえばポーランド）。それに対して中国やヴェトナムは政治体制は全く変えず，経済体制だけを変える「開発独裁」的手法を選んだ。われわれの言葉でいえば，中国やヴェトナムは「広義の移行」よりも「狭義の移行」を選択し，経済発展を第一の目的としたのである。
　体制移行をどのような戦略とプロセスで実施したのかは，その国の移行結果を支配し，移行の特色を規定する（決して全てではないが）1つの重要な要因である。この章では，まず経済体制移行の契機が国によってどう違っていたのか，次に述べる体制移行戦略との関係で整理しておこう（第1節）。中国とヴェトナムを別にすれば，経済体制移行の前に通常政治体制が変化していくのだが，ここではあくまでも経済体制の変化に焦点を当て，政治的背景については必要な限りでしか触れない。そしてそのような経済体制移行プロセスの差異は，ショック療法と漸進主義という2つの体制移行戦略の結果からもたらされるが，これらの戦略の基本的な違いはどこにあるのか，実際面から（第2節），

思想面から（第3節），そして理論面から整理する（第4節）。その上で，ショック療法を採用した国々はほぼ一様にマイナス成長に悩まされるが，そうした「転換不況」がなぜ生み出されたのか，整理する（第5節）。そして最も成功したとしばしば評価される中国の体制移行の特徴を「増分主義」，「計画からの成長」，それに「内生的改革」という視点から考えてみる（第6節）。最後に，こうした体制移行の違いを政策順序（シークエンシング）という面から整理しておきたい（第7節）。

1　体制移行の契機

　経済体制移行の契機や過程は国によって大きく異なっているが，大別すると(1)政治体制改革を優先させた国，あるいは政治的「革命」が経済体制の革命を生み出した国（旧ソ連や東欧の大部分の国，それにモンゴル）と，(2)政治体制は基本的に維持したまま，経済体制を変化させてきた国（中国やヴェトナム），それに(3)カザフスタンなど中央アジアの国々に見られるように，ソ連邦の崩壊によって，否応なしに体制移行した国[1]，に分けられるかも知れない。(1)が急激な体制移行戦略であるショック療法を採った国で，(2)は漸進的な移行戦略を採った国と，単純に分類するわけにはいかない。政治体制改革優先国の中でも，ハンガリーのように比較的漸進主義的な経済体制移行を果たした国もあるし，(3)のグループの中でもウズベキスタンのように比較的漸進主義的な路線を歩んだ国もある。また同じグループの中でカザフスタンのようにショック療法を採用した国もある。一般には1990年の東ドイツ，ポーランド，1991年のブルガリア，ルーマニア，同じくチェコスロヴァキア，1992年のロシアやモンゴルがショック療法を採った国の代表として挙げられている（Brabant 1998, p. 105）。そこで，ここではまず初めにIMF・世界銀行による「ワシントン・コンセンサス」について説明した後，経済体制移行戦略とそれを構成する

---

[1] 成田は次のように述べている。「中央アジアの（ソ連からの）政治的独立は自らが求めて勝ち取ったものではないこと。したがって，経済の市場経済化も自分たちが望んだものではなかったことを認識する必要がある」（成田 2000）。

政策が実際具体的にどのように選ばれたのか、いくつかの代表例を見てみることにしよう。取り上げるのはポーランドとロシア、それに中国である。これらの国はそれぞれ中欧、CIS（ロシア、ウクライナなどと中央アジア諸国）、それに東アジアを代表している。

1)「ワシントン・コンセンサス」とは

IMFや世銀が途上国に推し進めた経済安定化・改革プログラムのパッケージのことを、ジョン・ウィリアムソンは「ワシントン・コンセンサス」と名付けた（表4-1参照）[2]。その後、1990年代前半におけるラテンアメリカ経済再建の経験や、旧ソ連・東欧諸国における教訓を考慮して、新たな10項目のワシントン・コンセンサスが打ち出された[3]。いずれにせよ、ワシントン・コンセンサスが「新古典派経済学」に則った、市場原理主義的色彩の強い政策パッケージであることは否定できない。これがなぜ打ち出されたかといえば、それまで途上国において採用された経済開発政策は余りにも政府介入がひどく、市場と価格を歪め、構造的な財政赤字、貿易赤字、インフレ促進的な経済構造を作っていたからである。このアプローチを一言でいえば、「価格を効かせる

表4-1　ワシントン・コンセンサス

1.	財政規律	予算の赤字はインフレ税に頼ることがないほどに十分小さいこと
2.	公共支出優先順位	経済効果が高く、所得分配を改善する潜在性のある分野へ配分すべきこと
3.	税制改革	税基盤の拡大と限界税率の削減
4.	金融自由化	市場決定の利子率
5.	為替レート	競争水準に設定した統一為替レート
6.	貿易自由化	量的貿易制限の撤廃と関税率の引き下げ
7.	外国直接投資	外国企業の参入制限の廃止と内外無差別
8.	民営化	国有企業の民営化
9.	規制緩和	参入規制の撤廃
10.	財産権	財産権を保証する法的制度

出所) Kolodko (2001), pp. 50-51、およびWilliamson (2004) より作成。

---

[2] ラヴィーニュ（2001）、180-81ページにも載っている。ウィリアムソン自身がワシントン・コンセンサスにかんする短い回顧録を書いている。Williamson (2004) 参照。

[3] その内容は、独立した中央銀行などの基幹制度の設立や、教育支出の増大など、以前のコンセンサスに比べて大分「穏和」なものになっている。

(get the prices right)」やり方といえる。このアプローチの伝道師であるサックスは，ボリビアにおけるワシントン・コンセンサス・アプローチの「成功」に自信を深め，移行経済の政策策定にも乗り出してくる。

2) ポーランドのケース

ポーランドとロシアはこの「ワシントン・コンセンサス」的政策指針を受けて，急進的経済体制移行戦略，俗にいうショック療法を適用した典型的なケースであるが，その導入の仕方は両国で必ずしも同じではない。しかし，ポーランドではバルツェロビッチという経済学者が，またロシアではガイダールという経済学者がその戦略の実施責任者になり，自らが政府に入って実行した点では共通している。また両国とも体制移行と併せて財政支出のカットなどを中心とする経済安定化プログラムを実施した点も同じであるが，ポーランドでは，どちらかというとそうした安定化プログラムを実施してから体制移行に進んだのに対して，ロシアでは同時にこれを実施しようとした。その他，両国では移行戦略の受容の仕方や実施方法が異なり，したがって効果にも大きな違いが見られる。

ポーランドでは，実際に実施されたバルツェロビッチ改革案以前に1989年にベクシャク改革案（プログラム）が作られ，その作成に当たってはサックスらが「連帯」運動の要請を受けて参加した（田口 2005，104ページ）。このプログラムは価格の自由化，財政均衡，中央政府による補助金の廃止，通貨交換性の回復，国営企業の民営化から成り立ち，ワシントン・コンセンサスに含まれる政策パッケージがほとんど含まれていた。その後この改革案は，財務大臣を務めることになったバルツェロビッチによって引き継がれることになった。連帯が1989年6月4日の選挙に勝利し，社会主義圏で初めて非共産党政府を作り上げることになったとき，サックスやリプトンたちは連帯指導部に頼まれて安定化プログラムと体制移行案を，何と一晩，というよりたった数時間で作り上げたという[4]。急進主義的改革案にふさわしい急進ぶりだと，少々皮肉を込めていえるかも知れない。

重要なことは，非共産党の，大衆の圧倒的支持を受けて政権を担当すること

になった連帯指導部が，こうした新古典派的な急進的移行案を推し進めようとしたことである。彼らは，決して IMF から無理矢理押しつけられてショック療法を選んだわけではなかった。もちろん，IMF からの緊急融資を期待していなかったわけでもなかっただろう。しかしむしろ，危機的な経済状況を前にして，サックスたちの提案を受け入れれば，明日にでも西側の一員になれるかも知れない，そういった過大な期待と錯覚があったからこそ，あのような急進改革を受け入れたと思われる。他方，連帯側も急に権力を手に入れることになり，経済政策の準備は何もできていなかった。オレンスタインに言わせれば，「突然の，**予想もしなかった体制変化**（1989 年における選挙での勝利を指す——引用者），社会主義から資本主義へ移行するに当たって連帯側の包括的プログラムの欠如，早急な行動を必要とする深刻な経済危機，それに改革を取り仕切るバルツェロビッチの用意……こうした要因の組み合わせがポーランドにおける**思いもよらぬ**新自由主義への動き（ショック療法の採用——引用者）をもたらした」のである（Orenstein 2001, p. 30. ゴチックは引用者）。

バルツェロビッチは，1982 年から 87 年にかけて，連帯運動を弾圧した共産党政権下で，中央計画化体制内で市場メカニズムを活用しようとした改革を振り返り，その限界を痛感していた。確かに企業の自律性は拡大し，厳格な企業資金制度は緩和され，生産企業が外国貿易に参与し，外貨の一部を保有できるようになったが，「生産構造や投入財の配分への中央当局による広汎な介入，価格統制の蔓延，組織面での極端な集中度とこれに関連した独占化，企業指導層の党・国家機関への依存体質，官僚主義的な金融機関による社会主義企業からの，あるいは社会主義企業への財政資金の大量の再配分，こうした企業に見

---

4) サックスは次のように証言している。彼とリプトンがゲレメクに紹介されて連帯指導部のクーロンと面会し，彼らのポーランド経済再生プログラムを説明すると，クーロンは彼らの構想に興味を示した。サックスはクーロンに「クーロンさん，国に戻って 1 週間か 2 週間以内にこの案をファックスであなたに送りますよ」と言うと，相手は机を叩き，「駄目だ！ その案がいま欲しいんだ……明日の朝までに欲しいんだ」と言う。慌てて 2 人は通訳を務めていたリンデンベルクの印刷所のコンピューターを借りて，明け方までの数時間をかけて十数ページの再生プログラム案を書き上げ，その日の朝にクーロンに届けたという（Sachs 2005, pp. 113-14）。

られたソフトな予算制約，私有部門への厳格な制限など……の基本的特性が変革されなかったために」部分的な改革は効果を発揮せず，こうしたシステムからの移行をしようとすれば，「はるかに急進的なものにならざるをえない」と考えたわけである（バルツェロビッチ 2000, 335-36 ページ）。すなわち，彼は包括的で急進的な改革の必要性を体制移行前から強く感じていた。

3) ロシアのケース

　バルツェロビッチ改革に対応するロシアの改革がガイダール改革である。1991 年末にソ連邦が解体し，ゴルバチョフに代わってエリツィンが実権を握ると，彼は若き経済学徒であるガイダールを使ってショック療法を導入することにした。ガイダールは急進的な価格自由化政策の実施を主張し，1992 年 1 月初めに価格の自由化を一気に推し進めることになった。とはいえ，それまでロシアでは全ての価格を国家が統制していたわけではなく，ゴルバチョフ時代末期には価格の自由化がある程度進んでいた。「1991 年を通じて価格自由化はなし崩しに進んだと言えよう。したがって，1992 年におけるエリツィンによる価格自由化は，進行する事態の追認ということにもなる」（田畑 1995, 179 ページ）。

　エリツィンの進めたショック療法は次のようなものである。まず生産財の 80％，消費財の 90％に及ぶ価格の自由化が行われ，国家統制価格も同時に大幅に引き上げられた。次に抜本的な税制改革が行われ，付加価値税が導入された。さらに，補助金や国防費，投資を切り詰めることによって大胆な財政支出削減が実施された（同，180-81 ページ）。

　こうしたショック療法が，サックスたちの指導によるものであることはよく知られている。1991 年 11 月にエリツィンはガイダールに経済チームを作るよう依頼した。ガイダールはサックスとリプトンを呼び，その経済チームとロシアの改革プランを策定するために話し合っている[5]。彼らが呼ばれたのは，多分ポーランドにおける「実績」と経験があったからだと思われる[6]。

4) 中国のケース：鄧小平による実用主義的改革

　中国がIMF流のショック療法を導入しなかったのにはいくつかの原因がある。1つは，第2章でも指摘したように，改革開放前の中国の経済状況は政治変動の影響を強く受けていたものの，危機的というほどひどくはなかった[7]。ロシアのように経済の長期低落傾向はなかったし，ポーランドのように激しいインフレに見舞われることもなかった。もう1つは，香港や東南アジアを中心とする地域にいた数多くの華僑が改革開放後の中国に貴重な資本（外資）を提供してくれたことである。ロシアには「露僑」がいなかったし，ポーランドにはアメリカを中心に数百万の在外ポーランド系住民がいたが，とても華僑に対抗できるほどの勢力ではなかった。第3に，そのこと以上に決定的だったのは，鄧小平という実用主義（プラグマティズム）の権化というべき政治指導者，しかもカリスマ的指導者がいたことである。彼にはゴルバチョフのようにサッチャーが感心した知性はない。またバルツェロビッチのような学問的素養もない。しかし，彼には時代を読む鋭い感性と断固たる実行力があった。仮にIMFの秀才エコノミストたちが彼にショック療法的体制改革案を提案したら，彼は瞬時に拒絶しただろう。

　中国において体制移行が始まったのは1978年12月の共産党第11期中央委員会第3次総会（いわゆる「三中全会」）において，というのが定説である。しかし，誤解してはならないが，この会議においてその後の体制移行案がきちん

---

5) サックスたちはガイダールの別荘に呼ばれ，ガイダール・チームと徹底した議論を行っている。「われわれは（ガイダールの）別荘で数日間過ごした。ポーランド時代の経験を背景に，東ヨーロッパ全域の経済事情を背景に，われわれは新しいチームとロシアの改革にかんして非常に長い，集中した議論を始めた」（Sachs 2005, p. 134）。これを通してガイダールたちに新自由主義の思想が吹き込まれ，ワシントン・コンセンサスの枠組みが教えられたことは想像に難くない。

6) ポーランド経済は移行初期の落ち込みを克服して1991年には上向き始めていた。もし，ポーランドがその後のロシアのように経済の大混乱に陥っていたなら，恐らくサックスたちは経済混乱の「犯人」としてロシアに招かれなかっただろう。

7) 「四人組」逮捕（1976年10月）の理由の1つに，「中国経済が崩壊の瀬戸際にあった」ことが挙げられているが，第2章でも示したとおり，大躍進直後や文化大革命当時ほどの危機的状況にはなかった。因みに，改革開放後の中国でいうインフレとはせいぜい10-20%程度のものであり，CEE（中欧諸国）やCISでいうインフレの規模とは全く異なる。

と具体化されたというわけではない。この会議が歴史的意義を持つのは，経済建設を優先するという明確な方向性が出されたこと，そしてその方針を確立するために鄧小平たちが，華国鋒（党主席）を代表とする毛沢東派を権力の座から追い落とし，「実践こそ真理の唯一の検証基準」であると決めたことだった。すなわち鄧小平から見れば，華国鋒たちのように「毛沢東が言ったから正しい」のではなく，実際に効果のあるもの，有用なものこそが「正しい」のである。この思想こそが，その後中国が採用し，実施することになる漸進主義の哲学的基礎となった[8]。実際に彼らの漸進主義戦略がどのように形成され，展開されていったか，詳しくは以下で見ることにしよう。

2　ショック療法と漸進主義(1)：政策的展開の違い

　実際にこの2つの移行戦略がどのように違うのか，まず上記の3カ国の移行過程における制度的変化を見ておくことにしよう。そのさい，2つの制度的側面，つまり市場化と所有制から見ておきたい。このうち，市場化の指標として価格の自由化と通貨の交換性を，所有制の変化の指標として民営化をそれぞれ取り上げる。なお，これらの指標のうち，数値指標の動きは次章で見ることにして，ここでは制度政策の展開という視点から，前節で見た3カ国の移行戦略の動きを見ておくことにしよう。

1) ポーランドのケース

　ポーランドの場合，1990年1月にはほとんどの価格が自由化され[9]，外国貿易統制もほぼなくなり，小規模民営化もすぐに始まっている。同年の4月には民営化法が採択され，1993年4月には大衆民営化プログラムも開始されている。そして1995年6月には経常勘定の完全な交換性が導入され，いわゆる

---

8) 正確にいえば，この基準は三中全会で初めて出されたわけではない。前年に鄧小平の意向を受けた胡耀邦が党中央組織部長に任命され，この基準を初めて提起し，「毛沢東絶対論」を否定したが，華国鋒ら毛沢東派の影響は三中全会まで残っていた（小島 1999）。

9) バルツェロビッチ改革に先立ち，ラコフスキ政権の下で農産物価格の自由化は実現している（田口 2005, 127ページ）。

IMF8条国になり，その年の7月にはWTO加盟が認められている。このように，移行開始5年目で民営化や市場化がほぼ実現できたことになる。その上，1996年11月にはOECDに加盟し，「先進国」に仲間入りすることになり，そのときに2000年1月までにOECDの資本自由化に対応した措置を取る旨公約しているので，移行開始10年で，少なくとも制度的な面では市場化や民営化はほぼ完了したといえよう。

このようにして，ポーランドでは市場化と民営化をほぼ同時に進行させ，しかも急速にその制度的配置を終えている。無論，全ての公営企業を民営化したわけではなく，完全な意味での民営化はいまだに実現していない。

2) ロシアのケース

ロシアの場合，上述したとおり，ショック療法による体制移行開始前からすでに価格の自由化が始まっていた。そして1992年1月にほとんどの価格が自由化された。外国貿易の自由化にかんしても，1991年11月の大統領令によって，全ての企業が特別な登録なしに対外経済活動を営むことを認め，これまでの外国貿易の国家独占を廃止した（上垣 2001）。しかし，輸出関税など，輸出面での規制は続き，石油を含む全ての輸出関税が撤廃されたのは1996年7月だった（同上）。通貨の交換性もその頃導入されている。ただし，WTOにはまだ加盟しておらず，貿易の十分な自由化が制度上進んでいるとはいえない。他方，民営化にかんしては，1992年6月に大衆民営化の計画が採用され，10月からヴァウチャー民営化が始まり，1994年7月には大規模民営化も始まった。

かくして市場化と民営化から見る限り，実態はともかく，両者の制度的移行はほぼ同時期に開始され，少なくとも制度の上では移行開始後約5年でロシアの基本的資本主義化は終えたことになる。ただし，次章以降でも述べるように，ロシアにおける民営化は制度と実態が大きく乖離した歪んだものであるし，出来上がった「資本主義」体制はポーランドのそれと比べ政府関与の強い，非常に異質なものになっている。

3）中国のケース

中国で価格自由化が基本的に実現したのは 1993 年，つまり移行開始後 15 年も経ってからである。それまでも自由化に向けての価格改革が進められなかったわけではない。計画価格（公定価格），政府指導価格，市場価格という三重の価格体系の下で，徐々に市場価格の割合を高めてきたし，1988 年には政府が抜本的価格改革を打ち出そうとしたこともあった。しかし，その動きが人々の換物行動と銀行の取り付け騒ぎを引き起こし，インフレが進んだ結果，政府は価格改革を取り下げてしまった。1992 年に「社会主義市場経済論」が事実上始まってから価格制度の大幅な見直しが行われ，1993 年に食糧の配給制がなくなり，農産物の基本的市場価格化が実現した。しかし生産財の市場価格化は消費財よりも遅れて実現した。

中国が為替レートの一元化を達成したのが 1993 年，経常勘定における通貨の交換性を実現し，IMF8 条国になったのは 1996 年である。GATT 加盟を申請したのが 1986 年，長い間アメリカや EU との交渉が決着しなかったが，2001 年，晴れて WTO に加盟することができた。このように対外面での市場化は長い時間をかけて着実に実行してきた。

その反面，民営化はきわめて遅れており，しかもポーランドやロシアのように，民営化にかんする法的整備を図って実施したわけではなく，1990 年代初めに四川省などでこっそりと県レベルの国有企業を民営化したのが始まりである。その後各地にこの動きは飛び火し，中央は 1995 年に「大企業は摑み，小企業は自由化する（抓大放小）」政策を始めることにし，中小規模の企業で民営化が進められ，さらに 1999 年から進められた「戦略的調整」政策の下で，戦略的に重要な産業以外は私営企業の参入や国有企業の民営化を認める方針をとった。しかし，ポーランドやロシアのように，政府自らが民営化を積極的に推進するのではなく，現実の動きに押されてやむなく追認する態度をとってきた。実際，体制移行後 30 年経つのに，依然としてきちんとした民営化法は出来ていないし，大規模民営化は国策として拒んでいる。それは，第 6 章でも議論するように，依然建前として社会主義を掲げる中国では，民営化は「公有制を主体とする」国家理念と衝突するからである。かくして，中国では市場化は

ゆっくりと，また民営化はさらに遅れて実施してきたことが分かる。

さて，以上のことは，体制移行戦略を構成する諸政策には大きな質的違いがあることを示唆している。ブラバントはこれらの政策を，安定化，自由化，民営化，市場制度に分類し，それぞれをさらに細かくいくつかの政策に分けているが，これら政策の1つ1つは決して同質ではなく，あるものは迅速にできるものの，他のものは時間を要し，またあるものは状況に応じてどちらにもなりうるとしている (Brabant 1998, p. 112)。たとえば，自由化の一種である貿易独占の廃止は簡単にできるが，大規模民営化や市場制度の1つである法典整備は一朝一夕にはできない。したがって，ショック療法の場合，全てを一緒にして一気に政策を実施すると「療法」ではなく，大変な「ショック」をもたらしがちなことが分かる。

3　ショック療法と漸進主義(2)：哲学的，思想的違い

ショック療法と漸進主義にかんしては，これまでさまざまに議論されてきた。とりわけショック療法の代表例であるロシアが，体制移行後惨憺たる成績に陥ってしまったのに対して，漸進主義の代表である中国が輝かしい高度成長を持続させていることから，「中国の成功，ロシアの失敗」が対照されることになる。それはすなわち「漸進主義の成功，ショック療法の失敗」とも受け取られた。たとえばノーランは次のように言う。「中国とロシアの対照的な結果の違いは，両国でそれぞれの指導者が移行正統策（transition orthodoxy）に対して取った全く違ったアプローチから来ている……ソ連の改革派政府は計画化を指令と誤認してしまった。その政府は指令経済を破壊し，そのシステムを計画的に移行することに失敗した。中国政府は，指令経済からより市場指向経済への移行においては多くの計画化が必要なことを理解していた」(Nolan 1995, pp. 309-13)[10]。

ノーランの主張は次のように翻訳できる。つまり，体制移行という歴史的大

---

10) 中兼 (2002) 162 ページより再引用。

事業を遂行するに当たっては強力な政府が必要なのであって，政府＝計画化として，計画化を破棄するために政府そのものの機能までも壊してしまったことが，ショック療法を採ったロシアの失敗の根源だった。言い換えれば，計画という配分システムを一気になくせば市場がすぐさま，また自然に生まれて来るというものでもなく，計画から市場への移行期間が必要になる。この議論を敷衍していえば，やや逆説的なことだが，その間，政府が市場を「計画的に」育てていかなければならない。この移行期間にかんしては多くのショック療法批判者が強調している。たとえば漸進主義者のコウォトコは，ショック療法の結果「計画も市場もない」という「システム上の空白」，いわば資源配分における無政府状況が生まれたことを指摘する（Kolodko 2000, コウォトコ 2005）。

彼に言わせれば，東欧における転換恐慌（transitional depression），あるいはコルナイの言う転換不況（transformational recession）は主に制度や制度的インフラが十分形成されなかったことによる。すなわち，自由な市場経済のための組織的インフラが欠如していたことや，私有化された資産を効率的に配分できない金融仲介組織が弱かったこと，あるいは，競争政策のための制度的インフラの欠如や法的枠組みや司法制度の弱さなど，体制移行期における制度の弱さ，制度的インフラの未発達が重大だったことを指摘している（Kolodko 2000, p. 65）[11]。

それでは，こうした制度や制度インフラが整わなければ体制移行はできないのだろうか，あるいは市場化は進められないのだろうか？　これについては第6章第7節で取り上げることにしよう。

コウォトコと同じく「移行10年」を振り返って，やはり漸進主義者の1人であるスティグリッツは，ショック療法を推進した人々の移行思想の背景に「冷戦終結がもたらした道徳的高揚（fervor）と勝利感（triumphalism）」があり，一部の冷戦勇士たち（cold-warriors）は共産主義の悪しき制度を平定し，その代

---

11) その他に，民営化に先立つ国有企業商業化の欠如，規制緩和された経済条件下で堅実な企業統治を実行できない経営陣の無能さ，地域開発問題に取り組む準備のできていない地方政府の貧弱さ，それに勃興する市場経済と市民社会を動かすのを支援するようなNGOの欠如などを指摘している。

表4-2 ショック療法と漸進主義の違い（マレル）

	ショック療法	漸進主義
ヴィジョン	究極的状態の達成	現在の必要に対するプラグマティックな評価
旧システム	破壊	漸次的代替
政　策	最終状態への関与	後戻りできる政策
速　度	速い	ゆっくり
実　験	大規模	小規模
信頼するもの	設計	経験
焦　点	市場産品	市場プロセス
体　制	単一自由市場構造	二重経済

注）「ショック療法」の原文はradical approach。「漸進主義」の原文はevolutionary approach。
出所）Murrell（1992）より原文を若干修正。

わりに正しい（新古典派的）「教科書」を用いて社会改造を行うという使命を自ら感じていたようだという（Stiglitz 1999）。それではなぜショック療法という「電撃戦（blitzkrieg）」を彼らは試みたのだろうか？　それは、もたもたしていれば、かつての既得権を守るべく組織し始める機会を人々に与えてしまうからである。スティグリッツに言わせれば、これこそロシア革命を生み出したボルシェヴィズム的心性の復活にほかならない。すなわち、皇帝派など旧体制の残党が復活するのを阻止するために、ボルシェビキたちは非情ともいえる殲滅作戦を実行したが、そうした心性が体制移行にも、方向は逆だが支配していたというのである。

　確かにこうした心性がショック療法支持者にあったことは否定できない。レイヤードは、東ヨーロッパ、ロシアで体制移行後生産パフォーマンスが悪化した理由として、改革政策の大部分が弱い政府によって作られたことと並んで、共産主義者たちの復権を防ぐことで自由を維持しようという願望に彼らが支配されてきたことを挙げている（Layard 1998）。そのため、急速な民営化を推し進めざるをえなかった、というのである。

　以上のことは、体制移行戦略の背景には大きな哲学的、さらに政治的意味が隠されていることを示唆している。漸進主義がゆっくり、ショック療法が急速という速度の問題だけではない。むしろ、その背後にある哲学的、政治的思想の違いこそが重要だといえる。この点を明示的に展開したのがマレルである。

表4-3 ショック療法と漸進主義の違い（スティグリッツ）：「隠喩の闘い」

	ショック療法	漸進主義
継続対断絶	断続または衝撃：新しい社会構造を打ち立てるために古いものを破壊する	連続的変化：容易に再建できない社会資本を維持するように努める
初期条件の役割	初期条件によって「歪められない」最善の社会工学的解決	初期条件を考慮した漸次的変化（連続的改善）
知識の役割	最終状態の設計図についての明示的，または技術的知識の強調	局所的予測可能性だけを生み出し，広範囲のあるいは大局的変化には適用されない局所的実際的知識の強調
知識に対する態度	何をしているかが分かる	何をしているかが分からないことが分かる
裂け目の隠喩	一跳びで裂け目を飛び越す	裂け目を跨ぐ橋を架ける
船の修理の隠喩	水を抜いたドックで船を修理する	海上で船を修理する
木の移植の隠喩	できるだけ速く効果を得，衝撃に耐えるために断固としたやり方で一気に移植する	樹木全体への衝撃を防ぎ，移植の成功機会を高めるために主な根に対して根回しをする

注）「漸進主義」の原文はincrementalism。
出所）Stiglitz（1999）より説明文は一部省略。

彼は進化的アプローチ（漸進主義）と急進的アプローチ（ショック療法）の違いを表4-2のように整理する。この表からも分かるように，両者の違いはヴィジョンの差や，改革思想の違いにもあった（Murrell 1992参照）。とくに重要なのは，ショック療法の思想に含まれる「設計」である。それはある意味で計画経済の思想にも通じるものがあった（終章参照）。

スティグリッツは，別の角度から両者の対照を表にまとめている（表4-3参照）。この表で「知識の役割」の差が示していることは，マレルの言うヴィジョンの差にも等しい。さらに，漸進主義の強調する「局所的実際的知識」とは，まさにハイエクが力説する市場の重要な機能の1つであって，この移行戦略が「市場の持つ力」を重視していることを物語っている。一見逆説的であるが，思想的に見れば「市場万能論」とも揶揄されるワシントン・コンセンサス論よりも，漸進主義論の方がある意味で市場重視派なのである。

4 ショック療法と漸進主義(3)：理論的考察

2つの移行戦略の違いを今度は理論的に整理してみよう。ここではまず，移行の利益（ペイオフ，または便益）と費用という視点から考えてみよう。いま2つの部門（セクター）があり，両者に第1章で述べた意味での補完性があるものと考える。たとえば，国有部門と民間部門を考えると，各々の改革がもたらす利益や損失が違い，またそれらが起きる確率も違うとすると，移行，すなわち制度改革を進めることによる全体の利益は移行のやり方によって違ってくる。このとき，体制移行におけるショック療法と漸進主義はどのような違いとして表れるのだろうか，ローランドのモデルを参照しながら考えてみることにしよう（Roland 2000）[12]。

いま次のような不確実な世界を考える。ある改革を進めると利益 g が確率 p で生まれ，他方損失 ℓ が $(1-p)$ の確率で発生すると考える。この確率は，その改革によって利益を得る人々の割合にも等しい[13]。現状（status quo）の利益をゼロとし，改革を始めて純利益（利益マイナス損失）がマイナスになれば現状への回帰，つまり改革の撤退（reversal）が必要になるが，そのためには費用 ξ がかかるものとする。そしてこの撤退費用はつねに損失より大きいと仮定する。もし改革の損失（痛み）より撤退に伴う犠牲が小さければ，人々は撤退しようとする[14]。つまり改革前の現状を彼らは選択するわけである。もし改革によって利益が生まれ，事後的な確率 $p>1/2$ なら多数の人々は改革を支持し，現状への後退に反対する。しかし $pg+(1-p)\ell<0$ ，つまり期待利益がマイナ

---

12) 詳しくは Roland（2000），p. 31 以下を参照のこと。ローランドのモデルでは改革1（たとえば小規模私有部門の発展）と改革2（たとえば国有部門の改革）の間に補完性があるものとして議論が展開されている。そこでは数学モデルで説明されているが，ここではなるべくやさしく叙述するために，数式はわれわれなりの言葉による表現に改めている。
13) 単純化のために，このような仮定はやむをえないが，第8章で取り上げる体制移行の評価の仕方からすると，この仮定は問題が多い。すなわち，利益を得る人と損をする人を同じウェイトで測っていることに注意しよう。
14) 原モデルでは改革を進めるべきか否か，常に投票によって決めることになっているが，これは本質的な制約ではない。非民主体制の下でも基本的にこのモデルは適用可能である。ただし，判断は大衆ではなく，「大衆を代表する」はずの共産党や独裁者が行う。

スになることが事前に予想されるなら，改革は人々によって拒否され，改革はそもそも実行されない。他方，改革による実際の利益の確率が事後的に低く，$p<1/2$ なら多数の人々は常に撤退を選択する。ところが，期待利益がプラスなら必ず改革が選択されるかというとそうではない。もし撤退費用が期待利益を上回るなら，改革は選択されない[15]。これがローランドの基本モデルである。

以上の基本モデルを拡張して，改革が1つの制度だけではなく，2つの制度にかんして行われるとしよう。改革1の成功確率は p_1，その利益は g_1，失敗した場合の損失は ℓ_1，同じく改革2の成功確率は p_2，その利益は g_2，失敗した場合の損失は ℓ_2 とする。また撤退費用 ξ は両改革を同時に止めた場合の費用で，費用 ξ_1 は改革1だけを止めた場合の費用とする。ショック療法戦略とは，この改革1と改革2という2つの改革を同時に実施するケースであるから，それを中止することは撤退費用 ξ を払うことになるし，漸進主義戦略とはまず改革1だけ行って，失敗すれば支払う費用が ξ_1 であるケースである。

$p_1 < 1/2$，$p_1 + (1-p_1) p_2 > 1/2$，つまり，改革1の受益者は少数だが，改革1で損をした人が改革2で利益を得るなら，中位の選挙人（言い換えると普通の人々）は $\ell_1 + g_2$ を獲得する。彼らの合計の利益がたとえマイナスであっても撤退費用を上回る場合，$\ell_1 + g_2 > -\xi$ なら改革は後戻りしない。ショック療法の場合，両改革の利益の期待値が正である場合，つまり

$$p_1 g_1 + (1-p_1) \ell_1 + p_2 g_2 + (1-p_2) \ell_2 > 0 \qquad (1)$$

なら改革が決定される。

これに対して漸進主義戦略の場合，両改革に補完性があると仮定しているから，改革1を単独で実施することによる期待結果は γ だけ低下すると考える。さらに，補完性のために部分的改革1だけでは現状維持の方がマシである状況が発生する（$g_1 - \gamma < -\xi$）。もし改革が後戻りしないとすると，漸進主義の下

---

[15] 形式的にいえば次のようになる。δ を時間割引率とすると，$\xi > (1-\delta)[pg+(1-p)\ell]$ ならば改革は選択されない。ネットの利益 $(1-\delta)[pg+(1-p)\ell] - \xi < 0$ で，現状の利益 (0) より悪化することになるから，現状が選択されることになる。

での期待利益は，改革1の利益を押し下げるγだけショック療法に比べて損になる[16]。

後戻りするか，改革2を受け入れるかの中心的選挙人は（$p_1<1/2$だから）改革1によって損をした人で，彼らの改革を続行することによる期待利益は，現状に後戻りすることによる利得より小さい可能性が高い。つまり，$\ell_1+p_2g_2+(1-p_2)\ell_2<-\xi_1$となり，したがってショック療法戦略の方が改革を進める上で優れていることになる。

仮定を緩め，2つの改革の間に補完性がないとした場合（$\gamma=0$）にはどうなるか？　改革の補完性こそ，漸進主義がショック療法に比べて不利になる大きな要因だった。そのときでも漸進主義は最適ではない。各改革が独立に評価され，すぐ試みられるか，あるいは決して試みられないかのいずれかになり，したがって，唯一可能な最適戦略は現状維持，ショック療法，それに部分改革であり，漸進主義ではないとの結論が導かれる。あるいは撤退費用がないとした場合（$\xi=0$）ならどうなるだろうか？　実はそのときにも，ショック療法が常に有利になることを容易に示すことができる。

複雑な現実と単純化されたモデルの世界では状況は全く異なる。ローランドのモデルは単純に利益と損失という面からのみ，しかもいくつかの制約の下で2つの移行戦略を比較するものだった。他の視点，たとえば改革の実行可能性（feasibility）や操作可能性（practicability）という視点からモデルを組み立て，両者を比較すればまた別な結論が導かれるはずである。ショック療法に比べて漸進主義は，上述したとおり，経験に基づいて実施するためにはるかに実行可能性が高い。ローランドのモデルでは両者の成功確率と対応する利益（あるいは損失）を全く同じとして扱っているが，現実は違う。ショック療法による成功確率はきわめて低く，逆に得られる利益は大きいのに対して，漸進主義の場合は成功確率は高く，他面得られうる利益は比較的小さいと見る方が自然である。

---

[16] 形式的に書けば漸進主義の総合的期待利益は次のようになる。$(1-\delta)[p_1g_1+(1-p_1)\ell_1-\gamma]+\delta[p_1g_1+(1-p_1)\ell_1+p_2g_2+(1-p_2)\ell_2]$。第1項は改革1の実際期待収益でマイナス，第2項は改革2まで行ったときの期待収益でプラス。明らかにショック療法の方が有利。

同じように，撤退費用も2つの戦略で異なり，その差はきわめて大きいと想定しなければならないだろう。漸進主義の場合は ξ_1 を払って後戻りできるが，ショック療法では後戻りするには巨額の費用 ξ を払わなければならない。古い家を解体して新しい家を建てることを考えてみよう。漸進主義の場合，一部を壊してその部分を直すのでやり直しが比較的容易だが，ショック療法では全て壊してしまうために，壊した家の破片を集めて元に戻すには莫大な費用と膨大な時間がかかってしまう。こうした点の考慮に欠けているために，次節で取り上げるが，ショック療法に伴ういわゆる転換不況現象を，このローランド・モデルでは説明できないのである。

その他にも彼のモデルには本質的欠陥がある。このモデルでは補完性を仮定するとほぼ自動的にショック療法が漸進主義に優越する仕組みになっている。なぜなら，漸進主義のように，制度改革を1つ1つバラバラに実施すると，有効性が著しく低下してしまうからである。しかしどうして中国やヴェトナムは漸進主義的移行政策を採用したのだろうか？　今この問題を体制を構成する2つの制度の組み合わせとその変化（移行）という視点から考えてみよう。

これまでの議論に倣って，また議論をなるべく単純化するために，経済体制が所有制度 O と配分メカニズム A という2種類の制度だけから構成され，また両者には第1章で述べた補完性，親和性があるものと考える。単純化のために O→A，つまり所有制が（マルクスの言うとおり）基本的制度であり，それが配分メカニズムを決めるものと仮定する。しかし，この仮定は本質的なものではない。そのとき，ショック療法とは Os（国有制）→ Op（私有制），Ap（計画メカニズム）→ Am（市場メカニズム）へほぼ同時に，かつ短期間のうちに移行させるやり方であり，漸進主義とは一定期間両者の移行をずらしながら，しかも時間をかけて行うやり方であるといえる。ローランドに倣って将来については不確定であるとしよう。このとき，所有制度改革の成功確率 p_1 と利益 g_1 と，配分メカニズム改革の成功確率 p_2 と利益 g_2 とは何を示しているのだろうか？　もし利益 g_1 と利益 g_2 がそれぞれ，私有制度にしたときの国民福祉（厚生）の増大と市場メカニズムを導入したときの国民福祉（厚生）の増大を表すとすれば，成功確率 p_1 と成功確率 p_2 とはそれぞれの制度改革によって利益を得た人

表4-4　ショック療法と漸進主義の利得，成功確率，損失の違い

		配分メカニズム改革＝市場化	
		Yes	No
所有制改革＝私有化	Yes	$p_1, g_1, \ell_1; p_2, g_2, \ell_2$	p_1, g_1, ℓ_1
	No	p_2, g_2, ℓ_2	0

の割合を示すとはいえない。なぜなら，所有制度と配分制度の改革は全ての人に直接・間接に関わるからである。たとえば私有制を導入することで経済成長が促されたとすると，それにより直接利益を得た人ばかりではなく，もし全員の所得がいくらか増大したとすれば「成功」したと見なされる[17]。市場化にしても同様である。

　成功確率 p_1 と成功確率 p_2 とは決して等しくなく，$p_1 < p_2$，しかも，前者は後者に比べて著しく小さいと仮定しよう。現実にはなぜ，中国はいうに及ばずポーランドやロシアでも民営化が市場化に比べて遅れたのだろうか？　それは民営化の方が市場化に比べてはるかに困難であるからにほかならない。また $g_1 < g_2$ としよう。市場化した方が直接的利益が大きく，たとえば不足していた消費財が大量に供給され，人々の厚生は大いに高まるのに対して，私有化の直接的メリットは一部の人に限られるだろうからである。一方，$\ell_1 < \ell_2$ である。というのは，次章でも紹介するが，ロシアなどのように，市場化し，価格を自由化した途端にすさまじいインフレに襲われ，国民福祉が大きく低下する可能性が強いからである。いま①民営化と市場化を同時に行った場合，②民営化のみを行った場合，③市場化のみを行った場合，④何も行わなかった場合に分け，各々の成功確率，利得，費用を行列形式で整理してみよう（表4-4参照）。

　いま，撤退費用は無視することにして，ローランドの基本モデル(1)式に従って，①民営化と市場化を同時に行った場合，つまりショック療法を実施した場合と，中国のように②市場化のみを行った場合（これを漸進主義の典型と

---

17) もちろん，国有資産を売却（購入）することで利益を得た人と損をした人に分かれると解釈すれば，確率 p は成功した人数の割合を表す。しかし，そうしたミクロ的特質は，制度改革のマクロ的効果に比べてほとんど意味がないように思われる。

する)の,それぞれの期待収益 ER(S) と ER(G) を求めると以下のようになる。

$$ER(S) = p_1 p_2 (g_1 + g_2) - (1-p_1)(1-p_2)(\ell_1 + \ell_2) \qquad (2)$$
$$ER(G) = p_2 g_2 - (1-p_2)\ell_2 \qquad (3)$$

したがって,両者の差は次のように表せる。

$$ER(S) - ER(G) = p_2[p_1 g_1 - (p_2 - p_1)g_2] - (1-p_2)[(1-p_1)\ell_1 - p_1 \ell_2] \qquad (4)$$

(4)式の右辺第1項は先の想定を前提とするとマイナスと予想され,第2項は同じくプラス(その前のマイナスと併せてマイナス)であろうから,結局マイナスである可能性がきわめて高い。つまり,ER(S)＜ER(G) となって,漸進主義的な戦略を採った方が期待収益が高くなる。ここで,両種の制度の間に強い補完性があるとすると,両種の制度改革による収益と損失は決して相互に無関係ではない。もし $g_2 = g_2(g_1)$, $\ell_2 = \ell_2(\ell_1)$ とし,各々が増加関数だとするなら,結論は変わらない[18]。

5 ショック療法と転換不況

漸進主義を採った中国やヴェトナムが移行後一貫して成長し続けたのに対して,ショック療法を採った多くの国では体制移行後,成長率がマイナスになってしまった(図5-1参照)。コルナイはこの現象を転換不況と名付け,体制移行という制度的大転換に伴うやむをえない,しかし一時的な経済後退と見なした(Kornai 1994)[19]。その後一定期間を過ぎるとこれら各国は回復軌道に乗るわけだが,移行直後に一体なぜこのような現象が起こったのだろうか? どうし

---

18) そのとき,(4)式は次のようになる。ER(S)−ER(G) = $p_2[p_1 g_1 - (p_2 g_2(g_1) - p_1 g_2)] - (1-p_2)[(1-p_1)\ell_1 + p_1 \ell_2(\ell_1)]$

19) 不況 (recession) という言葉は不適切で,規模からいっても1920年代末から30年代初めにかけてソ連を除く世界各国を襲った大不況・大恐慌 (depression) に相当する,という意見もある。しかし,転換不況という言葉がほぼ共通の概念として研究者の間に使われているので,ここではその用法に従った。

てショック療法を採用した国々の全てが，大なり小なり体制移行後成長率の低下に悩まされたのだろうか？　全てを「ショック療法」の失敗に帰するのは単純すぎるように思われる。この転換不況はある意味で最も典型的に体制移行という社会現象，そのメカニズム，あるいは困難を表したものといえよう。とはいえ，「不況」といっても資本主義体制下で起こる不況とは異なり，通常インフレを伴った生産・所得の激しい落ち込みだった。

　転換不況は多くの，また複雑な要因によって発生した。コルナイによれば，この「不況」は以下のような原因で発生したという (Kornai 1994)。(1)売り手市場から買い手市場への移行，すなわち，国家社会主義体制の下で「不足経済」が蔓延し，慢性的に売り手である国家，ないしは国有企業が「市場」を支配していたのに対して，移行後，需要側が強くなり，市場に出された財やサービスが需要側の要求に応じられなくなった。(2)経済の実物構造の転換，つまり，移行後需要構造が大きく転換したのに対して，供給構造が対応できなくなった。たとえば，今まで兵器を作っていた機械工業部門は，すぐに市場に受け入れられる民生用機械の生産に転換できない。第1章の図1-8を振り返ってみよう。体制移行後，供給構造は変化し，大砲よりパンを多く作らなければならなくなった。Ts から Tc への転換がいわゆる「軍民転換」といわれるものである。しかし掛け声はいいが，戦車工場をすぐにパン工場に切り替えるのは容易ではない。(3)調整メカニズム上の障碍，言い換えれば，従来の計画メカニズムを市場メカニズムに切り替えられない。(4)金融規律のハード化によるマクロ経済的結果，すなわち，市場経済体制の下で従来の「ソフトな予算制約」が改められ，国家や銀行はむやみに企業に資金を提供しなくなった。(5)金融システムの後進性，つまり，市場経済に対応した金融システムが形成されず，実物経済を資金面で支えることができなかった。

　以上の原因リストに国際的要因が加わる。ゴムルカは，CEE（中欧諸国）とCIS あるいは旧ソ連における激しい産出の低下と急速な移行は相互に関係があるが，各々は一連の独特な初期条件によって引き起こされたこと，とくに工業部門において以前の体制下の構造問題である大規模な蓄積，それにソ連，ワルシャワ条約，コメコンのほぼ同時期における突然の崩壊によって引き起こされ

たことを指摘する (Gomulka 1998)。実際，コメコンとソ連の崩壊による産出低下効果を測ってみると，ポーランドと分離前のチェコスロヴァキアではGDPの3-4％，ハンガリーでは6％，ブルガリアでは13％にも上ったという。そしてゴムルカは中欧，旧ソ連の産出低下に関する4つの原因を挙げる。すなわち，(1)急進的な価格と貿易の自由化，(2)過剰需要の消失，(3)コメコン内市場の崩壊，(4)特定の政府購入（例：武器，エネルギー，住宅，インフラ）の崩壊に近い状況，である。しかし，これらの要因が実証的に，理論的にどれだけ妥当するのかは，解明されていない。

　しかし，われわれの枠組みで整理すると，この転換不況が発生した原因は，(1)制度的要因，(2)政策的要因，(3)環境的要因に大別される。このうち，制度的要因には政治制度的要因と経済制度的要因の2つの要因が含まれる。前者の要因として広く指摘されているのが「政治的（権力の）真空（political vacuum)」である。中国やヴェトナムでは狭義の移行に集中していたために共産党権力は維持され，移行に伴う政治的空白や権力の弱体化は生じなかった。しかしそれ以外の多くの移行経済国では権力の交代が起こり，通常政治的環境の劇的変化が生まれた。権力的に強固な社会主義政権が崩れれば，また民主化がなされれば，政治的混乱が起きるかどうかは別にして，相対的に権力基盤が弱体化するのを避けることは難しい。そうした権力の弱体化は社会的混乱を引き起こし，他方腐敗が横行し，生産力と所得の低下をもたらす。その結果人々の体制移行に対する過度な期待と一時的陶酔感は打ち砕かれ，自分たちが選んだ政府に対する信認が落ちていく。そのために政府は一貫した政策を打ち出せず，改革を逆行させることもありうるだろう。こうした悪循環構造が，ロシアをはじめとして多くの移行経済国に出現したことは想像に難くない。

　経済制度も移行期には往々にして「接続不良」ないしは「解体と混乱 (disorganization)」を引き起こした。確かにコウォトコらが言うように，計画を廃止すれば市場がすぐその代わりに生まれるものでもなかった。それゆえ，一時期計画でもない，市場でもない，いわば「配分メカニズムの真空」ができる。また，繰り返し指摘してきたように，制度間にはある種の補完性があるから，ある制度を作ってもそれと補完的な他の制度を用意しなければその制度は十分

機能しない。ショック療法を行えば制度間の補完性問題が解決できるわけではない。十分制度化された制度同士が補完関係を結ばないと，不正と腐敗が起こりやすくなり，生産の低下を招く。

他方，政策的要因としては，たとえばゴムルカの言う急速な価格と貿易の自由化などが挙げられるだろうし，また環境的要因としては，典型的にはコメコン体制の崩壊などが一因として指摘できよう。

6 中国における移行戦略の特徴：増分主義と「計画からの成長」

すでに指摘したように，マレルは2つの移行戦略を急進的（radical）アプローチと進化的（evolutionary）アプローチの対象として描く（表4-2参照）。他方，スティグリッツはそれをショック療法対増分主義（incrementalism）の対比として議論している（表4-3参照）。ところで，通常いわれるincrementalism（以下増分主義と訳す）と漸進主義（gradualism）とは同じものだろうか？　中国における移行経験とその特色を考えると，両者を区別した方がよさそうである。ここでは，次のように定義することにする。すなわち，増分主義とは新しい制度を少しずつ古い制度に追加するやり方を指し，漸進主義とは古い制度を少しずつ新しい制度に代替させるやり方のことをいう。両者の違いをイメージとして分かりやすく描いたのが図4-1である。もちろん，実際には両者はきちんと分けられるわけではなく，併用して用いられる。つまり，古い制度を新しいものに置き換えつつ，新しい制度を追加していくのが一般的である。

中国の移行戦略は漸進主義の代表例，かつ成功例としてしばしば取り上げられるが，実際それが成功したのは，増分主義的制度改革であったからにほかならない。たとえば郷鎮企業（TVEs: Township and Village Enterprises）を見てみよう。周知のように，人民公社時代に「社隊企業（人民公社・生産大隊企業）」と呼ばれる小規模な企業が中国農村部に数多く作られ，改革開放以後，人民公社制度が解体するとともに，その名前を郷鎮企業に改めた。それは本来，郷や鎮という基層行政組織が所有・経営する企業の意味だったが，市場経済化が進展する中で農村部に個人・私営企業が雨後の竹の子のように発生してくると，そ

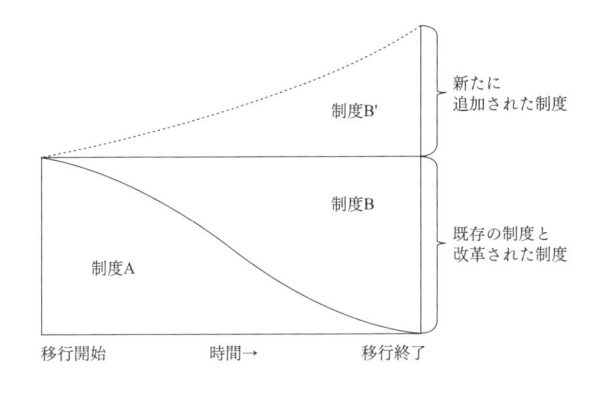

図 4-1 漸進主義と増分主義

れらを含む「農村企業」の代名詞として使われるようになった。したがって初期には郷鎮企業は郷や鎮，あるいは村といった行政組織が所有する「集団所有部門」[20]と，個人・私営企業という私的部門が並存していたのであるが，次第に（漸進的に）集団所有部門が実質的な私的部門に転換されていった。一部の，もしかするとかなりの部分の郷鎮企業は，名目上郷鎮の名前を掲げたものの，実態は全くの私営企業だった[21]。公式には1990年代末の「体制改革」によって一気に民営化が進むのであるが。

ノートンの言う「計画からの成長（growing out of the plan）」も，こうした増分主義の環境があったからこそ成功したのである（Naughton 1995）。計画からの成長とは，計画が立ちゆかなくなると市場が穴埋めをし，その繰り返しが次第に市場領域の拡大と成長とを促していく様を指している。中国の移行戦略は，「総設計師」と称えられた鄧小平が描いた設計図の下で順序よく展開されたわけでは決してなく，事実が先行する形で進んでいった。そのさい，計画の代替項としての市場ばかりではなく，計画の補完項としての市場が計画の周囲

---

20) 行政組織が所有するのに「集団所有」とは形容矛盾のような気がするが，もともと「社隊企業」という人民公社時代の集団所有組織から発展したというので，集団所有に位置づけられている。
21) これを赤い（社会主義という）帽子を被った企業，「紅帽企業」とも呼んだ。なぜ名目上集団所有にするかというと，1つの大きな理由は，銀行がそうではないと融資してくれないからである。

にどんどん無秩序に増殖していったのであり，そのエネルギーこそが中国経済発展のダイナミズムを生み出してきた。ノートンは次のように述べている。

「これらの変化（市場の拡大を指す——引用者）は改革の意識的戦略を代表するものではなかったし，その過程の初めに中国の指導者たちが想定したものでもなかった。比較的柔軟な指導部の態度によってそうした適応が可能になったし，古い行政制度が適切な速度と柔軟性でもって新しい環境に対応できなかったことによってももたらされたのである。中国の計画経済の弱さが，障害から利点に変化してしまった。まさにその弱さが経済の著しい開放を可能にしたのである」(Naughton 1995, p. 135)。

マクロ経済政策がふらついたりしたことが計画体制にひびを入れることになり，そのことが改革を進める上で結果的にプラスに作用した。われわれの言葉で言い換えれば，中国の計画体制が制度化されない，きわめて「緩い」ものだったがゆえに市場が拡大・深化し，実用主義的（プラグマティック）な指導者はその動きを後追いしながら改革を進めていったのである。こうしたやり方による改革の深化と経済成長こそがノートンの言う「計画からの成長」である[22]。

この議論を拡張したのが，ジェファソン＝ロースキーによる「内生的改革 (endogenous reform)」論といえる。彼らは中国の工業部門における体制移行のダイナミズムとその成功のメカニズムを図4-2のようなモデルでもって説明する (Jefferson and Rawski 1999)。すなわち，部分的 (piecemeal) 改革を積み重ねることによって市場化が進み，市場の拡大が企業自主権の拡大という改革を推し進めていくというのである。他方，市場の拡大や生産性の向上で測られる成長は自主権の拡大という改革によってもたらされる。つまり，改革が独立変数ではなく，成長の従属変数にもなっている。さらに改革（制度）と成長（実績）とはフィードバック関係にあるから，成長すれば改革が促進され，それがさらに成長を促すというように，図1-7が示唆するごとく，成長と改革とが相互促進的関係にあることになる。確かに中国の体制移行過程を観察するとそう

---

22) 中兼 (2002)，147ページよりほぼ再引用。

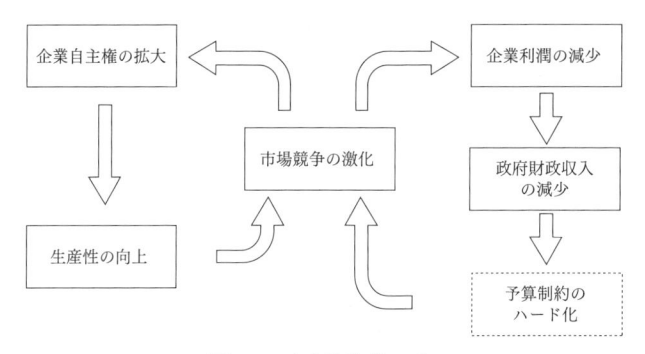

図 4-2　内生的改革モデル
注）波線はジェファソンらが直接言及しているわけではないが，暗黙の内に前提している連関を指す。
出所）中兼（2002），163 ページより。

した関係があるようにも見える。他方，旧ソ連や一部の東欧諸国の体制移行が順調にいかないのは成長しないからだ，ということになる。

7　政策順序（シークエンシング）をめぐって

　体制とはさまざまな制度の有機的な体系だったから，体制移行を順調に進めるには制度間のつながりを考えて，どのような順序で制度を変えていくか，つまりシークエンシング（siequencing）が重要になってくる。ショック療法にしても，一瞬のうちに全ての制度を変えるわけではないから，制度政策の順序が大事になってくる。もちろん，漸進主義の方が改革の間に時間を置くだけに，順序はより一層大事になってくるはずである。しかし，体制を構成する制度Aと制度Bとがどのように関係し，A→Bなのか，逆にB→Aなのか，必ずしも十分，分かっているわけではない。所有制度と市場という配分メカニズムの2つの代表的制度を使ってこのことを考えてみたい。

　これら2つの制度が補完性を持ち，相互に強く依存し合っていることはすでに指摘した（第3章参照）。しかし，どちらが他方をより強く支配しているのか，はっきりしたことは実はまだ十分には分からないのである。一見すると，私有制度がなければ市場は成立しそうもない。しかし私有制度がなくとも，た

とえば使用権を売買することによって，事実上市場は成立する。中国の経験が示すように，国有制の下でも多数の国有企業を競わせることによって市場を成立させることは可能である。したがって私的所有権がなくとも，財や生産要素の取引は不可能ではない。実際，国家社会主義体制の下では国有制という「曖昧な」所有制度の下で財や生産要素は取引されていた。他方，市場という配分メカニズムがあっても，競争が制限されている場合には私有制度は意味を持たないように見える。さらに，計画制度の下でも，限定的ではあれ私的な所有権を確立することは不可能ではない。

　ただし，少なくとも次のようなことはいえるだろう。すなわち，私有権を確立しておいた方が市場は動かしやすい。なぜなら，市場があっても私有権という法的枠組みを作り上げるには時間がかかるからである。また，私有制度の下での市場であっても，競争がない独占・寡占状態では市場機能は十分に発揮できない。もしかすると，所有制が先か，配分メカニズムが先か，ということよりも，制度化（institutionalization）や市場競争をどのように移行過程に取り入れるか，ということの方が重要であるかも知れない。

　もちろん，導入の容易さからいって順序づけが比較的明白な制度もある。たとえば，財市場に競争を導入することの方が金融市場や資本市場を競争的にするよりも簡単であるし，そのような制度的環境を作ってから制度構造がより複雑な金融市場や資本市場の形成に進む方が無難である。計画経済の下では金融市場もなければ，資本市場もなかった。しかし，限定的とはいえ財市場は存在していたのである。同じように，消費財価格の統制を廃止する方が，生産財価格の統制を緩和するよりも容易であろう。なぜなら，生産財の方が産業連関が複雑であり，また計画経済期には完全に国家統制されていたが，消費財は比較的産業連関が単純であり，計画期にも自由市場が存在していた。それゆえ，容易な制度改革から実施する方が体制移行をスムーズに進めるのに現実的である。

　しかし，波及効果を基準に考えると政策順序は必ずしも単純ではない。1つの思考実験として，市場と所有制との間にある種の確率的な連鎖的相互関係（ownership-market nexus）があるものと想定してみよう。つまり，市場が私有制

を生み出す一方，私有制が市場を促進するような，そうした連関関係があるものと想定するのである。それはあたかも産業連関にも似たような関係ともいえる。そこで，表4-5のような「連鎖確率」を考える。ここで P_{11} は市場

表4-5 所有と市場との連鎖確率

	市　場	所有制
市　場	P_{11}	P_{12}
所有制	P_{21}	P_{22}

注)確率 P_{ij} は制度 i が制度 j を生み出す確率を指す。

ができると別の市場を作り出す確率（たとえば商品Aの市場ができれば，それに付随して商品Bの市場ができる）を，P_{12} は市場が私有制をもたらす（たとえば商品Aの市場が出来れば，それを作る新しい私有企業Cが誕生する）確率を，P_{21} は私有制が新しい市場を生み出す確率（たとえば私有企業Cがあればそれに関連した新たな市場Dを生み出す）を，そして P_{22} は私有制自体が新たな私有制を作り出すような確率（たとえば私有企業Cが自ら子会社Eを創設する）をそれぞれ表すものとする。そうすると，これら全ての確率が全く同じ（たとえば0.5）であることは，現実にはないだろう。今後の理論的，実証的，さらには歴史的研究を待たなければならないが，仮に市場が市場を生み出す確率が最も高く，私有制が私有制を作る確率が最も低い場合を考えてみよう。直感的には，この仮定はそれほど不自然なように見えない。

　産業連関もそうだが，このような連鎖的関係は決して1回限りのものではない。いまある市場が別の市場を派生させ，その市場が私有企業が生み出すと，その企業がまた別の市場を創出するという，そうした連鎖あるいは波及が次々に起こっていくと考えるのが自然なような気がする。そのことは行列Pを使い，2つの制度が次々と形成されていく状況を $P+P^2+P^3+P^4\cdots$ のように表すことができる[23]。このことを発展させれば，産業連関表における投入係数行列Aが $A+A^2+A^3+A^4+\cdots=(I-A)^{-1}$（Iは単位行列）[24] になるように，市場－私有制の連鎖は，最終的には $(I-P)^{-1}$ として表せるかも知れない。体制移行におけるシークエンシングとは，言い換えればこうした連鎖関係と捉えることができよう。そして仮に市場と私有制との関係を表す連鎖確率が，$P_{11}>P_{12}, P_{21}>P_{22}$

---

[23] Pは投入係数行列Aとは違い，行の合計が1以下になるという制約はない。
[24] この行列のことを「レオンチェフ逆行列」という。

のような関係と想定されるなら，市場が私有制を作り出すことの方が，私有制が市場を生み出すことよりも効率的であることが示唆される。

　こうした示唆は，本章で取り上げた移行戦略にも大きく関係している。すなわち，成功確率から見て，市場化と民営化を同時に推進するショック療法よりも，まずは市場化，次に民営化を行う漸進主義的戦略の方が優位になる可能性があることを指摘したが（第4節），もしも上記の仮定のように，市場の持つ波及効果（連鎖確率）が強いものと仮定できるなら，後に見るように民営化よりも市場化を優先させた中国的体制移行の方が「有効」だということを含意していそうである（第6章参照）[25]。無論こうした含意は連鎖確率の大きさや順序によって変わってくるのであり，先の仮定は当てはまらないかも知れない。またたとえそうした確率が仮定したとおりのものだったとしても，制度選択にかんする政治的条件，たとえば民営化を優先せざるをえないような政治的状況を無視したものであることに注意しておこう。

　以上のようなシークエンシングの議論は，もちろん制度を3つ以上に増やしても妥当する。実際，第6章では市場，所有制，制度化という3つの制度間の相互依存関係を取り上げるが（図6-2参照），これら3つの制度の間には，以上の連鎖確率行列Pに類した連鎖関係があり，その関係は市場と所有制というここで述べた2つの制度間の関係よりもさらに複雑になる。

---

[25] いま政策当局者の「努力（effort）」が，市場と所有制改革（私有制創設）に対してそれぞれ E_1, E_2 投下されるとすると，PE，究極的には $(I-P)^{-1}E$（Eは E_1, E_2 からなるベクトル）で市場と私有制の効果が決まることになる。いま政府の改革努力の水準が一定として，(1) $E_1=1$, $E_2=0$ を中国的漸進主義，$E_1=0.5$, $E_2=0.5$ をショック療法とすると，上記の仮定の下では漸進主義の方がショック療法よりも所有制改革（私有化）は進展するという，逆説的結果が出てくる。

COLUMN 4

ブルスとコルナイ [*1]

　ブルスとコルナイは，ポーランドとハンガリーという国の違いはあれ，いずれも同時代に集権的社会主義体制内部に生きて，そこから社会主義経済システムの制度的メカニズムを研究し，あるいは実践的な改革案を設計しようとした。その他，両者は，ユダヤ人経済学者であること，のちに欧米の大学と知的環境の中で発言し研究を進めたこと，そして少なくともある時期まではマルクスと社会主義を信奉していたことでも共通している。ブルスの「規制された市場」モデルや「過程としての社会化」論，またコルナイの「不足の経済」学や「ソフトな予算制約」論など，彼らの作り出したいくつかの鍵概念は，国境を越えて広まり，社会主義経済を研究する上で，あるいは改革の実践の面で一種の共通言語を作り出した。たとえばブルス・モデルがハンガリーの NEM（1968 年に始められた新経済政策）を作り出す基礎となったことはよく知られている。仮に「ノーベル経済学賞社会主義経済部門」なるものがあったとしたなら，何よりも独創性に対して与えられるこの賞を 2 人ともとっくに受賞していたに違いない。

　しかし，両者には大きな違いが見られる。1 つは，ブルスがどちらかといえば「分権的社会主義」の設計に力を注いだのに対して，コルナイは集権的社会主義の理論的研究を通じて，社会主義体制の制度的研究に精力を注いだ（たとえば「反均衡論」や「不足の経済学」）。しかしそのこと以上に重要なのは，ブルスが生涯マルクス主義に引きつけられ，理想としての社会主義を捨てきれなかったのに対して，コルナイは少なくとも方法としてのマルクス主義とは比較的初期に絶縁し，晩年はますます資本主義へ傾斜していった（コルナイ 2006，以下『自伝』と略す）。考えてみれば，ブルスがイギリスに渡ったのは政治的理由でポーランドから追放されたからであるのに対して，コルナイがアメリカに行ったのはハーヴァードから好条件で誘われたという違いがある。前者がドイッチャーやドッブといったイギリスのマルクス主義者と親しく接触していたのに対して，後者はサミュエルソン，ソロー，アローといったアメリカの主流派経済学者と交流を深めていたというような差異もある。国際経済学会の会長も務めたコルナイに対して，ブルスは最後まで地味であった。

　この 2 人の姿勢の違いは両者の研究と貢献に対する違いをも生み出しているようである。コルナイに言わせれば，ブルスはあくまでも「ナイーヴな改革者」に過ぎなかった（『自伝』281 ページ）[*2]。ここから情熱のブルスと冷徹なコルナイという対照的性格の違いを見ることができるかも知れな

い。もちろん，それは個人の性格を必ずしも的確に表していないかも知れない。ブルスだって冷徹だったろう。しかし，少なくとも彼は社会主義に夢は持っていた。もう少し具体的に見てみよう。ブルスは1970年代の半ばに「生産手段の真の社会的管理」，「民主主義的中央計画化」，「自由な市場」，そして「政治的民主主義」を結合した「民主主義的社会主義」を語っている。すなわち，彼なりの「市場社会主義」に夢を託していたのである（ブルス 1978，264ページ）。他方コルナイによれば「公的所有が支配的な経済は，経済過程の調整で市場が主たる役割を果たすことと両立しない」ことを体制移行前にすでに発見し，「資本主義だけが真の市場経済であり得る」ことを確信するに至ったという（『自伝』284ページ）。

　体制移行が進み，「社会主義が過去のもの」となりつつある今日の時点から振り返ると，この2人の知的巨人が追究した社会主義経済論にはいくつかの限界があったように見える。一見すると，「ナイーヴな」ブルスのモデルや理論にこそ数多の欠陥が内在しているように見え，数理経済学者にして政治的発言に慎重だったコルナイには，後から振り返ってみても理論的欠陥などないような印象を受けるかも知れない。その上，コルナイの『自伝』を読む限り，体制転換の道筋も含めて彼が社会主義の行く末に対して，冷徹に「全てを見通していた」ような錯覚さえ受けるが，果たしてそうだろうか？「甘かった」のはナイーヴなブルスだけだったのだろうか？　コルナイにしても，われわれが言う意味での市場経済のダイナミズムをきちん理解していたとは思われないのである。

*1) このコラムは，中兼（2009）前半部分を基にしたものである。
*2) この中でコルナイはオタ・シクも「ナイーヴな改革者」に挙げており，自らも1956年のハンガリー革命とその敗北まではそうした部類の人間だったという。

第5章

体制移行の結果

はじめに

　前章では体制移行の過程と2つの戦略について述べた。それでは成長率を含め，各種の経済実績から見た体制移行後の成果はどうだったのか，まずは移行十数年の各国の経済実績について整理し，そうした実績の差異をもたらした原因について分析してみよう。

　以下，成長をはじめとする体制移行のさまざまな結果（outcomes）（実績あるいはパフォーマンスと呼ばれる）を統計を用いて整理し，様式化された事実（stylized facts）つまり一般的傾向を確認し，同時に成長を除く移行パフォーマンスの決定要因にかんしてこれまでの議論の整理を行う（第1節）。次に成長の決定要因に焦点を当てて議論の紹介と論点の整理を行い（第2節），広義の移行の視点から非経済的実績，具体的には民営化と腐敗を除き，市場化や民主化，法治といった制度的側面の実績を比較する（第3節）。

1　体制移行は何をもたらしたのか：経済実績の比較

　体制移行はその国の経済や社会，あるいは人々に対して一体何をもたらしたのか？　ある国の移行は全ての面で成功で，またある国の移行は何から何まで失敗だったのだろうか？　そのように単純に捉えていいのだろうか？　体制移

行を社会主義革命に続く第2の革命と捉えるなら，第1の革命とは異なり，第8章コラム8で紹介するように，すさまじい数の犠牲者や不自然な死をもたらさなかったことだけは確かである。しかし，国々の体制移行の結果を評価し，また比較するには，もっと細かな基準によらなければならない。体制移行の評価一般については第8章で展開するが，ここでは移行結果や実績を評価し比較するための概念的枠組みから説明することにしよう。

1） 概念的枠組み

われわれは，体制移行の結果を2つの側面から見ることにする。1つは経済実績ないしはパフォーマンスで，もう1つは制度の変化，あるいは通常改革（reforms）と呼ばれるものである。両者の関係は図1-7に示されているとおりで，相互規定的関係にある[1]。第1章でも述べたとおり，狭義の経済発展は経済実績・パフォーマンスの動きに，体制移行は制度の変化にそれぞれ焦点を当てるものだが，体制移行の比較や全体の評価となると，これら2つの側面が必要になってこよう。

経済実績の指標には多種多様なものがある。しかし，多くの「経済発展論」の中で通常取り上げられる発展指標となるといくつかに絞られてくる。まずは1人当たり所得と成長であり，所得分配の状況，それに安定性を示す物価上昇率や失業率，また経済構造の変化や貿易構造の動き，それに外資の導入状況などである。体制移行結果としてのパフォーマンスも，やはりこうした指標で見るのが順当だろう。

経済発展と同様に，体制移行にも狭義の移行と広義の移行がある（第1章参照）。前者は，経済体制を構成する主たる制度（institutions）が社会主義的なものから資本主義的なものへ変化していった結果，ないしは変化していく過程を表したものであり，後者は，経済体制のみならず，社会・政治体制全体が変化

---

[1] ステアは経済パフォーマンスを決める要因として，経済改革，初期条件，それに経済ショックを挙げる（Staehr 2003）。ここで経済改革を経済制度に，初期条件を環境条件に，また経済ショックを経済安定政策を含む経済政策にそれぞれ読み替えれば，われわれのモデルに基本的に等しい。ただし，経済ショックには予期せざる外部要因の変化も含まれるだろうから，その一部は環境条件に含まれていると解釈できるかも知れない。

した結果，あるいは変化していく有り様を捉えたものである。われわれは，第1章で国家社会主義体制に共通する制度的特徴を，(1)公有制の重視，(2)市場の軽視，(3)共産党による独裁体制の3つに集約したが，その定義を延長すれば，狭義の体制移行とは私有制の重視と市場メカニズムの復活・拡大に，また広義の移行とは，それに加えて民主主義制度の実現からなるものといえよう。しかし，体制移行の持つきわめて多義的な性格から，狭義の移行にせよ広義の移行にせよ，もっと多面的に制度変化を見る必要があるだろう。先進資本主義が共通して実現してきた制度的発展，たとえば法治（rule of law）の進展も広義の移行における重要構成項目として取り上げることは自然なことと思われる。

2）様式化された事実

以上の概念的枠組みに沿って，まずこれまで移行経済国が辿ってきた道とその成果を，一般化，ないしは様式化された事実として整理しておこう。そこでは個々の国々も対象とするが，むしろいくつかの地域に分けたさいの傾向値を見ることに主眼が置かれる。その意味でカンポスとコリチェッリの研究が参考になるが（Campos and Coricelli 2002），彼らは「体制移行10年」を整理したのに対して，われわれはもっと期間を長くとり，「体制移行15年」（およびそれ以降）を観察の対象とする。さらに彼らは中国やヴェトナムといった東アジア移行経済国を考慮しなかったが，ここではできるだけこれら東アジアの移行経済国も考察対象に入れることにしよう。また彼らは全部で7つの移行指標を取り上げたに過ぎないが[2]，われわれはもう少し広範囲で比較してみることにしたい。

そこで以下，まず成長，物価上昇，産業構造の転換，分配と貧困，失業，国際経済化の進展という6つの経済実績指標，それに従来の移行経済論ではほとんど無視されてきた農業発展の指標に焦点を当て，体制移行の実績を整理し，併せて国際比較してみよう。同時に，各国，各地域の移行結果とそれをもたら

---

[2] 彼らが取り上げた指標は，成長，資本収縮，労働移動，貿易，産業構造，制度，移行費用である。このうち，成長と資本収縮はコインの表裏の関係にあるといえる。労働移動は地域間の労働移動というよりも産業間の移動と失業を指している。

したと思われる各種の要因を整理しておきたい。ただし，成長指標にかんしてだけはとくに重要なので次節で論じることとし，その他の指標にかんしては，この節で原因にかんする簡単なコメントを付けることにする。市場化と民主化，それに法治という3つの制度指標については第3節で論じることにする。

(1) 成　長

体制移行後，経済が成長したのか，停滞したのか，あるいは減退・縮小したのかは，体制移行を評価する，ある意味で最も重要な指標といえる。普通，持続的に成長した国は成功例に挙げられ，そうではなかった国には失敗のレッテルが貼られることになる。「中国の勃興，ロシアの没落（China's rise, Russia's fall）」（Nolan 1995）などと，中国と対比してロシア移行経済が悪し様にいわれるのも，結局は中国の高成長とは対照的にロシア経済が長期に低迷，というよりは低落したからにほかならない。

体制移行は国によって，地域によって，あるいは地域グループによって，その成長実績に大きな違いを見せた。移行年（transition years）によって各国，各地域はどのような成長経路を取ったのか，まず事実を確認しておこう（図5-1参照）。この図から次のような事実を確認できそうである。

①中国とヴェトナムはほぼ一貫して高成長を持続し，一度も減退（マイナス成長）することはなかったが，他の移行経済国，つまり旧東欧，旧ソ連の国々は全て体制移行後一度は後退した[3]。しかし，旧東欧，旧ソ連も決して一様ではない。大別すれば，2つのグループに分けられる。つまり，移行直後に少し低落したが，しばらくして回復し，成長軌道に乗った国々（中欧諸国CEE），そして大きく低落し，長期間低迷したが，1990年代末からようやく回復軌道に乗った国々（旧ソ連や南東欧諸国SEE），である。旧ソ連諸国のうち，バルト海諸国は，成長率だけから見る限り，中欧よりもCIS（ロシア，ウクライナなどと中央アジア諸国）に近い。

②回復の速度は低落の規模にほぼ比例する。つまり，大きく経済後退した国

---

3) いうまでもなく，これは中国やヴェトナムの公式統計を信じる限り，という前提の下である。中国の改革開放以後の成長率にかんしてはさまざまな議論がなされ，いくつかの再推計も試みられている。

第5章 体制移行の結果　143

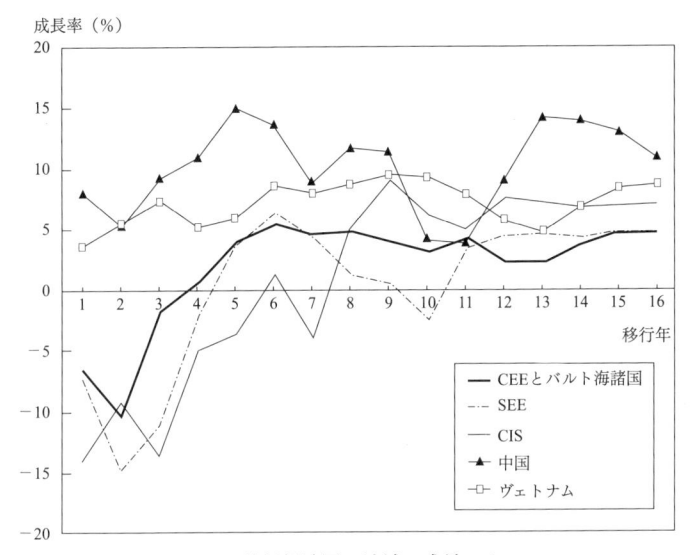

成長率（%）

図 5-1　移行経済国・地域の成長パターン
出所）*Transition Report* 各年版，*Workd Development Indicators Database* より作成。

ほど，一般には回復の速度は速い。したがって，CIS のキャッチアップの速度は比較的速い。

③しかし，かなり多くの国で体制移行後 15 年以上経ても，移行前の水準にまだ回復していない。図では平均値を取っているために明示されていないが，とくに CIS の一部の国々，たとえばグルジアや，モルドヴァ，ウクライナ，タジキスタンなどで低落は深刻である。2008 年版 *Transition Report* によれば，1989 年を 100 とすると，グルジアの 2008 年の実質 GDP は 60%強，モルドヴァ 50%強，タジキスタンは 60%，ウクライナは 70%強に止まっている。こうした国々は，世界銀行の標準からいえば，「低中所得国」に位置づけられ，移行後「北から南へ」転落したケースに相当する（図 1-3 参照）[4]。

中国やヴェトナムを除く移行経済国（以下，誤解を恐れずに「旧社会主義国」

---

[4] 大部分の国は 2003 年頃には「貧困国」から脱出したが，タジキスタンは 2006 年でも 1 人当たり GDP が 440 ドル，キルギスタンは 545 ドル，ウズベキスタンは 631 ドルと，依然貧困国の範疇に入っている。

表5-1 体制移行後のインフレーション

	1992	1993	1994	1995	1996	1997	1998
CEE	42.9	28.9	22.9	21.6	16.5	13.1	11.4
SEE	323.6	493.2	115.8	28.8	39.3	246.8	37.0
バルト海諸国	1011.3	228.6	53.7	32.3	22.2	9.3	5.7
CIS	1379.7	1523.7	541.0	233.6	55.2	17.5	25.2
中国	6.3	14.6	24.2	16.9	8.3	2.8	−0.8
モンゴル		268.2	87.6	47.0	36.6	9.4	7.5
ヴェトナム					5.7	3.2	7.3
	1999	2000	2001	2002	2003	2004	2005
CEE	6.9	9.0	6.2	2.9	2.3	4.3	2.4
SEE	23.9	26.5	20.3	13.4	8.9	8.0	7.1
バルト海諸国	1.9	2.2	2.8	1.6	0.6	3.1	4.2
CIS	78.6	25.7	21.0	14.7	12.7	10.6	11.3
中国	−1.4	0.3	0.5	−0.8	1.2	4.0	1.8
モンゴル	11.6	6.2	0.9	5.2	8.2	3.6	8.9
ヴェトナム	4.1	−1.7	−0.4	3.8	3.1	7.8	8.3

注）地域別の物価指数は，各国，各年のGDPをウェイトにして平均したもの。
出所）アジアの移行経済国については *World Development Indicators Database*, その他は *Transition Report* 各年版より作成。

と呼ぶことにしよう）では，かくして成長率の低下に悩まされることになったが，こうした経済の落ち込みとその期間はCEEでさえ大恐慌時代の欧米のそれに匹敵するものであり，ロシアに至ってはそれをはるかに凌ぐものがあった。移行後のロシア経済は，ロシア革命直後の状況にも類似するすさまじいものだった（Milanovic 1998, pp. 26-27）。

　このような成長の動き，そして／あるいは回復が何によって説明されるのか，この十余年間の移行経済論において大きな争点だったが，この点については次節で議論を整理し，検討することにしよう。

　(2) 物価上昇

　ほとんどの移行経済国で，移行開始後，大なり小なりインフレに見舞われた。成長面でパフォーマンスのよかった中国にしても例外ではない。しかし，ここでも地域および国によってインフレの強さ，期間の長さは異なる（表5-1参照）。すなわち，SEEやバルト海諸国，それにとくにCISにおいて最もひどいインフレ，すなわち悪性インフレ（inflationary spiral）ないしは超インフレ

(hyperinflation）を経験したのに対して，中国や CEE ではそれほどでもなかった[5]。

こうしたインフレが体制移行とどの程度関係しているのか，解釈は決して一様ではないし，また時期によってインフレ決定要因も違ってくる。まず，社会主義計画経済期には多くの国々でオープン・インフレは起こらなかったことから，移行開始直後のインフレには直接・間接に体制移行が関わっていることは否定できない[6]。すなわち，市場化に伴うインフレ抑圧の解消とインフレのオープン化，需要に追いつけない供給力の一時的不足，拙速な自由化と政府によるマクロコントロールの失敗，さらには人々によるインフレ期待（expectation）など，さまざまな要因が複合してインフレは発生し，拡大していったものと思われる[7]。もちろん，クロアチアやボスニア・ヘルツェゴビナのように内戦が起こった国々では，体制移行に加えて，いやそれよりもむしろ戦争がインフレを加速させた。ある意味では，体制移行は第一次，ないし第二次世界大戦直後のような極端な需給アンバランスと自国通貨に対する信用失墜を引き起こしたといえる。アルメニアでは 1994 年に 4,962％の，ウクライナでは 1993 年に 4,743％の，そしてグルジアでは 1994 年に 15,807％ものすさまじい悪性インフレが発生した。

次に，ハイパーインフレーション終息後のインフレについては，改革がむしろインフレ抑制力を持っていた。たとえばギュンギョルとヤマクは，1995–98 年の旧社会主義国 26 カ国を取り上げ，経済および政治改革指数がインフレの抑制に有意に関係していることを発見している（Güngör and Yamak 2002）。ヴェ

---

[5] 何をもって悪性インフレや超インフレと呼ぶのか，確立した定義があるわけではない。ここでは仮に年率 100％を超えるインフレのことを悪性インフレないし超インフレと呼ぶことにしよう。

[6] 社会主義計画経済時代には目に見えるオープン・インフレよりも，目に見えない抑圧インフレ（repressed inflation）が主だった。すなわち，政府が価格をコントロールしていたために，超過需要は行列や配給として処理された。その上，政府が意図的に価格を低く見せるインフレ（hidden inflation）も当時存在していた。なお，旧ユーゴスラヴィアでは移行前 1980 年代から深刻なインフレに見舞われていた。詳しくは阿部（1993）参照。

[7] 中国では，価格改革（自由化）が 1988 年に予告されると，人々は争って銀行に行き，預金を取り崩して換物行動に走った。それがまたインフレを刺激することになった。

トナムの場合，1980年代前半は年率100％を超える高い物価上昇率に悩まされ，1986年のドイモイ開始前には年率500％にも達していたハイパーインフレーションが，ドイモイ開始とともに急速に終息したことは，一連の改革がインフレ退治に効果があったことを示している（Hung 1999)[8]。

インフレは需給バランスの欠如，あるいは崩壊の他に，金融政策の失敗や金融組織の未熟によっても発生する。あるいは為替が切り下げられ，海外輸入価格が高騰することによっても起こるだろう。たとえば貿易依存度の高い中欧3カ国における2桁のマイルドなインフレは輸入価格の上昇によって引き起こされた（Brada and Kutan 2002)。またウクライナでは，1996年以後，物価上昇率と為替レートが連動し，平価切り下げに対する期待がインフレをもたらしたのではないか，ともいわれている（Silverstovs and Bilan 2005)。このように，インフレ要因は国によっても時期によってもそれぞれ違ってくるが，体制移行という激動期に財政・金融政策が適切に打ち出されず，しかも金融制度が十分整備されていない状況では，時には過剰な貨幣供給をコントロールできない事態は自然といえば自然だったような気がする。したがって，一般には政府が弱体化した国ほどインフレが深刻だったように思われる。

(3) 産業構造の転換

体制移行とともに，従来の計画的資金配分と産業政策が弱まり，市場による需給決定が力を持ち始めるから，当然産業構造も変化してくる。とくに移行前の計画経済期に過度に強調されていた工業化，とりわけ重工業化政策が見直され，「軍民転換」（軍事産業の民生産業への転換）が推進され，他方でサービス産業の需要が高まってくると，第一次産業の比重は低下し，第三次産業の割合が増大する傾向が見られる。それは市場経済化とともに「消費者主権」が支配するようになり，人々の需要に適合した生産がなされるようになるためである（図1-8参照)。このことを確認するため，移行経済各国・地域における工業化率の動きを見てみよう（表5-2参照)。

---

[8] 1985年に価格，賃金，および貨幣にかんする一般調整なる改革のパッケージが実施され，農業部門の交易条件を改善したり，計画価格を市場価格に連動させたり，公的部門の労働者の配給制を廃止したりといった，市場化政策が採用されたことも大きい（Hung 1999)。

表5-2 工業化率の変化

	1992	1994	1996	1998	2000	2002	2004	2005	2006	2007
CEE	32.2	30.2	28.1	29.2	30.2	28.7	30.3	30.4	23.3	―
SEE	33.4	30.9	28.8	24.3	24.4	24.5	23.0	22.8	―	―
バルト海諸国	34.3	24.8	23.9	21.5	23.8	23.9	25.2	25.7	25.6	25.9
CIS	35.6	31.8	28.4	27.2	35.5	33.1	34.2	33.5	27.6	27.9
中国	43.9	46.6	47.5	46.2	45.9	44.8	46.2	47.5		
モンゴル	33.9	28.5	20.5	19.6	20.6	21.6	29.1	29.1	36.0	33.9
ヴェトナム	27.3	28.9	29.7	32.5	36.7	38.5	40.1	41.0		

注) CEEなどの地域別工業化率は，各国の工業化率をその国，その年のGDPをウェイトにして平均化したもの。―は，主要国のデータが欠けていることを示す。
出所) アジアの移行経済国については *World Development Indicators Database*，その他は*Transition Report* 各年版より作成。

　中国とヴェトナムは別にして，ほとんどの移行経済国で工業化率は体制移行とともに低下し始める。言い換えれば，社会主義計画経済期にいかに無理な工業化がなされていたかをこの数字が物語っている。周知のように，経済発展とともにペティ＝クラークの法則が働くから，途上国並みに所得水準が低下すれば，むしろ工業化率は上昇するはずであるが，それが下がったということは，それまでの構造的歪み (distortions) がどれほど大きかったかを示している。とくに社会主義時代に重工業化が推進され，ホフマン比率（消費財工業の生産額／生産財工業の生産額）は低下していったが，市場経済化は消費者主権を回復し，市場のニーズにあった工業製品を生み出すようになった。この点については後でも触れる。

　とはいえ，旧社会主義国では工業化率がいったん低下するものの，CEE では1997年頃から，CIS では1999年頃から再び上昇し始める。これは体制移行が一定程度進み，産業の再構築 (restructuring) がある程度終了したことを示唆している。言い換えれば，それまでの無理な工業化から，発展の標準パターンに沿った「正常な」工業化が始まった。もちろん，だからといってそれらの国々や地域でそれまでに全て体制移行が完了したわけではない。

　またその間，農業部門が一部の国の一時期を除き拡大したわけではなく，少なくとも傾向的には縮小してきたから，こうした工業化の「修正」はサービス産業の拡大をも意味していた。移行経済国におけるサービス産業化は，従来，

表5-3 サービス部門の割合

(%)

	1990	1992	1994	1996	1998	2000	2002	2004	2006	2007
CEE		52.3	55.6	58.4	60.3	62.1	64.8	63.2	63.4	63.3
SEE		42.6	41.3	45.1	51.0	54.3	54.3	55.3	56.3	58.1
バルト海諸国		46.8	57.0	61.0	63.3	66.5	67.0	66.3	66.7	66.9
CIS		43.0	46.8	52.7	54.8	53.2	57.4	57.4	55.0	54.9
中国	31.3	34.3	33.8	33.0	36.5	39.3	41.7	40.7	40.0	40.4
モンゴル				30.8	37.4	42.1	50.2	41.2	35.9	35.6
ヴェトナム	38.6	38.8	43.7	42.5	41.7	38.7	38.5	38.2	38.1	38.1

注）CEEなどの地域別サービス部門の割合は，各国のサービス部門の割合をその国，その年のGDPをウェイトにして平均化したもの。
出所）*World Development Indicators Database* より作成。

「サービス産業は価値を作り出さない」というマルクス主義経済学の下で無視されてきたサービス産業が，体制移行とともに見直され，発展してきたという歴史的背景を持つ。これまで国有企業が独占してきた第三次産業も，民営化とともに多くの民間企業が参入するようになり，また国有部門も民間部門と競争するようになり，活況を呈するようになった。

移行経済国のサービス部門の割合（その生産額のGDPに占める割合）を見てみよう（表5-3参照）。この表から窺えるように，多くの旧社会主義国では体制移行後，急にサービス部門の割合が上昇したのに対して，中国やヴェトナムではそれほどには変化していない。たとえば，ロシアでは移行前の1990年にはその比率は35％だったのが，1995年には56％にまで急上昇しているし，ラトヴィアでは31％だったものが61％に，またベラルーシでは29％が46％にそれぞれ上がっている。こうしたサービス部門の拡大は，工業化率の変化と同様に，旧体制の下での歪んだ産業構造が是正されてきた結果と見られる。

中国の場合，産業構造転換のメカニズムは旧社会主義国とはやや異なる。まず，戸籍制度によって縛られていた農民が，改革開放以後，とくに市場化が急速に進んだ1990年代以降大規模に移動し始めた。とはいえ，就業構造で見た農業部門の比重はまだまだ大きく，CEEやSEEなど欧州の移行経済国に比べて経済発展段階の低さを表している。次に，体制移行とともに無数の郷鎮企業が誕生し，農村工業化が進展し，工業化率が上昇する要因の1つとなった（第

4章第6節参照)。さらに市場経済化以後それまで意図的に抑制されていた都市化が進み,それはサービス経済化を促した。また外資の導入が大きな刺激となって工業化と都市化の進展に拍車がかけられた。

(4) 分配と貧困

体制移行とともに分配面も大きく変化した。多くの移行経済国では所得分配は不平等化した。逆にいえば,計画経済時代の平等主義が放棄され,市場化が始まると人々は「不平等」をむしろ積極的に捉えるようになった。市場経済とは,すなわち鄧小平がかつて唱えた「先富論」の世界である。結果の平等を求めた社会主義に対して,機会の平等を追求するのが資本主義である。

計画経済時代に東欧社会主義国がどれだけ「平等」だったか,アトキンソンとミックルライトによる優れた研究がある (Atkinson and Micklewright 1992)。彼らによれば,移行前はチェコスロヴァキア,ハンガリー,ポーランドの収入格差はきわめて小さく,イギリスよりも小さかった (図5-2および表5-4参照)。ただし,社会主義国全てがこれほど格差の小さかった社会だったかというと,そうではない。この図にも示されているとおり,ソ連とイギリスにおける格差はほとんど同じだった。ワイルズも指摘したとおり,税引き後の収入で比較すれば,スウェーデンなど西側の福祉資本主義国家の方がソ連よりも平等だったのである (Wiles 1977)。

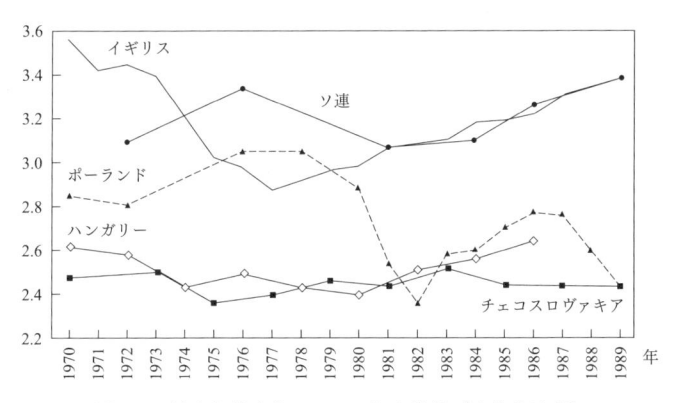

図 5-2　社会主義時代における収入格差 (十分位比率)
出所) Atkinson and Micklewright (1992), p. 94 より。

体制移行後，各国における1人当たり所得のジニ係数の動きは移行前に比べてどうだったのか，またどのように推移してきたのか，表5-4に整理してある[9]。しかしジニ係数自体，統計的に十分信頼できるものなのか，さらに国際的に比較可能であるのかについては問題がある。とくに移行経済期のように制度的変化の大きい時期に，しかも統計制度が整っていない貧しい移行経済国で確度の高い家計調査を行えるかどうか，また統計的に正確な所得を捕捉できるかどうか，疑問である[10]。また，所得で取る場合と支出や消費で取る場合とでは不平等度は同じではない。だが，とりあえずこの表から次のような事実を確認できよう。

まず，確かにほとんどの移行経済国で所得は移行後不平等化した。しかし，一部の国では不平等化は大したものではなく，しかも大きく変化してこなかった。移行前の1987/88年と移行後の1993/95年を比較したミラノヴィッチは，所得分配の面から旧社会主義国を3つのグループに分けた（Milanovic 1998）。第1のグループがハンガリー，スロヴァキア，スロヴェニアで，ほんとんど，あるいはわずかしか変化しなかった国である。第2のグループは少しは不平等化したが，それでもOECDの平均を下回る国で，ポーランド，ラトヴィア，チェコ，ベラルーシ，ルーマニアがそこに入る。第3がOECD以上に不平等化した国で，ロシア，ウクライナばかりではなく，リトアニアやエストニア，ブルガリアなどもそのグループに入る。中国もいまやそのグループに入れられる。

しかし，比較の時期をもう少し長く延ばし，移行前と移行後13-14年を比べると，様相は少しばかり違ってくる。まず，概してCEEの方が分配の不平等化はそれほどでもなく，多くのCISにおいてその傾向が著しいのは変わらない。それは，1つには前者の方が所得水準が高く，クズネッツ仮説が示唆する

---

9) いうまでもないことだが，成長率やインフレ率とは異なり，ジニ係数を国の経済規模をウェイトにして総合し，地域のジニ係数を求めることはできない。したがって，ここでは地域別ではなく，国ごとにジニ係数を出している。
10) コウォトコは移行経済各国における非合法経済（shadow economy）や脱税・逃税現象を問題にする。彼の推計では，1990年代におけるポーランドの非合法経済の規模はGDPの15-20％，ロシアでは45％に達するという（Kolodko 2000, pp. 96-97）。

第5章 体制移行の結果　151

表5-4　ジニ係数の動き

	1987-90	1991	1992	1993	1994	1995	1996	1997	1998	1999	2000	2001	2002	2003
CEE														
チェコ	0.197		0.228		0.27		0.258	0.23	0.239	0.212	0.232	0.231	0.237	0.234
ハンガリー	0.214			0.231		0.242	0.246	0.254	0.25	0.253	0.259	0.272	0.267	0.268
ポーランド	0.255	0.265	0.274	0.285		0.32	0.328	0.334	0.326	0.334	0.345	0.341	0.353	0.356
スロヴェニア	0.22	0.227	0.282		0.25		0.302	0.305	0.298	0.299	0.31	0.353	0.22	0.22
スロヴァキア	0.186						0.237	0.249	0.262	0.249	0.264	0.263	0.267	0.299
SEE														
ブルガリア	0.245		0.344		0.34	0.384	0.357	0.366	0.345	0.326	0.332	0.333	0.37	0.351
クロアチア	0.251									0.333				0.29
マケドニア	0.349						0.369	0.367					0.34	0.34
ルーマニア	0.322				0.29	0.312	0.302	0.305	0.298	0.299	0.31	0.353	0.349	0.352
バルト海諸国														
エストニア	0.24		0.395		0.35			0.37	0.361	0.354	0.361	0.389	0.385	0.393	0.402
ラトヴィア	0.24				0.31				0.326	0.321		0.327		0.358	0.379
リトアニア	0.248				0.35		0.347	0.309	0.332	0.343	0.355	0.354	0.357	0.318
CIS														
アルメニア	0.269									0.57		0.537		0.428
アゼルバイジャン	0.345				0.44							0.373		
ベラルーシ	0.233			0.28		0.253	0.244	0.249	0.253	0.235	0.247	0.245	0.246	0.249
グルジア	0.313							0.43						0.469
カザフスタン	0.297				0.33		0.35							
キルギス	0.308			0.353				0.47	0.411	0.399	0.414	0.377	0.382	0.342
モルドヴァ	0.267			0.365	0.36			0.42			0.437	0.435	0.436	0.411
ロシア	0.259	0.26	0.289	0.398	0.409	0.381	0.375	0.381	0.398	0.399	0.394	0.396	0.398	0.404
タジキスタン	0.334									0.47				
トルクメニスタン	0.308				0.36									
ウクライナ	0.24										0.282	0.288	0.29	0.277	0.271
ウズベキスタン	0.351				0.33									
中国 (1)			0.331	0.342	0.367	0.376	0.365	0.351	0.35	0.354	0.364	0.385	0.395		
中国 (2)			0.371	0.39	0.42	0.433	0.415	0.398	0.398	0.403	0.416	0.438	0.447		
ヴェトナム					0.35			0.37					0.37	

注）中国 (1) は都市農村の生計費格差を調整したもので，中国 (2) は無調整のもの。
出所）中国以外はMitra and Yemtsov (2006b)，Table 1を再整理したもの。中国はRavallion and Chen (2004)，ヴェトナムはVietnamese Academy of Social Sciences (2007) より作成。

ように，所得の不平等度は所得水準が上がるにつれて低下する傾向にあるからだろう。次に，バルト海諸国とSEEとは大体CEEとCISの中間に位置する。すなわち，CISほどには不平等化は起きていないが，しかし移行後時間が経つ

につれその不平等度は比較的高くなっている。第3に，CISの中でもベラルーシやウクライナのような国では，移行後分配は一時期不平等化するもののしばらくすると落ち着き，結果的にはそれほど不平等化していない。これらの国々はCEE並みに「平等な」国になっている。第4に，中国とヴェトナムは移行前のデータがないが，移行開始直後の数字から判断して，CISの多くの国々と同様に不平等化が高まったことだけは確かだろう。ただし，両国では不平等化の程度や動きが違っている。

こうした事実は，移行経済国にかんして「転換クズネッツ曲線 (transformational Kuznets curve)」とでも呼ぶべき所得と不平等度との関係，つまり両者の間に逆U字的関係が存在していることを示唆しているようである。試みに1997年頃の旧社会主義国のみを対象にした1人当たり所得とジニ係数との関係を描いてみると，はっきりはしないが，ある種の逆U字的関係が見出せそうである（図5-3参照）[11]。しかし，表5-4から窺えるように，時系列的に移行過程を見てみると，そのような関係を一般化するのは難しい。

所得の不平等化とともに富の不平等化も表れた。個人や家計に資産らしい資産がなかった社会主義時代に別れを告げ，資本主義，ないしは疑似資本主義の時代になると不動産や株，債権，預金など，個人資産の範囲と規模が著しく拡大した。その結果，当然富の面での格差も広がりを見せる。後に述べるロシアの「オリガルヒ」や中国の「新富人」という大「資産階級」が出現することになった（第6章参照）。それは，資本主義勃興期の時代を彷彿とさせる。欧米にせよ日本にせよ，資本主義が勃興し，市場経済が急速に展開する時代には，また政府による所得再分配機能が弱かった時代には，所得は一般に不平等化し，持てるものと持たざるものとの激しい（階級）対立が起きがちである。

それでは移行過程でなぜ不平等化が起き，あるいは進むのだろうか。市場化＝不平等化ではない。事実，先に見たように市場化を進めた移行経済国の中

---

11) 消費のジニ係数となると若干様相が異なる。ミトラとイェムツォフは旧社会主義国のデータを加工，修正し，次のような結論を導いた（Mitra and Yemtsov 2006a）。すなわち，全ての移行経済国で不平等化は進んでおり，多くのCIS諸国では初期に急速な不平等化が進んだ後，その後は緩和されてきている。

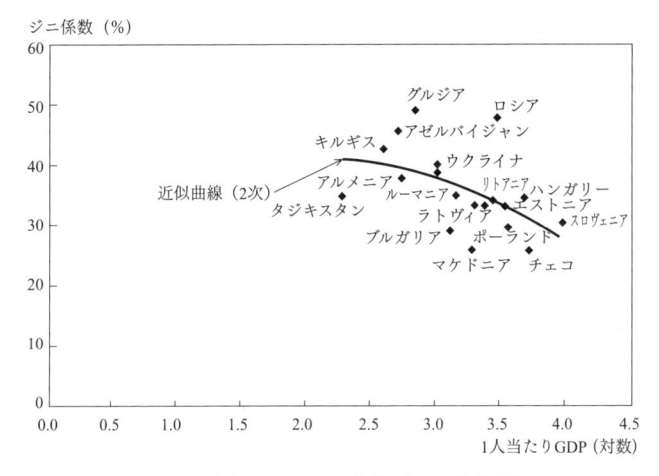

図 5-3 転換クズネッツ曲線（1997年前後）
出所）*World Development Indicators Database* より作成。

で，たとえばポーランドやスロヴェニアではそれほど不平等化は進んでいない。クズネッツの逆 U 字仮説が示すとおり，市場化の進んだ先進国では一般に平等化が進行するのである。それらの国々では，市場化が引き起こす格差拡大の効果を打ち消すメカニズムが働いている。たとえば，1985-97 年のポーランドにおける所得分配の推移とその分析を行ったキーンとプラサドによれば，労働所得（賃金と俸給）だけから見ると移行後不平等化しているが，社会移転メカニズムにより，全体の不平等は大きくなっていないという（Kean and Prasad 2002）。すなわち，ポーランドの場合，年金などの移転所得が増大したために全体の所得の極端な不平等化は避けられた[12]。しかし，ミラノヴィッチが言うように，労働所得の不平等化は所得全体の不平等化を推し進めるものだったが（Milanovic 1998），所得の低い CIS 諸国の場合，移行後所得格差を拡大させたのは労働所得ではなく，賃金以外の個人所得，たとえば財産所得だったといわれる（Mitra and Yemtsov 2006b）。

それではなぜ労働所得が移行期に不平等化するのだろうか？ 市場原理の下

---
12) しかし，1990 年代末からポーランドでは新たな問題が発生してくる。すなわち，貧困層の増大である。詳しくは Kean and Prasad（2002）参照。

表5-5 体制移行前と移行後の貧困率の変化

(%)

	1987-88	1993-95
カザフスタン	5	65
キルギスタン	12	88
トルクメニスタン	12	61
ウズベキスタン	24	63
ロシア	2	50

注) 貧困率 (headcount ratio) の定義：1人1カ月当たり120ドル (PPP) 以下の人口の割合。
出所) Milanovic (1998), Table 5.1.

で格差拡大が人々の労働インセンティブを高めることがその一因として考えられる。しかしそればかりではなく，以下に述べる失業の増大も賃金・俸給格差を引き起こしている。すなわち，有能な労働力はより多くの賃金やボーナスを獲得できるのに対して，能力のない労働力はより少ない賃金やボーナスばかりか，失業＝労働所得の喪失という危険を背負うことになる。こうした格差拡大の背景にあるのが，次章で述べる国有企業の民営化や民営部門の拡大である。

　不平等の拡大は，しばしば次のような問題をも引き起こす。1つは貧困問題である。所得分配が不平等化し，かつ平均所得水準が低下すると，貧困問題が出現してくる。社会主義の時代には貧困はなかった，というよりも「隠されていた」[13]。しかし資本主義，市場経済化はあからさまな貧困問題を生み出してくる。一部の「何とか暮らしていける」階層の人々は，失業やインフレが高進した結果，絶対的貧困層に転落する。表5-5 が示しているように，体制移行前の社会主義時代に比べると，体制移行後の貧困率は劇的に増大した。もちろん，貧困率は貧困線の定義次第であるが，とくに CIS，その中でも中央アジア諸国や SEE といった，比較的後れ，また成長率が大きく低下した地域や国々で貧困率が顕著に上昇した傾向が見られる[14]。

　従来貧困ではなかった階層が貧困層に転落することは，社会的に大きな緊張をもたらしかねない。これはとりわけロシアにおいて際だっていた。「1992年初めには人口の 85％もが貧困線以下の生活をし，主食さえ十分満たされず，1920年代の革命直後のロシアのように，乞食や呼び込み屋，麻薬中毒者や

---

13) 国によって一概にはいえないが，たとえば中国の場合，移行開始前は農村部に膨大な数の絶対貧困層が存在していた。
14) CEE, SEE, CIS といった旧社会主義国の移行後の貧困問題については，Hutton and Redmond eds. (2000) が詳しい。

売春婦が町に現れ始めた」(Samorodov 1992)。とはいえ,ソ連時代に貧困がなかったわけではない。マコーレーと武田の推計では,1965-68年代におけるソ連における貧困家計の比率は,大都市で32%,小都市で41%にも達していた(武田 2006)。同様なことは中国やヴェトナムでも当てはまる。世銀基準の1日1ドル(PPP)で測った絶対貧困人口の比率(貧困率)はヴェトナムでは1993年には58.1%にも達していた。こうした国々では,「社会主義時代」にはいわゆる「貧困の共有(shared poverty)」,つまり多くの人々が貧しく,かつ平等だったというべきだろう。

貧困は傾向としては体制改革以後,減少しつつある。ヴェトナムでは2002年における貧困率は28.9%にまで低下した。ロシアにおいても1992年に急激に上がった貧困率はその後傾向としては低下し,2004年には20%前後にまで落ちてきた(武田 2006, 79ページ)。中国においても,改革開放直後の絶対貧困率は30.7%にも達していたが,2000年には3.4%にまで低下している[15]。その間,中国では高成長が続いていた。というのは,貧困率は一般に成長率の負の関数であり,成長率が高くなると貧困率は低下するからである。それゆえ,移行経済国が成長の回復を見せ始めた段階で,貧困率は低下してきた。しかし,移行経済国では一般に都市に比べて農村の貧困は一層重大であり,1998年から2002年にかけてロシアや中央アジア,あるいはリトアニアといった国々では都市の貧困率に比べて農村のそれが相対的に高まってきている(Macours and Swinnen 2007)[16]。

不平等が引き起こすもう1つの問題とは主観的格差,あるいは不平等感の問題である。たとえ格差が大きくなっても人々がそれを不合理に感じなければ社会問題にはならない。しかし,多くの移行経済国において,移行過程に不正な

---

15) 中国の「絶対貧困」は「最低限の食べ物と着るものがある状態」を指し,ほとんどが農村に存在していた。その基準は世銀が用いる「1日1ドル」よりも厳しく,実際1ドル基準で中国の貧困率を測ると,公式の絶対貧困率の5倍以上になる。詳しくは佐藤(2003)第2章参照。
16) 中国では,逆に都市部の貧困が問題化されはじめた。というのは,農村から都市への人口移動と,都市内部における体制移行の進行に伴い,都市に貧困層が蓄積し始めたからである。詳しくは佐藤(2003)参照。

民営化や腐敗が横行したために人々は移行政策そのものを不合理,ないし不公正と感じるようになり,少なからぬ人々が平等だった「旧体制」を懐古するようになる。このような主観的格差は量的には捉えられないだけに,はっきりした答えを出すのは難しいが,体制移行に対する人々の「評価」にも大きく関係する(第8章参照)[17]。

(5) 失　業

市場化は多くの移行経済国における労働市場と雇用関係に劇的な変化をもたらした。なぜなら,社会主義計画経済の下ではそもそも「失業」なるものは存在せず,労働力は原則として全て雇用されていたからである。ただし,インフレと同様に,見えない形の失業,つまり「過剰就業(overemployment)」や「過少雇用(underemployment)」は経済の各部門で,しかも膨大な規模で存在していた[18]。しかし,体制移行とともにこうした隠れた失業は顕在失業(open unemployment)に転化する。

もちろん,移行経済国における失業はそうした過去の遺産のためだけではない。主たる原因は,産業構造の転換と経済全体の再構築が雇用喪失を上回る雇用機会を創造しなかったことだろう。民営化はしばしば失業を生み出すといわれる。しかし,国有企業が民営化した後,より多くの民営企業による雇用機会が生まれ,その結果旧国有企業を解雇され,あるいはレイオフされた従業員を雇えば全体として失業率は改善されるはずである。しかしそうならなかったのはなぜなのだろうか？

失業率の高さと動きを見ると,国と地域によって大きく違っていることが分かる(表5-6参照)。すなわち,①失業率が高まり,経済成長しても下がらないケース(CEEやバルト海諸国など),②失業率はそれほど上昇しないケース

---

17) 社会主義計画経済の時代に主観的格差が小さかったというのではない。われわれの印象では,少なくとも旧社会主義国の場合,むしろ逆である。体制移行後,客観的格差は確かに拡大した。しかし機会の平等が以前に比べれば高まった分だけ,主観的格差は縮小したのではなかろうか。
18) 過剰就業も過少雇用も,実態は労働の限界生産力以上の賃金率を得ているという現象を表している。俗に「偽装失業(disguised unemployment)」とか「過剰労働(surplus labor)」といわれるものに等しい。

表5-6 失業率の動き
(%)

	1992	1994	1996	1998	2000	2002	2004	2005	2006	2007
CEE	11.2	13.1	11.3	10.2	12.7	15.3	14.9	14.0	9.5	7.1
SEE	12.0	13.8	8.7	12.3	10.9	11.5	9.1	8.3	16.0	14.4
バルト海諸国	3.1	8.7	16.2	12.9	15.2	12.7	10.7	8.4	6.1	5.0
CIS	4.0	5.4	6.7	8.2	7.9	7.0	6.6	6.2	6.0	5.2

注）各国，各年の人口数をウェイトにして平均したもの。
出所）*Transition Report* 各年版より作成。

（ウクライナ，ウズベキスタンなど一部の CIS 諸国），また，表には挙げられていないが，③経済成長とともに失業率が徐々に高まっていったケース（中国やヴェトナムなど）。ただし，失業率を国際比較することは簡単ではなく，たとえば中国の公式失業率は ILO 基準のそれをかなり下回ることが知られている[19]。

ポーランドやリトアニアのように，順調な回復を見せ，したがって比較的高い成長率を維持しつつも失業率が下がらないのは，1 つには労働市場が流動的な状況の下で，企業が生産性の低い労働者を雇用せず，他方，労働供給側では需要に対応できず，技術や教育レベルの面でミスマッチが起こっているためと思われる。リトアニアでは高学歴，または技術職ほど失業率は低かったという (Rutkowski 2003)。

他方，ベラルーシやウクライナなどで失業率がそれほど上がらなかったのは，体制移行の進度や制度改革の性格にも関係しているように思われる。すなわち，国有企業改革や民営化の進展が実質的にそれほど進んでいない，したがって相変わらず企業が過剰雇用を抱えている場合である。試みに，旧社会主義国の中でデータの取れる一部の国にかんして民営化と失業率の関係を図に描いてみると，両者の間に緩やかな正の関係があることが分かる（図 5-4 参照）[20]。とはいえ，民営化が進んでも失業率が比較的低い国もあれば（たとえばチェコ），民営化がそれほど進まず，しかも失業率の高い国もある（たとえばブ

---

19) 中国の失業率は都市の登録失業率で，ILO 基準の調査失業率と比べてみると，たとえば，1998 年で前者が 3.1％だったのに対して，後者は 6.3％，あるいは 2005 年で前者が 4.2％だったのに対して後者は 5.2％だった（蔡 2007）。

20) ここでは民営化の指標として民営部門の雇用比率を取っているが，EBRD（ヨーロッパ復興開発銀行）の民営化指数と総合して民営化の進展を判断した。

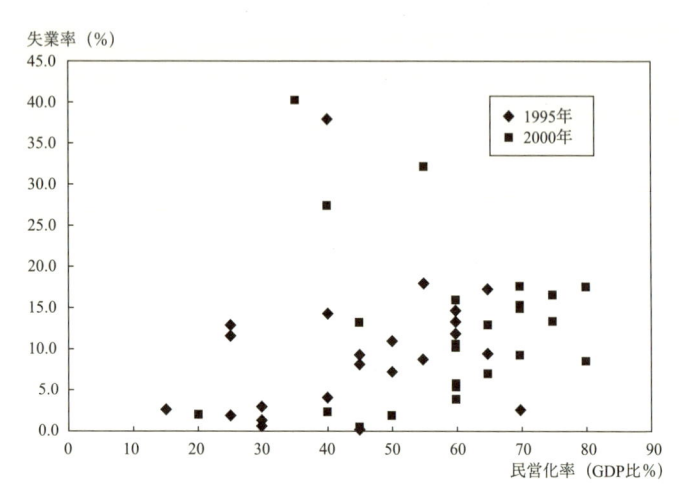

図 5-4 民営化と失業率（1995 / 2000 年）
出所）*Transition Report* 各年版より作成。

ルガリア）。このことは，失業率は民営化によってある程度左右されるものの，決してそれだけで決まるものではないことを示唆している。

　中国やヴェトナムにおいては失業のメカニズムは旧社会主義国とは基本的に異なっているように思われる。つまり，これらの国々では農村部門にいまだ多くの過剰労働力を抱え，発展とともに農村から都市へこれらの労働力が移転してきても必ずしも十分な雇用機会が得られない，そうした顕在的，潜在的雇用圧力が依然として強いからである。したがって，こうした国々の失業問題は，体制移行に伴い発生している部分もあるが，どちらかといえば経済発展論の枠組みで捉えるべきだろう。

　移行経済国の失業率と関係して興味深い事実は，労働参加率（生産年齢人口に占める労働力人口の比率）が一部の国で低下したことである。失業率が高くなるから参加率が必然的に下がるのではない。しかし，失業率が高いと働ける可能性が低くなるから，女性労働力が家庭内に入ったり，あるいは就学の道を選ぶこともある。

(6) 国際経済化の進展

　移行後の大きな変化の1つに，経済の国際化の進展がある。まず，社会主義

経済時代には，輸入代替，あるいは自給自足（autarky）戦略の下で国際貿易は副次的なものでしかなかった。国内生産を主として，足りないものを輸入する。その輸入を賄うために輸出する，というのが当時の国際貿易観だった。彼らに言わせれば，自由貿易と比較優位論は，弱者を支配するための強者（「帝国主義国」）の論理以外の何ものでもない。まして，海外から直接投資を受け入れることは国家主権の喪失にも等しいと考えられていたから，論外だった。したがって，移行開始前は国内経済と国際経済とが事実上切り離されていたのであり，たとえば国内価格は国際価格と全く別個に国家（価格委員会）によって決められていた。

とはいえ，社会主義国家間の貿易だけは奨励されていた。なぜなら，そこでは搾取と被搾取，支配と被支配的関係がなく，「同志的関係」の下で「有無相通ずる」貿易が成立するはずだからである。その結果，1960年代にはCMEA（経済相互援助会議，いわゆるコメコン）内部で「社会主義的経済共同体」を設立しようという動きが出てきた[21]。

しかし，体制移行後，こうした貿易観，国際経済観は一変し，全ての移行経済国はまず従来の内向き（inward-looking）の姿勢を転換し，外向き（outward-looking）の政策に切り替えた。輸出は従属変数ではなく，それこそ経済成長を促す最も重要な変数の1つと捉えられるようになった。このことは，貿易依存度の上昇として表れている（表5-7参照）。体制移行直後に一部の移行経済国は貿易依存度が急落するが，それは国内経済の収縮（したがって分母となるGDP総額が急減）したことの反映であって，移行後徐々に貿易依存度は高まってきている。

クズネッツが発見したように，貿易依存度は一般に国の人口規模に反比例するので，小国であるハンガリーやチェコなどではさらに一層貿易依存度は高まるが，大国である中国でさえ，日本よりはるかに高い貿易依存度を達成することになった。こうした国際経済化は，一方では国内経済と国際経済がリンクし

---

21) 旧ソ連を中心として東欧諸国が加盟して1949年に設立，その後モンゴル，キューバ，ヴェトナムなど加わった。ルーマニアはコメコンのメンバーだったが，「社会主義的経済共同体」には参加しようとしなかった。

表5-7　貿易依存度

(%)

	1992	1994	1996	1998	2000	2002	2004	2005	2006	2007
CEE	52.8	56.2	63.4	71.1	79.2	78.6	95.1	94.0	75.3	77.7
SEE	64.9	55.0	62.1	53.6	65.4	68.3	73.4	72.8	76.6	76.2
バルト海諸国	121.0	92.5	93.2	95.7	87.6	91.7	96.7	103.0	109.5	103.5
CIS	114.5	50.6	45.6	54.4	66.7	57.2	58.4	57.1	55.2	53.7
中国	38.3	48.7	43.9	39.0	38.0	43.1	56.9	65.3		
モンゴル	163.3	151.6	97.2	112.0	131.1	144.5	150.6	162.3	97.7	100.6
ヴェトナム	66.9	66.2	74.7	94.3	102.8	111.6	126.2	142.3		

注）CEEなどの地域別貿易依存度は，各国の貿易依存度をその国，その年のGDPをウェイトにして平均化したもの。
出所）アジアの移行経済国については *World Development Indicators Database*，その他は *Transition Report* 各年版より作成。

始めたことを意味し，国際市況の変化が国内経済に大きな影響をもたらすことを示している。次節でも指摘するが，世界原油市場の高騰がロシアやアゼルバイジャンなど石油を産出する移行経済国に追い風となったことはその一例であるし，EU経済の成長がEUとの経済関係が密接なCEEの成長に大きく関係しているのも，その証左の1つである。

　第2に，海外からの直接投資（FDI）が一部の移行国に大規模に入り始めた。外国資本が移行経済国に投資する目的は，一般のFDIと同様に，投資相手国の国内市場に参入し，販売を拡大すること，そして／あるいはその国の資源を利用して輸出すること，そして／あるいはその国の天然資源を獲得することにある。しかしそれとともに，移行経済国への投資には次のような特徴があった。すなわち，1つにはCEE，SEEの場合，EUへの加盟がFDIに大きな刺激を与えたこと，もう1つは，これらの地域では体制移行に伴う人規模な民営化がFDIを呼び込むきっかけになったこと，である。ただし，こうした直接投資の開始，増大が経済発展に大きな効果をもたらしたのは当然として，体制移行にいかなる作用をもたらしたのか，まだ十分に明らかにされていない。

　第3に，体制移行とともに貿易相手国が大きく変わった。中国を除けば，移行経済国，とくに旧社会主義国は，移行前はコメコン諸国との貿易取引が圧倒的に多かったが，市場経済化するとともに，またコメコンが解体したために，欧米や日本，あるいは中国との貿易が増え，それは同時に国内にグローバル化

の波を引き寄せることになった。

　第4に，新たな国際経済的枠組みが出来てきた。EUの東方への拡大はいうまでもなく，CIS内部においても2国間，多国間の貿易協定が出来るようになり，さらに中国においてはASEANとのFTA締結を求めて東アジアとの自由貿易拡大を進めている。WTOにいくつかの国がすでに加盟しているが，こうしたことは，閉鎖的だった社会主義時代には想像もできなかったことである。

(7) 農業発展

　体制移行は移行経済のさまざまな分野で時には激震ともいうべき革命的変化をもたらしたが，農業分野ではどうだったろうか。ロゼルとスウィネンは東アジアも含め，移行経済国全てに対して体制移行開始後の農業総生産や生産性の動きを計測し，次のような事実を見出している（Rozelle and Swinnen 2004）。すなわち，先に見た経済全体の成長率と同様に，東アジアだけが農業総生産が低下することなく上昇しており，農業労働生産性の動きを見るとCEEと東アジアだけが上昇していること，土地生産性にかんしては中国だけは上昇してその後停滞し，CEEはいったん下落して，その後急上昇していること，また技術進歩を測るといわれている全要素生産性の動きは，労働と資本の部分生産性の動きとほぼ整合的であること，そしてCISの農業パフォーマンスだけが悪いこと，である。こうした違いをもたらした要因として価格，権利，市場の3点を取り上げ，東アジアで集団農業時代に農業に高い税を，CEEとCISでは逆に補助金を与えていたために，体制移行後，東アジアでは農業の産出価格／投入価格が上昇したのに対して，CEEやCISでは逆に下落したこと，さらに所有制改革の結果，個人農の比率が上昇するが，東アジアでは基本的に全て個人農化したのに対して，CEEでは大規模法人農場が出現し（しかしアルバニアやスロベニアでは個人農化が進展），他方CISでは個人農は名目的な株を有するものの，実際は集団が所有し個人による株の売買や譲渡は不可能となっている，といったことが挙げられる。

　体制移行は，先に見たように工業生産の比重に大きな影響を与えたが，農業生産の割合は工業とは違い各国ともほぼ一様に低下してきた。しかし，農業生産の動きと経済全体のそれとがほぼパラレルであるということは，一体何を物

語っているのだろうか？　農業制度の変化がその国の体制移行の縮図となっているのかも知れない。

2　成長パフォーマンスの決定要因

　それでは，上で見た移行経済の成長と回復は何によって決まるのだろうか？この問題こそ，これまでの移行経済論における最も中心的テーマだったといっても過言ではない。かつて激しい論争が戦わされた「漸進主義かショック療法か」なる問いは，漸進主義を採用した国が成長し，ショック療法を採用した国では経済の減退，停滞が起こったという，明白な事実をどう解釈するかに関わっていた。ここでは今までと同様に議論のサーベイならびに論点の整理に重点を置き，成長パフォーマンスの決定要因は一体何かを明らかにしておこう。

1）成長決定の一般的枠組み

　上述したように，経済実績（パフォーマンス）は大別すると3つの要因によって決まる（図1-7参照）。繰り返すなら，第1が経済政策（policies）である。政策も大きく分けて2種類ある。1つはマクロ的政策で，資源配分に関わる政策といってもいいだろう。もう1つは制度政策で，制度の形成に関する政策である。移行政策は，基本的にはこの制度の形成に関わる政策といってもいい。第2が制度（institutions）である。体制を構成している無数の制度の中でも，移行経済にとって重要なのはとくに企業，政府，それに司法だろう。第3が環境条件（environmental conditions）で，その中にいわゆる初期条件（initial conditions）が入るが，それ以外に文化や歴史，あるいは国際環境といったものも重要である[22]。これらはいずれも移行経済の政策当局者にとって所与（given）とされる条件である。以上のことを形式的に表現すれば，成長＝f（政策，制度，環境条件）として決められる。

---

[22] 環境条件と初期条件とを必ずしも厳密に区別する必要はないかも知れない。一般には歴史や文化・伝統なども初期条件に入れているようである。ここでは第1章におけるわれわれの分析枠組みに従った。

もちろん，成長がこれらの諸要因によって決まるばかりではなく，これらの諸要因のうち，環境条件の一部（というよりは，大部分）を除き，成長がこれら諸要因を決定するか，あるいは左右する。たとえば，ある制度がうまく機能し，改革が進むのも，経済が成長し，所得が増大している場合が多い。前章で取り上げた「内生的改革」モデルはまさにそのような関係を示唆している。またファルセッティらは，改革を被説明変数に，成長を説明変数に選び，両者の間の有意な関係を導いている（Falcetti et al. 2005）。しかしそうであるがゆえに，以下で述べる成長決定式において，いわゆる内生性（endogeneity）問題が発生することになる。

2) 移行過程における成長決定因

　それでは，移行過程における成長要因として，上記のうち何が最も大きな決定因なのだろうか？　論者によって見方や強調点は異なっている。体制移行の初期時点では，どちらかといえば制度そのもの，ないしは改革を進めたかどうか，さらに改革をどのように行ったのか，具体的には改革を漸進的に進めたのか，ショック療法的に一気に実施したのかが最大の要因と考えられていた。たとえば，EBRD（ヨーロッパ復興開発銀行）は旧社会主義国の全てが体制移行後，激しい経済の落ち込みに悩まされていたとき，改革を続けることこそが成長をもたらす手段であることを訴えた。すなわち，改革の初期には経済はマイナス成長しようが，いずれは反発し，プラス成長に転じることをクロスセクションデータから明らかにした。あるいはハヴリリシンら IMF のエコノミストたちは，移行経済の成長率の説明変数に IMF の政策，つまりワシントン・コンセンサスを受け入れたかどうかを入れ，それが有意になっていることを実証する。言い換えれば，IMF の言うとおりにすれば経済はいずれ回復軌道に乗るのだということを暗に主張する（Havrylyshyn and McGettigan 1999）。それに対して「漸進主義者」は，中国のような漸進的改革こそ成長をもたらすと主張し，ショック療法は反成長的だと批判する（たとえば，林ほか 1997）。

　しかしフィッシャーらの研究以来，移行過程における成長回帰分析が発達し，より多角的，総合的に，移行経済における成長実績を説明しようとするよ

うになってきた (Fisher et al. 1996)。同時に, 改革 (制度変革) は成長の1つの決定要因に過ぎず, それ以上でもそれ以下でもないことが分かってきた。われわれの先の図式を使えば, 成長という経済パフォーマンスも結局は以下の3つの大きな要因によって支配される。

第1に, 環境条件, 中でも初期条件の重要性である。たとえばフィッシャーとサヘイは, 移行6年の累積的GDP成長率CGを初期条件を表す7つの変数で説明させたところ, 2変数 (共産主義体制下の年数YUCと中等学校入学率SSE) で有意だったという。すなわち, 共産主義体制下の年数が短いほど, また初期の教育水準が高いほど, 移行後の成長率は高くなる傾向が見られる (Fischer and Sahay 2001)。他方, デメロらは, 中国やヴェトナムを入れた29移行経済国を対象に, 初期条件と経済政策が経済成長を決める決定因であることを実証する (De Melo et al. 2001)。彼らは初期条件を決める11の変数を取り上げ, 各国の数値を基に主成分分析を施し, そこから分散のほとんどを支配する2つの主成分, すなわちマクロ経済的歪みと市場過程に対する不慣れという第1主成分と, 高所得と資源貧困国を表す第2主成分とを導き出している[23]。こうした主成分分析を用いた初期条件指数はファルセッティらにも引き継がれ, 成長率を初期条件と改革指数, それに財政バランスによって説明させている (Falcetti et al. 2002)。彼らの分析はさらにEBRDの報告にも反映され, 旧社会主義国の初期条件指数と成長率の間に正の相関があることが強調されている (EBRD 2004)[24]。たとえば, ハンガリーやチェコにおいて移行前にすでに経済が相当程度発達していたという恵まれた初期条件の存在が, 移行後の比較的よい成長実績をもたらした1つの重要な要因といえる。

他方, 中国やヴェトナムにも体制移行の面で「有利な」初期条件があったといわれる。つまり, 経済の高い発達ではなく, 逆に低発達こそ体制移行に有利

---

[23] 第1主成分を構成するのが初期における貿易依存度, 抑圧インフレの程度, 闇市場プレミアム, 中央計画化の時間の長さ, 国家機関の独立性, それに市場経済国との距離の6つの条件。第2主成分を構成するのが移行前の1人当たり所得, 都市化率, 産業構造の歪み, 資源の豊富さ, それに移行前の成長率という5つの条件である。
[24] そこでの初期条件とは, 移行開始直前の1人当たりGDP, 自然資源の豊富さ, 労働力で測った工業化率など, さまざまな指標をやはり主成分分析法により総合したものである。

だったと主張される（たとえば Sachs and Woo 1994）。言い換えれば，経済が低発達だったために，農業人口が多く，豊富な安い労働力を使え，発展の速度が速かったからこそ移行が容易だったと見なされる。ということは，経済の発達度という意味での初期条件は，移行後の成長実績を決める決定的原因ではない。

それでは文化や歴史，伝統といった環境条件はどうか。旧社会主義国の経済成長にこうした要因の重要性を強調するのがホジソンやウィニエツキらである（Hodgson 2006, Winiecki 2004）。彼らによれば，CEE 諸国の成長が比較的順調で，他方 CIS のそれが伸びないのも，結局は両地域の宗教や文化の違いがあるからだとする。前者がカトリックやプロテスタントを中心とするのに対して，後者はロシア正教やイスラム教が支配的である。ウィニエツキに言わせれば，そこからフォーマルな制度の確立や信頼性が違ってくるという。しかし，こうした文化や宗教に成長実績の違いを説明させるには慎重でなければならない。ウェーバーはかつて中国が停滞したのは儒教のせいだと「誤認」したことがあるし，儒教文化圏が発展し始めると，インドが発展しないのはヒンドゥー教のせいだといいがちである。

環境条件には，その他に国際環境が挙げられる。すなわち，移行経済国が「改革開放」政策を採るにつれてこれら諸国は国際市場に巻き込まれることになるが，もし国際市場が発展しているのなら，貿易や投資を通じて，その発展力を彼らは国内に引き込むことができる。

3つの例を挙げよう。今日ロシア経済が著しい回復と発展の道を歩んでいることと，ロシアの主要製品である原油やガスの国際価格の高騰とは密接に絡んでいる。他方，CEE 諸国の経済発展と EU 経済の好調も強い連関を見せている（EBRD 2005）。同様なことは中国やヴェトナムに対しても当てはまる。中国の場合，積極的な輸出主導型戦略と外資導入政策を採っていなければ，さらに国際市場の好況が続いていなかったら，これほどまでに成長することはなかっただろう。

第2に制度ないしは制度的発展である。ここでいう制度的発展には2つの意味が込められている。1つは旧制度の改革と新たな制度の形成・創出という意

味である。経済体制を構成するさまざまな制度のうち,資源配分制度と財産(所有)制度は,体制移行を測る最も重要な制度といえる。資源配分制度にかんしては計画から市場へ,所有制度にかんしては国有から民営へ,いずれも速度の速い遅いは別にして,全ての(狭義の)移行経済国は大胆な制度転換を実現してきた。制度間にはある種の補完性(complementarity)が存在するから(第3章参照),こうした資源配分制度と所有制度に見られる変化が他の諸々の制度変革を促し,全体としてより広範囲な,また大きな変化を伴った制度の再構成へと展開していった。こうした個々の制度の変化,あるいはそれらを総合した改革指数が成長にどのような影響を持つのかが当然争点になってくる。周知のように,EBRDや世銀は体制移行と改革の進展を図る意味で総合的な改革指数(ないしは自由化指数)を作っている。

　もう1つは,制度の質,ないしは実効性(enforceability)という意味である。個々の制度が作られたとしても,それがきちんと機能するかどうかは保証の限りではない。そうした制度が目的通りに作動するかどうか,最終的には法によって決められる。したがって,法の支配,ないしは「法治」原則,あるいは精神がどの程度貫徹しているのかが制度の実効性を実際上担保することになる(第3節参照)。体制移行という激動期には時には制度的空白が生まれ,法が確立せず,あるいは作られた法が守られないこともありうる。そうした環境では安定した成長が実現できないことは,いわば当然といえよう。

　それに関連していえば,政治的制度,たとえば民主主義制度も移行過程における成長と決して無関係であるはずがない。民主主義が実現され,言論の自由が確保されることによって腐敗が抑制され,制度の質が向上するならば,他の条件を一定として成長が促進されるはずである。この議論に対しては無論否定的な見解もありうる。事実,中国やヴェトナムのような一党独裁体制の下でも高成長は維持されているではないか？

　第3に政策,中でも経済安定化政策である。移行過程においては,上述したようにしばしばインフレに見舞われる。またそのこととも関連するが,財政が相対的に収縮し,経済安定化のために適切な対策が採れないことがある。また分配政策も安定化に絡んで採られる政策の1つである。その他,マクロ安定化

のために採られたさまざまな政策が，果たして移行過程において成長を促すものかどうか，実証研究の大きな課題となってきた。

いうまでもなく，改革が成長を促進するのか，しないのか，あるいはむしろ減退させてしまうのか，移行経済政策において最も関心を集めた争点だった。したがってほとんどの実証研究において，改革を有力な変数として成長方程式に組み込んできたのは，けだし当然といえば当然である。移行経済における成長回帰分析は非常に多いが，たとえば比較的最近の研究としてファルセッティらのものがある（Falcetti et al. 2005）。彼らは成長決定式に上で見た改革と安定性，それに初期条件や国際環境などの要因を入れ，EBRD対象国の25カ国（期間は1989-2003年）に対して以下のような関数を考えた。

モデル(1)　$\Delta Y/Y = \beta_0 + \beta_1 IC \times t + \beta_2 IC \times t^2 + \beta_3 t + \beta_4 t^2 + \beta_5 Ref + \beta_6 Fis + \varepsilon$

ここで，IC＝(EBRDによる)初期条件指数，Ref＝改革指数（EBRDの8移行指数の平均），Fis＝GDP比政府財政収支（安定性の指標として），εは誤差項である。

回帰分析を行った結果，改革は翌年の成長に対して正の有意な効果を持つこと（$\beta_5 > 0$），またその他の変数にかかる係数もほとんどの場合有意で，予想された符号を持つことが分かった[25]。

モデル(2)　$\Delta Y/Y = \beta_0 + \beta_1 IC \times t + \beta_2 IC \times t^2 + \beta_3 t + \beta_4 t^2 + \beta_5 Ref + \beta_6 Fis$
$\qquad\qquad + \beta_7 Recov + \beta_8 Oilbal + \beta_9 Exgrowth + \varepsilon$

ここで追加された変数は，Recov＝回復指数（実質GDP水準が2年のラグを置いて1989年の70％以下の場合を1とするダミー変数），Oilbal＝石油の純輸出／GDP，Exgrowth＝輸出額で加重された相手国の成長率である。

結果は，以上の追加変数を入れても上記の結論は変わらないこと，すなわち改革の成長に対して持つ効果は頑健（robust）であることを示している。こう

[25) 初期条件の効果は正であるが（$\beta_1 > 0$），時間とともにその効果は低減する（$\beta_2 < 0$）。同様に，成長のトレンドは時間とともに低減する（$\beta_3 > 0$，$\beta_4 < 0$），一方，安定性の効果は正である（$\beta_5 > 0$）。

した実証分析の結果は *Transition Report* にも採用されている (EBRD 2005)。

それでは制度的発展と成長との関係はどうか？　予想される結論は，改革は制度的発展があって初めて有効に実施されるのであり，そうした制度的改革こそが成長のための必要条件というものである。しかし，単純に改革は成長への有効な手段かといえば，そうではない。先に見たように初期条件やその他の環境条件，さらには制度的条件が整わなければ改革は成長を生み出さない。また，移行期間によって改革の持つ成長効果は違って当然だろう。たとえばフィドルムクとティチットは移行期間によって3つのモデルを考え，改革をはじめとするさまざまな条件と成長との関係が3つのモデルで異なることを実証する (Fidrmuc and Tichit 2004)。すなわち，成長決定要因として改革指数，民主化指数，初期条件指数，インフレ率，戦争ダミー，中学就学率，それに人口増加率を考え，(1)改革前のモデルでは民主主義や就学率，初期条件指数は有意ではないが，(2)改革初期のモデルでは人口増加率だけが有意ではなくなること，(3)改革後期のモデルでは，ラグ付きの改革指数以外の説明変数は有意性を失うこと，それに，(4)民主化や就学率はマイナスの係数を持ち，(5)改革はラグを伴って成長に効果をもたらすこと，といった結論を導いている。

他方，改革が成長に対するプラスの効果を持っていることが果たして頑健性を持つのかどうか，疑問を投げかけたのがラドゥレスクとバーロウである (Radulescu and Barlow 2002)。彼らは自由化指数，インフレ率，財政バランス，初期条件の他に，1992年ダミー（この年がとくに CIS 諸国にとって体制移行直後の最も厳しい時期に相当する），トレンド項，為替政策ダミー（固定レートやドルペッグ制度を採ったかどうか），それに戦争ダミーを入れて，さまざまなラグ付き変数をも考慮しながら，頑健性テストを繰り返し，インフレ率，したがって経済安定化は成長に有効だが，自由化は決して頑健な関係を持たないことを発見する。もちろん，彼らも認めるとおり，改革が経済安定化を通して成長に効果をもたらすと見なすことは可能である。

その他にも数多くの，またさまざまな種類の移行過程における成長決定分析がなされてきた。それらは対象とする期間や説明変数，さらにはモデルの推定方法の違いなど，決して同じ次元で比較できるわけではない。以前は単純なク

ロスセクションによる OLS が手法として多かったが，次第にパネルデータによる，しかも内生性を考慮した2段階，ないしは3段階最小自乗法や GMM などの推定法が用いられるようになってきたし，改革変数も EBRD の指数を借用するのではなく，主成分分析を用いて新たに作るなど（たとえば Staehr 2003），方法論的により洗練されたものになってきた。

さらに一歩進んで，これらのモデルを多数集め，平均化し，あるいは比較検証する試みさえ表れるようになった。移行経済における改革と成長との関係を計量的に論じた43本もの論文と，そこで実証に用いられた317本の回帰式をメタ回帰分析（meta-regression analysis）という方法で総合し，バベツキとカンポスは次のような結論を得ている（Babetsukii and Campos 2007）。すなわち，改革は同年時には負の効果を持つが，その後の期間の成長には正の効果を持つこと，貿易や資本流入の自由化という改革は明確に成長にプラスであること，制度的発展や初期条件をコントロールすれば，改革の成長に対する大きな，かつ正の効果は見られなくなる可能性があること，などである。

デメロらやポポフの研究を除くと，これらの実証分析のほとんどが東アジアの移行経済を対象外とするものである（de Melo et al. 2001, Popov 2007）。その理由は，恐らく比較的順調に発展して来た中国やヴェトナムよりも，以下に述べる転換不況に直面し，あるいは依然として体制移行前の水準を回復できない国々さえある旧社会主義国に分析の興味と，実践的必要性があるためだろう。しかし，もっと技術的な理由としては，中国やヴェトナムについては EBRD が毎年報告しているような総合的改革指数が作られていないことがあるかも知れない。今後，両国における改革指数が作られれば，旧社会主義国とこの2国を含めたより大規模な移行と成長にかんする分析がなされるはずである。

3 制度改革の進展

上述したように，移行とは大規模な制度改革のことである。実際，体制移行は全ての移行経済国において大きな，また多くの制度改革をもたらした。財政制度や金融制度，労働制度や分配制度など，体制を構成するほとんどの制度で

大きな変革が見られた。全ての改革を取り上げるわけにはいかないので，ここでは総合的な制度改革指標である市場化と民主化，それに法治化に絞って，改革の実態・性格と範囲，速度についてごく簡単に整理しておこう。そのさい，旧社会主義国については EBRD の評価に従うが，中国とヴェトナムについては別個に考察と評価を加えることにする。他の重要な制度改革指標である民営化については，次章で取り上げ，また（腐敗の程度から測る）制度化については第 7 章で考察することにしたい。

1）市場化

市場化の指標として，価格の自由化（ないしは統制価格の割合），財サービスに対する統制廃止の程度，市場取引数量の増大，価格の均衡化などが挙げられよう。EBRD では価格自由化指数，外貨・貿易自由化指数，それに競争政策指数で旧社会主義国における市場化の程度と動向を測っている。いま市場化と自由化の動きを旧社会主義国にかんして測ってみよう（表 5-8 参照）。この表から次のような事実を確認できよう。すなわち，1 つは，CEE，バルト海諸国，それに SEE の順で自由化は進み，他方 CIS では価格の自由化は遅れている。言い換えれば，経済の回復の早い国ほど市場化と自由化は進んだ。次に，SEE（具体的にはブルガリア）では移行開始後しばらくして価格の自由化は後戻りし，その後再び自由化が進められた。また CIS では 1998 年の金融危機にさいして一度後戻りしている。このことは，制度改革が決して平坦に，また一様に進められてきたわけではないことを物語っている。

中国の場合，市場化の進展はどうだったのか。「社会商品小売総額」に占める非公定価格取引の割合は，改革直後の 1979 年には 3％だったのが 1987 年には 55％，1995 年には 91.2％にも達し，一方生産財販売総額に占める非公定価格取引の割合は，その期間 0％から 40％へ，そして 84.4％に達し，「社会主義市場経済」が 1992 年に謳われて以降，価格面での市場化は基本的に実現された（石原 2000）。とはいえ，地域格差の大きい中国のこと，市場化は決して全国一律ではなく，発展の遅れた内陸部に行くほど市場化は進んでいない（加藤 2003，59 ページ）。また市場を財市場に限らず，資金市場や労働市場，それに

表5-8 市場化（価格の自由化指数）の動き

	1992	1994	1996	1998	2000	2002	2004	2005
CEE	3.0	3.0	3.0	3.2	4.3	4.3	4.3	4.3
SEE	2.5	3.0	2.9	3.0	4.2	4.2	4.2	4.2
バルト海諸国	2.3	3.0	3.0	3.0	4.2	4.3	4.3	4.3
CIS	2.5	2.9	3.0	2.7	3.9	3.9	3.9	3.9

注）CEEなどの市場化指数は，各国の指数をその国，その年のGDPをウェイトにして平均化したもの。
出所）*Transition Report* 各年版より作成。

外貨市場にまで拡大したとき，中国の市場化水準は，少なくともCEEほどには進んでいないと見るのが自然である。ヴェトナムにおいても1989年以後価格の自由化が進められ，電力，灯油，輸送，交通手段など，一部の価格を除き全て市場によって決められるようになった（トラン 2002）。外貨の闇レートと公定レートの一本化は1989年になされており，中国では1992年になされているので，ある面ではヴェトナムの市場化は中国よりも進んでいるといえるかも知れない。

2）民主化

もう1つの制度指標として，移行経済国の民主化達成状況を整理しよう。いうまでもなく，CEEやバルト海諸国，それにロシアといった旧社会主義国の多くは，政治体制改革を経済体制改革の前に実施した。その政治体制改革が文字通り「民主化」の実践だったのかどうかは別にして，少なくとも制度上旧来の一党独裁制を放棄したことだけは間違いない。それに対して中国やヴェトナムでは依然として旧来の政治体制を維持し，われわれの言葉でいえば，狭義の体制移行は進めるものの，決して広義の移行にまで大きく踏み込もうとはしていない。

民主化を政治的自由化（政治的権利の拡大と市民的自由の増大）とほぼ同義に捉え，フリーダムハウスのデータを用いて移行経済各国の自由度のレベルと動きを見てみよう（表5-9参照）。もちろん，フリーダムハウスの評価がどれほど客観的か，議論があるだろう。しかし，どのような基準にせよ，民主化の進

表5-9 自由度（フリーダムハウス指標）の進展

	1985-86 Nov. 1984-Nov. 1985			1990-91 1990			1995-96 1995			2000-01 2000			2006 2005		
	PR	CL	Status	PR	CL	Status	PR	CL	Status	PR	CL	Status	PR	CL	Status
CEE															
チェコ	..	..	..	..	..	..	1	2	F	1	2	F	1	1	F
ハンガリー	5	5	PF	2	2	F	1	2	F	1	2	F	1	1	F
ポーランド	6	5	PF	2	2	F	1	2	F	1	2	F	1	1	F
スロヴァキア	..	..	..	..	..	..	2	3	F	1	2	F	1	1	F
スロヴェニア	..	..	..	..	..	..	1	2	F	1	2	F	1	1	F
SEE															
アルバニア	7	7	NF	7	6	NF	3	4	PF	4	5	PF	3	3	PF
ボスニア・ヘルツェゴヴィナ	..	..	..	..	..	..	6	6	NF	5	4	PF	4	3	PF
ブルガリア	7	7	NF	3	4	PF	2	2	F	2	3	F	1	2	F
クロアチア	..	..	..	..	..	..	4	4	PF	2	3	F	2	2	F
マケドニア	..	..	..	..	..	..	4	3	PF	4	3	PF	3	3	PF
ルーマニア	7	7	NF	6	5	NF	4	3	PF	2	2	F	2	2	F
セルビア	..	..	..	..	..	..	..	..	..	..	..	..	..	..	..
セルビア・モンテネグロ	..	..	..	..	..	..	..	..	..	..	..	..	3	2	F
ユーゴスラヴィア	6	5	PF	5	4	PF	6	6	NF	4	4	PF	..	..	..
バルト海諸国															
エストニア	..	..	..	..	..	..	2	2	F	1	2	F	1	1	F
ラトヴィア	..	..	..	..	..	..	2	2	F	1	2	F	1	1	F
リトアニア	..	..	..	..	..	..	1	2	F	1	2	F	1	1	F
CIS															
アルメニア	..	..	..	..	..	..	4	4	PF	4	4	PF	5	4	PF
アゼルバイジャン	..	..	..	..	..	..	6	6	NF	6	5	PF	6	5	NF
ベラルーシ	..	..	..	..	..	..	5	5	PF	6	6	NF	7	6	NF
グルジア	..	..	..	..	..	..	4	5	PF	4	4	PF	3	3	PF
カザフスタン	..	..	..	..	..	..	6	5	NF	6	5	NF	6	5	NF
キルギスタン	..	..	..	..	..	..	4	4	PF	6	5	NF	5	4	PF
モルドヴァ	..	..	..	..	..	..	4	4	PF	2	4	PF	3	4	PF
ロシア	..	..	..	..	..	..	3	4	PF	5	5	PF	6	5	NF
タジキスタン	..	..	..	..	..	..	7	7	NF	6	6	NF	6	5	NF
トルクメニスタン	..	..	..	..	..	..	7	7	NF	7	7	NF	7	7	NF
ウクライナ	..	..	..	..	..	..	3	4	PF	4	4	PF	3	2	F
ウズベキスタン	..	..	..	..	..	..	7	7	NF	7	6	NF	7	7	NF
中国	6	6	NF	7	7	NF	7	7	NF	7	6	NF	7	6	NF
モンゴル	7	7	NF	4	4	PF	2	3	F	2	3	F	2	2	F
ヴェトナム	7	7	NF	7	7	NF	7	7	NF	7	6	NF	7	5	NF

注）PRは政治的権利，CLは市民的自由，Statusはフリーダムハウスの判断する格付けで，Fは自由，PFは部分的自由，NFは非自由をそれぞれ表す。
出所）http://www.freedomhouse.org/template.cfm?page=15 より作成。

展の度合いを厳密に客観的に捉えることは所詮不可能である。ここでフリーダムハウス指標を採用するのは，単に非常によく引用されているからに過ぎない。

　この表から次のように結論できそうである。第1に，民主化のテンポが遅い国は中国やヴェトナムに限らない。CISの中でもベラルーシやトルクメニスタン，ウズベキスタンなど中央アジア諸国では，中国やヴェトナムとほとんど変わらない権威主義的体制を維持している。建前として選挙があっても，果たして実質的にどの程度機能しているか疑問である。

　第2に，それに対して，旧社会主義国の中でもCEEやバルト海諸国は全てほぼ十分な民主化を達成している。彼らが政治的民主化を真っ先に達成したことがこの表からも窺える。

　第3に，他方ベラルーシや，ウズベキスタンなどの中央アジアを除く他のCIS諸国はほぼ中間的な位置にある。ロシアやコーカサス地方の国々は全てフリーダムハウスの基準ではPF（部分的自由）であった。たとえば，プーチン政権下のロシアのような権威主義的体制や，グルジアのように政治的不安定に悩まされた国では，フリーダムハウスの基準からすれば，「十分自由」ではない。

　こうした政治的「発展度」が経済成果にどのような影響を及ぼすのか，逆に，経済発展が政治的自由度にいかに作用するのか，これまでの移行経済論ではあまり考えられてこなかった。以下で述べるように，せいぜい，政治変数を経済成長の決定因に組み込むのが，少なくとも経済学者によるアプローチとしては限界であったように見える。

3）法治と体制移行

　これまでも制度化こそが体制移行を進める上で大きな鍵であることを指摘した（第4章参照）。ところで，制度化のいわば中心的概念が法治であることに異論はないだろう。制度がルールと規範の体系であるなら，最も厳格なルールや規範は法律である。しかし，法治といったとき，単に法律ができていることを指すわけではない。制定した法律がきちんと適用され，実行（enforce）されることこそ法治が確立しているといえる。それではこのような法治という側面

で移行経済国はどのような実績を示したのだろうか？ いくつかの質的データを基に考えてみることにしよう。

国家社会主義時代にも「法」は存在していた[26]。しかし，一党独裁制の下で，（社会主義）法なるものは党支配を実現し，強化するための手段に過ぎなかった。それは時には「法の支配（rule of law）」ではなくて，むしろ「法による支配（rule by law）」，より正確には「党による支配」が実行されていた。近代法における最も根本的な原理の1つとして「法の下における平等」があるが，一党体制では「党の下における不平等」が貫徹していたのである。

体制移行後，本当に法律が機能しているかどうかは，1つには人々が自国の法と法制度をどれほど信頼しているかで決まる。ヘンドリーたちは1997年中頃に328のロシア企業に対して調査を行い，仲裁裁判所は私的な方法よりも優れていると経営者たちが見なしていることを発見している。また彼らの司法制度に対する信頼度は，イギリスやポーランドと比べてみると意外に高く，それは警察や役所，それに議会に対するよりもはるかに高いという（Hendley et al. 2001）。ロシア科学院社会学研究所によれば，組織犯罪と腐敗した政府官僚がロシア経済の4割以上を支配しており，各種全国的金融機関の35-80％の株はロシアの犯罪組織が握り，これらの組織は収入の35％を政府役人に対する賄賂に支出している，という（Newcity 1997）。したがって，企業が何らかの紛争に巻き込まれたとき裁判に訴えても無駄であり，むしろマフィアに頼ってしまうとよくいわれているが，こうした通説は彼らの調査からは支持されない。すなわち，「法と司法制度がロシア経済に価値を付け加えている」というのである。

とはいえ，ロシアにおける企業統治を調査したピストルによれば，ロシア企業の法人化と民営化は，包括的な会社法なしに行われたこと，また会社法ができた後でも外部者が財産権を主張しようとするとかなりの困難に直面するこ

---

26) ただし，毛沢東時代の中国では法というべき法は，憲法を除きほとんどなかった。法の代わりをしていたのが党と政府の指示であり，それ以上に毛沢東の「一言」だった。毛沢東がエドガー・スノーに語った「和尚打傘，無髪無天（和尚はつるつる頭。傘をさせば空が見えない）」（髪は中国語で法と同じ発音で，実際は「無法無天（やりたい放題）」の意味になる）は有名。

と，というのはより有効な立法上の支援がなく，株主が法的に自らの権利を行使しようとすると，訴訟は裁判所によってしばしば却下されてしまうことを見出し，ロシアにおける法治の限界を指摘している（Pistor 1997）。

あるいは，モスクワとワルシャワにおける113人の小企業経営者を調査したフライは，モスクワよりもワルシャワにおいて法治がはるかに確立しており，ワルシャワの商店主の方がモスクワの店主よりも自らの財産権を守る上で警察と裁判所に信頼を寄せていることを発見している（Frye 2001）。このことは，ロシアよりもポーランドにおいて，さらには中欧諸国において法治が比較的進んでいることを示唆している。中央アジアの企業調査を行ったリーとマーハーによれば，そこでは大企業と中小企業で法と司法に対する態度が異なり，大企業にとって法はより有用であり，彼らは上部の政府関係者と比較的多く接触し，政策と法改正の結果に著しい利益を見出し，そうした変化を理解し，そこから利益を得る大きな能力（capacity）を持っているのに対して，中小企業は全く法に有用性を見出していないという（Lee and Meagher 2001）。

こうしたことは，法治の進展が経済発展と大きく関わっていることを示すものだろうか。または政治体制により，そして／あるいは文化や歴史の違いにより，法治の浸透度や完成度は国によって大きな差が見られるのだろうか。

ペイは，現代中国において急速に訴訟件数が増大していること，とはいえ中国の司法制度は政治と法律の二重性を持ち，深刻な腐敗にとりつかれていること，しかしそれなりに機能している点を強調している（Pei 2001）。一方，ピーレンブームは，中国では関係（コネ），あるいはクライエンテリズム，それにコーポラティズム，インフォーマル・メカニズムが法治に対する不完全な代替物であり，また時には補完的関係を持っていることに注目する（Peerenboom 2002）。つまり，時にはコネが法の代わりに人間関係を処理し，時にはそうした関係が法による調整を補佐するというのである。

ヴェトナムの法制と法文化を調査したグエンによれば，ヴェトナムでは判決の執行は地方行政組織に属する「判決執行部門」の決定にかかっており，地方政府やその上部機関からの指令や「非公式的手紙」が干渉するために判決が執行されないことが多々あるという[27]。2002年末までに民法案件の，何と37.8%

もが実行に移されなかった (Nguyen 2006)。中国においてもその意味で公正な裁判や司法手続きが執行されるとはいえず、それは究極的には三権分立が確立していないことと、言論の自由が保障されていないことに大きく関係していそうである。

ロシアにかんしては、しばしば法治主義の欠如が専制的支配体制の歴史的伝統に求められるようである。ツァーリの伝統がスターリンの独裁支配に受け継がれ、その伝統が共産党一党支配なきあとにもロシア社会に息づき、近代的な法秩序の形成を妨げているというのである。「法と司法制度に対する西欧式の尊重と、法の支配への関与がロシアにおいて短期に発展すると期待するのは非現実」だとニューシティーは言う (Newcity 1997)[28]。同様なことは中国やヴェトナムについても当てはまるだろう。法制度や法意識が一種の文化を形成しているのなら、それはわれわれの言う意味での環境条件だから (第1章参照)、体制移行によって即そうした文化が作られるはずがない。問題は、それでも法治主義が少しずつ出来上がっていると見るのか、それともまだまだ不十分だと見るのか、また体制移行後の進展を積極的に捉えるのか、消極的に捉えるのか、言い換えれば体制移行後の法治の進展のベクトルの見方にある。

それでは全体として体制移行後、法治はどれほど進展したのだろうか、またそれは地域や国によってどのような差があるのだろうか？ 事例に基づいた判断から離れ、世銀の出しているガバナンス・スコアを用いて、移行経済国の「法治指数 (rule of law index)」を求め、上記の諸表に対応する形で代表的な移行経済地域・国の法治指数の推移を見てみよう (図5-5参照)。この図から以

---

27) グエンは次のような例を引いている。ある女性が野菜を盗み、1人の民兵が彼女を打ちのめして殺してしまった。地方の裁判所がこの男に4年の刑期を言い渡したところ、党委員会のリーダーが同意せず、判決は実行されなかった。その理由というのは、「この男は犯罪行為防止に非常に熱心であり、もし刑に服すると、誰が悪者を捕まえるのか？」というものだった。

28) 彼はロシアにおける法治の欠如、ロシアの法的伝統が西側のそれと異なる理由を次の4つの歴史的原因に求めている。(1)ロシアの法意識の発展に対するロシア正教の影響、(2)16世紀以来の絶対主義の伝統、(3)伝統的な農民文化、土地の共同体所有に見られる経済発展の後れ、(4)法は上部構造だとする75年間の共産党体制、それにソ連共産党の憲法を超える絶対的支配体制。

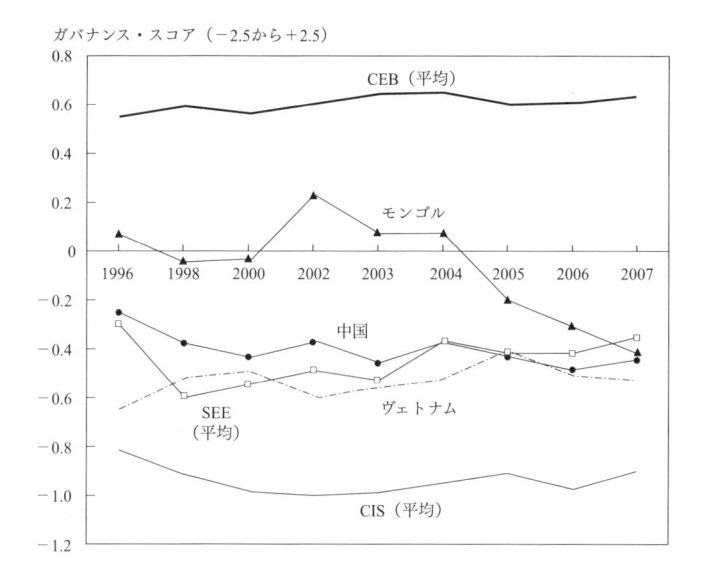

図 5-5 移行経済国の法治指数（ガバナンス・スコア）推移
出所）Kaufmann et al. (2006) より。

下のような事実を確認できよう。まず地域差がきわめて大きい。法治指数が高いのは CEB（バルト海諸国を含む中欧諸国），逆に 2007 年の時点で最も低いのが CIS で，中でもトルクメニスタンなど中央アジアの指数が著しく低い。その他の中国やヴェトナム，それに SEE 諸国（たとえばルーマニアやブルガリア）はその中間に位置している。次に，法治が改善しつつあるのが CEB やヴェトナム，それに SEE で，逆に悪化しつつあるのがモンゴルである。CIS の場合，明確な改善方向が見えない。このことは，ロシアにおける民営化を見るさいに重要な視点を与えてくれるようである（次章参照）。

以上，体制移行後の各国・地域経済の実績や制度変革について，いくつかの側面から国際比較してきたわけであるが，そこから浮かび上がってきた事実は，国によって，また地域によって体制移行のパターンは大きく異なるということである。その違いを説明するものとして，初期条件や政策，あるいは移行戦略など，多種多様な要因が考えられ，それらが多くの研究者による実証研究

の結果，少しずつ整理されてきている。こうした分析を進めることによって，移行結果と過程の地域差を決める主要な要因が明らかになってくるに違いない。

　同時に，このような分析を進めることで，体制移行が決して単純な体制変革ではなく，複雑な要因の絡み合いによって起こっていることが分かってきた。それとともに，体制移行には決して1つの道だけではない，多様な道があるらしいことも明らかになってきたようである（補論2参照）。

COLUMN 5

体制と環境問題

　本章で取り上げた成果指標には環境にかんするものがなかった。しかし，地球規模の環境問題が叫ばれている今日，この問題を避けて通ることはできない。それでは体制移行によって環境は悪化したのだろうか，それとも改善したのだろうか？　そもそも体制と環境とはどのような関係にあるのだろうか？

　かつて通念として「資本主義は環境を悪化させる」といういい方がなされたことがある。その理由は，資本主義企業は私企業であり，彼らの目的は利潤最大化，つまり利益優先なので，環境資本を破壊しても私的利益を追求する，というものである。逆に，社会主義体制では利益を優先させず，公共のために生産がなされるから，環境が大事にされている，ということになる。したがって，公害問題や環境問題を解決するには社会主義しかないと考えた経済学者たちも相当数いた。たとえば我が国における代表的なマルクス主義理論家だった大内は，「南北間の鋭い格差とスタグフレーションの永続化……公害，資源問題，食料問題，人間疎外と社会的退廃等にたいし，われわれの社会が何の展望をももちえなくなっている……こうした事態の解決は，やはり社会主義に求めるしかない」と断じている（大内 1979, 9-11 ページ）。

　しかし，事実は全く逆だった。国家社会主義こそがより多くの公害をもたらし，環境を悪化させてきたのである。ソ連における環境汚染を調査したゴールドマンは，ソ連がいかに環境を破壊したか，そのメカニズムを社会主義計画経済に求めている。「政府役人にとっていちばんの重要な判定規準は，彼の管轄地域における生産がどれだけ増加したかということであって，その地域内の河川が今年どれだけ浄化されたかということではない」（ゴールドマン 1983, 78 ページ）。さらに大事な点は，先進資本主義国なら報道の自由があり，公害企業を告発し，それを許している政府を叩くことができるが，国家社会主義ではそうした自由はなかった。まして，環境問題を契機に住民運動が大規模に発展することもなかった。

　ベルリンの壁が崩壊した直後に東ベルリンを訪れたことがある。西ベルリンから壁一枚隔てた東ベルリンに入ると，途端に空気は汚くなったような印象を受けた。1 つは，東ドイツの国民車であるトラバントが出す猛烈な排気ガス，もう 1 つは蒸汽供給ステーションで燃料に使っている亜炭の悪臭，これらが合わさって公害都市東ベルリンを作っていたようである。

　試みに，横軸を 1 人当たり GNP，縦軸を GDP 当たりの二酸化炭素排出

量を取り国際比較すると，移行経済国は一様にその所得水準に比べて飛び抜けて高い排出量を示し，地球環境の悪化と温暖化に貢献していることが分かる（中兼 2002, 55 ページ参照）。つまり，社会主義の遺産を持つ国々は全て環境面では落第生である。しかし体制移行は国際化を促したので，彼らに責任を自覚させ，環境改善に努力する1つのきっかけを与えたに違いない[*1]。

[*1] とはいうものの，中国はいまや世界第1位の環境汚染国なのに，「途上国」であることを理由に，なかなか国際公約に参加しようとしない。ただし，中国の環境水準は，相対的には（公式統計を信じる限り）改善されていることは確かである。

第 6 章

民営化の経済学

はじめに

　これまで何度か述べてきたように，経済体制を構成する所有制度はきわめて重要な制度であり，体制移行の 1 つの焦点はまさに所有制度の改革，具体的には民営化（privatization）だった。前章では改革実績指標に民営化を取り上げなかったが，それはこの問題がこれまで激しい論争の的になってきた重要テーマなので，あえて 1 章を立てて議論するためである。

　まず最初に民営化を議論することの意味を考えてみることにする。つまり，民営化はなぜ重要で，なぜ論争の的になってきたのかを整理しておこう（第 1 節）。次に民営化にはいくつかのタイプがあるが，どのようなタイプがあるのか，また国によってタイプが異なる背景を考えてみたい（第 2 節）。その上で，民営化が必要とされる理由はケースによって違うが，経済的理由や背景となる経済学的理論について明らかにしよう（第 3 節）。次に，民営化が各国でどの程度進展してきたのかを概観し（第 4 節），そして民営化が実際経済（学）的にどのような効果を持っているのか，いくつかのサーベイ論文を中心に議論する（第 5 節）。しかし，こうした純粋な経済学的議論では民営化のもたらした総体を把握できない。そこでロシアと中国における現実の「民営化」が生み出した「歪んだ」姿を見ておくことにする。これは次章で取り上げる腐敗と深く関わっている（第 6 節）。最後に，民営化，市場化，制度化の関係について，

政策順序（シークエンシング）問題との関連でわれわれの考えをまとめておくことにしよう（第7節）。

1 なぜ民営化か

　すでに第3章で指摘したことだが，ショック療法的移行戦略の中心的政策として国有企業の民営化があった。そしてそれは誰もが認める最も困難な移行課題でもあった。価格の自由化や市場化が比較的短期間に進められたのに対して，民営化は体制移行が比較的スムーズに進んだとされるポーランドでさえ，長期間を必要としたのである。それではなぜ移行過程において民営化が必要だったのだろうか，以下にその理由を何点かに整理しておくことにしよう。

　第1に，国有＋計画という国家社会主義経済体制から，市場を配分メカニズムの核とする資本主義経済体制への移行に当たって，国有＋市場は不合理であり，私有＋市場という組み合わせが必要だったからである。それは，社会主義から抜け出すために，シンボル的意味として民営化が求められたというよりも，競争市場の補完的制度として私有制が必要だったからである（第3章，および第4章第4節参照）。

　第2に，従来，国家社会主義企業は，現在の中国がそうであるように，単なる経済組織ではなく，党が企業と人々を支配する政治組織でもあった。したがって，国有企業のあらゆる階層に党組織が張り巡らされていた。そうした企業を真の経済事業体に作り変え，同時に民主化した国の政治体制を安定させるためには，企業の脱政治化（depoliticization）が必要であり，そのための有力な手段として民営化が不可欠だった。つまり，民営化により社会主義の旧政治体制を排除できるのであり，逆にいえば，「社会主義を堅持する」中国やヴェトナムにとっては企業の党支配が依然重要だから，そこでは民営化は国策として進められない。

　この脱政治化は単に旧社会主義国において必要だったばかりではなく，資本主義国における民営化においても必要条件の1つに挙げられる。なぜなら，民営化することによって国家ないしは政治による干渉が小さくなるか，あるいは

なくなることが期待され、それは次に述べる企業ガバナンスの向上にも役立つからである。

第3に、これが恐らくもっとも本質的な理由だろうが、民営化によって企業ガバナンスの向上が期待されるからである。これまで多くの国有企業は「親方日の丸」といわれるように、低効率、低ガバナンスに悩まされていた。無論全てが所有制のせいではない。しかし、本章において後に明らかにするように、企業ガバナンスは**他の条件を一定として**（ceteris paribus）民営化により改善されるのである。そのさい、どのようなガバナンス方式をとればいいのか、たとえば外部ガバナンスか内部ガバナンスか、それは所有制の選択とは別に議論される課題である。あるいは、市場は所有権に代替しうるか、といった長年にわたる論争も後に取り上げることにしよう。

第4に、市場が失敗する分野では公有制が必要だという議論があるが、果たしてそうだろうか？　外部性と不確実性が強く、公共財的性格が強い、そして／あるいは収穫逓増部門であっても民間私有企業は参入可能であるし、世界の潮流はそのような方向に進みつつある。それでは、従来公有部門が当然ないしは不可避とされてきた分野にも民営化が進む理由は何だろうか、以下の考察の中で明らかにしていきたい。

2　民営化のタイプ

国家社会主義体制からの移行過程では、さまざまなタイプの民営化が採用され、実施されてきた。まず、民営化の定義を最初に与えておこう。ここでは企業の所有権（資本）の一部、または全てが公的主体から私的主体へ移転することを民営化と呼ぶことにする。したがって、所有権の移転の程度によって部分的民営化と完全民営化に分かれる。

他方、脱国有化（denationalization）といったときは、国が持っている所有権の地方行政組織への移転や、あるいは所有権は国が保持し使用権を民間に委ねるような所有と使用との分離をも含むもので、民営化よりももう少し範囲の広い概念になる。

民営化にはさまざまなタイプがあり，分類の仕方も多様である。たとえばEBRD（ヨーロッパ復興開発銀行）の分類によれば，大規模民営化（large-scale privatization）と小規模民営化（small-scale privatization）に民営化のタイプが分けられるが，大規模民営化とは大中型の主要国有企業を民営化する場合であり，小規模民営化とは，レストランや商店といった小さな公有企業を民営化するケースに相当する。民営化の実施は必ずしも小規模民営化から始まるわけではない（たとえば，ハンガリーの場合）。むしろ民営化を国策として推し進めた国では大規模民営化から始めている。

　旧ソ連や東欧諸国の場合，体制移行開始後直ちに民営化のための法律を制定したり，民営化のための特別機関を設置し，その下で民営化を実施していった。これは所有権という制度に手をつける場合，利害関係者の調整も含めてきわめて複雑な手続きを踏むからである。こうした制度化された民営化のプロセス，法的手続きとは違い，中国の民営化はまずは事実上（de facto），あるいはなし崩し的に進められてきた。かくして，制度化された，あるいは法的裏付けのある（de jure）民営化と非制度的な，事実上の民営化という2つのタイプに分類することも可能だろう[1]。旧東欧やソ連諸国で民営化の初期に多く見られた「自然発生的（spontaneous）民営化」も，こうした非制度的民営化の一種である[2]。

　さらに，中国のような増分主義的な移行政策を採るような国での民営化を考えるさい，マクロ的民営化とミクロ的民営化の区分が有用である。すなわち，ミクロの企業レベルで民営化することをミクロ的民営化といい，マクロ的に，民営企業の生産額や従業員数が増大し，国有企業のそれが相対的にせよ減少することをマクロ的民営化と呼ぶ（Nakagane 2009）。ミクロ的民営化が進めばマクロ的にも民営企業の比重が増大するが，ミクロ的に民営化が行われなくとも，増分主義で民営企業を増やしていけば，マクロ的民営化は進展することに

---

1) 西村は「私有化」を「法律的私有化」と「経済的私有化」に分類する（西村 1995a）。前者は法律上の私有化であり，市場が機能するほどに担い手や制度が整った私有化である経済的私有化と区別すべきだと言う。
2) 自然発生的民営化は，体制移行前の旧ソ連におけるペレストロイカの時代に始まった。

また民営化主体によって内部者民営化（insider privatization）と外部者民営化（outsider privatization）に分けられる。前者は国有企業内部の者，具体的には経営者そして／あるい従業員が所有権を獲得する場合であり，経営者が買い取る場合を MBO（management buy-out）と呼び，経営者と従業員が共同で買い取る場合を MEBO（management employees buy-out）という。

他方，外部者民営化の場合，所有者が誰になるかによって企業の実績が異なることがありうる。国有企業を売却する相手は本国人か，あるいは外国人か，本国人の場合，特定の個人に対してか，それとも法人に対してか，法人も金融機関か，投資ファンドか，あるいは一般の企業か，等々，さまざまなタイプの民営化がありうる。この売却による民営化には，新規株式（equity）を国内資本市場で発行して行うもの[3]や清算（liquidation）によるものがある。

さらに，しばしばヴァウチャー民営化とか，クーポン民営化といわれる大衆民営化（mass privatization）もそうした外部者民営化の一種である。大衆民営化といわれたのは，国民全体に株式（交換券）を配布するからで，この民営化は，CEE（中欧諸国）や CIS（ロシア，ウクライナなどと中央アジア諸国）など，多くの旧社会主義国で用いられた方式で，一気に民営化するのに効果的だとされる[4]。この大衆民営化にもいくつかのタイプがあり，たとえばロシアで採用されたような内部者への優遇がある場合と，チェコなどのようにそうした優遇がない場合に分かれる。この大衆民営化は，社会主義を依然標榜し，制度としての民営化に消極的な中国やヴェトナムでは決して施行されない方式である。

最後に，所有権の返還（restitution），つまり革命以前の所有者へ国有企業を返還する形の民営化がある。これは社会主義の歴史が比較的浅い旧東欧諸国で採られたやり方で，「社会主義化は誤っていた」という前提でなされるから，現社会主義国では採用されるはずがない。中国やヴェトナムの場合，共産党政

---

3) これを IPO（initial public offerings）と呼ぶ場合がある。とくにポーランドや中国において積極的に採られたやり方である。
4) アゼルバイジャン，ハンガリー，（旧東）ドイツ，マケドニアを除く全ての旧東欧，ソ連諸国で採用された（Kaufmann and Siegelbaum 1997）。

権が存続し，建前だけにしても「社会主義」(革命)を堅持しているわけであるから，大衆民営化と同様に返還という形の民営化は1件もない[5]。

3　民営化の経済学的背景

程度の差や遅い早いの差はあれ，また採られた政策ややり方の違いはあれ，全ての移行経済国は体制移行の中で，積極的に，あるいは消極的に，国有ないしは公有企業の民営化に取り組むことになった。その経済的効果はどうだったのか，膨大な調査や文献・資料，それらを使った数多くの分析がなされているが，それについては第5節で述べることにして，まず理論的に考えてみた民営化の根拠，ないしは背景について整理しておきたい[6]。具体的にいえば，なぜ国有企業では駄目で，民営化した方がいいのか？　それには，国有企業のガバナンス問題が深く関わっている。世界的規模で民営化は進んできているが，それは効果があるし，また効果が期待されているからである。

1) 競争の役割

企業のガバナンスを向上させるのに，(1)市場競争さえあれば所有制を変えなくともいいのではないか，あるいは(2)競争の方が私有制よりもガバナンス効果は高い，という議論が長年なされてきた(後述する「所有派」と「市場派」の対立)。それでは企業ガバナンスを究極的に決めるのは所有制度だろうか，それとも市場制度(具体的には市場の競争性)だろうか。

市場競争はインセンティブ効果と情報効果を持つといわれる (Shirley and Walsh 2000)。すなわち，それは非効率的企業の経営者に対して，市場シェアを低下させるという恐れを与えるから強いインセンティブ効果を持っている。企業にとって最強の刺激効果は倒産(という恐怖)である。したがって，競争

---

5) リーバーマンらは，旧社会主義国で実際に採用された民営化方式を，自然発生的民営化，小規模民営化以下，計9種類に分類しているし (Lieberman et al. 2008, p. 14)，カウフマンとシーゲルボームは，表7-1で示されているように，計6種類に民営化のタイプを分類している (Kaufmann and Siegelbaum 1997)。
6) ここでの議論は基本的に Shirley and Walsh (2000) を参照している。

的市場の中で企業は倒産するまいとして，必死にガバナンスを改善するインセンティブを持つはずである。国有企業といえども，他の私営企業と同じ競争の土俵に立つならば，経営効率を高めるために努力するだろう（と期待される）。もう1つが情報効果で，コストと経営者の努力にかんする情報を競争は所有者に与える。したがって国有企業でさえも市場からの情報に基づいて的確な経営判断ができるはずである。

　しかし，競争があれば企業の所有制はどうでもいいのだろうか？　上記の議論に対して次のような反論がなされるだろう。(1)政治的干渉が国有企業においては起きやすいといった負の効果が競争効果を上回るならばどうであろうか？　また(2)国有企業は利潤極大を求めないから，反競争的行為，つまり独占や寡占に走りやすいし，その能力が強いのではないか？　(3)国有企業の経営者は通常政府によって任命されるが，そうした人材が市場の持つインセンティブ効果や情報効果を的確に把握できるとは限らない。たとえば天下りの経営者が経営能力を持っているとは限らない。(4)市場競争に敗れた国有企業を簡単に倒産させられるだろうか？　その場合の責任は誰がとるのか？　もし簡単に倒産させることができるなら，最初から国有企業にしなくともよかったのではないか？　さらに，(5)国有企業と私営企業とが全く等しい条件で市場において競争することはありえないのではないか？　市場というのは一種のゲームであり，ゲームには必ず審判がいなければならず，通常そうした審判は「政府」や「国家」が務める。もし競技者の全てが国有企業なら審判と競技者の間で「なれ合い」が起こるかも知れない。他方，もし競技者の一方が国有企業という国家ならば，ゲームの公正さを保ちにくい。

2）自然独占の場合

　自然的条件により市場競争が制限されたり，時には独占になった場合，たとえば空港や鉄道を考えてみよう。その場合，国有がいいのか，それとも私営企業による私的独占に対する規制がいいのだろうか？　もし完備契約なら，つまり，パフォーマンスの全ての局面について起こりうる可能な究極的結果(eventuality)を定義できるなら，規制も公有も同じ実行問題に直面し，結果は

同じになるだろう (Shirley and Walsh 2000)。

　しかし，こうしたことは現実世界ではありえない。そこで不完備契約の現実世界ではどうなるだろうか？　規制能力が欠如して規制が失敗するような場合，私的独占は国有による独占よりも国民福祉の低下に悩まされるかも知れない。国有企業なら政府のコントロールが効くはずだから，また政府が民主的政府だったなら，悪辣な独占利益を上げるとは思われない。しかし，私的独占でも独占営業権を競売にかけたり，規制メカニズムを企業間の競争メカニズムを促進するように使うことも可能である。実際には自然独占の世界では必ずといっていいほど国家の何らかの規制が働く。その下で国有企業と私営企業とが営業権をめぐって競争するなら，私営企業でも十分やっていけるし，国有企業の持つ潜在的な弱点を補って余りあるなら，私的独占の方がむしろ優れているといわなければならない。今日，世界的潮流として自然独占分野でも民営化や民間委託が進んでいるのも，こうした背景があるからだ思われる。思うに，この場合，独占そのものよりも，規制主体となる政府の能力がどうか，よいガバナンスを保持できるかどうか，といったことの方がもっと重要である。

3) 市場の失敗

　以上の結論は市場が失敗するケース全般に当てはまる。すなわち，外部性の高い企業や公共財部門，不確実性の高い，あるいは収穫逓増部門では市場が失敗しがちであるから，政府が，あるい公的企業がその任を担うという考え方があるが，これらの部門や領域のかなりの部分でも，いまや私営企業に委託が進んできている。たとえば刑務所さえ民間が請け負う時代になったことに注目しよう。市場の失敗よりは「政府の失敗」，つまり非効率な経営や管理，無責任体制といった側面こそが重大視されてきている。

4) 政府のビヘイビアと国有企業

　ここで政府を2つに分けて考えてみよう。1つは「慈愛政府」(benevolent government) で，もう1つはその正反対の「利己的政府」(selfish government) である。

まず慈愛政府の場合であるが、政治市場が完全で、つまり民主主義が貫徹しているときに、政府が社会的厚生を最大化しようとするなら、国有企業はそれなりに意味を持つ。いま社会的厚生の中で就業が最も大きな比重を占めているとしよう。国民の関心が成長よりも失業問題の解決にあるとすると、利益よりも政府の求める政治的目的により忠実な国有企業は、私営企業よりも「優れた」パフォーマンスを示すことがありうる。あるいは成長よりも環境を重視し、たとえ赤字になっても環境に優しい製品の生産を社会が求め、政府がそれを後押しするなら、やはり国有企業の方が私営企業よりも「優れた」パフォーマンスを示すことがありうるだろう。

　それでも国有企業が市場の失敗に対する優れた解決策であるのは、比較的まれな状況の場合だけだと思われる。政府による適切な管理やルール設定さえあれば、民間企業でも市場が失敗した領域に進出しうる。まして、長期的に、またマクロ的に考えてみれば、国有企業の優越性は一層小さくなってくる。先の例でいえば、国有企業の民営化による成長力の向上はより多くの雇用を生み出し、また環境に優しい製品をより多く生産する糸口になりうる。

　他方、利己的政府のケース、つまり官僚（政府）が自らの利益を最大化する場合には話は単純で、国有企業は彼らの利益のために悪用される可能性がある。それによって社会的厚生水準が低下するのは避けられないだろう。

　現実の政府は、この両極端の中間のどこかにある。もし移行過程にある政府が脆弱（fragile）で、それをチェックする民主主義も十分に機能していないとすれば、上述した利己的政府のケースがより妥当することになろう。かくして、ごく特殊な状況、たとえば極端に不確実性やリスクの高い事業（例として宇宙開発）を除き、またある特定の政策目的を実現するためという場合を除き、少なくとも企業ガバナンスの面で国有企業が民間企業よりも優れているという積極的理由は何もない。以前は公共財にかんしては政府や国有企業が責任を持って提供するという考えが一般的だったが、1つには技術進歩があり、参入が容易となったこと、もう1つは人々の認識の変化があったために、民間・私営企業でもかなりの種類の公共財を供給できるようになった[7]。

5) 民営化の経済理論[8]

 他の条件を一定として民営化は企業の経営効率を向上させる。より正確にいえば，国有企業の方が民営企業よりも経営効率が高いとする理論的根拠は何もない。さらに厳密にいえば，国有企業の経営効率は民営企業のそれを下回るか，たかだか等しい。なぜなら，民営企業の所有者（私人）の方が企業利益の追求に熱心であるし，所有者が選んだ経営者は所有者の目的を実現するために必死になって努力するからである。すなわち，プリンシパルとエージェントの間の「刺激両立性（incentive compatibility）」問題をクリアしやすい。それに対して国有企業の所有者（国家）は企業利益の追求よりも他の目的を重視するだろうし，国家から経営を委託された経営者が民間人の場合もあるが，多くは官僚である。その上，民営企業の方が政治家（politicians）の介入を受ける度合いが国有企業よりも小さいだろう。したがって，企業ガバナンスという点では，理論的に考えて民営企業の方がより効率的なはずである。

 そのことを言い換えれば次のようになる。いま同じ産業で，かつ同じ技術を持つ民営企業 P と国有企業 S があったとすると，民営企業の資本の限界生産曲線 MPK(P) は国有企業のそれ MPK(S) よりも常に高い（図 6-1 参照）。いま国有企業は（資本の効率的使用にあまり関心がないから）限界生産力が市場利子率を下回る，たとえば Ks まで資本を投下しているとする。もしその企業が民営化すれば効率性が高まるから，同じ資本 Ks でもっても三角形 abc 分だけ多く生産できるはずである。逆に国有企業のままでいることは，たとえその企業が現在赤字ではなくともその分だけ潜在的に資本の「機会損失（opportunity loss）」を生み出す。もちろん，民営化すれば資本を最も効率的に使用するだろうから，市場利子率 r と限界生産力が等しくなる Kp まで資本を投下するだろう。したがって台形 bKsKpd 分だけさらに生産は増加するはずである[9]。

 しかし，このモデルでは全ての国有企業は民営化することによって「機会利

---

[7] この議論を推し進めていくと，極端にいえば外交と防衛，それに司法以外，政府ないしは公共部門しか供給できない公共財はないことになるかも知れない。

[8] 以下の議論は中兼（2007a）の一部を拡張したものである。

[9] ここでは，陰伏的に資本の可塑性（malleability）が仮定されている。つまり，資本はどのようなものであれ，一瞬にして資金化されて，資金市場へ投入できるものと仮定する。

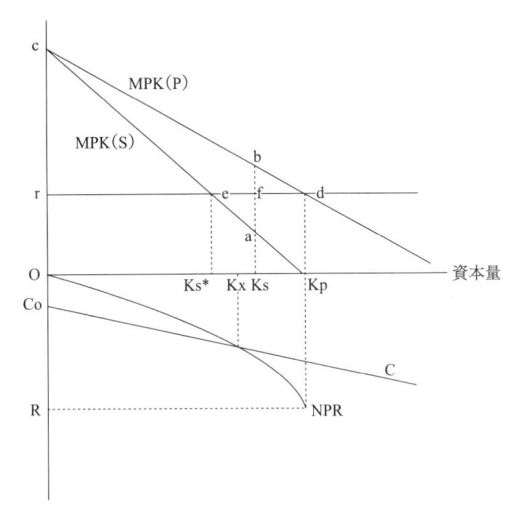

図 6-1 資本の限界生産性

益」を得ることになる。ところが，現実には「移行費用」，たとえば従業員解雇に伴う労使間の激しい軋轢とか，政府支援の打ち切りによる周辺自治体や経済に対する混乱といった費用が発生するから，民営化すれば全ての企業にとって利益があるかどうかは，その機会利益から移行費用を差し引いた「純機会利益」(NPR) がプラスかどうかを見る必要がある。いまその移行費用が初期に C_0 で，その後資本量（あるいは企業規模）に単純に比例して大きくなると想定すると，初期費用の大きさと民営化費用の逓増率如何によって，(1)全く民営化しない方がいいケース，(2)ある規模以上の企業に限り民営化した方がいいケース，の2つに分かれる。後者の場合，民営化費用の存在は大規模民営化の有利性を示唆しているようである。図 6-1 の下半分に純機会利益（上半部のMPK(P) と MPK(S) との間の面積）曲線が描かれているが，それが移行費用 C を上回っている限り，民営化はトータルでプラスの効果を持ち，民営化した方が企業にとり有利になるが，逆に下回る場合（図の K_x より資本規模が小さい場合），経済的に見る限り，あえて民営化する必要はないことになる。

もちろん，図 6-1 はフローで見た利益と損失を示しているだけだから，数年

にわたって累積した利益と損失から見れば，民営化はたとえ初期費用が巨額だとしても，ほとんどの場合経済的に有利になるはずである。

4　民営化の進展

　民営化は，全ての移行経済国において大なり小なり実行された改革である。少なくとも，旧社会主義国においては体制移行の象徴的制度改革が民営化だったともいえる。しかし，その民営化のやり方，規模，速度は国によって，地域によって大きく異なっている。「社会主義」をいまだに看板とする中国やヴェトナムでは，民営化を許容しつつも，旧社会主義国と比べるときわめて限定的である。他方，旧社会主義国では基本的にはできるだけ早く民営化を完成し，国有企業はできるならば全て売却しようとしている。ただし，すでに指摘したように（第4章第2節参照），市場化に比べて民営化の進み具合は一様に遅い。

　民営化は体制移行後，移行経済国でどの程度進展したのだろうか？　前章において取り上げた改革指標と並んで，民営化指標による体制移行の動きを比較してみよう。民営化がどれだけ進んだのか，厳密に国際比較することは難しい。民営化の尺度として最もよく採られるのは個人経営を含む民間資本の純生産額が GDP 全体に占める比率であるが，国有部門あるいは逆に民間部門の生産額は簡単に測ることができない。というのは，国家や公的部門が一部資本を有する部分的民営化の場合，全ての企業の民間資本額の割合を計算し，それによって民間部門の生産比率を求めることは容易ではないからである。しかし限られたデータから判断する限り，生産額で測っても，あるいは雇用面で取っても，ほとんどの移行経済国では民営化は大きく進展してきた。試みに GDP で見た民営部門の比率を整理してみると，旧社会主義国では 2000 年までにはほぼ基本的な民営化が終了していたことが分かる（表 6-1 参照）。とくに「移行先進国」である CEE およびバルト海諸国（両者を合わせて CEB と呼ぶ）において民営化の達成度は著しい。それに比べて，SEE（南東欧諸国）や CIS 諸国の民営化は遅れており，しかも 1990 年代末から今日までほとんど進展していない。

表6-1 民営化の動き（民営部門GDPの割合）

(%)

	1992	1994	1996	1998	2000	2002	2004	2006	2007
CEE	39.3	56.3	65.1	69.6	73.6	76.6	76.7	76.7	77.0
SEE	24.8	39.0	54.2	59.9	62.5	65.1	68.7	60.1	68.3
バルト海諸国	22.9	51.8	67.1	68.6	69.6	74.7	74.8	74.7	74.6
CIS	20.3	46.4	56.0	63.7	65.3	66.6	66.9	63.3	64.0
中国				31.0	36.0	40.0			

注）CEEなどの地域別民営化率は，各国の民営化率をその国，その年のGDPをウェイトにして平均化したもの。
出所）旧社会主義国は*Transition Report* 各年版，中国はGarnaut et al. (2005), p.10より作成。

　中国における民営化の進展はやや特殊である。表6-1からは，旧社会主義国ほどではないが，着実に民営化が進んでいるような印象を受ける。しかし，まず第1に，既存国有企業，とくに大企業の民営化（ミクロ民営化）にかんする限り，それほど進んでいるようには思えない。1990年代初めから最初はこっそりと，後には堂々と県レベルの中小企業を中心に「改制」（制度改革，しかししばしば民営化と同義）が進められてきたが，自動車，鉄鋼，銀行といった大型の，しかも基幹産業に対しては株式会社化と上場化は行っても，抜本的な所有権改革まではあまり進んでいない。第2に，改革開放以後，雨後の竹の子のように無数の民営企業が誕生し，ある場合には国有企業を圧倒し，ある場合にはそれと対等に競争し，中国経済成長の大きな源泉になった。「集団所有」といわれた郷鎮企業も，そのかなりの部分は事実上私営企業（これは「赤い帽子の企業（紅帽企業）」といわれた）だったし，1990年代後半からの制度改革の過程でほとんどが民営化した（これらの実質民営化企業の比率は表6-1の統計に含まれている）。それゆえ，中国ではミクロ的民営化よりもマクロ的民営化の方が進んだといえる。

　一方ヴェトナムの場合，国有企業のGDPベースでの比率は1991年から2000年にかけて40%前後でほぼ安定しており，あまり進んでいないことを窺わせる（トラン 2002）。事実，2004年末までに政府が全国有企業の約4割を民営化したが，その資本額は全国有企業の総資本額のわずか8.2％に過ぎなかった（Vu 2006）。ヴェトナムにおいては，国有企業制度改革といった場合，民営

化以前の法人化や株式会社化，さらには持ち株会社化といった色彩が強く，旧社会主義国はおろか中国よりも遅れている印象を受ける。

　移行経済で民営化がどれだけ効果があったのか，またどのような民営化が有効だったのか，あるいはそもそも必要だったのか，民営化は常に移行政策をめぐる争点の中心だった。ミクロ的な，企業レベルでの調査に基づく民営化の効果とその決定因の分析は以下で述べるが，政治・経済全体に大きな影響をもたらしたことだけは確かである。しかし民営化が雇用以外に，たとえば所得分配，外国貿易の発展，あるいは成長そのものに対してどのような影響を及ぼしているかについては，必ずしも明らかにされていない。むしろ次節や次章で取り上げる腐敗の元凶としてしばしば断罪されてきた。他方，こうした民営化の進め方や進度が何によって決まるのか，この点も今後の研究課題だろう。

5　民営化の効果にかんする実証研究

　しかし，民営化することによって「**他の条件を一定として**」企業の経営効率の改善は実際に見られのたか，あるいは一層効率性は高まり，利益も増大したのか，それはつとに実証研究の課題である。そこでしばしば事例研究により民営化の効果が調べられたり，あるいは逆に国有企業でも経営効率の改善が見られることが主張されたりする。よく登場する議論として「経営者の能力次第で国有企業の方が（というよりも，国有企業でも）効率的だ」とする意見がある。しかし，経営能力も「他の条件」に入るからこの議論は成り立たないし，また経営者も市場によって自由に移動できるとするなら，有能な経営者なら国有企業よりも民営企業を選択するだろう。なぜなら，「他の条件を一定として」その方がより多くの報酬を期待でき，また自由な経営が保証されるからである。

1）効果を比較するための前提条件：1つの例

　たとえば中国における重慶鉄鋼集団の事例を見てみよう。その集団は典型的な国有企業であり，1994年から赤字になり，1999年には中国鉄鋼業赤字ナンバーワンになったが，四川省冶金局副局長がその集団の会長兼社長に就任して

以後2000年には黒字に転じ，経営は見事に立ち直ったという（馮ほか2006）。これは経営者が有能で，人員整理も大胆に行ったためである[10]。それでは国有制のままで企業家たる経営者はどう刺激付けられたのだろうか？ この事例の観察者は経営者の持つ「道徳的刺激」に答えを見出している。しかし彼が民間人だったらどうだろうか？ また企業が民営化していたならどうだろうか？ 経営者には道徳的刺激もなくなってしまうのだろうか？ あるいはより多く与えられるだろう金銭的刺激，つまり報酬とも結合し，もっと強い刺激に突き動かされないだろうか？[11]

いうまでもないことだが，**事例研究は「他の条件を一定」にはできない**。その制約を課するために多くの事例を比較対照する，たとえば回帰分析が必要となってくる。それによって初めて所有制の違いの効果や**所有制変化だけの効果**を測ることができる。民営化は体制移行の重要な一部であるし，とくにショック療法におけるシンボルでもある。移行経済各国はこれまでさまざまなタイプの民営化を実施してきた。さらに数多くの民営企業が誕生し，しばしば国有企業と競争する状況さえ生まれた。移行経済国を対象とした民営化の効果にかんしてはすでに相当数の企業調査があるし，またそうした調査を生かし，回帰分析に基づく研究実績もある。移行経済だけではない。世界各国に民営化の波は押し寄せ，先進国，途上国を問わず，民営化は時代の潮流ともいえる。当然，それに対応して多くの計量的比較制度分析も行われてきた。

2) 効果判定の基本モデル

一般には民営化の効果は次のようなモデルに基づいて計測され，判断される。すなわち，企業の経営効率ないしは実績を示す指標を y とし，その実績に影響を与えると思われる要因で所有制のタイプやその変化に関わる要因を S，それ以外の要因を X_i とする。

---

10) 馮らは，黒字転換の要因として(1)管理制度の改善や改革の効果の他に，(2)鋼材価格の上昇，(3)国家による支援（たとえば債務の株式化など）を挙げている（馮ほか 2006）。
11) 観察者たちはその点を率直に認めている。なお，誤解を避けるために強調しておきたいが，国有企業が有効 (effective) ではない，といっているわけではない。市場においても民営企業と互角に渡り合い，時にはそれ以上に効率的 (efficient) な国有企業も存在する。

$$y = f(S, Xi) \tag{1}$$

Xi には,たとえば以下のような要因が挙げられる。(1)産業,(2)企業規模,(3)資本集約度,(4)経営者の性格,といった企業特性の他に,(5)市場環境(すなわち競争の程度)といった外部環境条件である。S には①どのようなタイプの所有者か,②国有企業か,民営化された旧国有企業か,あるいは新規に設立された私営企業か,といった変数が含まれる。民営化という所有形態の変化が持つ効果は,形式的にいえば $\delta y / \delta S$ の大きさとその符号で測ることができる。

ただし,そのさい注意すべきことは「選択のバイアス (selection bias)」といわれる問題である。つまり,民営化企業が経営効率を上げたとしても,それらの企業は元々成績がよかったのかも知れず,逆に国有企業の効率が低くとも,それは誰も引き受け手がいなかったためかも知れない[12]。それゆえ,こうしたバイアスを取り除くためには,上記のモデルに初期値 y_0 (民営化された企業の場合には,出発点の,国有企業時代の経営状態) を説明変数に付け加えておく必要がある。

3) ある計測例

フライドマンたちは,1990 年から 94 年半ばまでの初期移行期間を対象に,中欧移行経済国における民営化の効果を測定している (Frydman et al. 1997)。これが 1 つの典型例であるので,彼らの分析方法と主な結論を紹介しておこう。彼らは 1994 年秋に 100 人から 1,500 人規模(中規模)のチェコ,ポーランド,ハンガリーの企業 506 に対して調査を行い,サンプル企業 185 に対して以下のような分析を施している[13]。成果指標 (y) として 4 つの指標(収入,雇用,1 人当たり収入,収入当たりの費用)を取り,しかも民営化企業と国有企業

---

[12] 中国語で「美人ほど先に嫁に行く (靚女先嫁)」という。
[13] 国有企業と民営化された企業のみを取り上げ,最初から民営企業だったものは除外している。また私的パートナーが阻止力 (blocking power) を持たない企業を国有企業としている。国家が過半数の株を持っていても私人がブロックできれば民営企業と見なしている。

の実績比較のために成長率を見る。分析は OLS による回帰分析により行われる。まず,

$$\Delta y/y（成果成長率）= a + a_0 y_0（成果の初期値）+ \beta PRV（民営化ダミー）+ \varepsilon \quad (2)$$

を測定する。ここで PRV（民営化ダミー）とは,民営化した企業は 1,そうではない企業をゼロとするダミー変数である。これは上記(1)式の所有制を表す変数 S の一種である。ε は誤差項を表す。

次に,PRV ダミー変数を $OWNR_i$（所有者のタイプ）ダミーと国別ダミーに代える。

$$\Delta y/y = a + a_0 y_0 + \beta_i OWNR_i + D_1 HU + D_2 PL + \varepsilon \quad (3)$$

ここで $OWNR_i$ とは,企業がどのような所有者によって所有されているかを示すダミー変数であり,(1)式の S に相当する。HU はハンガリーであれば 1,そうでなければゼロの,PL はポーランドであれば 1,そうでなければゼロのダミー変数であり,(1)式の変数 X に含まれる。

式 (2) と (3) の回帰分析の結果,どこの国でも民営化効果はプラスであり,最後の指標（収入当たりの費用）を除き,民営化企業の方が国有企業よりもよい成績を示している。重要なことは,民営化は移行期における雇用の減少を緩和していることである。つまり,民営化→企業の収入構造の変化→労働需要の変化→雇用の相対的増加をもたらしているようである。さらに,民営化は内部者所有者（経営者であれ労働者であれ）が支配する企業の場合,どの成果指標をとっても効果がないことも見出されている。

以上の分析は民営化された企業と現国有企業との比較であるが,最初から (de novo) 私営企業（start-ups）であるものを含めて比較すると,ほとんどの実証分析は初めから私営だった企業が最も効率が高いことを例証している（たとえば Havrylyshyn and McGettigan 1999）。

4) 実証分析のサーベイ

　こうしたモデルに基づいた計測は数多く行われ，いまやそれらをサーベイし，サーベイから民営化の効果を評価する時代に入ったとさえいえる。これまで，民営化の効果の実証分析にかんするいくつかの重要なサーベイ論文が登場してきた。

　まず，途上国も含む世界全体で民営化がもたらす経営効果の論文をサーベイしたのがシャーリーとウォルシュである（Shirley and Walsh 2000）。彼らは 52 の実証研究を取り上げ，そのうち 32 の研究は，私営ないしは民営化された企業が公企業よりも顕著に優れており，15 の研究は，所有制と成績の間に顕著な関係がないか，あるいはその関係は曖昧であること，そしてわずか 5 つの研究だけが公企業の方が成績がいいと結論しているという。また 21 の研究は，民営化後，ほとんどの企業で改善，また全ての企業で少なくとも同程度としており，民営化しなかったらもっとよかっただろうと見ている研究は 1 つもないという（表 6-2 参照）。したがって，私営企業の優越性は発展した国でも途上国でも明らかであり，市場の失敗の可能性がより大きい途上国でその優越性は著しいこと，また私営企業は完全に競争的な市場においても成績がいいが，この優越性は独占的な市場ではそれほど目立ったものではないことを結論づけている。換言すると，市場と所有制とが補完的関係にあることを示唆している。

　ジャンコフとマレルは，移行経済国の企業レベルの改革効果にかんする 125 にものぼる実証的研究（それほどあるとは信じられないが）を整理し，そこから次のような結論を導いている（Djankov and Murrell 2000）。たとえば，国有対私有の比較では，31 の実証研究を整理すると，民営企業の業績が国有企業よりもよい（企業の再構築 restructuring を行った）とするものが大部分で，業績は CIS よりも非 CIS 諸国において顕著であること，CIS 企業では，定量的に見た場合，両者の違いは不明瞭であること，また民営化の効果は，非 CIS 諸国で CIS よりも平均して 2.3 から 5.5 倍大きいことが分かる。しかも，研究にウェイトを付けた場合，つまり単なるワーキングペーパーに発表されたものよりもレフリー付きの雑誌に公刊されたもの（研究成果がより高く評価されると思われる）に，上記の傾向はさらに明瞭に見られるという（表 6-3 参照）。彼らはそ

第6章 民営化の経済学　199

表6-2　世界における民営化の効果（実証研究）

	研　究	産業	比較基準	方法論[1]	サンプル数	対象国[2]	市場構造[3]
民営が優れているとするもの	Hill 1982	繊維	資本・労働生産性	0	81	0	4
	Perkins 1983	製造業	資本・労働生産性	0	300	0	3
	Kitchen 1976	ゴミ収集	コスト	0	48	2	1
	Savas 1977	ゴミ収集	コスト	0	315	2	混合
	Crain et al. 1978	水道	コスト	0	?	2	1
	Edwards et al. 1978	ゴミ収集	コスト	0	77	2	3
	Funkhouser et al. 1979	製造業	コスト, 利潤	0	99	2	4
	Pryke 1992	各種産業	コスト, 利潤	0	6	2	3
	Majumdar 1998	各種産業	産業間	0	産業間	0	混合
	Davies 1971	航空会社	労働生産性	0	2	2	2
	Ros 1999	電話会社	労働生産性	0	17カ国	0, 2	混合
	Peltzman 1971	電力	価格	0	128	2	1
	Bennet et al. 1979	ゴミ収集	コスト	0	2	2	2
	Dewenter et al. 1999	各種産業	利潤	0	1,369	2	混合
	Boardman et al. 1989	製造業	利潤, 労働生産性	0	499	2	4
	Boardman et al. 1989	各種産業	利潤, 労働生産性	0	370	2	3, 4
	Ehrlich et al. 1994	航空会社	TFP	0	23	0, 2	混合
	Gupta 1982	化学	TFP	0	?	0	4
	La Porta et al. 1997	各種産業	コスト, 利潤, 労働生産性	1	218	0	混合
	Frydman et al. 1997	製造業	コスト, 労働生産性	1	185	1	4
	Ramamurti 1997	鉄道	労働生産性	1	8	0	2
	Meggison et al. 1994	各種産業	利潤, 労働生産性	1	61	0, 2	混合
	Pohl et al. 1997	製造業	労働生産性, TFP	1	6,300	1	4
	Eckel et al. 1996	航空会社	価格	1	1	2	4
	Claessans et al. 1997	各種産業	利潤	1	706	1	4
	Boubakri et al. 1996	各種産業	利潤	1	79	0	混合
	Dewenter et al. 1999	各種産業	利潤	1	63	0, 2	混合
	D'Souza et al. 1999a	各種産業	利潤	1	85	0, 2	混合
	D'Souza et al. 1999b	電話会社	利潤	1	17	0, 2	混合
	Frydman et al. 1998	製造業	再構築	1	130	1	4
	Barberis et al. 1996	小売業	再構築	1	413	1	4
	Galal et al. 1994	各種産業	TFP, 厚生	1	12	0, 2	混合
不明または差がないとするもの	Yunker 1975	電力	コスト	0	73	2	1
	Kemper et al. 1976	ゴミ収集	コスト	0	90	2	3
	Atkinson et al. 1986	電力	コスト	0	153	2	1
	Forsyth et al. 1980	航空会社	労働生産性	0	2	2	2
	Yarrow 1986	各種産業	利潤	0	5	2	4
	Kole et al. 1997	各種産業	利潤, 労働生産性	0	17	2	4
	Tyler 1979	製造業	TFP	0	38	0	4
	Caves et al. 1980	鉄道	TFP	0	2	2	4
	Foreman-Peck et al. 1988	電話会社	労働生産性	1	1	2	2
	Adam et al. 1992	各種産業	労働生産性	1	6	0	混合
	Frydman et al. 1998	製造業	労働生産性	1	218	1	4
	Bishop et al. 1995	製造業	利潤	1	12	2	混合
	Martin et al. 1995	各種産業	労働生産性, 利潤	1	11	2	混合
	Boubakri et al. 1998	各種産業	利潤	1	16	0	?
	Newbery et al. 1997	電力	TFP, 厚生	1	1	2	2
公有制が優れているとするもの	Meyer 1975	電力	コスト	0	180	2	1
	Mann et al. 1976	水道	コスト	0	214	2	1
	Neuberg 1977	電力	コスト	0	?	2	1
	Fare et al. 1985	電力	配分・技術効率性	0	153	2	1
	Pescatrice et al. 1980	電力	コスト	0	56	2	1

注1) 0＝民営化前後の比較，1＝クロスセクション。
2) 0＝途上国，1＝移行国，2＝工業国。
3) 1＝競争なし，2, 3＝中間的，4＝完全競争。
出所）Shirley and Walsh（2000）より。表中の各文献は同書参照。

表6-3 移行経済における民営化の効果

	再構築変数の種類	効果の比較	研究結果にウェイトを付けない場合	同じくウェイトを付けた場合
1	定性的,定量的	民営化効果の非CIS対CIS比	2.3	5.5
2	定性的,定量的	民営化効果の両地域差の可能性に対する評価	非CIS諸国の民営化の効果がCISより大きい可能性きわめて大	左と同じ
3	定量的	民営化効果の非CIS対CIS比	5.2	CISにおける民営化効果はマイナス
4	定量的	民営化効果の両地域差の可能性に対する評価	非CIS諸国の民営化の効果がCISより大きい可能性きわめて大	左と同じ
5	定性的	民営化効果の非CIS対CIS比	2.4	2.3
6	定性的	民営化効果の両地域差の可能性に対する評価	恐らく非CIS諸国の民営化の効果がCISより大きい	両地域で民営化の効果の違いがあるかどうか不明

注)「研究結果に対するウェイト」とは,発表媒体の水準にウェイトを付けたもの。「民営化効果の両地域差の可能性に対する評価」とは,CISと非CIS諸国の間に民営化効果の差が有意に存在していたかを判断したもの。
出所) Djankov and Murrell (2000) より,一部修正,削除。

れ以外にも民営化のタイプ,あるいは企業の種類によって効率性がどのように違うかも検証し,非CIS諸国では外資による民営化が最も経営を改善させることを見出している。

　メッギンソンとネッターも民営化の効果にかんするより広範囲な実証分析のサーベイを行っており(Megginson and Netter 2001),非移行経済国の実証研究にかんしては,民営化の効果はあること,しかし,雇用にかんしては結論は一致していないこと,また成果の改善の原因として,民営化後に新しい経営陣が導入されていることを挙げている。移行経済国にかんしては,上述したジャンコフとマレルの結論をほぼ踏襲している。ただし,これまでの研究では消費者に対する厚生効果はほとんど検討されず,市場条件(競争の程度)をあまり制御していないことが問題として指摘されている。それ以外にも効率性の実証比較において,次のような2つの方法的困難があることが強調されている。すなわち,(1)とくに途上国では適切なベンチマークとなる国有・私有の対応企業が

ないこと，つまり，同一業種や同一産業の企業でないと、国有・私有企業の業績を比較することは難しい。(2)公有企業にある種の政治的目的が掲げられている場合，それと経営効率を切り離すことは不可能である。

　以上のサーベイでは，中国やヴェトナムといった東アジアにおける移行国のケースは取り上げられることがなかった。とくに，際だった成長を遂げている中国がほとんど考察の対象になっていなかった。それをある程度まで補っているのがエストリンらによるサーベイである（Estrin et al. 2007）。彼らは上記のサーベイよりも最近の研究成果をカバーし，かつ中国を対象とする実証研究も一部対象に入れて，より広く移行経済国における民営化の効果にかんして要約している。彼らの結論は基本的に，上述したこれまでのサーベイの結果と同じであるが，彼ら自身の「発見」として以下のような点が挙げられる。(1)まず，外国人所有者への民営化は国有企業よりも効率性を向上させるが，中国にかんしてはあまり明瞭ではない，(2)26移行経済国にかんする最近の企業レベルのデータを使ったクロスセクション分析からは，国内の私的所有権は国有と比べ有意な平均的効果を見せていないこと，(3)外資企業の場合，中国では100%外資（独資）より合弁企業においてTFP（全要素生産性）が高い傾向があること，(4)労働生産性にかんしては，CEEやCISにおいて私的所有権はプラスか，あるいは中立的な効果を持つが，中国ではほとんど有意な差が見られないこと，(5)利益性についていえば，私的所有権はプラスだが統計的に有意ではないこと，(6)雇用にかんしては，多くの理論モデルとは反対に民営化しても減少しないこと，である。

5）中国の民営化企業にかんする実証研究

　とはいえ，エストリンたちのサーベイに中国が入っているとしても，対象は英語で書かれた論文だけであり，中国国内で中国語で発表された研究はカバーされていない。確かに，中国における民営化が他の移行経済国ほど（既存の国有企業の民営化という意味で）大規模ではなく，民営化に対するイデオロギー的抵抗感から公式には推進されてこなかった経緯もあり，調査研究が遅れていた。しかし最近ではデータが公開されている株式市場上場企業に対する所有効

果の実証研究も進み，また劉小玄らを中心に民営化企業および私営企業に対する本格的な調査と実証研究が行われるようになるにおよび，徐々に民営化の効果にかんする実証分析も進むようになった。

たとえば劉は，2001年工業センサスを用いた所有制の効果にかんする分析を行い，次のような結論を導いている（劉 2004）。すなわち，国有は生産に対してマイナスで有意な効果を持ち，他方，集団所有以下の他の所有形態はプラスで有意な効果を持つ。また，大中型企業であればプラスで有意な効果を持つが，株式会社の中の国家資本はマイナスの効果をもたらす。さらに陸と劉は，社会科学院経済研究所が2000年末から01年初めにかけて5つの代表的都市（浙江省杭州市，江蘇省無錫市と塩城市，広東省江門市，河南省鄭州市）と4つの産業（紡織，化学工業，機械，電子）において実施したサンプル企業451社の調査に基づき，回帰分析やプロビット分析を試み，所有制度改革は企業の財務効率を高めること，新たな制度の中で，上記のジャンコフとマレルの結論とは逆に，内部の管理人員が支配株を握ると効率性は高まるが，他の方式では効果は明確ではないなどとする興味深い結論を導いている（陸・劉 2005）。

もし企業の所有制や性格だけでなく，市場条件を考慮した場合にはどうなるだろうか？　胡らは，世界銀行と中国国家統計局が中国の5大都市（北京，重慶，広州，上海，武漢）の6産業（電子設備，電子器具，消費財，自動車および部品，服装紡織皮革，機械製造），700余の企業に対して1996-2001年に行った調査データに基づき，会社の業績（付加価値，従業員1人当たり付加価値）が市場競争条件，所有制度，それにコーポレートガバナンスにどれだけ関係しているのかを判定しようとする（胡ほか 2005）。彼らの分析結果からは，民営株主比率やガバナンス指標は生産性向上に有意，しかし競争変数は有意に効いてこないこと，ただし，国有企業と非国有企業とを分けた場合には国有企業には全ての競争変数はプラスの，有意な効果を持っていること，競争と民営株主比率との交互作用は有意にマイナスであり，これは両者の間に代替関係があるらしいこと，などといった興味ある結論が導かれる。こうした結論は，必ずしも全てが劉の結論と完全には対応していない。それはデータの違いもさることながら，両者の間で説明変数の取り方が違うこと，言い換えれば民営化や所有制の

効果にかんする問題関心に差があるためだと考えられる。

　これまでになされた中国民営化のミクロ的効果にかんする実証研究の中で，恐らく最も包括的で徹底したものはユスフらのものであろう（Yusuf et al. 2006）。彼らは胡らと同じく世界銀行と中国国家統計局との共同調査の結果を用い，5業種736企業の国有企業，制度改革した国有企業，それに民営企業のパフォーマンスとその決定要因の比較を行い，企業自体の属性以外に，市場競争の程度やソフトな予算制約の状況，経営者への刺激の違い，経営者の任命方式，経営者の自主性の程度などを説明変数に組み込み，所有制がどのように企業パフォーマンス（生産性や利益性）を左右しているのか，統計的に実証している。彼らの結論によれば，国有企業＜改革した国有企業＜民営企業の順に成績がよく，また選択のバイアスが見られ，改革した国有企業は元来企業成績のいい企業だった。同じデータを使って胡らも分析をしており，ほぼ同様な結論を導いている（胡ほか 2006）[14]。

　とはいえ，旧東欧やソ連における民営化の実証研究に比べると，中国における民営化の研究と経済分析はこの数年ようやく本格的に始まったばかりである。すさまじい勢いで増えている「個体，私営企業（de novo private enterprises）」にかんする調査と合わせ，中小企業を中心としてますます拡大していく民営化企業（privatized enterprises）の調査が進むにつれて，中国と他の移行経済国における民営化とその効果にかんする比較研究も新たな発展を見せるに違いない[15]。同様なことは，まだほとんど手つかずの状態にあるヴェトナムやモンゴルにおける民営化（企業）の調査と研究にかんしても期待される。

---

14) その他に，趙と陳は中国社会科学院の調査データを用いて，公有企業の財産権を私人企業家に移転することが企業効率の向上に結びつくことを強く主張している（趙・陳 2007）。

15) われわれの知る限り，本格的に中国と他の移行経済国における民営化とその効果について論じた研究はほとんどない。唯一，バウミークとエストリンは中国とロシアの民営化を同じモデルを用いながら比較研究している（Bhaumik and Estrin 2005）。彼らは，中国では競争や民営化の程度，地域的あるいは個別的制度的要因は影響を持たないこと，またロシアと中国における経営の質の違いが地域間の制度的質の差を表す，と結論づけている。

6 民営化に対する国民的評価:ロシアの「強盗資本主義」と中国の「官製資本主義」

　前節の結論は,他の条件を一定として,民営化は一般に企業の効率性を高めるというものだった。しかし,民営化は決してミクロの,また効率性だけの問題に止まらない。ケシデスに言わせれば,1990年代の民営化は「不調で無気力になっていた国営企業を,『公共の利益』に適う創造的な生産性とダイナミズムを生み出すものへと転換する錬金術として伝えられた……しかし,すべての経済学的錬金術がそうであったように,民営化もまた極度に単純化され,過大評価され,そして(期待したとおりの成果を上げなかったため)最終的には失望に終わった」(Kessides 2005, 邦訳49ページ)。その結果,ラテンアメリカではとくに民営化に対する人々の不支持率は,民営化企業のパフォーマンスがよくなっているにもかかわらず高まっているという。このことは,民営化の効果に対する人々の理解が決して進んでいないことを示しているだけではなく,民営化が多くの人々の利害に強く関わるために,政治的な評価を受けやすいことを示唆している。

　移行経済国における民営化,とりわけ制度化の遅れている国における民営化は,さまざまな「腐敗」と結びつきやすいだけにいびつなものになりがちである。とくに強い批判を浴びたのがロシアと中国における民営化だった。前者の民営化のことをゴールドマンは「強盗民営化(piratization)」と呼び(Goldman 2003),あるいはそうした政治体制のことをブラックらは「泥棒政治(kleptocracy)」と名付けた(Black et al 2006)。後者の民営化による実態を郎咸平たちは「国有資産の流失」と呼んだ(劉・張主編 2005)。

　両者とも不正常な民営化であることは共通しているが,ロシアでは以下でも述べるように少なくとも法的には制度化された民営化プログラムの中で「実業家」たちによる国家資産の「略奪」が行われ,他方,中国では非制度的環境の中で国有資産が一部の経営者の手に渡っていった。またロシアではこうした民営化の結果,「オリガルヒ」なる富豪が誕生したが,中国でいう「新富人」とは必ずしも民営化によって生まれたわけではなかった。さらに,ロシアではそ

の後プーチン政権によるオリガルヒに対する「再収奪」が行われ，一種の「再国有化」が進められたが，中国では官僚が国有企業の「独占利潤」を支配する「官製資本主義」（呉 2008）ともいえる体制が出来上がることになった。

　ロシアの場合，「法的無秩序の下で，国有財産の私有化と結びついた犯罪が1993年に2万7,000件以上に達した……しかも内務省当局が察知していない違法行為も多数にのぼると推測され，また訴訟事件も急増している」（西村 1995a）。「犯罪」があり，「違法行為」が多数あるということは，「法律」がともかく制定されていることを示している。ロシアにおける問題は，国家財産の「略奪」が合法的に，あるいは半合法的に，しかし大胆に実施されたことであろう。フリーランドは次のように指摘している。「たしかに，ロシアは強奪された。だが最大の犯罪は秘密裏に行われたのでも暴力によってなされたのでもない。いや，厳密に法に照らせば，それは犯罪ですらなかった。ロシアは白昼堂々と強奪されたのである。そしてそれを行ったのは実業家たちである」（フリーランド 2005，250ページ）。それがいかに実行されたのか，彼女は当事者たちに対するインタビューを交えながら事態の展開を生々しく追いかけている。以下そのごく一部の具体例を見てみよう。

　新興実業家のポターニンは1994年に「ノリリスク・ニッケル」というシベリアにある優良国有企業に目をつけ，エリツィン政権に食い込み，石油企業である「ユーコス」を狙うホドルコフスキー，それにスモレンスキーといった名だたる実業家（オリガルヒ）たちと謀り，「ロシアの資本主義化が始まってまだ日の浅い混乱期に財を成した異種混淆の投機家が一同に会し，集団で個人的利益の増大を図った」（同，253ページ）のである。彼らは連合し，財政資金不足に苦しんでいた政府に対して，融資と引き換えに有力国有企業の政府所有株の管理を任せる，つまり融資名目でこれら企業を実質的に私有化することを迫った。政府の支持を取り付けると，これら有力企業の経営陣を口説き落とし，また外国人を閉め出した競売方式で，狙っていた国有企業を次々と手に入れることになった。そしてついにはエリツィン再選のための政治運動にまで乗り出していくのである[16]。

　中国においてはどうなのだろうか？　国有企業という国家資産を民営化する

わけであるから，私営企業や個人は当然「所有者」たる政府，あるいは役人たちと何らかの関係を持たなければならない。

民営化の代価となり，またしばしば腐敗の温床となった「国有資産の流失」は，大局的に見れば大きな収穫をもたらしたのだろうか？　今となっては取り返しがつかないが，もっと制度的準備をしつつ進めればよかったかもしれない。しかし，第3節で述べたとおり，もし民営化「費用」が相対的に小さいならば，民営化は一般に企業にとって利益をもたらす。事実，中国においても民営化は他の条件を一定として企業成績を向上させているのである。それにもかかわらず民営化を公式に推進しないのは，経済的理由以外の理由があるからにほかならない。

呉軍華によれば，中国の「社会主義」は，共産党一党支配体制の下で形成された既得権を守るための口実になり，改革開放は政府と党（官僚）が国有資産を実質的に私物化するのに利用されているという（呉 2008, 170 ページ）。その結果，1億元以上の資産を有している3,220人の億万長者のうち，2,932人は高級幹部を親に持つといわれ，金融，対外貿易，不動産開発，大型プラント，セキュリティ関連という利益率の高い産業における会社の85％から90％の役員は高級幹部の子弟に握られているといわれる（同上）。つまり，中国ではロシアのように民営化を通じて，ではなく，有力国有企業の支配を通して官僚やその家族たちが国有資産を実質的に「私有化」しているのである。

---

16) かくもロシアの「強盗資本主義」に批判的なフリーランドも，漸進主義的に民営化していけばもっと秩序だった，適切な民営化が可能だったと言っているわけではない。彼女はロシアにおける民営化政策，ひいては体制移行全体の戦略を作り，実施したガイダールやチュバイスら「若手改革派」のやり方にこそ問題があったと捉えている。「ロシア資本主義革命の主たる失敗は，それが充分**遠くまで到達できなかった**という点であると確信している……問題は，若手改革派が**あまりにも急進的だった**という点ではなく，**あまりにも狂信的だった**という点にある……若手改革派は，（改革の）重要なポイントは結局のところ，自分たちの信仰の中心的教義である『**私有財産**』に尽きると考えていた。そして，腐敗，脆弱な国家，効果のない法律などのせいで『**個人所有**』がほとんど無意味なものとなるのを，手をこまねいて見ていた。若手改革派は，目的は手段を正当化すると考え，オリガルヒとの間でファウスト流の取引を行った。そしてその取引によって，若手改革派の革命は永遠に腐敗してしまったのである」（フリーランド 2005, 532-33 ページ。ゴチックは引用者）。

たとえば，中国における代表的な国有通信家電総合メーカーである TCL 集団の会長李東生は 2004 年 1 月に上場したとき 5.59％の株を所有したが，それは発行時の株価で計算すると 6.1 億元，2 月の実際株価で計算すると 12 億元の（含み）資産となる。李はこのような莫大な資産を自らの会社の株だけで保有していたことになる。しかも TCL の株主構成を見ると，1998 年末の国有株 91.09％，李たち高級管理人員の持ち株 7.99％，労働組合（代表）のそれが 0.92％だったのが，2001 年末にはそれぞれ 53.35％，23.51％，23.14％になり，2002 年 4 月に東芝などの海外からの資本を入れてから地元広東省恵州市が 40.97％の最大株主になり，管理層の持ち株比率は 25％に上昇した（劉・張主編 2005）。すなわち，国有企業といわれる公的企業の経営陣が株式市場を通じて巨大な「資本家」に着々と昇華していったのである。

ロシアと違って，中国の「資本家たち」は国家権力に接近し，国家を動かそうとはしなかった。より正確にいえば，民営化過程でロシアのような大がかりな国家捕囚（ないしは捕獲　state capture）（次章参照）は中国では起こらなかった。これも共産党政権が続いたためだろうか？　むしろ，国家捕囚をする必要がなかったというべきかも知れない。彼らは共産党内部にいて「社会主義」の旗の下に資本家になりえたのである。それゆえに，ホドルコフスキーのように，プーチン政権の誕生後，たちまちのうちに捕えられ監獄に入れられたり，あるいはベレゾフスキーのように国外逃亡することもなかった。

7　民営化，市場化，制度化

これまでの民営化をめぐる議論を整理してみると，大きく分けて 3 つの観点があるようである。1 つは制度を重視する観点である。拙速な民営化が期待された効果をもたらさないことは当然想像される。法的環境が整わず，しっかりした制度が形成されない段階で民営化すれば，上で見たように国有資産の流失や企業の私物化も起こるだろうし，事実，相当な規模で起こってきた。スタインフェルドは，移行経済国は大きな制度的転換期に当たり，制度が形成できていないから国有企業を民営化すべきではないと否定的見解を展開する（Steinfeld 1998)。ブラックらも，ロシアにおける民営化の失敗（インサイダー・コントロールの跋扈）は結局制度の遅れに主な原因を求められるとしている（Black et al. 2006)。他方，トーネルは民営化が企業効率を向上させるとすれば，(1)企業内における単一の支配権（control rights）の確立，(2)予算制約のハード化，(3)腐敗しない司法制度と透明な破産手続き，の3つの条件が必要だという（Tornell 1999)。こうした観点の持ち主を「制度派」と呼ぼう。この派には先に挙げた郎たちも含まれるだろうし，コウォトコもその一員に入れられるかも知れない。ショック療法を批判する多くの人々はこうした観点に共鳴する。ただし，コウォトコやスタインフェルドは，郎たちとは異なり，永遠に民営化しないと言っているわけではなく，また国有企業の方が私営企業よりも本来ガバナンスが優れていると主張しているわけでもない。制度的環境さえ整備されれば民営化すべきだというのが彼らの主張だろう。それでは，そうした制度的環境や条件が整うまで民営化は先送りすることが得策なのだろうか？

　第2が，市場を重視する観点で，企業の市場環境こそが所有制の如何にかかわらず適切な企業ガバナンスをもたらすと考える。これを「市場派」的観点と呼ぼう。たとえば林たちは競争市場，ハードな予算制約，それに経営者市場さえ整えば国有企業でも効率的経営はできると主張する（林ほか 1997)。所有と経営とが分離している現代企業において，所有制は経営効率にどの程度影響を及ぼすのか，確かに不明な部分が多い。しかし，この観点は第3節で指摘したとおり，「他の条件は一定として」という前提を考慮していない。

　第3が，いわば本流の考え方であり，所有制度や財産権をきわめて重視し，所有制度の改革こそが企業ガバナンスに根本的な影響をもたらすと捉える。こうした主張を「所有派」と呼ぶことにしよう。この議論の背景にはいわゆる「コースの定理」がある。すなわち，明確に定義された財産権（所有権）があれば，(取引費用ゼロの状態で）市場交換によりパレート効率的な配分を達成できるはずである。中国においては張維迎たちがこの派に属し，国有企業改革をめぐって他の2派と激しい論争を繰り広げてきた[17]。この派にはショック療法

---

17) 張維迎は新聞雑誌などいろいろなところで自説を披露，展開しているが，最もまとまった彼の議論を知るには張（1999）を参照のこと。

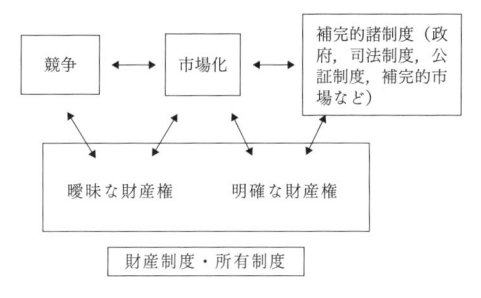

図 6-2 市場，所有制，制度化の関係
出所）中兼（2000）より。

を推進した全ての人たちが加わり，また市場経済を信奉するほとんど全ての経済学者もこの所有派に入るだろう。なぜなら，第3章でも見たように，市場という配分制度と私有という所有制度には非常に強い親和性があるからである。

これら3つの「学派」のうち，どれが正しいのだろうか？ われわれの考えでは，民営化，制度化，それに市場化は相互促進的関係にあり，制度化が民営化を促進するとともに，民営化も制度化の発展を要求してくるものである（図6-2参照）。財産権の明確化が効率的市場経済の維持と発展にとって不可欠なら，最も明確な財産権である私有制が市場とともに発展してくるのは当然である。近代における経済発展の歴史は同時に制度進化の歴史でもあった。市場化が生み出す発展のダイナミズムはほぼ必然的に明確な財産制度を生み出し，そのことが私有制の促進と，他方私有制を暴走させないための公的制度の展開を可能にしたのではないか。

他方，上述したとおり，従来の多くの研究は，制度化の必ずしも十分整わない移行経済過程においても，民営化は少なくとも企業効率の改善に効果があることを示していることを想起しよう。民営化が企業にとってプラスなら，それは市場と競争とを促し，財産権も曖昧なものから次第に明確なものに転化していく。中国における民営化は曖昧な財産権のもとに始められ，それが不正や腐敗の温床にもなった。しかし，一方で競争が促進されてきたことも事実である。

郷鎮企業の成功を背景に，中国の経験は従来の財産権にかんする考え方に疑

問を呈するという見解が現れ（典型的には Weitzman and Xu 1994），中国は曖昧な財産権制度の下で発展してきたから，従来の通説的理解，たとえばコースの定理は妥当しないという意見も見られる（Chen 2007）。チェンに言わせれば，こうした経験は新古典派的な財産権論やワシントン・コンセンサスとは全く異なった理論的枠組みを提供するものだという。スティグリッツも中国の経験を引き，「不明確な（ill-defined）」財産権の下でも中国の成功は「明々白々（palpable）」だったことを強調している（Stiglitz 1994）。しかし，こうした見方では，1990年代半ばから中国においてもなぜ民営化が進んできたのか，その事実をうまく説明できない。われわれの見方はこうである。中国の成長は事実上の民営化（曖昧な財産権）を進めることによって確かに促進されてきた。すなわち，曖昧な所有制度でも経済が成長できたのは事実だが，明確な所有権であればもっと容易に成長できたはずである。それは，図6-1で示した理論的枠組みを使って，公有制を制度化されない所有制に，私有制を制度化された所有制に読み替えれば理解できよう。

　曖昧な所有権の問題は，むしろ上述したとおり，制度の腐敗に結びつきやすいことにある。ホフとスティグリッツは，腐敗した国家においては，弱い司法制度に対する期待が流失資産の期待収益を高めるから，司法改革に対する需要が出てこない可能性があることを，理論モデルを用いて証明しようとする（Hoff and Stiglitz 2005）。しかし，法制度の確立と法治の徹底が長期的に見て企業の収益を安定的に増大することをたとえ一部の人にせよ認識するなら，彼らが起点になり，より強い政府としっかりした法制度の形成に向かって社会が動き出す可能性がある。それを促進するのが市場化と民営化ではないだろうか。

　ここに面白い調査がある。ロシアにおける660人の会社経営者（このうち12%が国家支配企業で，59%が何らかの民営化を実施した企業）に2005年1-2月にインタビューし，民営化法に対する違反を軽度に行った企業と重度に行った企業の経営者に対して，違反を法廷で処理すべきかどうかを尋ねたところ，意外にも法的に処理すべきだと答えたのが，重度の違反企業で，しかも投資をせず，社会に対して公共財を提供していない企業で71.8%にも上った（Frye 2005）。つまり彼らは民営化過程における「原罪」の意識を，言い換えれば

「やましさ」を感じているのである。逆に，軽度の違反企業で，民営化以後投資を行い，また社会に対して公共財を提供している企業では，22.8％だけが法的処理を提案しており，これは多少のやましさがあるにせよ，経済的に効果を上げ，社会的に受け入れられる活動をしているという自信を持っていることを示している。この調査結果は，制度化の弱い背景の下で実施した民営化をどう評価すべきか，悩ましい判断を迫っているように見える。

　結局，民営化，制度化，市場化という3つの改革の関係が相互促進的であるとするなら，どこから始めてもいいことになる。制度を整えてから民営化，そして市場化に進むのか，それとも市場化を進めつつ徐々に制度を整え，民営化していくのか，あるいはその他の道を採るのか，いわゆる政策のシークエンシングの問題に絡み，必ずしも明快な答えがあるわけではない。しかし第4章で指摘したように，制度間の連鎖・波及関係を考慮するならば，ある種の順序に従って制度改革を実行していく方が効率的なはずである。市場化に比べ民営化の完成には時間がかかり，かつ市場化の持つ波及効果が民営化のそれより大きいなら，市場化から開始した方がより効率的だといえよう。またそれにはできるだけ制度的な準備がなされていることが望ましい。

COLUMN 6

民営化と私有化：国鉄の「民営化」を中心に

　民営化も私有化も，英語では privatization で同じである。しかし，日本語のニュアンスとして両者は少し意味合いが異なる。民営化というと，「民（私人）が経営する」という意味を直接指すし，私有化というと，「私人が所有する」ということを意味する。実際には民営化された企業の資本の所有権は私的なものになるし，私有化された企業の経営を公的機関や役人が行うことはありえない。ところが，漢字の国，中国では「公有民営」が事実上存在するから厄介である。つまり，国有企業を一定期間私的企業や私人に貸し出し，あるいは経営委託する場合がそれに当たる。中国では「腐っても社会主義」なので，公式には依然社会主義イデオロギーが支配し，社会主義＝公有制の原則が相変わらず建前上維持されている。そこで，私有化というとタブーだが，民営化というと許されるという，英語的に考えれば理解できない事態が発生することになる。

　しかし，どう考えても民営化＝私有化でないと，経営効率の改善は果たされない。よく公有企業は「親方日の丸」だというが，民営化するだけで私有化しないならば，そうした意識は拭えないだろう。実際公有企業の民営化というとき，所有権と経営権を同時に公（官）から民（私）へ移転させることをいうのである。そのことを国鉄の民営化を例に見ておこう[1]。国鉄の民営化はなぜ，またどのように実施されたのか，さらに上で整理したような経営効率の改善，あるいは国民福祉（welfare）から見てプラスの経済効果を発揮したのだろうか？

　1987年に分割・民営化された国鉄は，それまで年間約2兆円もの巨額の赤字を出していたが，民営化後は経常損益だけを見ると7社合計でも大幅な黒字を計上し，劇的に利益性と効率性が改善された。それまでの国鉄は，(1)事業計画が毎年の予算により決められていた，(2)運賃は運輸大臣の責任において決められていた，(3)給与水準は官吏全体の制度が適用されていた，(4)運賃が国会決議により決められていた，という国によるさまざまな拘束があった（山内 1997）。

　国鉄がなぜ巨額の赤字を出していたかというと，基本的には1960年代以降に展開されたモータリゼーションの影響に鉄道が対応できなかったためであるが，直接的には次の3つの原因があったといわれる（武藤 1997）。1つは人件費による膨大な赤字で，これは戦中戦後の職員採用管理の結果として発生したものである。2つ目に赤字ローカル線によるもので，これは採算性や経済性よりも政治的利害によって生まれた赤字であ

る。3つ目が赤字新幹線の建設費負担である。いずれにせよ，これらは国有企業における自主性の欠如，政治的影響力に対する弱さ，それに何よりも「親方日の丸」意識がもたらした赤字だといってもいい。国鉄も最後の頃は民間人が総裁に登用され，民間企業の経営感覚で経営立て直しを期待されたのだが，結局失敗してしまった。われわれなりに言い換えれば，「民営化」ではなく，「私有化」が必要だったのである。そうでなければ，必死になって経営体質を改善することはなかっただろう。

　無論，今にも引きずっている一部旧国鉄労働者の再雇用問題は，民営化が利害当事者全員に「幸せな」結果をもたらしたわけではないことを物語っている。また福知山線で起きた2005年の痛ましい事故とそれによる人的犠牲（死者107人）は，民営企業が下手をすれば安全を軽視し，国民の生命さえ危険に晒すこともありうることを如実に示している[*2]。とはいえ，国民全体の福祉や厚生という点から見れば，単に赤字が解消され，財政負担が軽減されたばかりではない。民営化によって鉄道従業員の意識が大きく変わり，サービスが著しく向上したことから，国鉄民営化は総体として見れば国民福祉の増大に寄与したことは間違いない。さらに，鉄道事業の効率的運営は国民経済において（国鉄時代には得られなかっただろう）物流や人流を促し，マクロ経済的に大いにプラスの効果をもたらしたことも否定できない。イギリス，ドイツをはじめ，世界各国で鉄道事業が民営化されてきたのは，体制移行と同様に，それが必要だったからである[*3]。1990年代の民営化や規制緩和の結果，各国において鉄道の労働生産性が著しく上昇したことが報告されている。それは民間の経営者であれば「強いインセンティブを有し，徹底したコスト管理を可能とし，消費者ニーズに対応し，新たな技術や管理手法を採用する」からである（Kessides 2005, pp. 13-14）。その上，独裁国で民営化が行われたのならともかく，民主主義体制の下で民営化が実施され，しかも民営企業が現在も継続していることは，さまざまな反発や抵抗があったにせよ，そして今でも一部の人々は（体制移行全体と同様に）民営化に拒否反応を示しているにせよ，結局は多くの人々に受け入れられていることを表してはいないだろうか[*4]。これは，第8章で述べる体制移行の評価の問題に深く絡んでいる。

*1) 他の民営化でもいいのだが，十分時間が経ち，国際比較研究がなされていることや，最も必要性が高く，また困難も大きかったという意味で代表的ケースといえるので，ここで取り上げる。

*2) 国鉄だったらそうした事故が起きなかった，というわけではない。国鉄時代にも1951年の桜木町駅での火災事故（死者106人）や，1955年の洞爺丸事故（死者・行方不明者1,155人），1962年の三河島の脱線事故（死者160人）などがあった。

むしろ国鉄時代の方が重大事故の発生率は高かった。
*3) 鉄道民営化の比較研究として，南の研究が参考になる（南 2009）。ただし，経済学的分析はなされていない。
*4) リーバーマンたちは次のように述べている。「驚くべきことに，この所有制革命は労働者の争議とか大衆のデモなどをほとんど伴わなかった。多分，これは多くの国で内部者が彼らの働いていた企業の相当な所有者になった（つまり，MEBO が行われた――引用者）という事実によるものである」(Lieberman et al. 2008, p. 59)。

第7章

体制移行と腐敗

はじめに[1]

　前章でも議論したように，移行経済国における民営化は往々にして大小さまざまな不正や腐敗を伴うものだった。そしてそれは旧来のシステムがなくなり，あるいはそれに代わる新しいシステムが出来ない，そうした制度化が不十分なときに発生するのが常である。腐敗と不平等化，この両者は以下でも述べるように密接に関係しているが，しばしば移行経済国における人々の怨嗟と反感を生み出す最大要因といっていい。それでは腐敗は具体的にどのような環境の下で発生するのだろうか，たとえば民営化は必ず腐敗を引き起こすのだろうか？　また腐敗を抑制するにはどのような方法が必要なのだろうか？　体制移行と制度化，民営化の問題を考える上で，この腐敗問題は絶好の切り口になる。腐敗問題は経済発展にも深く絡んでいるので，本章では発展と移行の両面に関わる腐敗現象を取り上げ，やや広い視点から分析していこう。

　本章の主な狙いは，腐敗のとくに経済学的理論と計量的実証にかんするここ十数年の研究をサーベイしながら，体制移行や開発過程においてなぜ腐敗が深刻化するのか，どうしたらそれを抑制できるのか，こうした問題について考えてみることである。まず腐敗の概念を明らかにし，今日における腐敗研究の焦

---

1) 本章は，中兼（2003）を修正，拡張したものである。

点とその背景を整理する（第1節）。次に体制移行と腐敗との関係を眺めてみた後（第2節），腐敗現象の経済理論分析の枠組みについて紹介する（第3節）。そして1990年代半ばからとりわけ精力的に展開されてきた腐敗の実証的計量分析を整理し，そこから得られる腐敗の効果と要因についてまとめる（第4節）[2]。最後に，腐敗抑止，軽減のための政策的議論を簡単に見ておくことにしよう（第5節）。

1 腐敗とは何か

「腐敗（corruption）」とは何を指すのだろうか？　日本では慣用的に「堕落した，とくに金に絡んだ悪しき行為」全てを腐敗と呼ぶことが多いが[3]，ここで問題にするのはもう少し限定された，「私的利益（private benefits or gains）のためになされる公務員・公的機関による権力の誤用・乱用（misuse, abuse, or maluse）」のことで，これは世界銀行をはじめ国際的機関でほぼ共通して用いられている定義である。

腐敗には「公的権力」の関わり方を基準にして大別すれば，(1)個人的（individual）腐敗，(2)行政的（administrative）腐敗，(3)政治的（political）腐敗の3種類がある。他方，腐敗の行為と規模を基準にすればさまざまな行為が含まれており，程度も「疑獄事件」に発展する巨額なものから，末端の行政機関における小さな「口利き」や「袖の下」まで多種多様なものがある。その私的利益は公務員（ないしはそれに準ずる人々や組織）自らのものばかりではなく，他

---

2) 実証分析の対象地域としてとくに途上国と移行経済国を取り上げるが，途上国だけを対象とする研究はそれほど多いわけではなく，先進国などとの比較の中で途上国が俎上に上っている場合が多い。しかしそれは世界銀行の *World Development Report* の主たる対象が途上国や移行経済国であるにもかかわらず，先進国のケースが多数取り上げられているのと同じことである。

3) 因みに，岩波の国語辞典を引くと，腐敗とは「精神が堕落し切って，弊害が多く生ずる状態になること」と記されている。人気歌手のコンサートチケットを手に入れるために興行会社担当者に金銭を送ることは「精神の堕落」かも知れないが，ここでは「腐敗」と呼ばない。なお，学術文献で用いられている腐敗の定義は決して世銀やIMFのそれと同一ではないことに注意。

者（一般には民間人ないしは民間の組織）の利益を図るためになされたものも含み，さらに個人的腐敗の一種である公金横領（embezzlement）のみならず，民間人に対するゆすり・たかり（extortion），公共調達（public procurement）におけるリベート（kickbacks），そして公務員に対する贈収賄（bribery）をも含むもので，その範囲は非常に広い。その中で，政治家や役人に働きかけて法律や規定を変えたり，あるいは作らせて私的利益を実現するような比較的大がかりな腐敗のことをとくに「国家捕囚あるいは国家捕獲（state capture）」と呼ぶが[4]，これは政治的腐敗の典型例である。また私的利益は必ずしも金銭に限ることなく，昇進や就職であってもよい。あるいは，いわゆるコネを使っての有利な取り計らいや儀礼的な贈り物という形を取ることもありうるので，どこで腐敗の線を引くか，あるいは合法・非合法の境をどこに取るか，国や社会によって違い，必ずしも明確ではない[5]。

他方，レントシーキング（rent-seeking）も似たような事象であるが，腐敗よりもう少し狭い概念である。すなわち，「政治や官僚に働きかけることによって規制を生み出し，経済主体が自分の活動環境を有利なように変えていく行動」（加藤寛）[6]，あるいは「企業による（独占）レント獲得・維持のための活動」（『経済辞典 第4版』有斐閣，1299ページ）を指し，競争市場では生まれえない「超過利潤」（レント）を獲得するための行為を示している。したがって，税官吏が個人から賄賂を取って税のお目こぼしをするようなことは腐敗の一種であるが，厳密にいえばその行為自体レントシーキングには当たらない。ただ

---

[4] 国家捕囚は「公的，私的部門の双方で，個人，集団，あるいは企業が自らに有利になるように，私的利益を公務員に対して不法に，不透明に提供することで，法律，規定，条例，その他政府の政策に影響を与えようとする行為」として定義される（World Bank 2000）。それに対して行政的腐敗とは，「既存の法律や規則，および規定を，国家ないしは民間人に便宜を提供するように意図的にねじ曲げる」行為を指す（同上）。この2種類の腐敗以外に，「公共調達腐敗（public procurement corruption）」を加える場合があるが，これも一種の行政的腐敗と見ることができよう。

[5] 腐敗が経済成長に役立つかどうかといった議論では，公金横領などの「対価を伴わない行為」は本来含めるべきではない。それはハンチントンが言う「潤滑油」では全くありえない。横領したカネが競馬や愛人の消費に向かっても経済成長を押し上げる効果はほぼゼロである。

[6] トリソン＝コングレトン編（2002）の「監訳者のことば」から。

し，レントシーキングをもっと広く解釈すれば腐敗とほとんど同義になる。実際両者はきわめて近い関係にあり，いずれも制度の不備，不完全な状況において発生する。レントシーキング的な行動こそが腐敗を生み出す最も近道だといえよう。

それでは，今日そうした腐敗問題が社会科学，とくに経済学の分野でなぜ重視されるに至ったのか，その背景について考えてみよう。それは経済発展論や体制移行論の展開とも密接に関連しているように思われる。

腐敗問題が後に脚光を浴びる大きなきっかけになったのが，1960年代に出された「レフ＝ハンチントン仮説」であった。すなわち，本章コラム7で見るように，レフやハンチントンは腐敗の「効用」を積極的に打ち出し，腐敗が成長や発展にとって有用になりうることを主張した (Leff 1964, Huntington 1968)。しかし，その後しばらく腐敗問題が事実として指摘されることはあっても，また政治学者の間で取り上げられることはあっても，少なくとも経済開発の理論的，あるいは政策的論議の中で発展することはなかった[7]。われわれの知る限り，開発経済学のみならず一般の経済学の分野でもこの問題は長らく看過されてきた。

ところが，クルーガー以後レントシーキングの議論が注目を集めるようになり，経済学の中に徐々に腐敗問題が登場してくることになった (Krueger 1974)[8]。しかし経済開発論の中で腐敗問題が重要な地位を占めるようになったのは，それからさらに時が進んで1990年代以降のことである。試みに世銀が毎年出している *World Development Report*（『世界開発報告』）を追いかけてみると，1990年代に入ってとくに腐敗に関する記述や分析が増えてくる。その頃までに経済開発論における一種のパラダイム転換が徐々に起こっていた。すなわち，経済発展における決定的要因は従来考えられていた資本や資金ではなく，また必ずしもシュルツらが言うような人的資本でもなく，そうした生産要

---

7) 版を重ね，またきわめて広範囲なテーマを取り扱っているトダロの『開発経済学』を例として取り上げると，腐敗の問題が短いなりにも1つの節として独立に取り上げられるようになったのは第8版からである。Todaro and Smith (2003), pp. 711-13 参照。

8) もちろん，それ以前からもレントシーキングの議論はタロックらにより独占，規制論との関係でなされていた。トリソン＝コングレトン編 (2002) 第5章のトリソン論文参照。

素を動かす制度（institutions）であることが強く認識されるようになったのである。よく機能する制度，たとえば政府や企業，それにさまざまな規則や法律がなければ，いくら資本を蓄積しても有効に使われない。途上国に広範に見られる腐敗した制度はまさに発展阻害要因の最たるものである。

他方，1989年以降（旧）ソ連や東欧諸国における体制移行が劇的に進行したが，それは衆知のように大きな痛みを伴うものだった。当初は「漸進主義か，ショック療法か」といった移行戦略をめぐる議論が注目を集めたが，1996年の *World Development Report : From Plan to Market* 以降，次第に移行政策の力点は有効な制度の形成に移ってきた。同時に，制度的空白（systemic vacuum）から生まれたさまざまなレントシーキング活動や腐敗現象が問題化し，円滑な移行を進めるために腐敗抑制・軽減が喫緊の課題となって登場してきたのである。かくして開発と移行過程における制度の重要性がますます重視され，その一環として腐敗問題，あるいはその対極として「法の支配（rule of law）」や「よき統治（good governance）」が大きな関心を集めることになり，ここに理論的にも，それ以上に実証的にも，これらの問題に関する研究と作業が進展していくことになった。タンジは今日腐敗問題が脚光を浴びるにいたった理由を7点にまとめているが，少なくともそのうちの3点は体制移行と密接に関連している（Tanzi 1998）[9]。

理論的研究も進んできたが，それ以上に実証的研究が進んできた。腐敗の程度を厳密に，客観的に測ることは不可能であるが，腐敗問題が注目されるようになるとさまざまな調査がなされ，各種の「腐敗指数」が考案されることになる。とりわけ有名なのが Transparency International（以下 TI と呼ぶ）が毎年発表している腐敗認知指数（CPI : Corruption Perceptions Index）（高いほど腐敗の程度は小さい）やカウフマンたちが開発した「腐敗統制（controle of corruption）指数」であり，多くの研究に利用されている。その他，いくつかの民間団体が各

---

9) 体制移行に関連して，具体的には以下のような理由が挙げられている。(1)冷戦の終息に伴って政治腐敗を隠してきた偽善がなくなったこと，(2)中央集権的経済で無視され，あるいは伝えられてこなかった腐敗現象が明らかにされたこと，(3)民主的政府や自由なメディアが出現し，腐敗問題がもはやタブーでなくなったこと。

国の腐敗の程度を調べ，公表するようになったが，それはカントリー・リスク指標の一環として腐敗指数が情報として価値を持つようになったためでもある（詳しくは補論 3 参照）。後にも述べるが，腐敗は海外直接投資（FDI）の決定に当たって重要な参考情報になっている。それは世銀や IMF をはじめとして，資金の貸し手からすれば否応なく対象国の制度的脆弱性に注意を向ける必要に迫られるからである。

2　体制移行と腐敗

　体制移行が始まると，制度的な大転換が行われるわけであるから，新制度が形成され，定着するまでの間，上述したように大なり小なり制度的空白が発生する。また人々の価値観が転換し，社会全体に制度的脆弱さが露呈する。そこでその空白や脆弱な制度を利用して不法な利益（rent）を獲得しようとする動きが広まる。腐敗は後ほど述べるようにさまざまな原因によって発生するが，煎じ詰めればそうした行為を防ぐ制度が出来ていないか，出来ていても実行されない場合，発生するのである。その意味で腐敗は非制度化を表す 1 つの有力な代理変数になりうる。実際，腐敗認知指数と制度化指数の一種である「法の支配」指数との相関を取ると，かなり高い相関係数が得られる。

　モスクワに本拠を置く NGO である INDEM 基金によると，2001 年から 05 年の間にロシアにおける贈収賄の額は 900％も増大したという。後でも用いられる世銀の調査 BEEPS（Business Environment and Enterprise Performance Survey）によると，2002 年にロシア企業の 30％が腐敗はビジネスを行うのに主たる障害だと答えていたのが，2005 年には 40％もの企業がそのように答えている。一方ヴェトナムでは 2005 年に 77％の会社が腐敗が最も重大な社会経済問題だと答え，2005 年の世銀と IFC の調査によれば，67％の会社が「うまくやるには」非公式の支払いをしなければならないと指摘しているという（U 4 Expert Answer. 2007 年 7 月 13 日）。中国の場合，「目下のところ，我が国はまさに建国以来，腐敗が最もひどい時期にある。……われわれの初歩的推計では，90 年代の後半に腐敗がもたらした経済的損失と消費者厚生の損失は毎年平均 9,875

億から 1 兆 2,570 億元の間で，全国 GDP 総額の 13.2％から 16.8％の間にある」（胡主編 2002）。

体制移行前，社会主義時代にも腐敗は存在していた。しかし，それは体制移行後の腐敗とは性格を若干異にする。なぜなら，体制移行前には（農産物の自由市場などを除き）「市場」が公式上なかったわけであるから，私的事業を興したり，拡大するために役人や政治家に賄賂を贈る必要はなかった。あったのは，計画配分をめぐって少しでも多くの配分を得ようと，「関係（コネ）」を作るために贈られた賄賂ないしはそれに相当する便宜供与である[10]。旧ソ連において権力がどれほど腐敗していたのか，権力の内部にいた連邦検察の検事が赤裸々に暴いている（ニェズナンスキイ 1984）。地方では買官行為さえ行われていた。上級幹部の汚職に対しては検事はなすすべもなかった[11]。しかし，恐怖が支配していた当時，腐敗現象はそれほど広範囲になりえなかったし，またなったとしても今日ほどひどくはなかった，と想定する方が自然である。したがって，体制移行とともに恐怖の体制がなくなり，逆に市場によって人々の「金銭欲」が強まると，腐敗は表面化し，拡大し，多くの場合深刻化した。

体制移行後さまざまな私的利益が生まれる機会が増え，個人や企業は積極的に腐敗に関わるようになった。何に言わせれば，中国における腐敗構造は改革開放以後 4 期に分けて変化してきたという（何 2002, 230-35 ページ）。すなわち，第 1 期（1978-84 年）は腐敗の主体は郷鎮企業と個体戸であり，沿海開放地区の県市，消費財領域で発生した。これはまだまだ規模の小さな賄賂（petty bribery）が中心である。ところが第 2 期（1985-91 年）になると，主体は各級党政府幹部とその家族で，生産財の双軌制（計画と市場との併存）を利用して表れ，より大がかりになってくる。第 3 期（1992-95 年）は職場単位の犯罪と

---

[10] 旧ソ連および現代のロシアにおける腐敗の詳しい考察が，塩原によってなされている（塩原 2004, 第 6 章）。

[11] たとえば以下のような記述を見よ。「グルジアの全住民が，グルジア共産党中央委員会第一書記ムジャヴァナーゼの下劣な品性を知っていた。彼は数万ルーブリの賄賂をとっていた。『現物』も忌避しなかった。彼の機関もそれにならっていた。国内の汚職はもう論外だった……地区執行委員会議長になりたければ——5 万（ルーブリ）都合しろ，捜査検事がお望みなら——1 万（ルーブリ）でよい！」（ニェズナンスキイ 1984, 246 ページ）。

法人の経済犯罪が中心になり、やり方が「尋租（レントシーキング）」から「設租（レントセッティング）」へ替わり、消費の側面ではなく生産要素の領域で発生することになる。第4期（1996年-）になると、さらに大規模になり、国有企業が主体の、組織的な密輸犯罪さえ行われるようになった。

中国の腐敗事件で特徴的な事実の1つは、その発展水準にしては巨額の腐敗事件がしばしば摘発され、しかも厳罰をもって処理されることである。また摘発しても腐敗事案は増える一方で、一種構造化してしまっていることだろう。アクトン卿の有名な金言、「権力は腐敗する、絶対権力は絶対腐敗する」はまさしく今日の中国にぴったり当てはまる。とはいえ、その面からのみ情緒的に中国を見てしまうのは危険である。腐敗してもなぜ中国は発展してきたのか、レフ＝ハンチントン仮説が示すように、腐敗は経済発展の潤滑油だからか？こうした問題を冷めた目で見る必要があるだろう。

体制移行の結果、腐敗がどの程度進んだのか、それはここでも国によって、また地域によっても異なる。制度的空白が起こりにくいはずの漸進主義的移行政策を採った国でさえ、中国のように腐敗の進んだ場合がある。そこでまずTIの腐敗認知指数（CPI）を利用して移行経済国の腐敗度と1人当たり所得との関係を見ることにしよう（図7-1参照）。明らかに腐敗は所得の負の関数である。すなわち、所得が高い国ほど腐敗度は小さい。もちろんこれは移行経済国だけの現象ではなく、全ての国に当てはまる一般的傾向である。因みに、補論3でも指摘するように腐敗指数はCPI以外にもいくつかあるが、たとえばカウフマンが作成した法人倫理指数（corporate ethics index）（Kaufmann 2004）と腐敗認知指数との相関度は測ってみるときわめて高い。ここでは腐敗認知指数を基に以下議論していくことにしよう。

さらに、この図から次のような事実を見出すことができる。第1に、腐敗にかんしては移行経済国は大きく分けて2つのグループに分かれる。すなわち、腐敗度の低いCEE（中欧諸国）やバルト海諸国と腐敗の程度が大きいその他の国々である。第2に、中国やヴェトナムはCIS（ロシア、ウクライナなどと中央アジア諸国）とほぼ同程度に腐敗していて、とくに中央アジア諸国ときわめて近い。

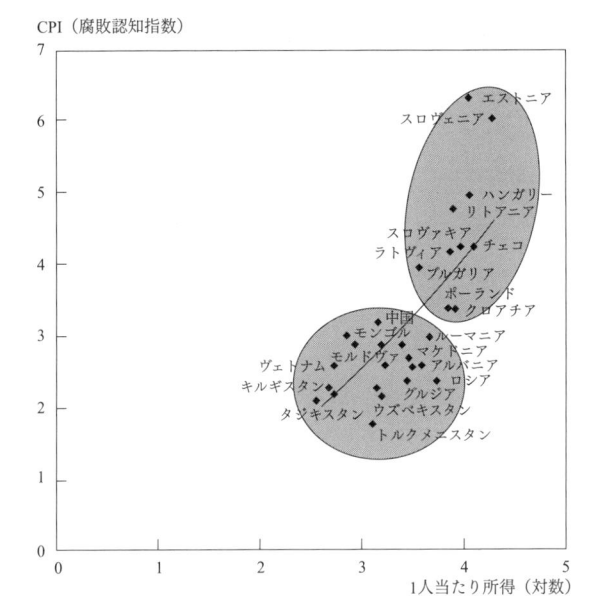

図 7-1 移行経済国における経済発展と腐敗（腐敗認知指数）（2005年）

出所）CPI：*Global Corruption Report*, 2005, 1人当たり所得：中国とヴェトナムは *World Development Indicators Database* より，それ以外は EBRD（2007）より作成。

　これらの事実は次のことを示唆しているようである。まず，CEE やバルト海諸国といった西欧に近い国ほど全般的に制度形成に成功しており，腐敗を抑制する制度，たとえば法治（rule of law）が比較的うまくできている。他方，前章で取り上げたようなロシアにおける新興財閥（オリガルヒ）の発生，成長過程を見ると，制度化のレベルの低い国や地域では，体制移行の中で生まれた「資本家」たちが制度的空白を突いて政権と癒着し，巨大な利益を得ることができたのが分かる（前章第6節参照）。

　とくに中国やヴェトナムのような国は，発展段階が低いことに加えて急激な成長の中で制度の形成が追いつかない。たとえば民営化1つをとっても，旧社会主義諸国が民営化にかんする法律を一応制定してから民営化を始めたのに対して，中国ではなし崩し的に民営化が始まり，それが事実上の民営化（de facto

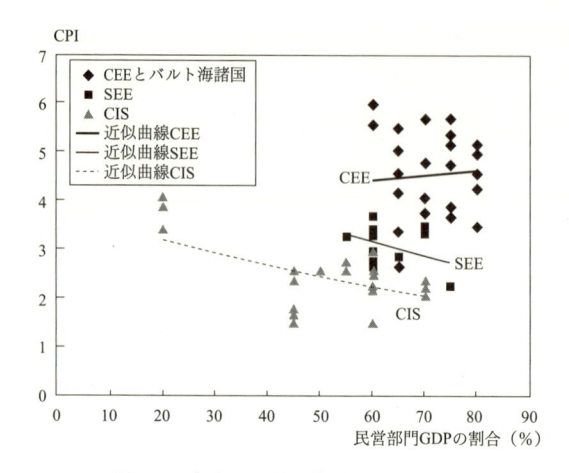

図7-2 腐敗と民営化率（1995-2000年）
出所）民営化率：*Transition Report* 各年版，CPI：*Global Corruption Report* 各年版より作成。

privatization）となり，そこから生じる制度的空白を利用して「国有資産の流失」が起こった[12]。

実際，移行経済国の民営化と腐敗との間には正の関係がありそうである。つまり，民営化を進めた国ほど腐敗の程度がひどいと考えられるが，果たしてそうなのだろうか？ いま旧社会主義国にかんして，1990年代後半の腐敗認知指数（CPI）と民営化率（民営部門のGDP比率）との関係を見てみよう（図7-2参照）。この図からどういうことがいえるだろうか？ まず地域によって両者の関係は異なる。CEEやバルト海諸国では民営化が進めば傾向として腐敗度は低下していくが，その関係はそれほど明確ではない。他方，SEE（南東欧諸国）やCISでは両者の間に負の関係，つまり民営化が進むほど腐敗もはっきり増大する傾向が見られる。つまり，民営化は腐敗の温床に必ずしもならないといえる。次に，全ての地域を合わせると，右上がりの関係，つまり民営化が進

---

[12] 中国における民営化の過程については今井・渡邉（2006）参照。国有企業の民営化に強烈に反対した郎咸平を中心に激しい民営化論争が起こったが，結局は制度化を優先するか，民営化を優先するかの問題に帰着しそうである。この点については第6章でも取り上げた。

表7-1 民営化と腐敗

民営化のタイプ	スピード	行政的裁量	透明性と情報へのアクセス	独立行政
ヴァウチャー型の大衆民営化	－－	－－	－－	－
清算	－	－	－－	－－
資本市場型民営化	＋＋	－	－－	－－
入札，売買	＋＋	＋＋	－	－
MEBO	＋	＋＋	＋＋	＋
自然発生型の民営化	＋	＋＋	＋＋	＋＋

注）－－，－は，腐敗の潜在可能性がきわめて低い，低いを示す。＋＋，＋は，腐敗の潜在可能性がきわめて高い，高いを示す。
出所）Kaufmann and Siegelbaum（1997）より。

めば進むほど，腐敗は抑制される傾向が見られる。

しかし，冷静に考えてみれば，両者の関係はそれほど強くないし，そもそも民営化と腐敗とを直接，かつ単純に結びつけるのはおかしいかも知れない。カウフマンとシーゲルボームは民営化は腐敗をもたらすのかを問い，4つの基準から民営化と腐敗の潜在可能性を分析している（Kaufmann and Siegelbaum 1997）。すなわち，(1)民営化のスピード，(2)行政の裁量性，(3)透明性や情報へのアクセス，それに(4)腐敗監視の独立した行政組織の存在，である。これに民営化のタイプを重ね合わせて見ると，タイプによって腐敗の起こる潜在的可能性が大きく違っていることが分かる（表7-1参照）。たとえば大衆民営化は最も腐敗が起こりにくく，逆にMEBO（経営者・従業員への資産売却）や自然発生的民営化では起こりやすい。次に，腐敗の起こる原因がタイプによって異なっている。たとえば民営化のスピードを上げれば拙速となり，売却による民営化では腐敗の可能性は高まるが，大衆民営化は操作可能性を小さくするから腐敗確率は低下する。他方，透明性は売却による民営化では一定程度保証されるから腐敗の可能性は低下するが，MEBOでは透明性の欠如が腐敗の温床になる。以上の「仮説」は，少なくとも民営化すれば即腐敗が起こり，蔓延するものではないことを示唆している[13]。

腐敗は，ある条件の下で発生し，拡大していくものである。その条件とは一体何か，以下やや理論的に考えてみよう。

3 腐敗現象の経済理論的分析

　腐敗の経済分析は，大きく分けて次の3つのタイプに分類できる。1つは，腐敗が何によって決まるのか，あるいはどのような条件の下で腐敗は起こりやすくなるのか，という腐敗の要因を分析するものである（以下，要因分析と呼ぶ）。もう1つは，腐敗が何にどのように影響を与えるのか，という腐敗の効果を分析するものである（以下，効果分析と呼ぶことにする）。もちろん，論理的に両者を分けることはできても，実際には切り離すことは難しい。そこで第3のタイプの分析として，両者の相互関係を取り上げた分析がある。というのは，腐敗の原因と結果とは往々にして密接に結びついているからである。ただし，実証においてはしばしば回帰分析が用いられるが，腐敗と他の変数との因果関係をテストすることはなかなか難しい。

　腐敗を経済理論的に捉えようとすると，そこにはいくつかの方法（モデル）がありうる。1つはベッカー流の「犯罪の経済学」を応用したものである。周知のように，ベッカーは犯罪にミクロ経済分析を応用し，「犯罪の経済理論」とでもいうべきものを築き上げた（Becker 1968）。彼の議論を単純化すれば次のようになる。いまある個人が犯罪を犯そうか，犯すまいか決定するに当たって，犯罪から得られる利益 B とそれに支払うコスト C とを計算し，限界利益の方が限界コストを上回るとき，その犯罪に着手すると見なす。他方，国民経済的に見れば，犯罪の被害全体と，犯罪を摘発，抑止するための費用全体とを比べて，前者が後者を上回れば社会は効率的に犯罪を抑制できることになる。ここで犯罪一般を腐敗（たとえば収賄）に限定すれば，収賄の費用対利益の両者から「最適腐敗度」が導出できることになる。いま腐敗の限界収益 ΔB と限界費用 ΔC が計算できたとしよう。通常の財の生産と同様に収賄の限界費用は逓増し，限界収益は逓減するものと仮定すると[14]，最適腐敗度は両者の交点 X

---

13) カウフマンとシーゲルボームによれば，企業をめぐる腐敗は官僚や政治家たちが企業に関与したり，干渉したりすることによって起こりやすくなる（Kaufmann and Siegelbaum 1997）。だとすれば，民営化は「脱政治化（depoliticization）」をもたらすものだから，本質的には腐敗を削減する働きがあるはずである。

で決まることになる（図7-3参照）。また，腐敗の費用を決定する要因をいくつか入れて費用関数を作れば，各要因の限界貢献度を測ることができる。その意味で，この種の腐敗関数は上記の区分に従えば腐敗の（実質上ミクロ的な）要因分析の手段ともいえる。

もう1つ，レントシーキング論を延長したものとして腐敗の効果に関する経済モデルを構築できる。たとえばクルーガーは国内生産（農産物）と輸入（非農産物）の2部門モデルを作り，自由貿易のケース，輸入割当のある，しかしレントシーキングのないケース，それに輸入割当があり，かつレントシーキングのあるケースに分けて社会的厚生がどうなるかを見たが（Krueger 1974），このモデルを適用・拡張し，移行経済における腐敗の効果にかんするモデルを作ることもできよう。たとえば，いま経済は計画生産物Aを生産する公有経済と市場生産物Bを生産する民間経済の2部門からなるものとし，完全市場経済のケース（これは移行が完全に終了した状態を指す），計画割り当てのある，しかし（やや非現実な仮定だが）腐敗のないケース，そして計画割り当てがあり，かつ腐敗がある場合に，社会的厚生がどのように変わるのかを見ることができよう。腐敗は確かに通常社会的厚生を低下させる。しかしクルーガーが示したように，生産物の弾力性如何によっては計画部門雇用や生産量が増大するケースもありうる。この議論を拡張していけば，先に見たレフ＝ハンチントン仮説が妥当するケースもありうることになる。

以上2つのモデルと比べて，移行経済国を念頭に置いたジョンソン＝カウフ

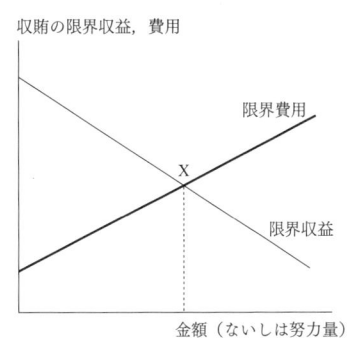

図7-3 最適腐敗度

---

14) 収賄も小額なら費用はそれほどかからないが，大がかりになると関係者も多くなり，またより上層部の公務員を巻き込んだりしたりするので，累進的に費用がかかるだろう。逆に収益の方は，通常の場合，次第に小さくなっていくものと予想される。もちろん，これはあくまでも「常識的な想定」であって，国家捕囚のように大がかりな場合，時には巨額な，かつ累進的な収益が期待されることもありうる。

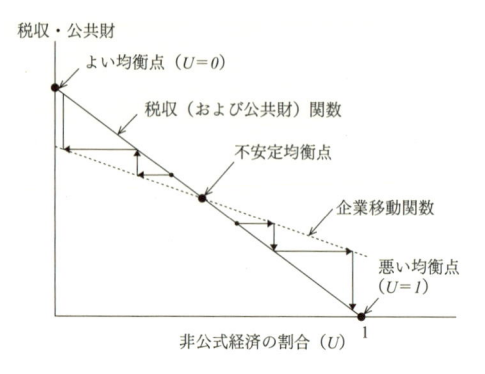

図 7-4 腐敗の JKS モデル
出所) Johnson et al. (1997) より。

マン＝シュライファー（以下 JKS と呼ぶ）の地下経済（unofficial economy）モデルは，税収，裁判制度などの公共財，それに地下経済の三者を関連づけたユニークなモデルとなっている。彼らは経済を公式経済，非公式経済に分け，前者には法的インフラという公共財の恩恵が与えられるが，他方税も取られる，後者は法的インフラの恩恵を被らないが税を払う必要はなく，しかしマフィアに「みかじめ料」を払って保護してもらうとする。そのとき，非公式経済がはびこれば税収は低下し，そのために生産や法的インフラができなくなるという関係（したがって税収，法的インフラ整備は地下経済の発達とは負の関係にある），また，法的インフラ水準と地下経済との関係（法的インフラ水準が上がれば公式経済に転換しやすくなるので，両者はやはり負の関係にある）という 2 つの関係（直線）から，3 つの均衡点，つまり(1)全て公式経済に収斂するという「よい均衡点」，(2)全て非公式経済に収斂するという「悪い均衡点」，それに(3)中間の不安定な均衡点があることが分かる（図 7-4 参照）[15]。その場合，企業が表の公式経済で活動するか，裏の非公式経済で活動するかは法的インフラの持つ効

---

15) いうまでもなく，2 本の直線の傾きが図のようになっていなければならず，また両直線が交叉していなければならない。もし企業移動関数の傾きが税収関数よりも大きければ，交点（存在するとして）に収束する。しかし JKS モデルでは（あるいは通常は），企業の方が政府（ないしは裁判所）より機敏であるから，「1 単位の法的インフラの低下」によって失う徴税可能な公式経済よりも，実際の非公式経済の増大は大きい。

果と企業のそれに対する認識の仕方（図における企業移動関数の傾き）によって決まることになる。ここで「非公式経済」を「腐敗」と呼び代えれば，これは腐敗の効果あるいは要因に関わる経済モデルにもなりうる。JKS モデルでは，かくして腐敗は政府の提供する公共サービスとそれに対する費用（税）との関係如何によって決まることになる[16]。

　腐敗がむしろ積極的に「潤滑油」になることを理論的に「証明」しようとしたのがルイである（Lui 1985）。彼はゲーム論的枠組みを用いて，行列の後ろに並んでいる人が賄賂を提供することで行列時間を節約することは行列の平均時間費用を最小にすることができる（ナッシュ均衡）ことを証明する。これは行列に並んでいる人の時間選好が異なるためである。

　このようにしてみると，腐敗はある場合には「合理性」があり，社会の「効率性」を向上させる効果を持ちうること，また，費用と便益との関係から最適「腐敗度」ともいうべきものがありうることが分かる。したがって，純粋に理論的レベルで考えると，腐敗を「絶対悪」だと断定できないことになる。

　その上，従来の議論は必ずしもミクロとマクロの違いを明らかにしてこなかった。たとえばクリットガードのモデルを拡充，変形し（Klittgaard 1988），次のようなモデルを考えてみよう。いまある企業ないしは個人が x ドルの賄賂を贈ることによって取引が促進され，x ドルはもちろんのこと，賄賂を贈らなかった場合の収益 z を補って余りあるはるかに大きい y ドルの収益（レント）を上げることができるならば，$(y-x-z)$ ドルの「純便益」をもたらすことができる。つまり，賄賂の限界収益率は $\Delta(y-x-z)/\Delta x$ となる。他方，その企業は違法行為を行っているのだから，摘発され，大きな費用を払う危険性がある。たとえば当事者が逮捕され，法的処分（罰金と懲役）を受けるばかりか，企業が行政処分を受けて2度とその事業に参加できなくなるかも知れない。その費用 c は（金銭で計れない費用も含めて）当然 y よりも，まして目先の $(y-x-z)$ ドルの「便益」よりも大きいはずである。しかし全ての犯罪が摘発され

---

[16] 同様な議論はアドヴィーグによっても展開されている。Advig（1991），pp. 57-94. 筆者未見だが，Bardhan（1997）に紹介されている。そこでは，役人全員が腐敗するケース，逆に清廉なケースと，不安定な均衡点があることが指摘されている。

ないのと同様に，その収賄事件も摘発を逃れるかも知れない。事件が摘発される確率を p とすると，その企業の「期待純収益」は $(1-p)(y-x-z)-pc$ ドルになる。その期待収益がマイナスになるならば，企業にとって収賄は「割に合わない」ことになり，腐敗に手を染めないはずである。このようにして腐敗の企業にとっての「合理的水準」，つまり均衡解が決まることになる。

p はその国における JKS の言う法的インフラの整備状況に大きく依存するから，そのインフラの「建設および維持」の程度を表す指標 j の関数 $p(j)$ であろう。したがって j を著しく高くし，収賄事件に限っても投下できる社会的資源を大幅に増やしたとしたら，p は 1 に近づき，企業にとって収賄の期待純収益はマイナスになるだろう。他方，マクロ的に見た場合，腐敗摘発総額は総費用を大きく下回ることになり，社会的に見てそれが「割に合う」かどうかは簡単には判断できない。たとえば，第 2 章で見たように国民の 6 人に 1 人が秘密警察内通者（協力者）だったともいわれる旧東ドイツでは，体制崩壊後に比べれば崩壊前の腐敗を効率的に抑制できていただろう。しかしそうした重苦しい，窒息しそうな社会は腐敗抑制の大きな代償を払っていたといえる。恐怖政治は，一方では腐敗を抑制できたかも知れないが，他方では社会的沈滞と経済的低迷をもたらしたのである。資源 j を多投するのではなく，むしろシステムを適切に設計，構築することで収益 y を減少させる方がマクロ的に見て合理的である。それは後述する腐敗対策にも深く関わっている。

腐敗はある意味で一種の社会的公害で，私的便益と社会的便益とが違うことに大きな問題がある。また社会的費用として果たして x だけを考慮すればいいのかとなると，決してそうではない。収賄が他の取引者の取引を妨げ，収益を落とすならば贈賄者の私的利益をもたらしても社会的に見ればマイナスになるかも知れない。取引に用いられる腐敗はある意味で税に似ているが，税とは異なり恣意的であり，不確実であり，さらにまたシュライファーとヴィシュニーが言うように秘密性が高いから投資に対して制約的である（Shleifer and Vishny 1993）。

4　腐敗の効果と要因：腐敗にかんする実証的計量分析（サーベイ）

　実際に腐敗は何によって決まるのか，また腐敗は経済に，あるいは社会全体にいかなる効果をもたらすのか，純理論的に明らかにすることは難しい。腐敗がなぜ起こるのか，いかなる要因がどの程度作用しているのか，さらにはどの程度，経済発展，たとえば経済成長や所得分配にマイナスなのか（あるいはプラスなのか）となると，最終的には実証分析によってしか判断できない。また実証分析には定性的分析と定量的分析の2種類があるが，「どの程度」かを測ろうとすれば定量的分析によらざるをえない。

1) 計量的腐敗分析の5類型

　さて，腐敗が補論3で紹介されているように測定し，定量化できるならば，それをめぐって計量分析が可能になる。対象を経済学的研究に絞るが，これまで数多くの実証研究が主として欧米諸国や機関でなされてきた。それは大きく分けてマクロ的研究かミクロ的研究か，また上述した腐敗の効果分析か腐敗の要因分析か，あるいは両者を総合したものかに分類できる。とはいえ，入手可能なデータに制約があるため，多くはマクロ的研究であり，しかも腐敗の原因論よりもどちらかといえば効果をめぐる議論に焦点が当てられてきた。それというのも，得られる腐敗指数が国・地域レベルのものが多く，また従来はレフ＝ハンチントン仮説を検証するという問題意識が強かったためだろう。以下この整理に従って腐敗に関する計量分析を簡単にサーベイしておこう[17]。

(1) マクロ的，腐敗効果分析

　腐敗は成長に役立つのか，それとも逆に阻害要因になるのか，レフ＝ハンチントン仮説をめぐる本格的検証は1990年代から盛んになったが，とりわけマウロの果たした役割は大きかった（Mauro 1993, 1995）。事実上，この種の研究

---

17) ここでは主として途上国ないしは移行経済国の腐敗を問題にするので，先進国内部の腐敗に関する計量的実証分析については省く。したがって，ピッツバーグ市およびその郊外の住民に電話調査した結果に基づき，腐敗と不平等との関係を実証したジョンストンなどのようなユニークな分析は除く（Johnston 1989）。

は彼の論文を嚆矢とするといっても過言ではない。彼は Business International (BI)（現在はエコノミスト・インテリジェンス・ユニットに継承）指数を用いて，各国の腐敗が発展水準や成長にどのように関係するのか，1980-83 年における 68 カ国のデータを調べ，腐敗が成長抑制的であるかどうかをさまざまな角度から検証した。具体的には 1960 年の 1 人当たり GDP，同じく中等教育の普及度，人口増加率をほぼ共通の操作変数にして，その他いくつかの変数を入れながら，①投資率，②成長率を決定する関数を推定する。その結果，腐敗は投資率を有意に引き下げる効果を持つこと，しかし腐敗は成長率を引き下げるという仮説に対しては直接には弱い支持しか得られないという結論を導いた。言い換えれば，腐敗→投資率の低下→成長率の低下というメカニズムが示唆されたのである。

このマウロの研究に刺激を受けて，その後腐敗にかんする数多くの経済的実証研究が展開されることになった。とくに世界銀行に関係するカウフマン，タンジ，それにウェイらは最も精力的に腐敗の成長に与える分析に取り組んできた。たとえば，タンジとダヴーディは，腐敗は公共投資の多さ，政府収入の少なさ，運営・維持支出の小ささ，公共インフラの質の低さにそれぞれ関係することを，BI 指数と Political Risk Services の ICRG (International Country Risk Guide) 指数（1980-95 年のパネルデータ）を基に，1 人当たり実質 GDP を操作変数に入れた簡単な回帰分析により実証している（Tanzi and Davoodi 1997）。

あるいはウェイは，FDI の受入れに腐敗，税率，資本統制がどのように影響するのかを調べ，これら 3 つの要因は相互に関係しあい，複雑な集計的効果をもたらすが，より腐敗した受け入れ国で税のもたらす負の効果は小さいとする見解は正しくないこと，また腐敗が厳しい資本統制を緩和するとする見解も必ずしも正しくはないことを，マウロが用いた BI 指数（1980-83 年調査），それに TI 指数を基に実証している（Wei 1997, 1999）。

(2) ミクロ的，腐敗効果分析

ミクロ（企業）レベルのデータを用いて腐敗が企業の成長に有効だったかを実証した研究も，少数であるが見られる。たとえば，フィスマンとスヴェンソンは腐敗は課税よりも経済に悪影響を与えるというシュライファーとヴィシュ

ニーの議論（Shleifer and Vishny 1993）をウガンダにおける企業レベルの調査（Ugandan Industrial Enterprise Survey. 1998年，243企業，5地域，14産業で実施）において実証している。そこで用いられる腐敗指標は主観的認知度ではなく，賄賂の額を収集したことに特色がある。彼らは被説明変数として企業の成長（販売伸び率）をとり，説明変数として腐敗／販売額，税／販売額，企業規模，企業の年齢，外国貿易，外資比率をとって回帰分析を試みた。その結果，税も腐敗も成長に抑制的であること，前者は1%増大すれば1.5%，後者は3.5%，それぞれ成長率を低下させるという結論を導いている。すなわち，仮説どおり腐敗の方が税よりも企業の成長に対して負の効果を持つことが分かる（Fisman and Svenson 2000）。

同じくカウフマンとウェイはミクロデータを用いての「効率的潤滑油（efficient grease）」仮説，言い換えればレフ＝ハンチントン仮説の検証を試みている（Kaufmann and Wei 1999）。彼らは *Grobal Cometitiveness Report* 1996, 1997と *World Development Report* 1997のサーベイデータを用いて，腐敗と役人のために無駄にした時間（いずれも主観的評価に基づく）との間にはプラスでかつ有意な関係があることを導いている。つまり，賄賂を払ったとしても役所での手続きが簡素化されるわけではなく，したがって，上記の仮説は支持されないことになる。ただし，後述するように，腐敗も大がかりな国家捕囚となると別で，ミクロ的に一部国家捕囚した企業だけに効果がある。

(3) マクロ的，腐敗要因分析

それでは腐敗は何が原因で起こるのだろうか？　アデスとディ・テラは，腐敗を説明する変数として政治的権利，犯罪予防率，輸入依存度，その他に発展水準を示す指標として1人当たりGDP，平均就学年数，さらに産業政策を示す指標として公共調達の対外開放度，企業に対する財政面の平等度の2つを取り，*World Competitiveness Report* の腐敗指数，およびもう1つの腐敗指数としてドイツのノイマンが集めた指数を採用して多元回帰分析により検証する（Ades and Di Tella 1997）。その結果，1人当たりGDPは有意ではないが，就学年数は全てに有意（マイナス）であること，政治的権利はほとんど有意に出ないこと，犯罪予防率，輸入依存度も部分的に有意（マイナス）であること，さ

らに調達の開放度と財政面の平等度も腐敗に有意（プラス）に作用していることが分かった。

一方，レーダーマンらは，腐敗指数として ICRG のデータを用い，1984-99 年，最大 178 カ国にかんしてパネルデータ分析を試み，次のような結論を導いている（Lederman et al. 2001）。すなわち，腐敗は，民主主義，議会制，政治的安定性，報道の自由に応じて体系的に減少すること。意思決定がより自律的であるという意味での政治的分権化は腐敗を増大させるが，支出がより分権化されるという意味での分権化は腐敗を減少させること。さらに政治的変数はクロスセクションで見てもタイムシリーズで見ても腐敗を決定する最も重要な要因の1つであると結論づけ，上記のアデスとディ・テラの結果とは異なった見解に立っている。

(4) ミクロ的，腐敗要因分析

企業レベルの調査を使って腐敗の要因を実証分析した例としてクラークとシュイのものがある（Clarke and Xu 2002）。彼らは上述した BEEPS を利用して，賄賂が電力と通信という公共インフラ部門にどのような原因で，いかなる条件の下で支払われたのかを統計的に検証している。そしてそこから次のような結論を引き出している。すなわち，公益企業に大きな潜在能力（capacity）があり，競争が激しい国，公益企業が民営化されているところではその部門への賄賂は低い。他方，賄賂の提供側にかんしては，利益のより高い企業，公益企業への未払い（overdue）が多い企業，それに新規私営企業ほどより高い賄賂を支払うようである。

同じデータを用いて，ヘルマンらは行政的腐敗，影響（influence），国家捕囚の決定要因を探っている（Hellman et al. 2000）[18]。彼らはこうした腐敗が企業の所有制（国有企業であるか，民営化した企業か，それとも初めから民営企業か）や企業規模，市場の強さ，役人への接近のしやすさ，財産や契約権の保証の程度とどう絡んでいるかを回帰分析により分析している。そして彼らの結論の一例

---

18) 「行政的腐敗」とは役人に対して直接金銭などの対価を提供して私的利益を得ることを指し，「影響（influence）」とは，そうした対価を伴わないで役人や政府に働きかけることを指している。

を挙げれば，初めから民営だった企業，あるいは小企業が行政的腐敗や国家捕囚を行いがちであるのに対して，国有企業や大企業はむしろ影響力を行使しようとしているという。

やはり同じデータを用いながら，もっと包括的に国家介入と腐敗，企業と国家との関係に切り込んだのがヘルマンとシャンカーマンである (Hellman and Schankerman 2000)。彼らは一国内の企業レベルでは国家介入，国家からの移転支出，それに腐敗は代替関係にあるが，国家というマクロレベルではそれらが補完的関係にあることを統計的に立証している。同じく旧ソ連の共和国にかんして体制移行と国家捕囚の関係を，企業と国家の関係から追究したのが岩崎と鈴木であり，彼らも BEEPS データを利用している (Iwasaki and Suzuki 2007)。

(5) 腐敗のマクロ的要因，効果の多面的分析

最後に，腐敗を中心としながら，それがどのような要因によってもたらされたのか，またどのような効果を他の要因に与えているのかを総合的に分析したものとしてウスラナーを取り上げよう (Uslaner 2008)。彼は腐敗と不平等，信頼，有効な政府に関わるマクロ的総合的モデルを提示し，そのモデルに基づき計量分析を試みている。その結果，不平等と腐敗との間に直接には強い相関はないが，不平等→低い信頼→腐敗といった因果的関係が見られることを発見している。

2) いくつかの含意

腐敗にかんする実証的，計量的研究はこれ以外にもまだまだ多数あるが，紹介はこのあたりで止めることにしよう。ところで，以上のような整理とサーベイからどのような含意や仮説を導くことができるだろうか。まず第1に，腐敗が成長促進的だとするレフ＝ハンチントン仮説はマクロ，ミクロの両面からほぼ否定される。最近出された腐敗に関する議論の中で，この仮説を支持するか，あるいは腐敗を「弁護する」ものはブラギンスキーを除けば，ほぼ皆無である (Braguinsky 1996)[19]。少なくとも，腐敗に関する実証研究で腐敗の効果を積極的に支持する議論は出されていない。

腐敗は単に成長抑制的であるばかりではなく，所得分配の悪化にも，あるい

表7-2 腐敗のもたらす影響と効果

効果の種類・対象	結　果	文　献
1人当たりGDP成長率	$-0.3 \sim -1.8\%$	Mauro (1996)
	$-0.7 \sim -1.2\%$	Leite and Weidman (1999)
	-0.6%	Tanzi and Davoodi (2000)
	$-1 \sim -1.3\%$	Abed and Davoodi (2000)
投資率	$-1 \sim -2.8\%$	Mauro (1996)
公教育支出/GDP	$-0.7 \sim -0.9\%$	Mauro (1998)
公的医療支出/GDP	$-0.6 \sim -1.7\%$	Mauro (1998)
所得不平等（ジニ係数）	$+0.9 \sim +2.1\%$	Gupta, Davoodi and Alonso-Terme (1998)
貧困者の所得成長率	$-2 \sim -10\%$	Gupta, Davoodi and Alonso-Terme (1998)
税収額/GDP	$-1 \sim -2.9\%$	Ghura (1998)
政府収入/GDP	$-0.1 \sim -4.5\%$	Tanzi and Davoodi (2000)
軍事支出/GDP	$+1\%$	Gupta, de Mello and Sharan (2000)
出生乳児死亡率	$+0.11 \sim +2.7\%$	Gupta, Davoodi and Tiongson (2000)
小学生退学率	$+1.4 \sim +4.8\%$	Gupta, Davoodi and Tiongson (2000)
公的投資比率	$+0.5\%$	Tanzi and Davoodi (1997)
良好な舗装道路比率	$-2.2 \sim -3.9\%$	Tanzi and Davoodi (1997)

出所）Davoodi（2001）より。表中の各文献は同論文参照。

は幼児死亡率の上昇や小学生の退学率にも関係のあることが指摘されている。むしろ問題は腐敗度を1％低めることは成長，分配，社会的諸指標の改善にどれだけ効果があるか，にある。IMF関係の研究者が行った研究成果の一覧を見ると，腐敗度の悪化（低下）のもたらす発展抑止（改善）効果の程度が見て取れる（表7-2参照）。すなわち，腐敗は経済発展に多様な悪影響を及ぼし，貧困にも深く絡んでいることが分かる。トーマスら世銀グループがまとめた腐敗と貧困との直接的（immediate）連関表を見れば，腐敗がいかに多様なチャネルで貧困を引き起こしているかが分かる（Thomas et al. 2000, Table 6.1）。

それではなぜ腐敗は貧困，ひいては経済発展全体にマイナスなのか？　腐敗と経済発展を結ぶチャネルを調べてみると，マウロによれば1つは投資インセ

---

19) ブラギンスキーは，計画経済時代の投資が官僚によって押さえられていることを念頭に，その場合，贈賄によって投資資金を引き出し，新規の事業投資を行えば経済成長に役立つと主張する。しかし，その時代の贈収賄の多くは生産的なものではなく，コンサートのチケットを手に入れたり，汽車の切符を買うための消費的なもの，あるいは出世するために上司に賄賂を贈るような非生産的な行為に使われたのではなかろうか。

ンティブを低下させること，もう1つは公共インフラのサービスの質を低下さ
せ，税収入を減らし，有能な人材をレントシーキングに向かわせ，政府支出構
造を歪めるからだという (Mauro 1998)。あるいは，タンジとダヴーディに言
わせれば（マウロの説と一部重複するが），以下のような5つのメカニズムが働
くからだと言う (Tanzi and Davoodi 2000)。つまり，(1)腐敗は企業の費用を増
加させ，その収益率を低下させる。またそれはとくに中小企業に打撃を与え
る。(2)腐敗は投資の規模と質とを低下させる。(3)腐敗社会は技術者に比べて
より多くの法律家を必要とし，人材の配置を歪める。(4)腐敗社会は（財政支
出構造を歪め）教育や健康への支出を相対的に減少させる（逆に無駄な公共投資
や軍事支出を増やす）。(5)腐敗した国は徴税率が低い（したがって財政収入を減
少させる）。

　しかしこうしたチャネルに加えて，また補完して，次のようなメカニズムも
存在しているように思われる。まずウェイルが言うように，(6)腐敗が投資一
般というよりも海外からの投資を低下させることである。海外の投資家が，法
制度の完備した，賄賂のような無駄な出費を伴わない国により惹かれるのは間
違いない。しかしより重要なメカニズムは，(7)腐敗が適切な制度の形成・実
行を妨げ，「低信頼社会」を作ってしまうことだろう。この点は，上述したウ
スラナーによっても強調されている。腐敗した社会において法律の厳格な執行
(enforcement) が期待できないとすれば，取引そのものが成り立たなくなる恐
れがある。あるいはマフィアのような私的司法・警察組織が横行することにな
り，社会全体の治安や秩序が乱れるとすれば，それだけで公式経済における成
長に多大な影響が出てくる。

　BEEPSのデータを用いて移行経済国の企業の例を見てみると，国家捕囚を
行った企業はそうではない企業に比べて販売額の増加率で大きく上回ったとい
う (World Bank 2000)。しかし国家単位で見ると，重度に国家捕囚を行った国
では販売額の増加率は軽度の国家捕囚を行った国に比べて逆に下回っていた。
このことは，ミクロで見た腐敗の効果とマクロで見たそれとは必ずしも一致し
ないことを示している。実際，企業としては全く効果が期待できない政府役人
たちに賄賂を贈るはずもない。しかし，国家捕囚企業（captor）が得をした分

だけ,非捕囚企業(noncaptor)は損をするから,全ての企業を合計すれば決して販売額は増えないはずだし,より重要なことは,そうした行為や考えが制度に対する信頼を落とし,国家全体から見れば,そして間接的に企業全体から見ても,経営効果の向上には役立たないのである。

　第2に,腐敗の決定因についてだが,これについては多種多様な議論が成り立ちうるし,どれが主要な要因か,これまでのところ必ずしも絞りきれてはいない。経済が低発達なためか。それとも政府や公共部門が強すぎるためか。それならばなぜシンガポールにおいて腐敗度は低いのか。あるいは政府も市場も発達していないためか。それとも政治が民主的でなく,社会に透明性が欠けるためか。またしばしば指摘されるように公務員の給与が低いために腐敗が発生するのか。あるいはウスラナーが言うように,不平等が内在的な原因になっているのか。このようにさまざまな要因が考えられ,また実証作業においてこれらは説明変数に登場してきた。しかしどれが最も決定的な要因となるかについては,まだ一致した結論は出ていないように思われる。贈り物の習慣が国によって,あるいは文化圏によって異なり,ある国では贈賄と見なされる行為も,別の国では社会的儀礼と見なされるかも知れない。そういう意味で,文化も腐敗の決定に関わってくるだろう。ネポティズムの強い社会とそうではない社会とを比べたとき,前者においてより腐敗が発生,拡大しやすいことは容易に想像できる。

　しかし,腐敗の決定因が多様で,また最大決定因がまだ定まらないといっても,「最大公約数」的に有力な要因は明らかになってきたように思われる。1つは「制度化」ないしは制度の発達が腐敗の発生や深刻化に大きく関係していることである。ブルネッティらは,高い制度的信頼性は,その具体的測定法にかかわらず,経済実績に効果的であることを先に紹介した世銀のWBES 1997年調査を使って20の移行経済国について立証している(Brunetti et al. 1997)。ここでいう制度的信頼性とは,ルールの予測可能性,政治的安定性,財産権の安全性,司法的信頼性(judiciary reliability),そして腐敗の欠如を指す。「はじめに」で述べた腐敗研究の意義が改めて確認されたといえる。とはいっても,制度化が歪んだ形で進めば繁文縟礼(red tape)という形式化をもたらし,その

ことが腐敗を助長する一因にもなるだろう。

　もう1つは，独占や規制の存在が腐敗を生み出しやすいことである。独占があり，規制があるからレントシーキングが発生しやすい。したがって，他の条件を一定とすれば，市場化が進み，競争が激しくなっていけば腐敗の頻度は低下し，その規模も縮小することになる[20]。途上国の腐敗問題に詳しいクリットガードは，自ら観察した途上国における体験から次のような腐敗抑止のための公式を導く[21]。

$$腐敗＝独占＋裁量－説明責任$$

つまり，独占ではなく競争を，裁量でなくルールを作り，そして説明責任（accountability）を高めることで，腐敗は抑制できるというのである。

　第3に，これまでの実証研究の積み重ねの結果，腐敗のメカニズムが少しずつではあるが次第に明らかになってきた。たとえば，アベドとダヴーディは，腐敗は公共政策と制度の弱さの表れだという仮説を移行経済国に対して実証し，4つの成果指標（成長，インフレ，財政収支，FDI）にかんして，構造改革の方が腐敗抑制よりもそうした実績に有効であることを示している（Abed and Davoodi 2000）。そして腐敗は単独では成果指標と関係を持つが，構造改革と合わせたとき，（パネルデータの場合は別にして）説明力を失うこと，つまり間接的に（構造改革を経由して）成果に働きかける事実を発見している。こうした分析が可能なのも，ひとえに腐敗の定量分析が進んできたためである。

5　抑止，軽減のための政策

　移行経済，とくに中国やロシア，ヴェトナム，それに中央アジア諸国のような国々では，なぜ腐敗が蔓延し，深刻化しているのだろうか？　まず腐敗の一

---

[20] 中国の腐敗にかんして，産業独占が腐敗に強く関係していることを胡は指摘している（胡主編 2002）。
[21] ヒューザーとシャーは次のような公式を提案する。腐敗による期待純収益＝腐敗取引数×腐敗取引収益の期待値－罰則支払いの確率×腐敗行為に対する罰則（Huther and Shah 2000）。

般的原因を探ることから考えてみよう。

　前節で見た腐敗の要因分析の主な目的は，いうまでもなく腐敗抑制の手段を求めることにある。より正確にいえば，これまで数多く提言された腐敗防止・抑制策の効果を計測することにあった。

　腐敗にかんする実証的研究が華々しく展開される前から，腐敗対策については議論されていた。クリットガードは委託者（プリンシパル），代理人（エージェント），それに顧客の三者における情報の非対称性こそ腐敗の根本原因だとして，具体的に以下の施策を提案する（Klittgaard 1988, ch. 3）。すなわち，(1)誠実さと能力（capability）のある代理人の選択，(2)代理人（および顧客）に対する報酬と罰則，(3)腐敗発見の機会を高める情報の収集と分析，(4)上記公式の独占＋裁量－説明責任を抑制するような三者関係の調整，(5)腐敗に対する態度の変化。ここでいう態度には，上述した文化も含まれよう。中国でしばしば展開される腐敗撲滅キャンペーンなどは，人々の態度を変化させることを目的とした運動だが，繰り返し提起されているところを見ると，それだけでは空しい試みだったことが分かる。

　あるいは，1970年代にすでに腐敗にかんする先駆的な理論研究を出したローズ・アッカーマンは世銀やUNDPのプロジェクトに深く関与し，腐敗を経済，政治，それに文化の側面から総合的に追究し，官吏による背任行為（malfeasance）である腐敗誘因を低減する対策として以下の数点を挙げる（Rose-Ackerman 1999, ch. 4, 5）。すなわち，(1)腐敗を引き起こしやすいプログラムの廃止（たとえば補助金や価格統制をなくし，市場競争を活発化させれば腐敗は抑制できる）。ここには先にも指摘した独占の廃止も含まれる。とはいえ，それは即政府を小さくすることではない。(2)民営化。図7-2が示唆しているように，民営化は本来腐敗抑制の効果を持つはずである。ただし，その過程はオープンで透明性の高いものでなければならない。(3)公的プログラムの改革。たとえば簡素な税制への改革である。(4)行政における競争的圧力。ピラミッド構造の行政組織では官吏の持つ独占力が腐敗を生み出しがちである。(5)反腐敗諸法の抑止力。法を作るだけではなく，厳格に執行されなければならない。(6)政府調達制度の改革。この部門に腐敗が発生しやすいことはよく知ら

れている。そして最後に(7)公務員手当の改革。彼らの俸給が低いから腐敗に染まりやすくなる。こうした政策や制度が腐敗度の大小に関連していることがこれまでの実証研究で明らかになったのである[22]。

　以上の整理をとくに体制移行と関連づけて考えてみると，どのような腐敗形態にせよ，制度的空白や不完全さと腐敗とは密接に結びついているから，他の条件を一定として，腐敗は体制移行に伴って発生しやすい。したがって，腐敗を抑制するためには，「他の条件」を変えることが移行経済国において求められてくる。上記のクリットガードの公式に則っていえば，透明性や「説明責任」を強めようとするなら，民主主義，とくに政治体制の改革や市民的自由（civil liberties）の拡大が必要となるだろう。「裁量」や「独占」を小さくするなら市場経済化をさらに進めなければならない。したがって，独占や規制は制限されなければならない。それは企業の民営化に結局結びつく。同時に，効率的でスリムな政府を作ることである。

　それに加えて初期条件を考慮することも大事である。一部の移行経済国には他の国に比べると腐敗発生に都合のいい初期条件が備わっている。1つは国家社会主義体制に特有な強い国家権力の持つ制度的初期条件である。移行後も国家が相変わらず強大な権力を持つと，それに取り入って利益（レント）を得ようとする企業や個人が多く現れがちである。「官製資本主義国」中国や，政治の専制支配に慣れているロシアはその典型例といえる（前章参照）。もう1つは，CISのように，「上からの体制移行」が行われた場合，市民的自由が育ちにくいことである。政府に批判的なジャーナリストが簡単に消されてしまう社会では，国家捕囚は決して根絶できない[23]。

　市民的自由と経済改革が腐敗にどのように関係しているのか，BEEPSのデータから3者の関係を見てみよう（図7-5参照）。この図から明らかなよう

---

22) 上記のヒューザーとシャーの公式から，腐敗抑制のための政策が導かれる。すなわち，(1)取引の総収益額の引き下げ，(2)取引回数の削減，(3)罰則支払い確率の引き上げ，(4)罰則額の引き上げ，である。
23) われわれの見るところ，中国をはじめとする社会主義国に報道の自由という抑止手段が欠けているのが決定的である。官製の「規律検査委員会」を作るよりも，報道の自由を制度的に保証し，腐敗した関係者を社会的監視の下に置く方がはるかに効率的である。

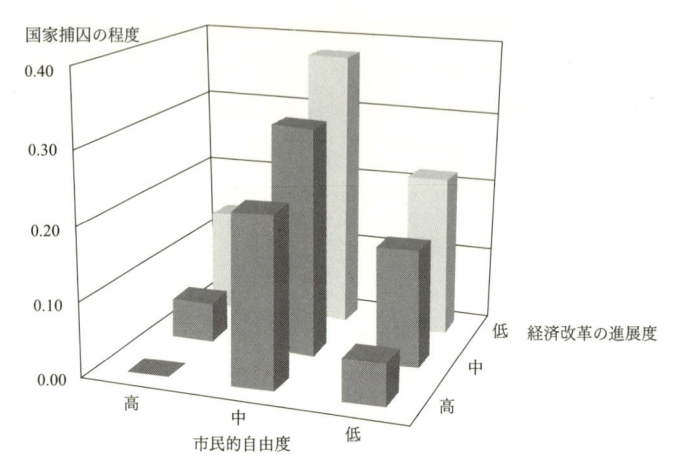

図 7-5 経済改革，市民的自由および国家捕囚
出所）World Bank（2000）より。

に，国家捕囚を最も抑制できるのは市民的自由を最大限保証し，かつ経済改革を進める国である。逆に，最も国家捕囚を深刻化させるのは，経済改革が最も遅れ，かつ市民的自由が意外にも中程度にある国である。恐らく，市民的自由が最も欠けている国は，たとえば専制的，ないしは恐怖政治を使って腐敗を比較的抑制できるのだろう。CPI で測って，アジアで最も腐敗度の小さい国はシンガポールであるが，その市民的自由は日本を下回り，政府批判の自由がなく，きわめて権威主義的な政治社会体制が採用されていることはよく知られている[24]。

　もちろん，こうした改革を全て，また同時に実行することは難しい。さらに各国ごとに条件は異なり，腐敗の有り様もそのメカニズムも違っている。それゆえ政策の順序（シークエンシング）にも差が出てくるだろう。しかし政策の方向性はこれまでの議論と実証の中からほぼ明らかになったのではなかろうか。すなわち，制度化，とくに法の支配の貫徹がまず重要である（前章参照）。

---

[24] もちろん，シンガポールのような小さな国では専制的支配が腐敗抑制に効果があるが，それだけではなく，この国の公務員給与が高いことも腐敗抑制に関係している。

その場合，単に法律を作ったり，政府や裁判所を強化するだけで十分だというわけではない。適度なチェック・アンド・バランスを持った制度が設計されなければならない。以上のことを言い換えれば，これまでも指摘したとおり，結局は制度の発達と有効化ということに帰着する。

COLUMN 7

レフ＝ハンチントン仮説とミュルダールの「軟性国家」論

　上述したように，（ある程度の）腐敗は成長にとって有効とするレフ＝ハンチントン仮説は，さまざまな実証によってほとんど否定されてきた。では，そもそもこの仮説はどのようなロジックを基にしてできているのだろうか？　まず議論の出発点となったレフの議論を振り返ってみることにしよう。

　レフは次のように指摘している。「賄賂（graft）は，政府を成長促進的な活動に対してもっと好意的に仕向ける。なぜなら賄賂を受けた官僚は企業家のためにもっと行動的な行為を取るからである。腐敗はまた政府の政策や政治的未知の部分を小さくして，投資にとっての確実性を高めるから，高い投資率が可能になる」(Leff 1964)。したがって腐敗は経済発展に役立つことになる。

　ハンチントンも腐敗の積極面を指摘して，「腐敗は経済の拡大を妨げる伝統的法律ないし官僚的規制を克服する1つの方法となりうる」と述べ，厳格な官僚制の持つ成長への逆効果を捉えて次のようにも言う。「経済成長という点で見れば，厳格で過度に集権的な，（しかし——引用者）不誠実な官僚制を持つ社会より悪いのはただ1つ，厳格で過度に集権的な，（そして——引用者）誠実な官僚制を持つ社会である」(Huntington 1968)。喩えていえば，かつてのソ連のようなゴリゴリの集権官僚体制よりも，現代の中国のように「分権的」で官僚的規制の弱い体制の方が成長にとって望ましい。そして腐敗は確かに後者のような体制において蔓延しているのである。

　彼らのような議論に対して，ミュルダールは「軟性国家（soft states）」論を出して強く反論している。つまり，ミュルダールに言わせれば途上国では官吏の汚職・贈収賄が広範囲に見られ，腐敗は煩瑣な行政手続きを促進し，それが経済発展を強く阻害していると警鐘を鳴らした（ミュルダール＝キング 1974）。彼は次のように述べている。「南アジアにおいて腐敗は煩瑣な行政手続きをスピード・アップするのだという，西欧の研究者によって表明されいる一般的な観念は，明らかに間違っている……腐敗が伝統的社会の制度と態度のなごりに深く根ざしているような諸国，しかも日常の出来事のほとんどすべてが個人的利得への刺激と機会とを増大しているような諸国における改革の可能性を考慮するとき，腐敗に反対する公衆の叫びは，建設的な力であると見なされなければならない……南アジア諸国は，国家活動が拡大しつつあり，しかも裁量的統制が必要以上に選好さ

れている歴史的時期にあって，おびただしい腐敗と戦わなければならないのである」（同，247-49 ページ）。ここでミュルダールは南アジアを対象に語っているが，もちろん，これを途上国一般に読み替えても構わない。

彼の主張は，途上国は経済発展のために「計画化」が必要であり，そのために国家の領域が拡大していくが，しかし，伝統的に「温情主義 (paternalism)」が強い社会にあっては，「国家の役人がなしうることについての異常なほどの期待と，国民に対して物事を組織してくれるのが役人の仕事だという感覚が存在する」（同，160 ページ）ので，腐敗は構造化してしまっている，という点にある。もしかすると，この議論は今日のロシアや中国にも妥当するのかも知れない。

第8章

体制移行の評価

はじめに

　体制移行が始まって，中国の場合30年が経ち，ヴェトナムの場合には23年，CEE（中欧諸国）では20年，そしてCIS（ロシア，ウクライナなどと中央アジア諸国）では18年が経った。当然この過程と結果についてさまざまな評価が可能である。体制移行が成功だったと感じる人もいれば，失敗だと見る人もいるだろう。ほとんどの論者は，少なくとも（狭義の）体制移行にかんしては「中国は成功，ロシアは失敗」と評価している。しかし，単純にそう見ていいのだろうか？　広義の移行という点ではどうなのか？　また，たとえば中国を中欧諸国と比較してみたらどうなのだろうか？　中国は中欧の道を，中欧は中国の道をそれぞれ高く評価するだろうか？　その前に，そもそも体制（移行）を評価するということはどういうことなのだろうか，またどのように評価すべきなのだろうか？

　本章では，まず体制移行の評価の方法や基準について考え（第1節），次に実際に移行経済国を評価した具体例を検討する（第2, 3, 4節）。その後で，中国と中欧（たとえばポーランド）の体制移行にかんしてどのように考えるべきか，われわれなりの考えを整理してみよう（第5節）。

1 体制移行をどう評価するか[1]

　移行結果はすでに第5章で見てきたが，それではそうした移行結果をどのように評価すべきなのだろうか？　どのような結果を対象にするかによっても，また誰が評価するかによっても結論は違ってくる。評価それ自体が価値観の反映であるだけに，客観的にして公平な評価などあるはずもない[2]。とはいえ，ある種の価値基準の下で，**比較的公平な**評価はありうるように思われる。実際，この世の中にはさまざまな，また多元的指標でもって個人や企業，あるいは組織の結果を評価しているではないか。前章で紹介した腐敗指数も，そうした多元的指標を総合したものである。そこでまず結果を評価する基準を一般論として整理してみよう。

　最初に，体制移行の結果にかんする評価方法にどのようなものがありうるのか，考えてみよう。第1に，何をどれだけ達成したか，それに要した費用はいくらかという，いわば「費用対効果分析」の手法を用いる方法がある。ただし何を費用に，どのような指標を効果に選ぶかによって結論は違ってくる。成長率や失業率，インフレ率などを総合したマクロ成果指標だけを用いれば，中国やヴェトナムが旧社会主義国に比べて圧倒的に成績がいいことは第5章からも明らかである。しかしそうした成績は，たとえば中国の場合，天安門事件や法輪功事件といった人権弾圧の犠牲を伴ったものともいえる。そうすると，政治的不自由度を費用として考えるのなら，その費用の取り方によって中国やヴェトナムが必ずしも最も優れた移行実績を示したとはいえないかも知れない。

　狭義の移行に焦点を当てるなら，費用としてもっと（社会）経済的な指標を取るべきかも知れない。仮にカンポスとコリチェッリが強調するように，就学率や労働参加率，平均余命などを移行費用に取ったらどうか（Campos and Coricelli 2002）。表8-1が示すように，中国やヴェトナムは，ロシアやウクライ

---

1) 本節と次の節は，中兼（2008）の第3節部分を修正，拡張したものである。
2) 単純に経済実績だけからある国の成果を評価しようとしても，多数ある実績指標から何を選ぶのか，また選んだ指標をどのように総合するのかという点で，必ずある種の価値観が入ってくる。

表8-1 移行経済国における平均余命の動き

(歳)

	1990	1995	2000	2005
CEE				
チェコ	71.4	73.1	75.0	75.9
ハンガリー	69.3	69.8	71.2	72.6
ポーランド	70.9	71.9	73.7	75.0
スロヴァキア	70.9	72.3	73.2	73.9
スロヴェニア	73.3	73.4	75.9	77.6
SEE				
アルバニア	71.9	72.4	74.7	75.5
ボスニア・ヘルツェゴビナ	72.1	72.8	73.6	74.4
ブルガリア	71.6	71.1	71.7	72.6
クロアチア	72.2	72.1	73.8	75.7
マケドニア	71.6	71.9	72.9	73.8
ルーマニア	69.7	69.5	71.1	71.7
セルビア・モンテネグロ	71.6	72.0	72.5	72.8
バルト海諸国				
エストニア	69.5	67.8	70.9	72.6
ラトヴィア	69.3	66.4	70.4	71.4
リトアニア	71.2	69.0	72.0	71.3
CIS				
アルメニア	68.5	69.6	72.5	73.3
アゼルバイジャン	70.8	69.0	71.8	72.3
ベラルーシ	70.8	68.5	68.0	68.5
グルジア	70.2	70.3	70.3	71.3
カザフスタン	68.3	64.9	65.5	66.2
キルギスタン	68.3	65.8	68.6	68.3
モルドヴァ	68.3	65.7	67.9	68.3
ロシア	68.9	65.2	65.3	65.5
タジキスタン	63.2	63.2	63.4	64.0
タルクメニスタン	63.0	63.1	62.6	62.9
ウクライナ	70.1	67.1	67.9	68.0
ウズベキスタン	69.2	69.2	67.9	67.4
中国	68.9	69.4	70.3	71.8
モンゴル	62.7	64.2	65.1	66.8
ヴェトナム	64.8	67.1	69.1	70.7

出所) World Development Indicators Databaseより作成。

ナ，モルドヴァ，それにバルト海諸国といった一部の旧ソ連諸国のような平均余命が低下するような「人的犠牲」を伴うことはなかった。つまり，こうした国々では体制移行が，あるいは失業率の上昇を通じてか，あるいは社会保障の低下を通してか，はたまた社会不安がもたらすアルコール摂取量の増大を原因としてか，ともかく死亡率が高まったのである。しかし「移行先進国」であるCEEでも全くそうした犠牲は見られない。

　同じく中等学校就学率で見ると，中央アジアをはじめとするCIS諸国の多く，ルーマニアやアルバニアといったSEE（南東欧諸国），そのうえチェコやエストニア，ラトヴィアといったCEB（CEEとバルト海諸国）の一部の諸国でも移行後一時期就学率が低下している。これは恐らく「転換不況」を経験した国では子供の教育どころではないほど経済状況が一部の家庭で悪化したためだろう。ところが，中国とヴェトナムでは就学率は逆に急速に上昇している。しかし，他にも就学率が下がらなかった，ないしは上がった国はあるのである（たとえば，ハンガリーやブルガリア，リトアニアなど）（表8-2参照）。すなわち，転換不況を経験した国が必ず人的犠牲に耐えなければならない，ということはない。労働参加率で見ても大体似たような傾向が見られる。

　さらに他の指標を費用として取ったらどうだろうか？　たとえば失業を費用の一種として見れば，第5章で見たとおり，失業率はCISが低く，CEBが高い傾向にあった。それに対して中国の失業率は必ずしも国際比較可能ではないが，恐らくCEEよりは低く，CISよりは高い。さらに腐敗や，本書では取り上げなかったが環境悪化を体制移行の費用に組み込んだらどうか？　この場合，恐らく中国やヴェトナムはCIS等と並んで大きな移行費用を支払っているに違いない。

　この「費用対効果分析」法の最大の問題は，異なる費用とさまざまな効果をどのように総合するかにある。たとえば，失業と人的犠牲にどのようなウェイトを付ければいいのか，あるいは環境悪化と就学率の低下・向上をどう総合すればいいのだろうか？　一番簡単な方法は等しいウェイトで集計することだが，結局は，以下で述べる人々の意識と評価に頼るしかないように思われる。

　第2に，移行の受益者数で評価する方法も考えられる。この方法の方が客観

表8-2 移行経済国における粗就学率（中学）の動き
(%)

	1991	1999	2004
CEE			
チェコ	91.2	82.5	95.7
ハンガリー	78.6	93.6	96.5
ポーランド	81.5	99.3	96.7
スロヴェニア	88.9	100.8	99.8
SEE			
アルバニア	78.3	73.9	78.0
ブルガリア	75.2	90.8	102.1
クロアチア	76.2	84.5	88.3
ルーマニア	92.0	79.2	85.1
バルト海諸国			
エストニア	98.5	92.9	98.1
ラトヴィア	91.0	88.6	96.6
リトアニア	92.2	96.3	102.1
CIS			
アゼルバイジャン	87.5	76.3	83.1
ベラルーシ	95.3	83.2	93.5
グルジア	94.9	78.7	82.3
カザフスタン	99.3	90.8	98.1
キルギスタン	100.1	83.5	88.0
ロシア	93.3	..	92.9
タジキスタン	102.1	70.6	81.8
ウクライナ	92.8	97.2	92.9
ウズベキスタン	99.4	..	94.6
中国	48.7	61.7	72.5
モンゴル	82.4	58.2	89.5
ヴェトナム	32.2	61.5	73.5

出所) *World Development Indicators Database*より作成。

的である。体制移行によってどの階層が，また何人「利益を得た」のか（これを「勝者」と呼ぼう），もし国民の大多数が勝者だったとするなら，その移行は成功だと評価できるかも知れない。しかしその受益者数をどのようにして算出するのだろうか。移行前に比べて所得が増大した人の数で測るのだろうか。仮にその数で測るとして，それでは「大多数」とはどの程度を指すのか，また「少数の」不利益を被った人々（これを「敗者」と呼ぼう）のことを全く無視し

ていいのだろうか？　この方法は，結局は体制移行後の所得分配と貧困の問題に帰着しそうである。ただし，所得分配がロシアや中国のように不平等化したとしても，貧困水準を上回る階層が増大したとするなら，彼らを全て勝者といっていいか，問題は残る。

　第3に，結局上記の方法では体制移行を現実に評価することは難しいから，政治的意思表示，たとえば選挙によって多くの人が体制移行や改革政策を支持している場合，その移行は成功だと評価するのが無難かも知れない。移行の受益者（勝者）は，移行政策を実施するか，またはその政策を掲げる政党に投票したと見なしてもそれほど不合理ではない。しかし，選挙結果は全てが政策，しかも体制移行という特定の政策に対する人々の評価を適切に表すとは限らない。たとえば民族や宗教的対立が国内で激しいとき，改革が人々の長期的利益になるかといった理性的判断よりは，感情的対立が彼らの行動を決めることになりかねない。また，この方法は中国やヴェトナムのように民主主義を実現していない，したがって選挙が事実上機能していない移行経済国には適用できない。とはいえ，そうした国々でも移行政策を実施している政権が客観的に見て，また大局的に見て安定している場合，政策に対する大衆の「消極的支持」があると想定できるかも知れない。

　第4に，評価というのは結局なにがしか主観的判断が入るものなので，人々に対するアンケート調査によって体制移行とそれに関わる諸政策を評価する方法がある。アジアの移行経済国では政治的理由も絡んでこうした調査はまだ不十分だが，少なくとも旧社会主義国に対しては徐々に広範囲な意識調査がなされるようになり，そこからいくつかの重要な結論が導き出されるようになってきた。しかも，その調査を基に人々の体制移行に対する認識の違いが何によって決まるのか，少しずつ明らかになりつつある。これについては以下で再び取り上げることにしよう。ただし，この種の意識調査が主観的評価方法として最善かといえば，必ずしもそうではない。仮に統計学的に意味のあるサンプル数を取り，また厳格なランダムサンプリングを行ったとしても，回答者は設問を十分理解しているかどうか，誘導されていないかどうか，さらにはその時の気分によって答えていないかどうか等々，第三者には分からない問題が多々出て

くる。したがって，この方法も絶対的なものではないから，各種の調査を併せて総合的に判断することが必要になってくる[3]。

第5に，移行経済国内部の人々の評価ではなく，外部者による第三者的，ないしは超越的評価という方法もありうるだろう。たとえ移行政策が人々によって支持されていたとしても，またその政権と政策が客観的に見て一定程度の成果を上げていたとしても，「もっと別の，もっとよい方法（政策）がありえた」と判断できる場合もあるだろう。たとえば最も重要な移行政策である民営化を取り上げてみよう。先に取り上げたロシアにおける新興財閥「オリガルヒ」は，果たして民営化政策のやむをえざる派生物だったのだろうか？　あるいは，中国において民営化の代価となり，またしばしば腐敗の温床となった「国有資産の流失」は，大局的に見れば大きな収穫をもたらしたのだろうか？　今となっては取り返しがつかないが，他の選択肢もありえたのではなかろうか？　考えてみれば，これまでの多くの体制移行評価は外部の者が，たとえばゴールドマンが，あるいはフリーランドが，あるいはスティグリッツが，自らの価値基準でもって行ってきたともいえそうである。したがって，われわれ自身の判断基準に基づいてA国の体制移行は成功，B国のそれは失敗と判定してもおかしくはない。ただし，そうした判定が意味を持つのは，判定基準がどれだけ説得的か，判定材料がどれだけ整っているか，に関わってくる。

2　LiTSから見られる人々の体制移行評価

実験が困難な歴史事象および社会現象に対して，客観的で公正な評価を，とくに外部の非当事者が行うことは難しい。こうした事象や現象に対しては，結局はヘーゲル的基準，つまり「存在するものは合理的である」なる基準がしばしば役に立つ。たとえば次のように考えてみよう。体制移行後，大恐慌以上に，

---

[3] 欧米や日本では，内閣支持率や首相あるいは大統領に対する評価が多くの世論調査機関によって定期的に行われているが，これらの結果は必ずしも一致するものではない。しかし，ランダムサンプリングがきちんとなされている限り，大体似たような結果をもたらすことは確かである。

あるいは革命後ほどに経済が劇的に落ち込み，しかも長期にわたって移行前の水準まで回復していないのに政権が崩壊しないのはなぜか？　北朝鮮のような恐怖の専制政治が行われているのなら別であるが，そうではない，とりわけ民主的政権選択が可能になった政治体制の下では，政権の安定性と経済実績に対する人々の評価にはある種の関係があると想定しても決して不合理ではない。

　民主化の1つの成果といえるのだろうが，移行後多くの国で各種の意識調査が実施され，大衆の体制移行に対する率直な評価が公開されるようになった。たとえばポーランドでは1992年から97年にかけてポーランド一般社会調査（Polish General Social Survey）が実施され，毎年千人を超える人々に移行後の生活と意識にかんして調査が行われた（Kaprinski et al. 2004）。そこからは人々の金銭的満足が次第に高まってきたこと，豊かな層も貧しい層も，若年層も高齢層も，また教育水準の高い人も低い人も，ほぼ一様に満足度が上がってきている事実が浮かび上がってくる。

　体制移行にかんするもっと広範囲な，かつ国際比較も可能な社会意識調査として次のようなものが挙げられる。まずCentral Eastern Eurobarometers（CEEB）とNew Democracy Barometers（NDB）という社会調査があり，少なくとも1990年代における中・東欧諸国や一部のCIS諸国における人々の体制移行にかんする意識と評価が見て取れる。これらのデータを用いてヘイヨは次のような結論を出している（Hayo 2004）。すなわち，市場経済に対する人々の支持率は，失業率，インフレ率，民営化と負の関係にあるものの，政治的競争とは正の関係にあること，したがって民主化は市場と一体のものとして東欧では認識されていること[4]，さらにジニ係数とは負の関係にあり，不平等化すれば市場への支持は低下すること，加えて年金生活者，国有企業労働者は市場経済に消極的，民主的態度の弱い人ほど消極的，また老人や女性の方が消極的，他方豊かな層や高学歴ほど積極的であること，などである。

　もう1つはEBRD（ヨーロッパ復興開発銀行）と世界銀行が共同で実施した

---

4) ヘイヨは，ここからアジア的な政治改革と経済改革の分離は東欧では不適切であるという含意を導いている。中国の漸進主義移行政策が容易には他の移行経済国に輸出できないことが分かるだろう。

回答者に占める割合（％）

① 1989年頃に比べると家計は良くなっている。　② 全体的に見て，現在の生活に満足だ。　③ 子供たちは自分の世代より良い生活を送れるだろう。

■ 全くそう思う・そう思う　□ どちらでもない　□ そう思わないない・全くそう思わない

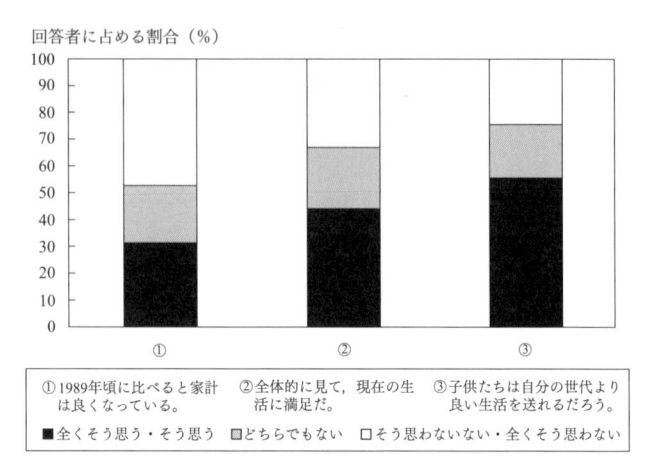

図 8-1　体制移行に対する全体の評価
出所）EBRD（2007）より。

「移行生活調査（Life in Transition Survey）」（LiTS）である。これは 2006 年 8 月と 10 月に実施された移行経済国 28 カ国（モンゴルを含み，中国とヴェトナムは除外されている）[5]，各国 1,000 人を対象とする社会・意識調査で，人々の移行そのもの，また移行後の社会に対する態度を国別，地域別に測ることができて非常に貴重である（EBRD and World Bank 2006）。この調査に基づいて Transition Report 2007 の第 3 部「人々の移行に対する態度」が書かれることになった。体制移行にかんする多くの重要な示唆と含意をこの調査から得ることができるので，以下，やや詳しくこの調査結果を見てみることにしよう。

この報告書を読むと，移行に対する見方が国により，所得階層によって，また世代によって違うことが分かる。「全体的に見て，現在の生活に満足しているか」という問いに対して多数は満足していると答えている（図 8-1 参照）。しかし，不満層も 30％以上おり，生活面から見た体制移行の支持は盤石なものではないことが分かる。しかし，この比率は地域によって異なり，CEB では半数以上が満足していると答え，CIS とモンゴルでも 40％以上がそうだと

5）正確にいうと，移行経済国とトルコの 28 カ国である。

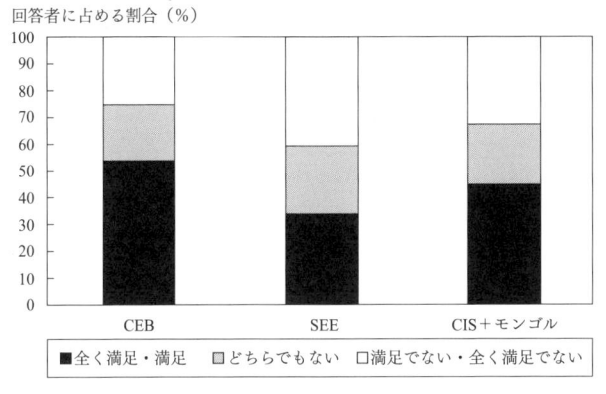

Q. 全体的に見て，現在の生活に満足している
回答者に占める割合（%）

図 8-2 現在の生活の満足度
出所）EBRD（2007）より。

答えているのに対して，SEE では 30%強がそうだと答えているに過ぎない（図 8-2 参照）。

次にその国の経済状況が 1989 年頃に比べて改善されたか，という質問に対しては，全体で 30%のみが改善したと答え（図 8-1 参照），とくに SEE，その中でも実はセルビアなど旧ユーゴスラヴィアの一部の諸国ではその比率は 20%以下とかなり低い（図 8-3 参照）。それゆえ，各地域とも自分の家計の状況に対する評価と，国の経済全体に対する評価に少し開きがあることが分かる。一般にマクロ経済に対する評価は自分の家計に対する評価よりも低い。しかしそういう彼らも将来に対しては全体的に肯定的で，54%が子供たちは将来もっとよい生活を送れると期待している（図 8-1 参照）。体制移行全体にやや否定的だった CIS や SEE でも，子供の世代に対する期待となると俄然高くなっている（図 8-4 参照）。このことは，体制移行の安定性を考えるさいにきわめて重要である。すなわち，自らの生活状況はかつてに比べてよくなっていない，あるいは悪くなっていると考える人々も，現体制を壊すことよりも将来に夢を託していると見ることができるからである。この事実は，後に取り上げる他の調査からも窺える。

以上のような評価は所得階層や年齢層によって異なる。煩雑になるので図は

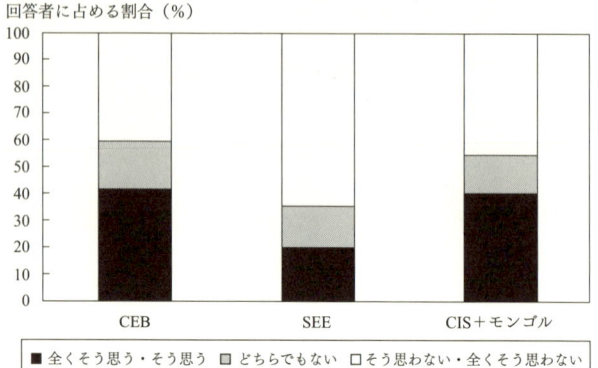

Q. 現在の国の経済状況は1989年頃より改善している

図 8-3　現在の経済状況の評価
出所）EBRD（2007）より。

Q. 子供たちは自分の世代より良い生活を送れるだろう

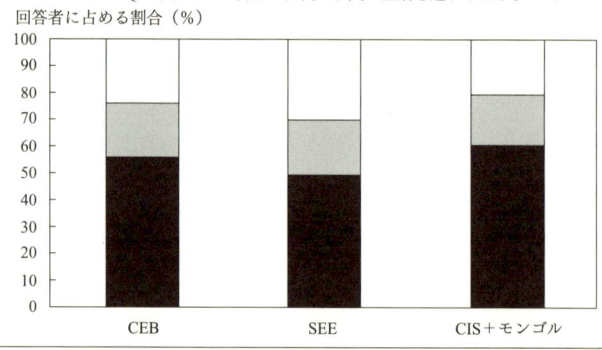

図 8-4　将来への期待
出所）EBRD（2007）より。

省略するが，若い世代ほど，それに所得階層が上の人たちほど現在の経済的，政治的状況に好意的である。とはいえ，移行前よりも腐敗はひどくなり，信頼（trust）が以前に比べて欠けていることに対しては，年齢や所得階層を問わず多くの人が大きな不満を抱いていることが分かる。

　それでは体制移行によって出現した市場と民主主義に対する評価はどうなの

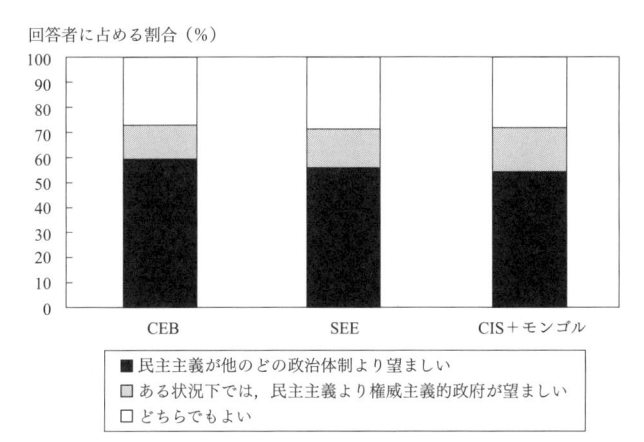

図 8-5　民主主義に対する見方
出所）EBRD（2007）より。

凡例：
■ 民主主義が他のどの政治体制より望ましい
▨ ある状況下では，民主主義より権威主義的政府が望ましい
□ どちらでもよい

だろうか？　民主主義に対しては，地域を問わず半数以上の人々が「他のどの政治体制よりも望ましい」と答えている（図 8-5 参照）。とくに真っ先に民主化を推し進めた CEB では 6 割の人が民主的体制を支持している。それに対して市場経済に対する支持は 4 割強に過ぎず，民主化ほどには支持されていない（図 8-6 参照）。ただし，地域別差異はそれほど大きくなく，平均的に見れば，3 つの地域全てで約 44％の人々が市場経済を支持し，条件付きの計画経済支持派を上回っている。

　政治体制として民主主義か権威主義か，経済体制として市場か計画か，それに中立ないしは無関心な「どちらでもいい」という観点を取り入れて，どのような政治・経済体制を人々が選択するかを見たのが図 8-7 である。この図から見て取れるように，民主主義と市場経済の組み合わせを選択したのが多数派であり，権威主義と計画の組み合わせの支持者よりもはるかに多い。とはいえ，民主主義＋市場派はわずか 36％でしかなく，政治体制も経済体制も「どちらでもいい」派が第 2 勢力の 20％を占める。当然この選択も地域や国によって大きく異なり，CEB では体制移行支持者が多数を占め，それに比べると CIS は旧体制の支持者が相対的に多い。因みに，ロシアでは権威主義＋計画派が第 1 位で 23％を占め，民主主義＋市場派は 19％に止まっている。

回答者に占める割合（%）

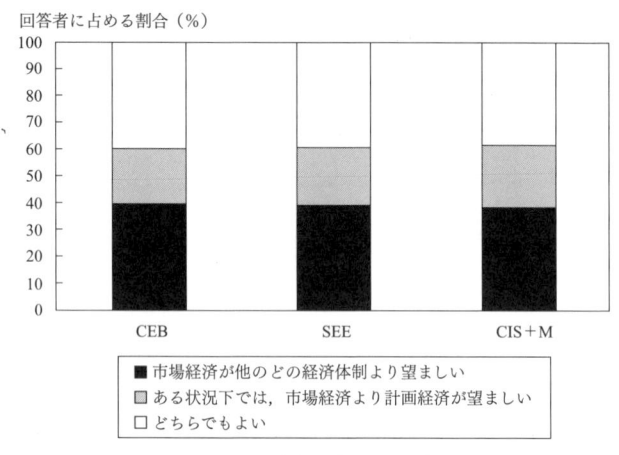

図 8-6 市場に対する見方
出所）EBRD（2007）より。

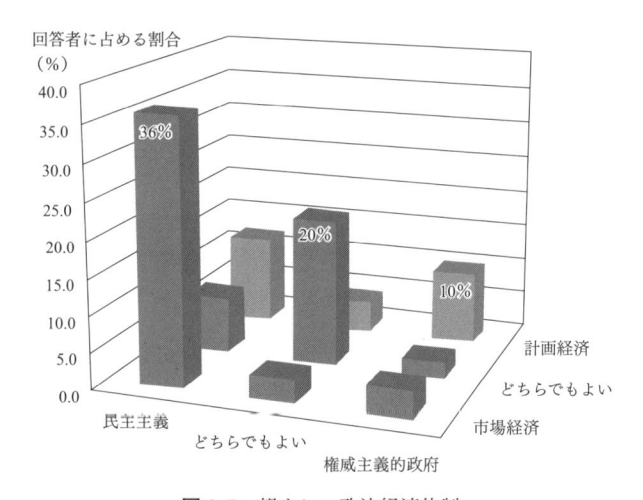

■ 市場経済が他のどの経済体制より望ましい
□ ある状況下では，市場経済より計画経済が望ましい
□ どちらでもよい

図 8-7 望ましい政治経済体制
出所）EBRD（2007）より。

　このようにしてみると，転換不況に見舞われながらも，また移行前に比べてまだ実質所得は下がっていたとしても，体制が全体として「安定」し，旧体制に戻ろうとしないことの背景が説明できそうである。確かに一部には旧体制へ

の懐古もあり，権威主義的で計画的な社会主義経済を支持している人もいるが，その比率は全地域平均してわずかに1割前後に過ぎず，多くは（36-38％）民主主義と市場経済の組み合わせを擁護している。ロシアの場合，旧体制への支持が依然として強いが，といっても貧しい，また歳を取った人々でさえ新生ロシアが，ソ連時代よりも勤勉で才能のある，教育を受けた人々により大きな機会を与えていることを認めている（EBRD 2006)[6]。とくに若い層が圧倒的に民主主義と市場経済を支持していることは，またそうした体制を次代の子供たちに託していることは，その国の方向を決める上で決定的に重要である。

　それではモンゴルを除く東アジアの移行経済国の実績は，国内の一般大衆からどのように評価されているのだろうか。あいにく，LiTSやCEEB，NDBに相当する意識調査はこれらの国々では，少なくとも公開されていない。ただし，現在の独裁政権が大衆の信認を失い，その基盤が大きく揺らいでいるかといえばそうではない。まして過去の体制へ復帰するような強い政治勢力や階層があるようにも思えない。格差の拡大や腐敗の蔓延に大いに不満を抱きつつも，多くの人々は現状を肯定していると見るのが正しいのではなかろうか。つまり，政策に対する大衆の「消極的支持」があると見なせそうである。中国では毎年8万件以上の抗議活動が報告され，時には流血事件に発展していることが知られている。だからといって，共産党体制が崩壊するかといえば，決してそうではない。それは，先の言葉を借りれば，体制移行の受益者が多数を占めていること，それに加えて共産党政治体制に強靭さがあるからである。

　このことを確認するためにも，LiTS以外の他の国際的意識調査を調べてみよう。

3　他の世界的規模の調査から

LiTSは1回限りの多国間比較調査であるし，中国やヴェトナムは対象から外されている。東アジアを除く移行経済国の人々の移行認識を捉えたり，彼ら

---

[6] EBRDが2006年春に行った9都市，34焦点グループ，1,000人に対する意識調査（モスクワにある比較社会調査研究所が実施）より。

の価値観を知るのには便利だが，人々の幸福観や生活に対する認識の仕方が非移行経済国とどう違うのかを調べることはできない。中国やヴェトナムを含む，よりグローバルで，かつ定期的に行われている意識調査ないしは態度調査として「世界価値調査（WVS：World Value Survey）」やピュー（Pew）調査などが知られており，また各種のアンケート調査では伝統のあるギャラップ社が行った「世界世論調査（World Poll）」にも同様な意識調査が含まれており，そうした調査結果の一部は学術的な分析にも利用されている。最近盛んになってきた「幸福の経済学（economics of happiness or well-being）」がそれである。

たとえば，より多国間の「生活満足度」を把握できる WVS を使い，移行経済国の人々の生活に対する満足度を非移行経済国と比較しながら調べたのがサンフェイとテクソズである（Sanfey and Teksoz 2005）。WVS はこれまで 4 期にわたってなされてきたが，第 4 期の調査（1999-2002 年）では 82 の国・地域を対象にして実施され，世界の人口の 85％をカバーしている。「全てのことを考慮して，今日あなたはあなたの生活にどの程度満足していますか？」という質問に対して 10 点（最も満足）から 1 点（全く不満）まで 1 点刻みに評価させたものである。サンフェイたちはこのデータを用いて，生活満足度 S を被説明変数に，個人および国に関わる変数 X とマクロ経済的変数 Z により，順序づけプロビット法によって分析した。

$$S_{ij} = f(X_{ij}, Z_j, \varepsilon_{ij}) \tag{1}$$

ここで，i は個人を，j は国を，また ε_{ij} は誤差項をそれぞれ表す。

彼らの観察と分析結果からどのようなことが分かったのだろうか？　まず，移行経済国にせよ，そうではない国にせよ，1 人当たり所得と満足度 S とは比較的綺麗な正の相関があることである。これは当然の結果だといえよう。つまり，豊かであるほど人々は現在の生活に満足する傾向がある。同じことは，ギャラップの「世界世論調査」データを用いて生活満足度を所得や健康面から調べたディートンによっても確認されている（Deaton 2008）。国別の 1 人当たり所得（PPP で調整）と生活満足度の関係は図 8-8 のようであったという。この図から，移行経済国は傾向線より下側に位置していることが分かる。言い換

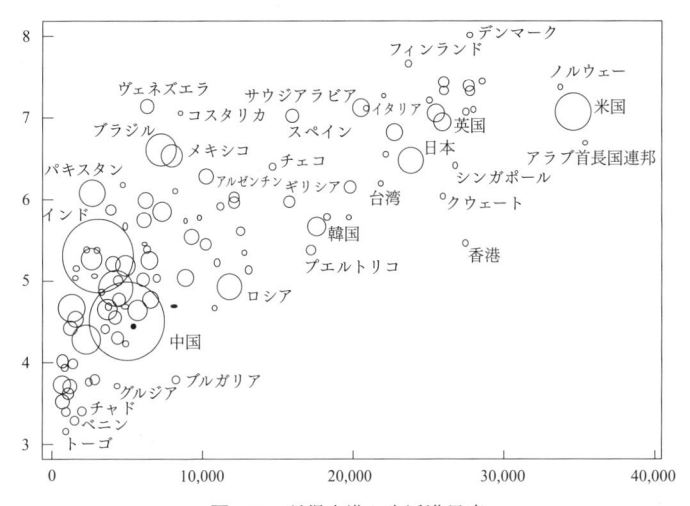

図 8-8 所得水準と生活満足度
注）横軸は2003年におけるPPPで測った1人当たりGDP（ドル），縦軸はギャラップ調査による平均生活満足度。円の大きさは人口規模を示す。
出所）Deaton（2008）より。

えれば，移行経済国は一般的にその所得水準に比べて生活の満足度が低いのである。同様なことは，第3期以前のWVSを用いた調査でも確認できる。グリエフとジュラフスカヤはこの差を「幸福ギャップ（happiness gap）」と呼んだ（Guriev and Zhuravskaya 2008）。なぜこうしたことが起こるのだろうか？

(1)式に基づいた計測結果から以下のような事実が導ける。すなわち，移行経済国の自営業は満足度と所得は正の関係があるのに対して，非移行経済国では逆であること，移行経済国では教育水準が高いほど満足度が高まり，また，年齢にかんしてはU字型の関係，具体的には若い世代ほど満足度は高いが，歳を重ねるにしたがって満足度は低下し，ある歳を過ぎると満足度は上昇傾向になることなどが分かってきた。その最低の年齢は非移行経済国では比較的若く，44.8歳だったのに対して，移行経済国では52.2歳だった。

グリエフとジュラフスカヤは，やはりWVSデータを用いて年齢と満足度の関係を以下のような式として導いている。Ageを年齢，TCを移行経済国を1，それ以外をゼロとするダミー変数，そしてXを全ての制御変数のベクトル，β

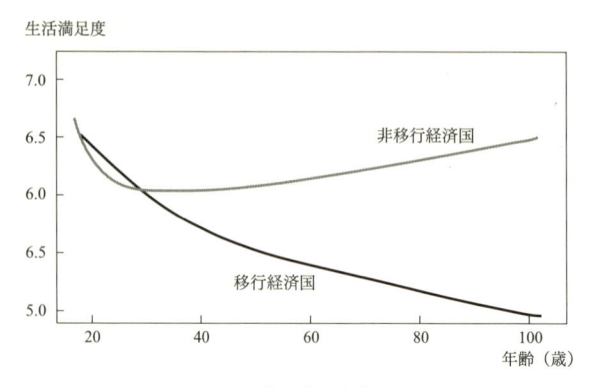

図 8-9 生活満足度と年齢との関係
出所) Guriev and Zhuravskaya (2008) より。

をそれにかかる係数のベクトルとしたとき，

$$S = -0.056\text{Age} + 0.00065\text{Age}^2 - 0.035\text{Age} \times TC$$
$$+ 0.00019\,\text{Age}^2 \times TC + \beta'X + \varepsilon \tag{2}$$

(2)式を，いま制御変数を無視して年齢と満足度の関係として描いてみると，非移行経済国では典型的な U 字型が，他方移行経済国ではある年齢から以後は比較的フラットになるような関係が見られる（図 8-9 参照）。つまり，歳を取れば取るほど，彼らの言う「幸福ギャップ」は拡大していくのである。これは，高年齢層にとって体制移行がもたらした急激な社会変化について行けなかったり，「安定していた」社会主義独裁体制への郷愁が強く働いているためだと解釈できそうである。

他方，移行経済国，非移行経済国を含む世界の人々の態度（attitudes）を調べたのがピューのグローバル態度調査（Global Attitudes Survey）である。この調査は最近では 2002 年，2003 年と 2007 年に行われており，世界の代表的な国 47 カ国が対象になっている。以下この調査から窺われる移行経済各国の人々の態度とその特徴を，一部の非移行経済国と比較しながら見てみよう。

まず，「将来の世代が今よりよくなっていると思うか」という質問に対して，対象となった移行経済国のうちチェコを除く全ての国はきわめて楽観的に見て

表8-3 次の世代は今よりよくなっているか
(%)

	よくなる	悪くなる	変わらない
スロヴァキア	68	23	4
ブルガリア	56	18	15
ウクライナ	52	16	12
ポーランド	51	30	13
ロシア	47	25	14
チェコ	44	46	4
中国	86	6	4
バングラデシュ	84	13	2
アメリカ	31	60	4
ドイツ	17	73	6
日本	10	70	15

出所）Pew（2007）より。

いる（表8-3参照）。中国に至っては，86％もの人々が次世代に強い期待を寄せている。これは日本やヨーロッパ，それにアメリカのような先進国と比べると大きな違いを見せ，むしろバングラデシュのような途上国に近い。またこの結果は，先に見たLiTSの結果を裏付けるものとなっていることにも注意しよう。移行経済国は途上国と同様に今後発展する大きな余地があることを人々が自覚しているためだろう。

次に，自分自身の生活，国家の全体状況，それに（中央）政府に対する満足度を尋ねてみると，移行経済国間で非常に大きな違いがある。概して先進国に比べると自分自身の生活に満足していないが，国家の全体状況になると，ブルガリアやウクライナなどではほとんどが不満を持っているのに対して，中国は圧倒的多数が満足している。それは彼らの中央政府に対する肯定的評価にも反映されているようである。

体制移行そのものに対するアンケートも旧社会主義諸国の一部に対して行われている。体制移行後の政治的変化（1991年と2002年）に対する反応を見れば，多くは肯定的であるものの，ブルガリアでは幻滅が広がっているようだし，ロシアでは肯定的な見方が増えているものの，依然過半数を占めない。それに対してチェコ，ポーランド，スロヴァキアのようなCEEでは民主化が定

表8-4 旧社会主義国:体制移行後の政治変化に対する評価

(%)

	1991[1]	2002[2]	変化
ブルガリア	60	49	−11
チェコ	74	83	+9
ポーランド	64	62	−2
ロシア	30	47	+17
スロヴァキア	48	69	+11
ウクライナ	35	50	+15

注1) 1991年頃の政治的・経済的変化について肯定するもの。
 2) ブルガリア,ポーランド,チェコ,スロヴァキアについては1989年以降の,ロシア,ウズベキスタン,ウクライナについては1991年以降の変化について肯定するもの。
出所) Pew (2003) より。

表8-5 旧社会主義国:1991年以降の政治変化に否定的な年齢層

(%)

	年 齢 (歳)			
	①18-34	②35-59	③60+	③−①
ブルガリア	35	47	62	+27
チェコ	12	18	13	+1
ポーランド	20	31	43	+23
ロシア	35	46	59	+24
スロヴァキア	23	32	32	+9
ウクライナ	36	48	63	+27

出所) Pew (2003) より。

着していることを窺わせる(表8-4参照)。そうした政治的変化に対する見方は年齢層によって異なり,概して高齢者ほど否定的である(表8-5参照)。とくにCISのロシアとウクライナ,SEEに属するブルガリアでは60歳以上の高齢者の半数以上が否定的な態度を見せている。それに対してチェコではどの年齢階層にかかわらず,民主化に否定的な態度を取るものの割合はきわめて少ない。

しかし全ての面でチェコの人々は現状肯定的なのだろうか? 体制移行は人々にさまざまな意味で理想と現実のギャップをもたらしたが,どのような面でそうしたギャップは大きいのだろうか? 民主主義体制の要件である公明な選挙,公正な裁判,宗教の自由,報道の自由,それに言論の自由といった点

表8-6 旧社会主義国における民主主義ギャップ

(%)

	公明な選挙		公正な裁判		宗教の自由		報道の自由		言論の自由	
	希望[1]	現実[2]	希望	現実	希望	現実	希望	現実	希望	現実
ブルガリア	51	21	79	5	49	42	56	17	48	27
チェコ	71	58	84	5	49	58	71	28	65	32
ポーランド	56	26	69	13	62	39	50	20	55	25
ロシア	37	15	68	20	35	35	31	14	30	20
ウクライナ	64	21	82	23	55	50	64	27	59	33

注1) 生活する上で「非常に重要」。
2) 自国では充分達成していると評価。
出所) Pew (2003) より。

表8-7 旧社会主義国：望ましい政治・経済体制

(%)

	どちらを基盤とするのが望ましいか？			どちらが望ましいか？		
	民主的政府	強いリーダー	分からない	よい民主制	強い経済	分からない
ブルガリア	41	44	15	16	74	10
チェコ	91	7	2	59	38	4
ポーランド	41	44	15	21	67	12
ロシア	21	70	9	11	81	8
スロヴァキア	86	12	2	39	59	3
ウクライナ	31	67	2	16	81	3

出所) Pew (2003) より。

　で，移行後の理想と現実のギャップ（民主主義ギャップ）はどうだったのか？表8-6に見られるように，チェコにおいても公正な裁判に対する理想と現実のギャップはきわめて大きい。各国とも報道の自由や選挙の公正さについてそうしたギャップが大きいことが見て取れる。他方，宗教の自由についてはそのギャップは小さく，ほぼ希望が満たされている。

　先に，LiTSを用いて，望ましい政治経済体制にかんする人々の価値観は地域間で大きく異なっていることを指摘したが，ピュー調査でもそうした違いが表れている（表8-7参照）。チェコやスロヴァキアといったCEEが民主的政治体制を圧倒的に支持しているのに対して，ロシアやウクライナといったCISでは逆に「強いリーダー」を求めている。権威主義的政府をこれらの地域では好んでいることをこの表は物語っている。次に「よい民主制」か，あるいは

表8-8 中国人の自国と生活に対する評価

自国に対する評価

	2002	2008	変化	世界ランク
	(%)	(%)	(%)	(位)
国の方向性に満足	48	86	+38	1
経済はすばらしい	52	82	+30	1

自分の生活に対する評価

	2002	2008	変化	世界ランク
	(%)	(%)	(%)	(位)
家庭生活について				
大変満足	13	14	+1	
やや満足	69	67	−2	
計	82	81	−1	29
仕事について				
大変満足	6	4	−2	
やや満足	57	60	+3	
計	63	64	+1	34
家計所得について				
大変満足	3	4	+1	
やや満足	48	54	+6	
計	51	58	+7	32

出所）Pew（2008）より。

「強い経済」か，言い換えれば政治第一か経済第一かを尋ねたところ，これらの国々では「強い経済」，つまり経済成長をより強く望んでいることが分かる。同様な選好は，CISほどではないが，ブルガリアやポーランドなどでも観測される。

　最後に，同じピュー調査を使って中国人の自国および自分の生活に対する満足度を見てみよう（表8-8参照）。この表から，多くの中国人が自国の方向に対する完全な満足を示しており，しかもその程度が最近高まってきたことが分かる。さらに彼らは自国経済が良好だと確信しており，自分自身の生活に対しても圧倒的大部分の人が満足していると答え，中国経済に対する評価と完全に対応している。さらに彼らは多くが市場経済に対して肯定的であり，言い換えれば体制移行を積極的に評価している（表8-9参照）。それというのも，多く

表8-9 中国人の自由市場と現代的生活に対する評価
(%)

	そう思う	そう思わない
人々は自由市場によって生活がよくなる	70	28
	好ましい	好ましくない
近代的な生活のテンポについて	71	25

出所) Pew (2008) より。

の中国人にとって体制移行がもたらした所得上昇が彼らのあこがれであった「近代的生活」を可能にしたと認識しているからだろう。

4 意識調査から窺えるもの

　以上，これまでなされた生活の満足度や幸福度，価値観にかんする国際的調査から，本章での関心である体制移行の評価にかんしてどのような結論と含意が得られるだろうか？　ここに簡単にまとめておこう。

　第1に，とくに旧社会主義国において生活の満足度は，その所得水準から見て相対的に低いことである。これは体制移行後の「転換不況」と長引く生活水準の低下が，実感として，あるいは過去の記憶と対照して，現在の生活に対する不満を引き起こす大きな要因となったのであろう。もちろん，体制移行の勝者になったもの，たとえば自営業者は平均よりもはるかに高い収入を得て満足度は著しく高まっただろう。しかし，第5章で見たとおり，体制移行後多くの移行経済国で所得格差は開いてしまったから，敗者にとっては生活水準は上がらず，しかも勝者を身近に見て嫉妬や羨望感を強く抱いたかも知れない。

　第2に，とはいえ，子供たちや将来の世代に大きな期待を持っていることは，体制移行を根本的に否定するほど，現在の体制に否定的ではないことを示している。また，表には挙げていないが，将来に対する楽観度を国際比較すると，一般に貧しい移行経済国ほど楽観的である。逆に成熟した先進国の方が悲観的な見方をする人が多い。もちろん，これらの調査は体制移行後数年，あるいは十数年経ってからなされたものであり，体制移行に批判的な高い年齢層の

人々には,「今さら昔に戻れない」という諦念も作用しているだろう。また時々の経済状況に人々の気分や見方は大きく影響され,景気が悪くなれば国民の多くが悲観的気分になるのはごく自然なことである。しかし,1992年よりも2002年の方が,また2002年よりも2007年の方が楽観度が高まってきたという事実は,体制移行がそれなりに安定してきたことを示唆している。

　第3に,こうした態度や価値観を決める要因は複雑であり,これまで取り上げてきた年齢,教育水準,所得水準の他にも,職業や民族,それに両親の教育水準なども関係している。*Transition Report* 2007の第3部には,政治・経済体制と政策に対する人々の態度形成に影響を及ぼす要因が分析されている。たとえば,民主主義に対する態度にプラスの影響を与える因子として,豊かさ,男性,高等教育水準,サービス部門や農場の労働者,学生,所得水準の改善があり,逆にマイナスの影響を与えたものとして教育水準の高い母親,少数民族や所得水準の低下などが挙げられる。他方,市場体制に対する態度にプラスの影響を与える因子としては,豊かさ,男性,高等教育水準,自営業,学生,教育のある父親,それに所得水準の改善があり,逆にマイナスの影響を与えたものとして中高年や所得水準の低下などが挙げられる(EBRD 2007, p. 54)。

　第4に,以上のことからも導かれるが,体制移行に対する評価は移行経済国によって大きく異なることである。成長実績の異なる中国,ヴェトナムと旧社会主義国との間で主観的評価が違うのは当然のこととして,旧社会主義国の間でもCEEとCISの間で満足度が違うことは,体制移行評価も違っているだろうことを示唆している。

　国や地域によって体制移行の評価が異なることは,第1章で提示したわれわれの分析枠組みに照らしていえば,1つには経済実績,1つには制度,1つは政策,さらにもう1つには環境条件を構成する歴史的背景や文化的伝統の差異によって評価が決まることを暗に物語っている。たとえば民営化の評価を考えてみよう。デニソーヴァらは先に取り上げたLiTSデータを用いて,人々が民営化を忌避したり,時には反感を抱く原因を多面的に分析している(Denisova et al. 2008)。LiTSによれば全ての移行国(旧社会主義国)で半数を超える人々が,また全体では8割以上の人々が何らかの民営化の見直しを支持している。

なぜそのような態度が生まれるのか，その結論を要約すれば次のようになる。すなわち，あるものは国有制そのものに賛成だからであり，他のものは私有制には原則賛成するものの，民営化が不正な富の配分を生み出したことに反対している。しかしより重要なことは，私有市場経済にうまく適応できない人的資本，私有資産の欠如，移行期における経済的苦況が民営化見直しを支持する強い要因になっていることである。以上のことは，体制移行に付随して発生した転換不況や不平等な所得分配という実績と，産業政策や適切な所得税や財産税が欠如しているという政策上の欠陥が，人々の間に民営化に対する批判や反感を生み出す大きな原因だったことを示唆している。

5　中国と中欧

　先に，体制移行には複数の道があるらしいことを指摘した（第5章第3節参照）。いわゆる漸進主義とショック療法という2つの移行戦略のことだけをいっているのではない。2つないしはそれ以上の，その国にとって適正な移行過程というものが存在するのではないか？　もし存在するとして，それは一体なぜなのだろうか？　いま漸進主義の代表として中国を，ショック療法の代表として中欧におけるポーランドやチェコなどの国々を選び，このことを考えてみよう。

　これまでと同じように，議論を単純化するために，経済体制を所有制と資源配分制度の2つの制度からなるものとし，政治体制を民主主義か権威主義ないしは独裁かの2つの制度しかないものとしよう。第1章で提示された本書の分析枠組みを基に，狭義の体制移行と広義の体制移行とを区別したとき，前者は社会主義から資本主義へ，具体的には計画から市場へ，公有制から私有制への移行を表し，後者は社会主義独裁体制から資本主義民主体制への移行を示す。中欧の，少なくともモデルとしての体制移行の道は，狭義には完全な資本主義体制への移行であり，広義には完全な資本主義民主体制への移行を求め，かつその方向に歩んでいる。他方，中国の現実の体制移行の道は，狭義には不完全な資本主義体制の構築であり，具体的には市場化はほぼ完全なのだが，民営化

は不十分な体制になっている。広義には，共産党独裁体制が厳として存在している限り，きわめて不完全な資本主義民主体制に止まっている，といえよう。

ところで，上述の調査から明らかになったように，中国も中欧もそれぞれ体制移行後の生活に基本的に満足しており，今後ともよくなっていくことを強く期待している。他方で，CEEが政治的民主化に対してかなり高い評価をしているのに対して，中国人は現在の政府や国家について肯定的，楽観的な見方をしている。ということは，彼らが民主化よりも経済発展により多くのウェイトを置いていることを示唆している，といえよう。その意味で，この2つの道は，彼らの価値判断を基準にしたとき，両方とも「成功だった」といえないだろうか。

仮に北京大学の学生100人とワルシャワ大学の学生100人に自由にアンケートできたとしよう[7]。両方の学生たちに中国の道とポーランドの道を正確に，かつ双方の利点と欠点も隠さずに記述したものを資料として読ませ，その後で「どちらの道が自分たちの国にふさわしいか」を問うたとしよう。将来どうなるかは別にして，今の時点で想定されるのは双方が自らの道を「適切」，あるいは「正当」として擁護することである。その理由はこうである。まずワルシャワ大学の学生にとって，民主化の代償に経済発展を求めることは許されないことだろう。彼らからすれば，1989年に共産党が，しかも人々の信頼を失った共産党が強大な権力を維持し，改革開放を行うなどということは信じられないし，許されるはずもない。それに対して北京大学の多くの学生は，多少の民主化の犠牲を伴っても，経済を発展させ，国力を高める道こそ，少なくとも中国の選ぶべき道と考えるに違いない[8]。彼らは，鄧小平の選択こそ止しく，その後の中国の興隆をもたらしたと考えるはずである。

[7) ワルシャワ大学でこの種の調査をすることは全く問題はないだろうが，北京大学では難しい。民主化の要件の1つに（共産党）独裁体制の廃止を記した途端に，調査が進まなくなるだろうことは，2008年に現れた民主化を求める「08憲章」運動が，たちまちのうちに弾圧されたことからも想像される。

8) 無論，理性ある彼らが，ポーランドに中国の道を押しつけることはしないだろう。1989年の天安門事件前後は違うが，今日北京大学の学生たちの意識は相当「保守的」になっているようである。

もし，こうした想定が正しいとすると，なぜ両地域でかくも大きな認識の差が生まれるのだろうか？　認識を決める大きな要因は価値観だと思われるので，政策や制度の違いというよりも，結局は環境条件の差がこうした認識の差異を作り出したように思われる。具体的にいえば，1つは移行時の初期条件であり，2番目に歴史的背景，そして3番目に文化的伝統の違いである（第1章参照）。以下，この3つの要因について1つずつ見ていくことにしよう。

　(1) 移行時の初期条件：1978年の中国と1989年のポーランドあるいはチェコを比べてみると歴然としているが，前者は低所得国，端的にいえば貧困国，後者は中進国だった。所得水準の違いは人間の欲求の構造の違いを生み出す。有名なマズローの欲求の5段階説に従えば，中国は「生存欲求」を，中欧は「自己実現欲求」を相対的に重視するのは当然ということになる。チェコスロヴァキア共産党は，1968年プラハの春のときに「人間の顔をした社会主義」という高邁な理念を提示し，大衆はそれを熱烈に歓迎したが，中国にはかつても今も，そのような発想が生まれたことはない。

　(2) 歴史的背景そして／あるいは伝統：中欧にとって，社会主義はソ連によって押しつけられたものだった。したがって，彼らが一刻も早くソ連＝社会主義の軛から抜け出そうと政治体制改革から体制移行を始めたのはきわめて自然なことだった。たとえば，ナチスとソ連が蹂躙するまで，チェコスロヴァキアには民主主義があったのである。それに対して中国共産党は，曲がりなりにも自分の力で権力を獲得し，毛沢東というカリスマ的指導者の下で，世界最大の共産党組織を作り上げた自負がある。それだけに，政治体制を変えずに，また社会主義イデオロギーを残したまま，経済体制だけを切り替える戦略を考えたし，そうした戦略は実際実行可能だった。中国（指導部）が民営化にそれほど熱心ではないのも，究極的にはこうした歴史的背景があるからである。中国の大衆にとっても，清朝から国民党，次に日本軍，そして共産党と，この100年間に為政者は変われども，専制的支配体制は一度も途切れなかった。

　(3) 文化的伝統：中欧は文化的にも西欧の一部だという意識が強く，彼らの信じるキリスト教（カトリックまたはプロテスタント）は東のロシア正教とは一線を画していた。ポーランドには強力なカトリック教会があり，共産党に対す

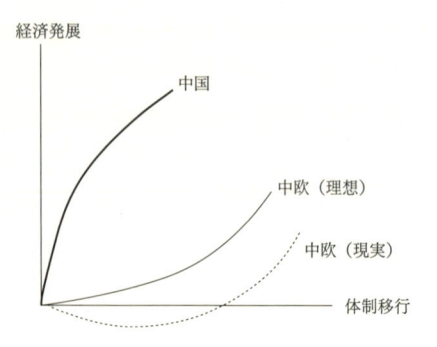

図 8-10 中国と中欧の体制移行の道

るよりもカトリックに対するアイデンティティが強かったことはよく知られている。他方，中国にはそれに対応するような宗教や宗教意識はなく，体制移行の過程で社会主義イデオロギーが衰退していくと，党と政府は民族主義，愛国主義イデオロギーによって国民を統合しようとしてきた。こうした文化的伝統の違いが人々の価値観の差異を生み出し，とりわけ広義の移行において2つの地域の歩む道を決めていたように思われる。体制移行にはどうやら複数のパターンがあると見るべきなのである（補論2参照）。

仮に人々の価値が経済成長（あるいは経済発展）と民主化（あるいは体制移行）からのみ成り立っているとしよう。両者は，ある種の「財またはサービス」と見なすことができるから，そこに図1-8のTのような「生産可能性曲線」あるいは「転形曲線」のような関係が成立すると見なすことができる。ただし，「両財またはサービス」の間に補完関係がある範囲で存在すると考えられるから，この転形曲線は通常のそれとは異なった，必ずしも常に原点に凹とは限らない，特殊な形をしているだろう。またこの転形曲線は中欧と中国とでは形態を異にするだろう。しかし，そのこと自体に本質的な重要性はない。より重要なことは，価値観を反映する「社会的厚生関数」が基本的に原点に対して凸であること，そしてその形状は国や地域によって異なることである。中国では上述した3つの理由から経済成長をより高く評価する社会的厚生関数が，逆に中欧では民主化により力点を置いた社会的厚生関数が支配的だと想定しよう。人々の選択は，この社会的厚生曲線と転形曲線の接点で決まる。

図 8-10 が示すように，中国（人）の歩む道と中欧（の人々）が選択する道は違っている。「東は東，西は西」といえようか。それは，どちらが正しいか，という問題ではない。むしろ，確かにこれまで歩んできた道は両地域では全く異なるが，今後この 2 つの道は収斂するのかどうか，収斂するとしたらたった 1 つの体制に収斂するのかどうか，が問題である。第 3 章で指摘したように，1960 年代から 80 年代にかけて「東西冷戦緩和」の時代背景の下に出された体制収斂論は，事実によって破綻してしまった。しかし，体制移行は世界の政治・経済体制に新たな収斂をもたらすのだろうか？　体制移行の行末については，終章で考えてみることにする。

COLUMN 8

革命と人的犠牲：毛沢東とスターリン[*1)]

　2007年はロシア革命90周年に当たっていた。ロシア国内でもそれ以前からこの革命にかんして多くの議論が起こっていた[*2)]。ロシア革命は惨事だったとする意見あり，逆に郷愁を覚える人々あり，あるいは全く無関心な世代あり，とさまざまなようである。2009年は中国革命（中国建国）60周年になり，中国国内では軍事パレードの復活をはじめとして大々的な祝賀行事が催された。しかし，国内ではこの革命に対する再評価や，まして疑義は一切許されない。旧および現社会主義国では「社会主義革命」をどう評価しているのだろうか？　国によって自国の社会主義革命に対する評価はかなり異なるだろう。大別すれば概して次のようになるかも知れない。すなわち，ソ連により革命を押しつけられた国では全面的否定，ソ連とは独立に革命を行った国では全面的肯定，そしてロシアでは両論並立，あるいは多様な評価。

　ロシア革命などの社会主義革命がなぜ起きたのか，その動因は何か，そして歴史的に必然だったのか，ということも大事だろうが，ここではそれよりも，社会主義革命が結果的に何をもたらしたのか，そうした面から評価してみようと思う。革命とは大きな犠牲を伴うものだが，そうした犠牲を払ってまで社会主義（体制）は実現するに値したのだろうか？　これがわれわれの素朴な疑問である。

　革命に対する最も単純で明快な評価方法は，それによって何人が殺され，また餓死などの不自然な死に方をし，あるいは逆に何人の命が救われたか，いわば生命の「損益計算書」を作ってみることである。当然，こうした評価は一面的だ，という反論もあるだろう。社会主義革命は戦後における植民地解放に大きく貢献したとか，工業化を達成したとか（第2章コラム2参照），あるいは西欧社会の福祉資本主義の誕生にも寄与した，だから広い意味での福祉の増大に役立ったのだ，という見方もあるだろう。しかし，もし社会的福祉ないしは厚生（social welfare）の増大を革命の評価基準にするというのなら，人間の生命以上に尊い福祉基準があるとは思われない。

　ロシア革命後の内戦，スターリンによる政治粛正，強制的農業集団化と，その結果として発生した大飢饉と大量の餓死，そしてスターリンの間違った外交戦略に起因する独ソ戦の悲劇，等々，こうしたことによる犠牲者数を合わせれば，ロシア革命による直接・間接の生命の「損益」はどう考えても膨大な赤字である。ロシア革命以後の「不自然な死」やさまざ

な人的犠牲を推計することは容易なことではないが，たとえばフランスの歴史学者であるヴェルトの最近の研究によると，政治的処刑の犠牲者約100万人，強制収容所の犠牲者約100万人，流刑の犠牲者約150万人，飢饉の犠牲者が約1,150万人と推計されている（ヴェルト 2001）。そこには第二次世界大戦におけるソ連側の犠牲者は含まれない[*3]。それに比べれば革命前の，ツァーリ（皇帝政府）による革命派弾圧などは子供だましのようなものだった[*4]。かつてチャーチルは次のように言ったという。「ロシア国民にとっての最大の不幸は，レーニンがこの世に生まれてきたことだった……それに次ぐ不幸は，レーニンが途中で死んでしまったことである」（歴史探検隊 1990, 130 ページ）。すなわち，レーニンがもう少し長く生きていたなら，スターリンのような粗暴な指導者がソ連を支配することはなかったはずで，スターリン体制下のあの血なまぐさい悲劇は起こらなかったと，チャーチルは言いたかったのだろう。

それでは中国革命はどうだろうか？　北海閑人（筆名）はわれわれに代わって毛沢東による戦後だけの損益計算書の損失部分を計算している。彼によれば，朝鮮戦争による中国軍の死傷者は100万人，土地改革や反革命鎮圧による犠牲者は600万人以上，大躍進後の大飢餓による犠牲者は3,700万人，文化大革命における死者2,000万人，等々に上るだろうという（北海閑人 2005）[*5]。これら全ては毛沢東が最終的には責任を負うべき生命だった。もちろん，1921年の共産党設立以後1949年の建国まで，共産党や八路軍などが手がけた無辜の民の犠牲を加えれば，この数字をはるかに上回ることになる[*6]。

それでは生命の損益計算書の「収益」部分はどうだろうか？　中国共産党に言わせれば，解放前には蒋介石政権による共産党員とそのシンパに対する弾圧があり，地主の搾取は小作農と農業労働者を貧困と飢餓に陥れ，さらには日本軍の侵略によって多数の中国人が犠牲になったが，共産党こそが中国を解放し，農民や労働者大衆を救ったことになる。これによって救われただろう生命は，果たしてどれほど共産党政権だけの貢献によるものか疑問だが[*7]，その点はさておき，上に見た損失部分と対比してみるとあまりにも貧弱といわなければならない。やはり大幅な「赤字」といえるだろう。まして，現在中国は社会主義を捨て，体制移行の名の下でかつて国民党が目指した資本主義に向かって驀進していることを考えると，中国共産党とその政権が歩んだ「寄り道」は長く，また払った代価は巨額だったといえる。もしチャーチルが20年長く生きていたなら，死ぬ前にこう言ったかも知れない。「中国国民にとっての最大の不幸は，毛沢東がこの世に生まれてきたことだった……それに次ぐ不幸は，毛沢東が長生きしす

ぎたことである」。

ところで、外部のわれわれから見て奇異に感じるのは、スターリンが中国でまだ「生きている」ことである。田舎の小学校を訪問すると、よく図書室などにマルクス、エンゲルス、レーニンと並んでスターリンの肖像が偉人として掲げられているのを見かける。このことについて中国の「知識人」に疑問をぶつけても怪訝な顔をされるのが落ちである。以前から、中国ではスターリンは「7分の功績、3分の誤り」で評価されてきた。つまり、政敵を大量粛正したようなことは間違いだったが、ソ連を強大な国家に作り上げ、ナチスドイツを打ち破ったことは大変な功績だというのである。1981年における中国共産党の「歴史決議」(第11期6中全会「建国以来の党の若干の歴史問題についての決議」)で、毛沢東の大躍進政策以後の誤りが公式に認められたが、ただし革命と建国の偉人として、その「功績は過ちをはるかにしのぐ」と決議では述べられ、彼の過ちを相対的に低く見積もっている。その発想はスターリン評価と同じである。タクシーに乗るとお守りとしての毛沢東の肖像を時々見かけるし、昆明など一部の都市では文化革命中に建造された巨大な毛沢東像が依然として市の中心部に建っている。天安門広場には毛沢東記念堂があり、そこに毛沢東の遺体が安置され、参拝の長い行列が毎日見られる[8]。それよりも、小額紙幣を除いて紙幣が毛沢東一色になっていることに、共産党の思想工作と、人々のそれを受容する態度がはっきりと表れている。ごく一部の知識人(それも内輪だけの会話においてであるが)を除き、中国国内で毛沢東と彼の思想、行動、そして業績にかんする徹底した「再検討」を求める意見は聞かれない。歴史家メドベージェフと作家ソルジェニーツィンはソ連時代にスターリンとスターリン体制を告発し続けたが、現代中国にメドベージェフやソルジェニーツィンはいるのだろうか？

[1] このコラムは、中兼 (2006) の「結びに代えて」を一部修正したものである。
[2] たとえば、デイヴィス (1998) 参照。ソ連崩壊と歴史記録の公開とともに、レーニンにかんする歴史的再検討もさまざまなされているが、カレール＝ダンコース (2006) が出色かも知れない。
[3] 「スターリニズムの犠牲」にかんしては塩川やデイヴィスでもさまざまな推計を紹介し、検討している (塩川 1993, デイヴィス 1998)。またアプルボームも犠牲者の数を考察している。しかし「犠牲者」の範囲をどこまで取るかによって結論は異なるから確たる推計を得ることは難しい。重要なことは彼女の次のような指摘だろう。「かりにわれわれがそういう数字を見つけることができたとしても、それがそれぞれの苦難の物語をほんとうに余すことなく語ることになるかどうか、筆者はやはり確信をもてない」(アプルボーム 2006, 644ページ)。
[4] レーニンがシベリア流刑中に著作を著していたのは有名な話である。スターリン時

代の「収容所群島」からはそうした作品は生まれなかったし、そのような余裕もなかった。
*5) 大躍進後の餓死者の数や文化大革命の死者の数などは諸説ある。前者が 3,700 万人だというのは、2005 年における「三年困難時期全国非正常死亡人口機密歴史記録」に基づくもので、後者が 2,000 万人というのは、1978 年 12 月における葉剣英の中央工作会議閉幕時の総括談話に出てくるもの。両者とも過大だという印象は否めないが、天安門事件の死傷者の数と同様に、真実はどこにあるのか、いずれ歴史的研究が発掘してくれるのを期待したい。
*6) 1930-31 年に起こった「富田事件」をはじめ、共産党が今もひた隠す革命闘争期中の大量粛正や反対派への弾圧は相当な規模だったようである。詳しくは、北海閑人 (2006) 参照。
*7) 「抗日戦争」を中国共産党と八路軍は戦ったというが、本当に日本と戦ったのは国民党軍だったことは否定できない。また、日本軍が中国を侵略したため中国革命が成功したことを毛沢東自身が認めている。
*8) レーニン、毛沢東、ホーチミン、金日成と、神格化された共産党の指導者たちの遺体だけが祀られるのはなぜなのだろうか？ そこにも国家社会主義国イデオロギーの宗教的性格が見て取れる。

終 章

資本主義に向かって脱走する移行経済国

はじめに

　これまで，歴史的背景や理論的根拠，移行戦略や移行過程，それに移行がもたらした結果など，さまざまな面から体制移行について，国際比較や文献サーベイ，簡単な理論的説明や実証分析などを織りまぜながら考察してきた。体制移行はきわめて多元的で複雑な過程であるだけに，われわれの取り上げた側面というのは，実は体制移行のほんの一部分に過ぎない。この章では，これまでの考察を要約するのではなく，体制移行が突きつけているいくつかの問題について考えてみたい。

　1つは，体制移行はこれからどうなるか，という問題である。この過程は一部の国ではもはや終息してしまったのだろうか，あるいは終息しつつあるのだろうか？　あるいは終息していなくとも，いずれは終焉するのだろうか（第1節）？　第1章の枠組みで考えてみたとき，図1-3が示しているように，体制移行が終われば，かつての東西の軸がなくなり，発展問題という南北の軸だけが残ることになる。それでは全ての移行経済国は同じ「資本主義」という体制に収斂していくのだろうか（第2節）。ここでは多様な資本主義という視点が必要になってくる。そして最後に，体制移行をめぐる従来の論争，たとえば漸進主義かショック療法か，といった論争の根底には経済学に内在する大きな思想的潮流があるように見えるが，それは一体何だろうか，すでにその一半は述

べてきたが（第4章コラム4参照），ここではより包括的にこうした潮流について考えてみよう（第3節）。最後に，中国でいう「社会主義市場経済論」の性格とその評価についてまとめておきたい（第4節）。

1 移行の終焉？

　そもそも，体制移行が歴史的に例のない，大規模で複雑な制度転換過程であるだけに，果たしてどこにでも通用する単純で明快な，かつ唯一の方法，ないしは政策や戦略が存在するのか，疑問である。もちろん，少なくとも CEE（中欧諸国），バルト海諸国や SEE（南東欧諸国）の行き先は先進資本主義経済（体制），ないしはそれに類した経済（体制）であることは間違いなさそうである。そうであるからこそ彼らは一刻も早い EU への加盟を求めてきた。しかしそこへの道筋が不確定な中で，これまで手探りの方法，試行錯誤的なやり方で移行政策が実施されてきたのではなかろうか。大野は改革の順序（シークエンシング）が大事だという（大野 1996）。しかし，どのような順序で，どのような政策を実行していけば所期の目的が達成されるのか，初めは誰にも分からなかった。IMF や世界銀行のワシントン・コンセンサスを批判する人々も，具体的にどのような実行可能な政策をどのような順序で打ち出せばいいかを，後知恵ではなく最初から見通していたのか，はなはだ疑問である。移行政策の成功例としてしばしばもてはやされる中国の漸進主義も，決して「総設計師」たる鄧小平が綿密な計画を立てて実行していったわけではなかった。ノートンが的確に指摘するように，中国は計画の綻びから市場が拡大していってあのような実績と体制とを作り出したといえる（Naughton 1995）。確かに IMF 的なやり方に比べると中国の漸進主義は実験主義的ではあった。しかしその民営化政策の展開1つをとっても，全てが実験的に行われたわけではなく，実際には改革政策の多くが既成事実の積み重ねにより生み出されたのである[1]。

　手探りでやらざるをえなかったからこそ漸進主義は効果を発揮したともいえる。ショック療法的に行えば，失敗のリスクは大きく，それに伴う犠牲も莫大だった。とはいえ，両者の比較に当たってはいくつかの留保が必要である。1

つは，チェコに比べれば漸進主義的だったハンガリーの移行過程が，必ずしもよりよい結果を生み出さなかったことである。少なくとも成長実績にかんしては，政策が「漸進的であるほど成長率は高かった」わけではない。繰り返しになるが，政策とは結果をもたらす1つの要因に過ぎず，全てではない。第2に，政治の民主化が「早すぎた」からショック療法は失敗したという意見があるが，たとえばCEB（CEEとバルト海諸国）のように，早くソ連と共産主義の軛から脱したいという人々の切実な願いを無視して経済体制の移行などできるはずもなかった。逆に，民主化したからこそ，経済苦境の中でも多少の混乱は伴いつつも政治体制が維持でき，また社会は大局的に安定化したのではなかろうか。第3に，比較の期間が問題になる。より長期にわたって改革の実績を見たとき，累積的改革の成長に対する有意性が示唆しているように，より徹底して改革した方がよりよい実績を示しているように見える。

　発展と移行との関係を見るとき，第1章で明らかにしたように，両者は実績と制度との関係にも対応し，密接に連関しており，「発展と移行の連鎖 (development-transition nexus)」を構成していた。ただし，その関係の仕方が国や地域によって異なり，中国は「発展主導型の移行」であるのに対して，旧社会主義国，とりわけCEB諸国は「移行主導型の発展」を進めてきたように見える。すなわち，途上国中国やヴェトナムは経済発展を第一の目標として追求し，体制移行はそのための手段でしかなかったが，CEB諸国は，まずは体制移行し，そこで形成される新たな枠組みを用いて経済発展しようと考えたと思われる。ただし，予想と期待とは違い，大きな回り道をしなければならなかった（図8-10参照）。移行の道にはその国の人々の選択が関わっていると述べたように（第8章第5節参照），絶対的にこの道が正しく，別の道は間違っているということはできないのではないだろうか。

---

1) 蔡の次の指摘は的を射ている。「中国の漸進的経済改革は，ある全体の見取り図がない状況で始まったもので，当時存在していた喫緊の問題を解決し，直接的効果を追求するやり方で，一歩一歩進めていったものである。1992年の中国共産党第14回大会で社会主義市場経済体制という目標モデルを打ち立てたが，『石を探しながら川を渡る』という改革の特徴はつねに伴っていたのであり，そのことは多くの改革任務からいって明確な時間表がなく，改革の順序も意識的に確定したものではなかった点に表れている」（蔡 2007）。

終　章　資本主義に向かって脱走する移行経済国

　それでは両者は究極的に同じ目標に到達するのだろうか？　あるいは，各国の移行過程の行き着く先は1つに収斂するのだろうか？　それは結局は何を基準に比較するかによるのだろう。所得分配や貧困，腐敗問題を一見する限り，中国もロシアも大差がないように見える。あるのは比較的制度化された移行と，どちらかといえば自然発生的な移行との違いでしかないようにも見える。市民社会が欠如している，ないしは発達が不十分であるという点でも両者は共通している。しかし別の面から見ると両者の移行結果の差異はきわめて大きい。中国にはロシアのような深刻な転換不況もハイパーインフレーションもなかった。それでは中国とポーランドの移行の違いはどうか。その差はロシアと中国の差よりも大きいように見える。前章で見てきたように，中欧では多くの人，とくに若い年齢層ほど自国の移行結果にほぼ満足しているところを見ると，彼らが中国の道を選択するということなどは想像できない。まして「社会主義経済」を追求することは絶対ありえない。

　同時に，全ての移行経済国が過去には戻らない，また戻りえない現実を前に，これら諸国がいずれは移行過程を基本的に完了させるならば[2]，その時まだ先進資本主義国に移行できていない国は経済発展できず，「途上国」に吸収されていってしまうのかも知れない。第1章で紹介した「世界の勢力図」の枠組みを使っていえば，図1-3の次の世界は，図1-1のような3分割に戻ることになる。ただし，帝国主義列強は先進国に，植民地・半植民地は途上国に，そして中間地帯は中進国に，それぞれ読み替えることになる。旧移行経済国と途上国の中心課題はもはや自由化や民営化ではなく，まして市場化ではなく，成長を促進するためのもっと根源的な政策，具体的にはいかに多くの企業家を誕生させ，育成するか，そのためにどのような制度政策を取るべきか，あるいは環境と調和した持続的な成長をどのように追求していくべきか，たとえばこうした問いに答えることになるだろう。とはいえ，いつになったら移行過程が全

---

[2] 何をもって体制移行の「完了」と見るのか，その定義によって結論は異なるだろうが，たとえばEBRD（ヨーロッパ復興開発銀行）の挙げる移行指標のほとんどで4点台後半になったとき，移行が基本的に完了したと見なせるかも知れない。その時，かつて韓国が途上国から「卒業」し，先進国の仲間入りしたのと同様に，移行経済国は移行過程を「卒業」する。

ての移行経済国で終了するのかは，今の段階では何ともいえない。EBRD（ヨーロッパ復興開発銀行）が毎年発表する移行指数を見る限り，CEB ではほぼ移行過程は終了したが，CIS（ロシア，ウクライナなどと中央アジア諸国）はまだであるし，モンゴルを除く東アジアの国々は民営化完了の見通しさえつかない。

2　多様なる資本主義

　すでに第 3 章で見てきたように，移行経済国は体制 I から始まり，国によって若干違うが，体制 II，III を経て，最終的には資本主義体制 IV に向かって進んできた（図 3-2 参照）。あるいは中国のように，まだ体制 III と IV の中間段階にあり，完全な意味での資本主義体制にまで脱皮していない国もある。

　それでは今後はどうなるのだろうか？　われわれの予測では，体制移行が前章で見たように人々によってそれなりに受容されてきた以上，逆戻りすることはありえない。もちろん，1929 年の世界的大不況や 2008 年の世界的金融危機のようなものが発生してそれが長期にわたって続き，資本主義体制そのものが崩壊するのなら別である。そうならないとして，CEB はもちろんのこと，CIS においても，たとえばロシアにおいても「第 2 次ロシア革命」が起こり，新しい「共産党」が再びクーデターを起こして社会主義体制を復活させることは考えられない。それは 1991 年夏のクーデター失敗によって終わってしまったのである。中国では各地で農民騒動が起きているが，将来第 2 の毛沢東が現れ，農民暴動を繰り広げて体制を転覆させることは想像できない。時代が変わり，人々，とくに次代を担う若者の考え方自体が根本から変わってきたような気がする。イデオロギーとして衰退してしまったマルクス主義や社会主義が，再び息を吹き返し，広く大衆に求められるとは到底思えない。

　それでは移行経済国はどこへいくのだろうか？　われわれの見るところ，体制移行の過程やその将来の到達点は，質的に異なるいくつかの類型に集約されそうである（中兼 2002）。同じ資本主義体制（IV）といっても日本とアメリカの資本主義が違うように，また同じ近代化といっても西欧の近代化と日本のそ

れが決して同じではないように，歴史的，文化的に違った背景を持つ移行経済国全てが，全く同じ過程を歩み，また完全に1つの共通目標に向かって進んでいるとは考えられない。そうであるがゆえに，体制移行の過程と結果にかんする分類学（taxonomy）が求められてこよう。

　まず，「資本主義」の分類学，類型論を繙いてみよう。とはいえ，ここでの課題は本格的な資本主義体制論を展開することではなく，1990年代以降に現れた何冊かの本を手掛かりに，資本主義の類型化の仕方を見て，その多様性を確認したいだけである。

　1989年以降の世界的な体制移行は，時代を資本主義対社会主義ではなく，資本主義対資本主義の競争と捉えるよう促した。アルベールが，その資本主義を市場原理主義型の「アングロサクソン型」と非市場的相互扶助型の「（アルペン・）ライン型」に分けたのはよく知られている（アルベール1992）。確かに，会社制度やコーポレート・ガバナンス制度1つをとっても，アメリカとドイツとでは大きく異なっている。彼によれば，短期収益，株主，個人の成功が優先されるのがアングロサクソン型であり，長期的配慮と，資本と労働を結びつける社会共同体としての企業を優先するのがライン型だというのである（同，116ページ）。

　同様に今井は「日本型の資本主義（システム）」の特性を強調し，「現場情報システム」という観点からアメリカのシステムがなぜ衰退したかを論じる。すなわち，アメリカ型の場合，重要な情報を現場のごく一部や事に当たるごく少数の人だけに集中させるやり方を取るのに対して，日本の場合，産業別に分業体制を取りつつ，「緻密な企業間関係をつくりうる産業分野においては，効果的な情報を連結し，イノベーションを生み出すシステムを創り出した」（今井1992, 8-9ページ）のである。たとえば「系列」や中小企業においてこうしたシステムの特性が見られると指摘する。しかし，その後バブルの崩壊と「失われた十年」なる長期の経済低迷期を経て，いわゆる「日本型システム」に対する批判が噴出したのは周知のとおりである。

　その後，もっと多元的に資本主義を類型化する試みも出てきた。たとえばアマーブルは製品市場競争，賃労働関係，金融部門，社会保障，教育という5つ

の指標を用いて，5種類に資本主義を分類する（アマーブル 2005）。すなわち，(1)市場ベース型経済，(2)社会民主主義型経済，(3)アジア型資本主義，(4)大陸欧州型資本主義，(5)南欧型資本主義，である。このうち，(1)はアングロサクソン型資本主義に対応し，他方(2)は北欧諸国が，(3)は日本や韓国が，(4)はドイツやフランス，オランダなどが，そして(5)にはイタリア，スペインなどがそれぞれ代表国として挙げられる。山田も同じ「レギュラシオン」派として，こうした見方を受け入れている（山田 2008）。

　資本主義体制をどのように分類するかは，結局はいかなる次元や指標で比較するかにかかっている。またアマーブルが行っているように，主成分分析（あるいは因子分析）やクラスター分析といった多変量解析を使って分類しようとすると，サンプル数をどれだけ多く取るかにも依存してくる。アマーブルや山田はインドや南米といった地域の資本主義をカバーしているわけではなく，もっと幅広くサンプルを取れば違った分類や類型化も可能になるものと思われる。

　われわれのここでの関心は資本主義全般の類型論ではなく，移行経済国の現段階と今後の先行きにある。中山は体制移行直後のロシアを指して「疑似資本主義」と名付けた（中山 1993）。つまり，資本主義にまで至っていない，資本主義もどきの体制というわけである。一方，塩川は多くの移行経済国を「従属国型の奇形的産業構造をもった粗野な資本主義」と呼んだ（塩川 1999，509ページ）。ロシア経済（体制）を，同じく「粗野な資本主義」と称したのは田畑と塩原である（田畑・塩原 2004）。プーチン以後のロシア経済は，あたかも権威主義的政府の下で企業の再集権化を実行するような，強権的体質を持った資本主義だといわれる。あるいは，すでに見たように呉は現段階の中国経済（体制）を「官製資本主義」と呼び，官僚が支配する資本主義体制だと捉えた（呉 2008）。

　こうして見ると，移行経済国における資本主義体制分類として，制度化されているかどうか，その程度はどうか，という指標と，政府がどの程度干渉し，支配しているか，言い換えれば市場化の程度を示す指標によって大きく分けることが可能なように見える。そこでこの2つの指標を基に，移行経済国の経済

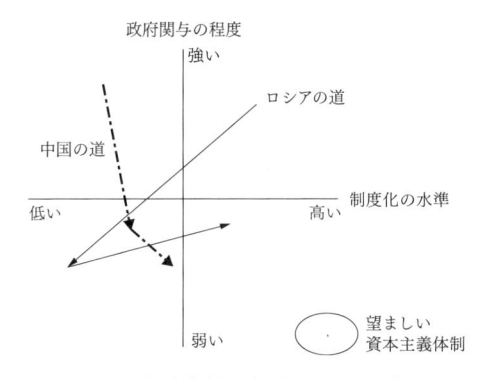

終　章　資本主義に向かって脱走する移行経済国　　285

図 9-1　経済体制の変遷：ロシアと中国

体制が移行前からどのように推移してきたのか，また移行後その資本主義がどのように深化していくのかを考えてみよう（図9-1 参照）。ロシアも中国も移行前は市場化の程度がきわめて低い，少なくとも建前としては「社会主義計画経済」だった。ただ，ロシアの方が明らかに制度化のレベルは高かった[3]。

移行開始後，ロシアは制度が崩れ，「市場でもない，計画でもない」，いわば制度的真空状態が出現する。オリガルヒが跋扈し，「ノーメンクラツーラ資本主義」から「オリガルヒ資本主義」に転化する。つまり「粗野な資本主義」が形成されていった。他方，中国では徐々に市場化レベルを上げ，制度も少しずつ出来上がってきたが，依然としてロシアよりも制度化のレベルは低く，そこに腐敗現象が出現することになった。ロシアにしても CEE に比べれば制度化のレベルは高くなく，また急激な揺り戻しを経験したために，腐敗が深刻化してきた。

この２つの巨大な旧および現社会主義国は今後どのような方向に進むのだろうか？　市場を核とし，制度化された近代的な資本主義に向かうのだろうか？　本書におけるわれわれの結論は，人々の欲望を所与とすると，広い意味での資

---

[3]　もっともスターリン時代のソ連が「制度化されていた」とはとてもいえない。正式な裁判なしに囚人が激増し，処刑が頻繁に行われた当時，毛沢東の中国と同様にスターリンが全ての法を超越した存在だった。ソ連における制度化，より正確には官僚化が進むのはスターリン以後である。

本主義以外に選択肢はないのだから,結局それぞれの型の資本主義に向かう,というものである[4]。しかし,そうした型とはどのようなものなのか,先に例示した資本主義のタイプのどれに最も近いのだろうか,そしてロシア型の資本主義と中国型の資本主義はどれほどの違いを見せるのだろうか？

　マルクスの唯物史観やロストウの発展段階論,その他多くの「近代化論」を「単系的歴史観」として批判したのが村上である（村上 1998）。その1つの根拠にたとえば「開発主義（developmentalism）」を彼は挙げた。すなわち,アングロサクソン流の近代化＝市場化論に対抗して,政府が介入して経済発展を優先させるような開発主義が大きな思潮となり,欧州やアジアにおいて実際の歴史を動かしてきたが,これは決して市場至上主義社会に至る中間点ではない,というのである[5]。言い換えれば,歴史は「多系的に」あるいは「複線的に」動いていくという。われわれは,「開発主義」の一種である開発独裁体制自体を究極の体制だと思わないが（図1-5参照）,歴史が多系的な道を歩むという点では移行過程も同じである。またその行き先が複数あるというのもこうした歴史解釈に基本的に沿っている。

3　2つの経済思想

　近代の社会主義,あるいはマルクスたちの唱えた社会主義の思想は近代合理主義思想の産物といえる。社会主義の誕生した19世紀は,近代的技術が開花し,産業革命が起こり,機械による大量生産が可能になり,同時に市場がそうした技術に対応して飛躍的に拡大し,労働力を含めあらゆるものを商品化した時代であった。社会主義はそうした市場主義,あるいは資本主義の対抗思想と

[4) 伊藤は「新自由主義の失敗」を取り上げ,「幻滅の資本主義」という。そして資本主義体制に代わる代替案として「市場社会主義」を取り上げているが（伊藤 2006）,以下で述べるようにそれはほとんど不可能である。
5) 正確にいえば,この論点は村上（1998）には直接出ていない。この本は『村上泰亮著作集』全8巻の中から抜粋した論文からなり,むしろ封建制や中世の多義的解釈が問題になっている。「開発主義」が争点になっているのは,その第6,7巻に収められている『反古典の政治経済学』においてである。

終　章　資本主義に向かって脱走する移行経済国　　287

して誕生し，広まっていった。そこには自然を制御するとともに，社会も制御し，設計できるのだという固い信念が内蔵されていた。「無政府的市場」に代わり，合理的で無駄のない計画思想が登場する。チェコの反体制派知識人にして体制移行後大統領になったハヴェルは，現実社会主義の根本的間違いを，体制移行前から次のように説いていた。「傲慢にも人間は，万物の霊長として自然を完全に理解し，自然を思うままに扱えると考えはじめました。傲慢にも人間は，理性の持ち主として自身の歴史を完全に把握する能力，すべての人にとって幸福な生活を設計する能力があるのだと，そしてついにはその設計に気乗りしない人たちを，1人残らず道すじから一掃する権利をそれが与えるのだと考えはじめました。その名目は，すべての人のよりよき未来のためで，それに対する唯一の正しい鍵を発見したから，というわけです」（ハヴェル 1991, 46-47 ページ）。

　人間が社会を設計できるということはどういうことなのだろうか？　人類はこれまで「進歩」や「改革」を求めてさまざまな社会設計を試みてきた。市場経済も1つの社会設計図であり，民主主義もそうした設計案の一種である。「革命」なるものは，そのような新しい設計図をパッケージにして社会に押しつけたものといえよう。ただし，近代市民社会の革命は決してある思想だけを合理的なものとし，他の思想を異端として排除するものではなかった。社会主義革命だけが「すべての人のよりよき未来のために，それに対する唯一の正しい鍵を発見した」と宣言したのである。マルクスの唯物史観は，単なる歴史解釈のための仮説だったが，それが崇めたてまつられ「歴史法則」なる真理の殿堂に，あるいは玉座に鎮座することになった。そうしたこと全ては「傲慢な」行為であり，また思想ではなかったろうか。

　経済学には古来より2つの思想があった。配分原理を基準にすると，1つは自由主義であり，もう1つは保護主義である。たとえば貿易論にかんしては自由貿易論と保護貿易論が長年対立してきた。また配分メカニズムを基準にすれば，1つは市場であり，もう1つは計画ないしは政府である。資本主義は前者の系列であり，社会主義は後者の系列であることはいうまでもない。

　ところで，第1章でも触れたように，イースタリーは長年にわたる開発援

助の経験から，政策実施の方法を基準にして「計画 (planning)」と「探索 (searching)」という2つの異なる原理を対峙させる (Easterly 2006b)。計画は上から，探索は下から，政策やその実施方法を決めていくのである。計画者＝計画化ではない。ショック療法のような上からの，パッケージになった移行政策の処方箋を考案したのはサックスやオスルンドを代表とする欧米の市場化論者たちだった。社会主義国には市場が欠けている。だから，上からの力で一気に市場を作ろうではないか，つまり彼らは**計画的に**市場を作り出そうと考えたのである。そうした手法と発想に対してイースタリーは激しい批判を浴びせる (本章コラム9参照)。そこには，政策実施に必要な現場の情報を「計画者」が全て把握できないという，いわばハイエクの市場論に通じる哲学がある。市場はさまざまな社会関係の上に成り立っている。もし市場に「信頼 (trust)」がなければ機能するだろうか？　日常的に騙し，騙されるような状況では市場は膨大な取引費用を払わなければならない。それを節約するのが人間関係や社会関係からなるネットワークの力である。そうした情報を関知し，収集するのは計画者ではない。上からではなく下から，「探索者」が行うのである。したがって，常に政策と現場との往復作用（フィードバック）がなければならない。

　人間社会はきわめて複雑な構造を持っている。経済にしても人間社会の一部のシステムなのだから，やはりきわめて複雑な構造からなっている。そのような複雑な体系を人間は合理的に設計できるのだろうか？　第4章では社会主義計画経済体制が作動性においてきわめて困難であることを示した。人間と同じように「持続可能な」，したがって新陳代謝を常に行うような生き生きした体制をその体制は作ることはできない。喩えていえば，計画経済論者はロボットのような，機械的で効率的な社会システムを作ろうと夢想した。あるいは，できるはずだと錯覚した。しかし，ロボットは正確で効率的な生産を行うことはできても，人間に代わって合理的基準を作り出すことはできないし，また自らを再生産することもできない。ここでロボットを人間社会や経済に置き換えてみると，その社会は「正確で効率的な生産を行う」ことさえできないであろうし，実際にできなかった。それは不足を再生産し，他方で滞貨を生み出し，人々の欲求不満を募らせる，まことに「非効率な」体制だった（第4章参照）。

また，将来の「理想的社会主義」を想定しても，いくらコンピューターが発達しても，市場に代わる資源配分メカニズムを作りえない。まして，「人間らしい社会主義」を夢想するなら，ハヴェルが言うようにある1つのメカニズムを設計し，それを嫌だという人に強制することは許されない。ユーゴスラヴィアの自主管理思想の基本的誤りは，第3章で指摘したように過剰な分配があったとか，企業経営者に自主権がなかったとかいうよりも，自主管理思想なるものを絶対視し，それを独裁政党である共産党が一律に強制したことになかっただろうか。経済や社会を活性化させ，かつそれを持続させるには，「自主的に」制度を設計する自由，たとえば資本主義，つまり市場や私有制を選択する自由を人々に与えなければならなかった。イースタリーの表現を借りれば，「自主管理思想」も結局「大計画（big plan）」に過ぎなかったのである[6]。

　もちろん計画は必要である。どの国でも「経済再生計画」や「地域発展計画」，「道路整備計画」など，国や地域が長期目標として掲げる計画は数多くあるし，そうした目標があって個々の具体的な政策も立てられる。しかし，そうした計画は「立てた瞬間古くなる」[7]し，取り替え可能なものである。決して社会主義計画経済のように固定的なものではないし，まして人々を縛り付けるものではない。社会主義における計画は，計画者つまり国家が主人で，人間はいわばその従属物，時には奴隷だった。

　ベルに言わせれば，計画化は規範的経済学の道具として残るだろう。それは一連の「もしこうなら，どうなるか（what ifs）」という，異なる政策行為と結果を判断し，議論するさまざまな「ゲーム」なのである（Bell 1994）。それはちょうど新古典派的経済理論が仮定する「一般均衡」や「完全競争」なるものが，完全な意味では現実にほとんど存在せず，経済効率の妥当性を測る単なる「発見的道具（heuristic tools）」に過ぎないのと同じである。国家社会主義体制の長く辛い経験やその結果としての体制移行が突きつけたのは，市場が善で計

[6) 北朝鮮の「自主（チュチェ）思想」によると，「首領は頭であり，党は胴体であり，人民大衆は手足」だという。当然胴体と手足は頭が考えたとおりに動かなければならない。こうなると，喜劇を通り越して悲劇である。
7) 日本の代表的計画官僚だった下河辺氏が述べた言葉。第3章注7参照。

画が悪だということでも，私有制が人間的で公有制が非人間的だということでもない。いずれの制度も人間社会にとって必要なものである[8]。大事なことはこれら異なる原理の制度をどのように組み合わせるか，である。もっと適切には，どの制度を核として体制を動かしていけば，人々の自由や平等にとって有益か，が理解できるようになった。このことこそが，社会主義の失敗した実験と，それが生み出した体制移行が教えてくれた最大の教訓だったように思われる。

4 中国の「社会主義市場経済論」

これまでの国家社会主義は失敗だった，構想された「市場社会主義」も現実的な可能性はありそうもない，しかし「社会主義」にどうしてもこだわりたい，しかも現実に作動している社会主義に夢を掛けたいという人は，たとえば政治的自由を捨てて，また平等原理を大幅に緩和して，公有制を維持しつつ市場を積極的に導入する体制を考えればいい。中国が1990年代初めから推進してきた「社会主義市場経済」体制は一番これに近い姿を見せている。これを「市場社会主義」の一種と捉えている人もいるが，第3章コラム3で紹介した「市場社会主義」とは根本的に性格が異なっている。

中国では依然として公有制が核となっており，国有企業の中の大企業が有力企業を形成している。しかし，大型国有企業の多くは独占的，寡占的産業組織によって巨額の利潤を上げているのであり，国有企業だから効率的であるわけではない。この体制が移行経済体制の中で最も成長力があること，格差は確かに拡大してきたが多くの人々に実益を与え，それが政治体制の安定にも寄与したことは認めなければならない。

中国の社会主義市場経済を新しい社会主義経済体制の試みとして積極的に評価する意見がある（たとえば伊藤2006）。中国が公有制を主体とした多重所有

---

[8] もちろん，この2つの配分メカニズムが全てだというわけではない。石川や速水が開発過程において，その重要性を強調するコミュニティや共同体も大事である（石川1990，速水1995）。しかし，第3章でも指摘したとおり，国民経済的，マクロ的配分メカニズムとして有効なものは市場と計画しかない。

制を採っていることが「公有制とその運営の分権的多様化への可能性」を持つものだという。しかし，そこにおける公有制は徐々に私有制に浸食されつつあり，またイデオロギーこそ異なれ，現在の中国はシステムとしては国民党独裁体制下の台湾に近く，実質的に「開発独裁」体制になっている。無論，それは権威主義的政治体制を伴っているから，図1-5が示す「理想的社会主義」ではありえないし，どう考えても伊藤の期待するような「21世紀の世界史に巨大な意義を持つ」ような体制ではない。何よりも，現代の中国社会主義には独自の理念がないのである[9]。改革開放以後，人々がこぞって金儲けに走り始めているのを見ると，どこに「社会主義の精神」があるのだろうか？ 資本主義的精神が溢れ出したからこそ，中国経済に自律的ダイナミズムが生まれたのである。

むしろ中国「社会主義市場経済」が海外からそれなりに注目されてきたのは，その「社会主義」論そのものではなく，第4章で見たような漸進主義や増分主義を基にした移行戦略，そして第6章で考察した郷鎮企業のような「曖昧な所有権」の下での企業発展，さらには事実上の民営化のような制度的特徴など，中国が結果的に採用した政策や制度に特異なものがあったからである。しかしこうした特異な政策や制度，たとえば曖昧な所有権はそれほど評価すべき制度特性なのだろうか？ 名目上「集団所有」企業に分類されていた郷鎮企業にしても，内部で独特の経営管理様式を採用していたわけではなく，1990年代末にはほとんど民営化されてしまった。事実上の民営化も次第に制度化された民営化に替わりつつある。

われわれの考えでは，中国の社会主義市場経済論のユニークさ，ないしは意義は，移行戦略や個別の経済制度および政治制度の特性にあるというよりも，「社会主義」を看板としながらも堂々と資本主義を推進してきたことにある。それは社会主義がまだ発達していない「初級形態」にあるからではない。社会主義の「現実的理念」（第1章参照）を実現するため，もう少し具体的にいえ

---

[9] 毛沢東時代の中国にはそれなりの理念があった。そうだからこそ，ジョーン・ロビンソンをはじめ，かなりの数の知識人を引きつけたのである。ただし，理念の暴力はすさまじい悲劇をもたらした。

ば「富強中国」の目標を達成するために，体制移行が必要だったからである。その中国では「中国的特色のある社会主義」をスローガンに掲げているが，衆目の一致するところ，実態は「中国的特色のある資本主義」である。ホワンによれば，中国の成長を生み出したのは農民企業家たちであり，上海をはじめとする都市部は彼らから吸い上げた利潤をもとに成り立っている。中国は国家指導型（state-led）の資本主義であって，台湾や韓国のような東アジア型の資本主義であるよりもむしろラテンアメリカ型の資本主義であると言う（Huang 2008）。彼の蓄積メカニズム論や資本主義理解には必ずしも同意できないが，中国が社会主義理念とは無縁の「資本主義の道」を歩んでいることだけは確かである。

中国の代表的改革派経済学者である呉敬璉は社会主義の定義を大きく変更し，「正義あるいは公正（justice）」を求める政策なら全て社会主義だ」と言う[10]。これは，従来の社会主義＝公有制といった「所有制妄想（ownership obsession）」から解放された，斬新といえば斬新な，しかし論理的にいえば支離滅裂な概念規定だが，このような議論がまかり通るほど，中国の「社会主義」はまさに「曖昧」なのである[11]。

---

[10] 2000年秋にブダペストで開かれた「体制移行の東西比較」にかんする国際会議での発言。似たような議論は彼の著書の中でも展開されている。呉（1995）参照。その会議のコーヒー・ブレークのときに，呉に「アメリカや日本も政府は正義を求めて動いているが，それではアメリカも日本も社会主義ですか」と聞くと，明確に「そうです」と答えてくれた。

[11] もっとも，呉だけが曖昧なのではない。コルナイも似たようなことを述べている。「規範的な意味においては，生産が効率的におこなわれ，生活水準や生活の質が向上しているシステムが，社会主義なのである。公正が貫徹し，平等な機会がすべての人々に与えられる」（コルナイ 1986，39ページ）。ここで「社会主義」を「資本主義」に取り替えても全く通じるし，むしろその方がすっきりする。社会主義の規範に生産の効率性を求めてはいけないのではなかろうか。

COLUMN 9

イースタリー対サックス

　実際の体制移行の戦略の策定と実行に大きな影響を及ぼした経済学者といえばサックスであるが（第4章参照），彼が2005年に出版した *The End of Poverty*（『貧困の終焉』）を徹底的に批判したのがイースタリーである（Easterly 2006a）。イースタリーはこの本の書評論文を書き，サックスが提案する先進国による大規模な援助計画を，かつて流行った「ビッグプッシュ（big push）」論による開発と同じだと言い，そうした発想による開発と援助は有効なのか，疑問視する。そこには長年世界銀行で開発と援助に携わってきたイースタリーならでの思いが込められている。その後，彼は議論をさらに発展させて1冊の本を書き，サックスの主張したショック療法とその背後にある経済思想を叩いた（Easterly 2006b）。彼の主張をまとめれば次のようになるだろう。

　開発過程は（多くの不完全性を持った）市場，政治，社会的規範，制度，政府による政策，社会サービス，ミクロ経済的干渉が織りなす相互作用ではないか。それに対してサックスは開発を簡単に技術的問題と考えている。同じように，体制移行もサックスが進めたショック療法は失敗した。上から，ある設計（デザイン）をもって体制改革を一気に推し進めるのは間違いであり，下から，漸進的（gradual）かつ漸次的（piecemeal）に改革を進める解決策しかない。援助は成長に貢献するか？　事実は違うのではないか？　金額よりも誘因（incentive）こそが大事であり，これまで援助機関が多額の援助をしても生かされない無数の例を見よ。結局，「全ての結果を予測し，把握するというほど人間は傲慢（hubris）なのだろうか？」

　サックスのようなワシントン・コンセンサスを推進してきた経済学者にとっては，開発にせよ移行にせよ処方箋は1つである。しかし，病に罹っている複雑な社会や経済に対して，処方箋は1つでいいのだろうか？　ロドリクは50年にわたる世界の成長の歴史とそれを説明する経済学を振り返り，経済発展には「1つの経済学，多くの処方箋（one economics, many recipes）」が必要だと訴える。そして，自由化，規制緩和，民営化は経済成長を解き放つ鍵だということに，いまやほとんどの人は確信を持てない，多分正しい道は「大理論（big ideas）」探しを諦めることだと説く（Rodlik 2007, p. 55）。

　同様なことは体制移行についてもいえそうである。ロドリクの表現を借用すれば，体制移行には「1つの移行，多くの処方箋（one transition, many recipes）」があるといえようか。すなわち，ショック療法やワシントン・

コンセンサスが唯一の処方箋でないとするなら，漸進主義も唯一の処方箋たりえない。この点，われわれはイースタリーとは違い，結果的にショック療法が成功だったと評価できるケースもあると考える。歴史に「もしも」はないかも知れないが，もしポーランドで中国のような漸進主義的な体制移行を進めていたら，果たしてうまくいっただろうか？　人々が一刻も早く「共産主義の軛」から脱したいと願っている政治状況で，政治体制も，そして経済体制も（広義の）先進的資本主義化に向かってゆっくり変えていく可能性は小さかったように思われる。だからポーランド人は駄目なのだと，当事者ではないわれわれに言えるのだろうか？　彼らは試行錯誤しながら，それなりに自らに適した道を選んだのではなかろうか。その上，中国のこれまでの「成功」にしても，特殊な初期条件と国際環境などに大いに支配されたものであることを認識しておく必要がある。

補論 1　社会主義経済計算論争再考：ランゲとハイエク

　第3章で述べた社会主義経済計算論争にかんする従来の通説（conventional view）に対して，1980年代後半以降ラヴォア，リヒター，カーズナーらにより抜本的な再検討が加えられ，ミーゼス＝ハイエクたちの議論を再評価するとともに，ランゲたちの市場社会主義論のはらむ内在的欠陥が改めて指摘されることになった（Lavoie 1985, Richter 1992, Kirzner 1992, さらには Williamson 1991）[1]。従来からもランゲ・モデルに対する批判はさまざまな角度から投げかけられてきたが，ソ連型の計画経済が機能しないことが明白になった今日，そして体制移行が進められて来た現在，これまでの議論を整理しながら，社会主義経済計算論争とランゲに代表される「社会主義論者」の議論に含まれる問題点をやや詳しく見ておこう。

　問題は恐らくいくつかの側面に分けられるだろう。1つには，ミーゼスがそもそも問題にしたのは貨幣を廃止した実物計算による社会主義は機能しえないということだった。この点はほぼ同じ頃にウェーバーも取り上げた争点だった[2]。それは，当時ドイツにおいてノイラートら社会主義論者にそうした主張があり，またソ連では「戦時共産主義」と呼ばれる時代で現物経済が支配していたためである。実際，ブハーリンとプレオブラジェンスキーは，2,30年後に訪れるであろう「共産主義」の時代には貨幣は廃止されると解説していたのである（ブハーリン＝プレオブラジェンスキー 1929）[3]。そうした面からみると，ミーゼスの問題提起は決して的外れではなかったし，見方を変えればテーラーやラーナーたちこそ「方向転換した」のである。

---

1) なお，彼らより以前に総括的な批判を展開していたものとして，Ward（1967）参照。
2) ウェーバー（1975），とくに第12節「実物計算と実物経済」参照。彼の論文はミーゼスの論文とほとんど同じ頃に書かれた。
3) もちろん，これはレーニンをはじめ，当時の指導者が素朴に信じていた共産主義の理念だった。

2つ目には，このこと以上に重要な点であるが，ミーゼス＝ハイエクとランゲ，ラーナー，テーラーらの立論と認識の仕方が全く異なっていたことである。まず，ラヴォアが強調するように，ミーゼスたちはオーストリア学派の伝統を受け継ぎ，市場体制を均衡的な，静態的なものと捉えず，より動態的で，不均衡ではあるが均衡化への動き (equilibration) を持つものと見なしていた。それに対してランゲたちは，いわば一般均衡論の社会主義的シミュレーションともいうべきモデルを考えたわけであり，当然のごとく静態的，均衡論的であった。バローネの議論にしても，洗練さは欠けているものの，基本的にはワルラスの一般均衡論の翻訳ともいえる。それゆえ両者の拠って立つ土俵はそもそも違い，一方が他方を論破したとはその限りではいえない。もっともカーズナーが言うように，ミーゼスも初めから動態的な視点で「社会主義計画体制」とその支持者を見ていたのではなく，論争の過程で彼ら自身が次第に認識を深めていったといえる。

　第2に，以上の点に密接に絡むが，市場について，あるいは市場の役割について両者の理解は異なっていた。より正確には，ランゲたちは市場を単なる需給均衡の場，そのための情報処理の場と捉えていたのに対して[4]，ミーゼス＝ハイエクはそれが参加者にとって新しい「知識」を獲得する場，（ハイエクの言葉を借りれば）発見過程 (discovery process) と見ていたことである。このことを言い換えれば，ランゲたちにとっての市場とは，不確実性がなく完全予知が支配するきわめて無機的な世界であり，それゆえ現実から遊離した抽象的な世界でしかなかった。したがって，リスクがないのだからランゲ的世界では企業家 (entrepreneur) は存在せず，単なる会計計算のできる官僚が企業を動かしているのである。

　もう1つの側面は理論の形式的合理性にかんする側面である。いま静態的経済に限って見ても，ランゲ・モデルには大きな問題が含まれていることが分かってきた。そこには恐らく3つの異なった性格の問題が含まれているように思われる。第1は一般均衡論そのものに内在する問題である。言い換えれば，

---

[4] 後に彼は，市場を「エレクトロニクス前」の計算装置と述べている。Lange (1967) 参照。

ランゲたちは一般均衡論に執着してしまった分だけ理論的な失点を犯してしまった。鈴村が言うように，ワルラスの模索過程は一般的収束性が保証されないし，収束が迅速であるという保証もない。あるいは青木が言うように，ランゲ・モデルの下では生産関数にかんする強い凸性の制約の下でしか解は収束しないのである（鈴村 1982，青木 1971，1977）。解の収束性・安定性にかんして，次のようなリヒターの指摘がある。すなわち，全くでたらめな価格を計画当局が指示したとしよう。そうするとそこで現実に取引が発生し（trade at false prices），以後模索過程の中で，ないしは試行錯誤的に企業が生産を決めていくとき，その過程で諸々のパラメーターが変化していくだろう。そうなると，解が収束するかどうか，安定的であるか否か全く分からなくなる。それを避けるためにワルラスたちは仮想的な「せり人」の存在を取り入れ，不均衡取引を排除したのであった（Richter 1992）[5]。言い換えれば，ランゲ・モデルはワルラス・モデルをシミュレートしようとしつつ，実はワルラス・モデルから離れてしまっていた。もちろん，より超越的に，塩沢が言うように，一般均衡論自体がアルゴリズムとして現実的に解を求められないとするなら，ランゲのモデルも壮大なる虚構・画餅に終わることになる（塩沢 1990）。

もっともコワリクによると，ランゲは1940年にハイエクに手紙を書き，その中で「市場による価格付けが実行可能ならいつでも，たとえば売り手と買い手の数が十分多いときには，市場過程を通じて価格を決めるべきでしょう」と言っていたというし，またシカゴ大学での公開講義の中では，彼のモデルの最大の眼目である中央計画当局による均衡価格設定論を黙って落としていたというから，ハイエクらとの論争過程で自らの立場を「後退させていた」ようである（Kowalik 1987）[6]。もう1つは，先に挙げた刺激両立性の問題である（第3

---

[5] なお，ランゲ・モデルの解の収束性についてはかなり前から問題にされていた。たとえばカルドァは，集産主義経済（collectivist economy）の理論的難点として，「均衡に到達できないのではなく，余りにも多くの均衡点に到達でき，その間の選択の方法がないことだ」と指摘しているし（Kaldor 1932），山田はリヒターと同じく，「価格が均衡点の上下に幾度か現実的に変更せしめられる間に，これら（需給）曲線の形が全く変らないと仮定することは甚だ無理であろう」と述べている（山田 1942）。

[6] ただし，戦後社会主義国ポーランドに帰ると，彼の観点は再び変わる。

章参照)。これについては繰り返さない。

　以上2点は，ランゲ型の市場社会主義モデルそのものに対する疑問点というよりも，むしろエリオットの言う「競争的社会主義（competitive socialism）」一般に含まれる争点だったのに対して（Elliott 1985），次の問題はランゲ・モデルそのものに対する批判である。すなわち，先述したように，このモデルの特徴の1つは消費財と労働力の市場を認め，他の財と生産要素は計画配分にすることであった。しかし，そうだとすれば従来あまり注目されてこなかった点であるが，市場間には整合性が欠如することになり，次のような問題が実際上派生してくる。第1に，生産財を管理する計画当局による消費財市場への関与，ないしは支配の問題である。これはまさに第2章で取り上げたブルス・モデルに内在していた問題でもあった。第2に，消費財市場における競争性は必ずしも保証されず，独占・寡占が発生することである。この点については，ハイエクのみならずバーグソンらも指摘していた（Bergson 1948）。第3に，異なるメカニズムが共存することによる体制全体の（後に述べる消極的な意味での）作動性の低下である。いま，市場においてある消費財の不足が発見されたとしよう。そのとき，その財の在庫がゼロであるとして，企業はその財の増産を図るために必要な投資をしようとする。ところが，投資財ないしは資金市場はないから，ランゲ・モデルのように計画当局が計算価格を提示して試行錯誤によって投資財の均衡価格と均衡量が見つかるまで企業と情報を往復するならば，仮に均衡解に到達できても非常に時間がかかるだろう。そして均衡解が見つかったときには消費財市場は変化しているかも知れない。このモデルでは，生産財企業には企業家がいないから見込み生産や投資予測の類を一切しない。言い換えれば，動態的均衡は保証されないのである。

　それに対して，ミーゼスやハイエクにとっては「均衡化傾向」が経済の作動を決める決定的要素であり，均衡それ自身ではなかったから，収束性や安定性，それに解の存在そのものの証明は全く不要だったし，市場において企業者は刺激両立性の問題に悩まされるはずもなかった。もちろん，トムリンソンが指摘するように，彼らは余りにも市場を計画（化）と対置し過ぎ，市場＝善，計画化＝悪と割り切りすぎたところがあるかも知れない（Tomlinson 1990）。さ

らにハイエクが力説した点であるが，計画を抑圧に，市場を自由に単純に結びつけすぎた嫌いは否定できない（ハイエク 1954)[7]。第1章でも指摘したが，経済的自由と政治的自由との間には，ハイエクやフリードマンが言うほどには一義的な関係は必ずしもないのである。しかし経済計算論争に限ると，総合的に見ればハイエクたちの議論の方がはるかに説得的だったことは否定できない。1968年以降のハンガリーにおける改革実験が示すように，最も進んだ市場社会主義化の試みも結局失敗し，最終的には社会主義体制をも放棄せざるをえなくなってしまったが[8]，その根拠と背景を探っていくとハイエクたちがすでに大部分見通していたことに驚かされる。

われわれの見るところ，ランゲたちの最大の誤りは「価格」，したがって「市場」の持つ現実的役割・作用の無理解にあったように思われる。ランゲはミーゼスらを批判し，「価格には（ミーゼスらの言うような）2財の交換比率という意味と代替物が提供される条件という2つの意味があり，資源の合理的配分にとって必要なのは後者の意味の価格であり，これは計算価格として社会主義でも設定できるのだ」と主張した（Lange 1936/37)。しかし，先述したようにこれはあくまでも価格の情報処理機能だけにかんする議論であり，しかも余りにも抽象的である。1960年代に入り，東欧各国でさまざまな分権的体制改革が試みられる中で，市場が見直される1つの大きな契機となったのは，市場の持つ「利害調節」機能の再発見だったように思われる。とりわけその点を強調したのがチェコスロヴァキアにおける経済改革の理論的指導者シクであった[9]。かくして市場は分配制度としても見直されることになる。その背景には，社会主義計画体制における特権的な分配制度に対する批判があったように見える。いうまでもなく，利害調節機能は体制の持つ刺激・誘因制度と密接に絡ん

---

[7] 周知のように，市場と政治的自由の関係についてはさまざまな議論がある。たとえばElliott (1985) 参照。ハイエクの政治的自由論については，バトラーが適切な解説を与えている（バトラー 1991）。

[8] ハンガリーの経済改革の推移については，盛田 (1990)，平泉 (1992)，コルナイ (1992) など参照。

[9] シクの分権的社会主義経済購想については，佐藤編 (1973) 第2章参照，その後のシクはもちろん以前と観点を変えている。Sik ed. (1991) 参照。

でいる。

　市場には，それ以外にもう1つ重要な機能がある。すなわち選択・淘汰機能とでもいうべき機能である。これが先に述べたハイエクの言う「発見過程」としての役割であり，より一般化していえば広い意味の創造機能であろう。たとえば，ある企業が開発した新しい消費財が売れるか否かは，市場における需要者である消費者に尋ねる以外に方法はない。売れればその企業は商品を「発見し」，消費者の潜在需要を顕在化させたことになる。そのとき，その商品と代替的な商品を作っていた他の企業は生産を転換して商品を模倣するか，あるいは転換できなくて撤退するか，場合によれば倒産する。そして生産要素の配分もそれに伴って変化する。かくして財と企業，それに生産要素にかんする選択が市場で行われることになる。よく知られているように，ハイエクは「科学的知識」，「選ばれた専門家」の一団が所有する知識とは別の，「非常に重要であるが系統だっていない一群の知識すなわちある時と場所における特定の状況についての知識」の重要性を強調した。現場の人間，あるいは彼らの市場における参加過程でしかそうした知識は獲得できないし，またその知識があって初めて市場における交換が可能になると述べた（ハイエク 1990）。そして猪木が言うように，個々の市場参加者が不均衡に対して適切な行動をとるためには，少量の情報，つまり市場価格しか知る必要がないところにハイエクの考えの核心があった（猪木 1987，186ページ）。

　ミーゼスの，したがって社会主義経済計算論争の見直しは最近まで続いている。西部はこの論争を軸に，マルクス，オーストリア学派，ローザンヌ学派らによる「市場像」を整理しており，その中で社会主義擁護のラングたちがワルラス的一般均衡概念に近づき，他方，社会主義批判のミーゼスたちが，むしろマルクスの市場理解に近い観点を提出していることを発見している（西部 1996）。しかし，より徹底してこの論争の前史とミーゼスの理論体系を追究したのがスティールだった（Steele 1992）。

　一方，スティグリッツは全く別の視点から，あるいはもう少し超越的にラング・モデルを批判している。彼に言わせれば，このモデルは形を変えた新古典派モデルであって，情報の不完全性を考慮しない機械的モデルに過ぎないとい

う（Stiglitz 1994）。彼の視点はダイナミックな経済メカニズムを見ているという点では，ラヴォアたちと共通する面があるものの，ハイエクの市場論とは決して同じではない。

補論2　体制移行の分類学

　体制移行のパターンは決して1つではなく，複数あるとすれば，それをどのようにして分類すればいいのだろうか。第4章で見たショック療法と漸進主義という移行戦略で分けるやり方もある。あるいは，第5章で見たように，成長率によって3つに分類する方法もある。あるいは，塩川のように複数の次元でもって政治学的に分類する仕方もあるだろう（塩川　1999，444ページ以下）。すなわち，彼は社会主義体制の変動を，(1)伝統文化の型，(2)社会主義化過程の特質，(3)近代化の進展度，(4)国際的位置，(5)指導者の性格，(6)（社会主義体制時代の）改革運動のあり方，という6つの視点・次元でもって整理している。しかし，体制移行そのもののパターンとなると，上で見た体制移行政策やその結果を基にした分類が求められてくる。それを初めて試みたのがわれわれだった（中兼　2002）。ここでその手法と結論を紹介するために，関係する部分を一部修正の上，以下に再録することにする。

　移行経済国を分類するのに，個別指標をいくつか取り上げ，そうした指標の違いによって分類したり，あるいは2つや3つの指標の相関関係から各国の移行過程を類型化するには，どうしても限界がある。もっと総合的に見て移行経済国にはどのようなタイプがあるのか，そして中国がその中でどのように特徴付けられるのか考えてみたい。そこで，1つの方法としてクラスター分析を用い，旧および現社会主義国27カ国を対象に施してみることにする。取り上げる指標は制度変化にかんする5指標（民営化，制度化，民主化，移行戦略，対外開放）と，経済実績を表す成長率と安定性指標であるインフレ率である。指標は全て5段階の点数で測ってある。クラスター分析にはクラスター間の距離の定義により数種類の方法があるが，ここでは比較的一般に用いられている群平均法と重心法という2つの方法を採用した[1]。結果はほとんど差がなく，ここでは群平均法で見た各国の移行結果の分類図（デンドログラム）を示すことに

補論 2　体制移行の分類学　303

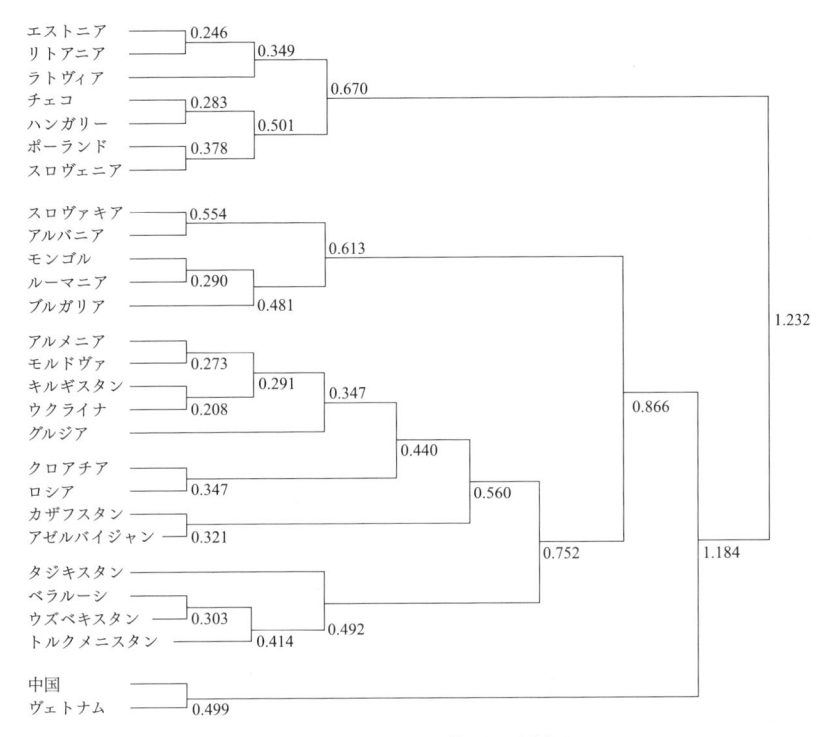

```
エストニア ──┐0.246
リトアニア ──┤    ┐0.349
ラトヴィア ──┘    │       ┐0.670
チェコ ────┐0.283 │       │
ハンガリー ──┤    ┘0.501  │
ポーランド ──┘0.378       │
スロヴェニア ─┘           │
                         │
スロヴァキア ─┐0.554      │
アルバニア ──┘    ┐0.613  │
モンゴル ───┐0.290│       │
ルーマニア ──┤    ┘0.481  │
ブルガリア ──┘            │
                         ┤1.232
アルメニア ──┐0.273       │
モルドヴァ ──┘    ┐0.291  │
キルギスタン ─┐0.208│0.347 │
ウクライナ ──┤    ┘      │
グルジア ───┘     ┐0.440 │
                  │      │
クロアチア ──┐0.347│0.560 │
ロシア ────┘    │      │0.866
カザフスタン ─┐0.321┘      │
アゼルバイジャン┘           │
                  ┐0.752  │
タジキスタン ─┐           │
ベラルーシ ──┤0.303       │1.184
ウズベキスタン┤    ┐0.492  │
トルクメニスタン┘0.414     │
                         │
中国 ─────┐              │
ヴェトナム ──┘0.499        │
```

図補 2-1　各国移行結果の分類図

出所）中兼 (2002), 204 ページ, 図 5-5。

しよう（図補 2-1 参照）。

　予想どおりではあるが，移行経済は大別すると 3 つのグループに分類できる。第 1 が中欧・バルト海諸国グループで，そこにはポーランド，チェコ，ハンガリー，ラトヴィア，リトアニア，エストニア，それにスロヴェニアが入る。これらの国々は改革が比較的成功したグループである。第 2 のグループは最も多く，CIS（ロシア，ウクライナなどと中央アジア諸国）の他にスロヴァキ

---

1) 群平均法（average linkage）とは，2 つのクラスター間の距離を，各クラスター間で 1 個ずつ対になる観測値間の平均距離でとったもの。他方，重心法（centroid method）とは，2 つのクラスター間の距離を，クラスターの重心もしくは平均間の（平方）ユークリッド距離として定義したものである。

ア, アルバニア, ルーマニア, ブルガリア, クロアチア, それにモンゴルが加わる。このグループは改革も十分進んでおらず, また経済実績も決してよくない。第3のグループは東アジアの移行経済国である中国とヴェトナムからなる。いずれも高成長を遂げているものの, 政治的, 経済的改革となると徹底されておらず, また制度化の水準も低い。こうした区分は, 奇しくもというべきか地域的区分を代表している。

上述したように, こうした統計分析はデータの面でも, また技術的に見ても多くの問題をはらんでおり[2], 結果の解釈に当たっては慎重でなければならない。とはいえ, ここからいくつかの重要な示唆が得られそうである。第1に, もしこれら27カ国を2つのグループに大別するとしたなら, 第1, 第2のグループと第3のグループに分けられる。それは単に東西という地域差のみならず, 社会主義を離脱した国か(第1プラス第2グループ), そうではなく, 今もなお社会主義を掲げている国か(第3グループ)の違いをも表している。

第2に, 逆にこれらの国々を4つ以上に細分化するなら, 第2グループがCIS諸国とその周辺国に分かれ, またCIS諸国自身もトルクメニスタン, ウズベキスタン, ベラルーシ, タジキスタンとそれ以外に分けられる。これはどうやら改革の進展度をも表しているように見える。

第3に, 中国の対極はロシアではなく, 中欧諸国やバルト海諸国といった改革が進展し, したがって民営化も進み, 経済も回復基調を示し, かつ民主化や制度化を達成した国々である。無論, そこでは先に挙げた初期条件も国の規模も考慮されていない。しかし, これら2つの地域は地理的にも文化的にも遠く離れ, 両極端のような感じを受けるが, 体制移行の経験からいえば比較的順調

---

[2] たとえば, 成長率やインフレ率は1990年代の平均を取ったが, 体制移行開始後の期間を取るべきなのかもしれない。また, 既存の個別指標をできるだけ採用したが, その指標がない国については, 筆者が各種情報を総合して, また直感を働かせて点数を付け, なるべく欠損値がないように工夫している。しかし最大の問題は何を指標に取るのか, その指標にどのような点数を付けるのか, さらに, 各指標をどのように総合するのかについて, 主観的判断, さらには分析者による恣意性が避けられないことであろう。しかし, 社会科学的な評価を下すとき, とりわけ何らかの質的指標を入れるときには, こうした欠点はどうしても除去できない。

に進んだという共通点を持っている。いうまでもなく，狭義の移行という点では中国と中欧諸国との距離は大きいが，もしも経済成長が1つの重要な経済実績基準であるとするなら，体制移行には2つの，あるいは複数の異なった道があることをこの図は暗に物語っている。世界銀行の報告書も，単一で普遍的な移行モデルはないと指摘している（*World Development Report* 1996）。もしも移行への複数の道があるなら，どの道がよいかは究極的には各国における政治的選択によることになる。

　第4に，したがって，こうしたクラスター分けが経済実績による分類とほぼ対応していることである。先にこれまでの移行経済国の分類法として世銀やEBRD（ヨーロッパ復興開発銀行）などが行ったような成長率を中心とする経済実績基準の分類を見てきたが（第5章参照），これはきわめて単純とはいえ，実は改革の広がりや深まりをも間接的に反映する指標であることが改めて確認された。それは先に見たように，成長決定要因に改革度が挙げられるという点からも理解できよう。あるいは次のようにいえるかもしれない。つまり，ある国の移行過程を制度と実績，質と量の両面から見たとき，両者が密接な関係にあるということが再確認された。それゆえ，狭義の移行にかんする限り，制度か実績のどちらか一方を見ればいいことになる。

　もちろん，こうした分析はきわめて実験的なものであり，多くの改善すべき点が残されている。データを新しくするのは無論のこと，指標ももっと増やし，時期別に調べたらどうか？　それでも恐らく上で述べた主たる結論は大きくは変わらないものと思われる。

補論3　腐敗の測定と各種データ

　第7章でも指摘したように，1990年代以降，開発と移行における腐敗が注目を集めるようになると，腐敗の実証研究も盛んになってきたが，それは，従来捉えにくいとされた腐敗が広範囲に測定されるようになってきたためでもある。

　測定には2種類の方法がある。1つは最も広く用いられるもので主観的方法，ないしは人々の認知（perceptions）によるものである。つまり，ある国の腐敗の程度がどの程度と認識されるのか，その国に働く，あるいは深く関わる人々が認知する方法である。これにかんしてはいくつかの基準，ないしは指数がある。①国際的なコンサルティング会社の専門家が各国の状況を評価するもので，代表的なものとしてエコノミスト・インテリジェンス・ユニット（Economist Intelligence Unit）がある。その他に，いくつかの民間の投資リスクコンサルタント会社が各国のリスク評価の一環として腐敗指数を提供している[1]。②対象地域に関係するビジネスマン，あるいは現地の企業関係者などにアンケートをして，その地域の腐敗状況を評価させるもので，代表的なものとして，たとえば世界経済フォーラム（World Economic Forum）の『グローバル競争力報告』（*Global Competitiveness Report*）や世界銀行による世界ビジネス環境調査（WBES: World Business Environment Survey）などがある。これらの調査からは企業レベルのデータが得られる。③第3のタイプの腐敗指標として，恐らく世界で最もよく使われ，また最も総合的な腐敗指数である TI（Transparency International）の腐敗認知指数（CPI: Corruption Perceptions Index）があり，これは上記の指数を含む各種指数を総合したものである。具体的には2001年版は次のようにして作成されている[2]。すなわち，『グローバル競争力報告』，世界ビジネ

---

[1] Political Risk Services が提供する International Country Risk Guide が一例である。

ス環境調査，エコノミスト・インテリジェンス・ユニットの他，スイスにある経営開発研究所（Institute of Management Development）が出している『世界競争力年鑑』(World Competitiveness Yearbook)，プライスウォーターハウス・クーパースの「不透明指数（opacity index）」，フリーダムハウスの「移行諸国（Nations in Transit）」，それに香港の政治経済リスク・コンサルタンシー（Political and Economic Risk Consultancy）が出しているエイシアン・インテリジェンス（Asian Intelligence）の合計7種類のソースに掲載されている指数や指標を平均化するのである[3]。

カウフマンたちが行っている系統的な，また世界規模でのガバナンス調査（Worldwide Governance Indicators Research Project）は，世界212カ国を含み，6つの指標で1966年以後，各国のガバナンス水準を評価しているが，そのうちの1つが「腐敗統制（controle of corruption）指数」で，これも各種の指標を総合した指数となっている[4]。カウフマンが作成した法人倫理指数（corporate ethics index）も代表的な腐敗指数となっている（Kaufmann 2004）。

旧社会主義国である移行経済国を対象とした腐敗調査として，恐らく最も大がかりなものがBEEPS（Business Environment and Enterprise Performance Survey）だろう。これは1999年に世銀とEBRD（ヨーロッパ復興開発銀行）が共同で22カ国，3,000人に上る企業の所有者や経営者を相手にインタビュー調査したもので，世界銀行が調査結果をまとめている（World Bank 2000）[5]。

こうした認知的，あるいは主観的評価方法にはさまざまな問題点がある。まず，それほど多くはない人々の主観によるものだけに，どうしても評価する者によるバイアスは避けられない。対象国ごとに評価基準は絶対的に一定という

---

2) 詳しくは Johann Graf Lambsdorff, "Background Paper to the 2001 Corruption Perceptions Index : Framework Document"（http://www.transparency.org/cpi/2001/methodology.html）参照。なお，この指数の作り方は年々変化していることに注意。
3) 年によって依拠するデータ・ソースは異なる。2007年版では14ものソースが選ばれている。
4) Kaufmann et al.（2006）など。この指標は毎年更新されている。
5) BEEPSの問題点として，腐敗が企業側の役人や政府側に対する直接的支払いに限られていること，また企業レベルの調査であるだけに，個人と国家との関係や役人間の取引については対象となっていないことが挙げられている（World Bank 2000）。

ことはありえない。評価する人を変えれば指数も変わるだろうし、他方、評価者を固定してしまえば、毎年同じような点数を付けることにもなりかねない。また、評価基準自体に恣意性はないかといえば、人間が作るものである以上ある程度は避けられない。ただし、この種のバイアスはデータさえあればある程度修正しうる[6]。さらに、腐敗の程度を金額によって捉えるのか、頻度によって捉えるのかによって結果は大きく違ってくる。ある人は1件当たりの腐敗金額が巨額なら腐敗が深刻だと見るだろうし、他の人は1件当たりの金額は小さくとも、始終手付けを渡すような状態こそ腐敗が深刻であると認識するかも知れない。

　もう1つの測定方法として客観的な方法がある。すなわち、各国の犯罪データから贈収賄などの腐敗額を計り、それとGDPとの比率でもって腐敗の程度を表すのである。しかし、これには比較可能なデータが得にくいという技術的問題の他に、次のような致命的問題が存在する。つまり、各国によってジョンソン＝カウフマン＝シュライファーの言う公共インフラが異なり（Johnson et al. 1997）、その結果、摘発件数や摘発率が異なるから、ある国や地域で腐敗犯罪件数や金額が大きくとも、即腐敗率が他の国・地域より高いとは判断できない。常識的に考えて、少なくとも途上国に関しては、腐敗件数の少ない国ほど（法律や警察が整備されていないために）腐敗率が高いと見るべきだろう。しかし、もしミクロ・レベルで、たとえばある国の企業を調査して「腐敗額」なるものを算定できたとすれば、それは十分実証研究に役立つはずである。

---

6) カウフマンとウェイは、"Kvetch"という尺度を用いてこの種のバイアスを修正することを試みている（Kaufmann and Wei 1999）。簡単にいえば、回答者がある質問（たとえばインフラ整備にかんして）において平均よりも政府に批判的か否かを調べ、その人のバイアス度を測るのである。なお、Kvetchとはイディッシュ語で「いつも不満ばかり言う人」を指す。

参考文献

日本語文献
青木昌彦（1971）『組織と計画の経済理論』岩波書店
青木昌彦（1977）「メカニズムと制度化様式の諸類型」同編『経済体制論Ⅰ　経済学的基礎』東洋経済新報社
青木昌彦（1995）『経済システムの進化と多元性――比較制度分析序説』東洋経済新報社
アプルボーム，アン（2006）『グラーグ――ソ連集中収容所の歴史』（川上洸訳）白水社
阿部望（1993）『ユーゴ経済の危機と崩壊――国内要因と国外要因』日本評論社
アマーブル，ブルーノ（2005）『五つの資本主義――グローバリズム時代における社会経済システムの多様性』（山田鋭夫ほか訳）藤原書店
アマルリーク，アンドレイ（1972）『気に染まぬシベリア行き』（中田甫訳）勁草書房
アルベール，ミッシェル（1992）『資本主義対資本主義』（小池はるひ訳）竹内書店新社
イェーガー，ティモシー（2001）『新制度派経済学入門――制度・移行経済・経済開発』（青山　繁訳）東洋経済新報社
石川晃弘（1977）『くらしのなかの社会主義――チェコスロヴァキアの市民生活』青木書店
石川晃弘（1983）『職場のなかの社会主義――東欧社会主義の模索と挑戦』青木書店
石川滋（1990）『開発経済学の基本問題』岩波書店
石原亨一（2000）「中国型市場経済と政府の役割」中兼和津次編『現代中国の構造変動　第2巻　経済――構造変動と市場化』東京大学出版会
イースタリー，ウィリアム（2003）『エコノミスト南の貧困と闘う』（小浜裕久ほか訳）東洋経済新報社
伊藤誠（1992）『現代の社会主義』講談社
伊藤誠（2006）『幻滅の資本主義』大月書店
猪木武徳（1987）『経済思想』岩波書店
今井賢一（1992）『資本主義のシステム間競争』筑摩書房
今井健一・渡邉真理子（2006）『シリーズ現代中国経済　第4巻　企業の成長と金融制度』名古屋大学出版会
岩田昌征（1974）『労働者自主管理――ある社会主義論の試み』紀伊国屋書店
岩田昌征（1983）『現代社会主義の新地平――市場・計画・協議のシステム』日本評論社
岩田昌征（2003）『社会主義崩壊から多民族戦争へ――エッセイ・世紀末のメガカオス』御茶の水書房
上垣彰（2001）「ロシア連邦の対外経済関係」http://www.esri.go.jp/jp/tie/russia/russia5.pdf
ウェーバー，マックス（1975）「経済行為の社会学的基礎範疇」（富永健一訳）尾高邦雄編『世界の名著50　ウェーバー』中央公論社
ヴェルト，ニコラ（2001）「流刑，強制収容所，飢饉――ソ連あるいはテロルの支配」（福田玲三訳）『労働運動研究』第376号（http://www2s.biglobe.ne.jp/~mike/giseisha.htm より引用）

ヴォスレンスキー，ミハイル（1981）『ノーメンクラツーラ──ソヴィエトの赤い貴族』（佐久間穆・船戸満之訳）中央公論社
絵所秀紀（2008）『離陸したインド経済──開発の軌跡と展望』ミネルヴァ書房
大内力（1979）『新しい社会主義像の探求』労働社会問題研究センター
大野泉（2000）『世界銀行開発援助戦略の変革』NTT 出版
大野健一（1996）『市場移行戦略──新経済体制の創造と日本の知的支援』有斐閣
岡稔（1976）「序論」岡稔ほか著『社会主義経済論』筑摩書房
カー, E. H.（1969）『ロシア革命の考察』（南塚信吾訳）みすず書房
加藤弘之（2003）『シリーズ現代中国経済　第 6 巻　地域の発展』名古屋大学出版会
ガルブレイス, J. K. = S. メンシコフ（1989）『資本主義，共産主義，そして共存』（中村達也訳）ダイヤモンド社
カレール=ダンコース，エレーヌ（2006）『レーニンとは何だったか』（石崎晴己・東松秀雄訳）藤原書店
グルシコフ, V. = V. モーイェフ（1976）『コンピュータと社会主義』（田中雄三訳）岩波書店
呉軍華（2008）『中国静かなる革命──官製資本主義の終焉と民主化へのグランドビジョン』日本経済新聞社
呉敬璉（1995）『中国の市場経済──社会主義理論の再建』（凌星光ほか訳）サイマル出版会
コウォトコ，グジェゴシュ（2005）『「ショック」から「真の療法」へ──ポスト社会主義諸国の体制移行から EU 加盟へ』（家本博一ほか訳）三恵社
小島朋之（1999）『中国現代史──建国 50 年，検証と展望』中央公論新社
小島麗逸（1975）『中国の経済と技術』勁草書房
コルナイ，ヤーノシュ（1983）『反均衡と不足の経済学』（盛田常夫・門脇延行訳）日本評論社
コルナイ，ヤーノシュ（1986）『経済改革の可能性──ハンガリーの経験と展望』（盛田常夫編訳）岩波書店
コルナイ，ヤーノシュ（1992）『資本主義への大転換──市場経済へのハンガリーの道』（佐藤経明訳）日本経済新聞社
コルナイ，ヤーノシュ（2006）『コルナイ・ヤーノシュ自伝──思索する力を得て』（盛田常夫訳）日本評論社
ゴールドマン，マーシャル（1983）『危機に立つソ連経済──スターリン型モデルの破産』（小川和男監訳）時事通信社
ゴールドマン，マーシャル（1988）『ゴルバチョフの挑戦──ハイテク時代の経済改革』（大胝人一訳）岩波書店
佐藤経明編（1973）『ソ連・東欧諸国の経済改革』アジア経済研究所
佐藤経明（1992）「経済体制論と市場経済移行の諸問題」『経済研究』第 43 巻 4 号，一橋大学
佐藤宏（2003）『シリーズ現代中国経済　第 7 巻　所得格差と貧困』名古屋大学出版会
塩川伸明（1993）『終焉の中のソ連史』朝日新聞社
塩川伸明（1999）『現存した社会主義──リヴァイアサンの素顔』勁草書房
塩沢由典（1990）『市場の秩序学──反均衡から複雑系へ』筑摩書房
塩原俊彦（2004）『現代ロシアの経済構造』慶應義塾大学出版会

シク，オタ（1976）『新しい経済社会への提言——もう一つの可能性を求めた第三の道』（篠田雄次郎訳）日本経営出版会
シュンペーター，J. A.（1951）『資本主義・社会主義・民主主義』（中山伊知郎・東畑精一訳）東洋経済新報社
シュンペーター，J. A.（1977）『今日における社会主義の可能性』（大野忠男訳）創文社
シュンペーター，J. A.（1980）『経済発展の理論——企業者利潤・資本・信用・利子および景気の回転に関する一研究（改訳）』（中山伊知郎・東畑精一・塩野谷祐一訳）岩波書店
ジラス，ミロバン（1957）『新しい階級——共産主義制度の分析』（原子林二郎訳）時事通信社
スウィージー，ポール（1951）『社会主義』（野々村一雄訳）岩波書店
鈴村興太郎（1982）『経済計画理論』筑摩書房
セン，アマルティア（2000）『自由と経済開発』（石塚雅彦訳）日本経済新聞社
田口雅弘（2005）『ポーランド体制転換論——システム崩壊と生成の政治経済学』岡山大学経済学部
武田友加（2006）『移行経済下ロシアにおける生活水準の不安定化と貧困』（東京大学経済学研究科学位請求論文）
溪内謙（1988）『現代社会主義を考える——ロシア革命から21世紀へ』岩波書店
田畑伸一郎（1995）「ソ連・ロシアの財政・金融・価格制度とその改革」望月喜市ほか編『スラブの経済』弘文堂
田畑伸一郎・塩原俊彦（2004）「ロシア——石油・ガスに依存する粗野な資本主義」西村可明編『ロシア・東欧経済——市場経済移行の到達点』（ロシア研究シリーズ36）日本国際問題研究所
中央大学社会科学研究所編（1988）『自主管理の構造分析——ユーゴスラヴィアの事例研究』中央大学出版部
辻村明（1967）『大衆社会と社会主義社会』東京大学出版会
デイヴィス，R. W.（1998）『現代ロシアの歴史論争』（内田健二・中嶋毅訳）岩波書店
トラン・ヴァン・トウ（2002）「ベトナムの移行経済——移行特徴とその成果」http://www.f.waseda.jp/tvttran/jp/jronbun/j 02 may_vietnam_ikou. pdf
トラン・ヴァン・トウ（2004）「ベトナムの開発と支援のあり方：ベトナム経済——持続的発展の課題」海外投融資情報財団『ASEAN新規加盟国の経済持続可能性と経済支援に係る研究会報告書』第4章
トリソン，ロバート＝ロジャー・コングレトン編（2002）『レントシーキングの経済理論』（加藤寛監訳）勁草書房
トロツキー，レオン（1992）『社会主義と市場経済——ネップ論』（藤井一行・志田昇訳）大村書店
永井清彦ほか（1990）『NHKスペシャル社会主義の20世紀』第1巻，日本放送出版協会
中兼和津次（1984）「現代社会主義体制論——岩田昌征氏の視座と枠組みに対する批判的検討」『共産主義と国際政治』日本国際問題研究所，第9巻2号，84-97ページ
中兼和津次（1992）『中国経済論——農工関係の政治経済学』東京大学出版会
中兼和津次（1993）「社会主義経済の崩壊と経済体制論」『（東京大学）経済学論集』第58巻4号，49-70ページ

中兼和津次（1999）『中国経済発展論』有斐閣
中兼和津次（2002）『シリーズ現代中国経済　第1巻　経済発展と体制移行』名古屋大学出版会
中兼和津次（2003）「開発と移行過程における腐敗の経済学」『アジア経済』第44巻5・6号，27-46ページ
中兼和津次（2007a）「比較経済体制論の到達点と課題——国有企業の民営化を中心に」『比較経済研究』第44巻1号，41-48ページ
中兼和津次（2007b）「移行経済論：その1——社会主義体制移行の歴史的背景と理論的根拠」『青山国際政経論集』第72号，27-79ページ
中兼和津次（2008）「移行経済論：その2——体制移行の結果とその評価」『青山国際政経論集』第74号，1-61ページ
中兼和津次（2009）「今日の時点から見たブルスとコルナイ——偉大なる社会主義経済研究者の理論に対する批判的検討」『比較経済研究』第46巻2号，25-33ページ
中山弘正編（1980）『ネップ経済の研究』御茶の水書房
中山弘正（1993）『ロシア擬似資本主義の構造』岩波書店
成田修（2000）「移行戦略——初期条件と成果」橋田坦編『中央アジア諸国の開発戦略』勁草書房
南京兌（2009）『民営化の取引費用政治学——日本・英国・ドイツ・韓国4カ国における鉄道民営化の比較研究』慈学社
ニェズナンスキイ，F.（1984）『犯罪の大地——ソ連捜査検事の手記』（工藤精一郎訳）中央公論社
西部忠（1996）『市場像の系譜学——「経済計算論争」をめぐるヴィジョン』東洋経済新報社
西村可明（1995a）「ロシアにおける私有化」望月喜市ほか編『講座スラブの世界⑥　スラブの経済』弘文堂
西村可明（1995b）『社会主義から資本主義へ——ソ連・東欧における市場化政策の展開』日本評論社
ノーヴ，アレック（1971）『（改訂）ソ連経済』（公文俊平訳）日本評論社
ノーヴ，アレック（1986）『ソ連の経済システム』（大野喜久之輔ほか訳）晃洋書房
ハイエク，F. A.（1954）『隷従への道——全体主義と自由』（一谷藤一郎訳）東京創元社
ハイエク，F. A.（1990）『個人主義と経済秩序』（嘉治元郎他訳）春秋社
ハヴェル，ヴァーツラフ（1991）『反政治のすすめ』（飯島周監訳）恒文社
バトラー，エイモン（1991）『ハイエク——自由のラディカリズムと現代』（鹿島信吾・清水元訳）筑摩書房
ハスラム，ジョナサン（2007）『誠実という悪徳——E・H・カー 1892-1982』（角田史幸ほか訳）現代思潮新社
パーソンズ，タルコット＝N. J. スメルサー（1958）『経済と社会——経済学理論と社会学理論の統合についての研究』（富永健一訳）岩波書店
バーナード，チェスター（1968）『経営者の役割』（山本安次郎ほか訳）ダイヤモンド社
速水佑次郎（1995）『開発経済学——諸国民の貧困と富』創文社
バルツェロビッチ，レシェク（2000）『社会主義，資本主義，体制転換』（家本博一・田口雅弘訳）多賀出版

平井吉夫編（1983）『スターリン・ジョーク集』河出書房新社
平泉公雄編訳（1992）『計画から市場へ——ハンガリー経済改革思想史』アジア経済研究所
ファンダー，アナ（2005）『監視国家——東ドイツ秘密警察に引き裂かれた絆』（伊達淳訳）白水社
フクヤマ，フランシス（1992）『歴史の終わり』（渡部昇一訳）三笠書房
ブハーリン，N. I.＝E. A. プレオブラジェンスキー（1929）『共産主義の ABC』（マルキシズム研究所訳）イスクラ閣
フリーランド，クライスティア（2005）『世紀の売却——第二のロシア革命の内幕』（角田安正ほか訳）新評論
ブルス，ウォジミエシ（1971）『社会主義経済の機能モデル』（鶴岡重成訳）合同出版
ブルス，ウォジミエシ（1978）『社会主義における政治と経済』（佐藤経明訳）岩波書店
北海閑人（2005）『中国がひた隠す毛沢東の真実』（廖建龍訳）草思社
間宮陽介（1992）『経済思想——市場社会の変容』放送大学教育振興会
宮鍋幟（1986）「計画と市場」野々村一雄編『テキストブック社会主義経済論』有斐閣
ミュルダール，G.＝S. キング（1974）『アジアのドラマ（上）諸国民の貧困の一研究』（小浪充・木村修三訳）東洋経済新報社（原典 *Asian Drama : An Inquiry into the Poverty of Nations*. An Abridgment by Seh S. King of the Twentieth Century Fund Study は 1971 年出版）
三輪芳朗（1998）『政府の能力』有斐閣
武藤博己（1997）「民営化と公共性」今村都南雄編『民営化の効果と現実——NTT と JR』中央法規出版
村上泰亮（1998）『文明の多系史観——世界史再解釈の試み』中央公論社
盛田常夫（1990）『ハンガリー改革史』日本評論社
盛田常夫（1994）『体制転換の経済学』新世社
盛田常夫（2003）「書評　中兼和津次著『経済発展と体制移行』」『中国経済研究』第 1 巻 1 号，38-39 ページ
ヤコブレフ，アレクサンドル（1994）『マルクス主義の崩壊——20 世紀の呪縛を解く』（井上幸義訳）サイマル出版会
山内弘隆（1997）「特殊法人の民営化——経済学の視点」今村都南雄編『民営化の効果と現実——NTT と JR』中央法規出版
山田鋭夫（2008）『さまざまな資本主義——比較資本主義分析』藤原書店
山田雄三（1942）「バローネ＝ランゲの経済計算論」『東京商大研究年報　経済学研究』7，165-219 ページ
ラヴィーニュ，マリー（2001）『移行の経済学——社会主義経済から市場経済へ』（栖原学訳）日本評論社
ラッセル，バートランド（1990）『ロシア共産主義』（河合秀和訳）みすず書房
ランゲ，オスカー（1974）『政治経済学と社会主義』（鶴岡重成訳）日本評論社
林毅夫・蔡昉・李周（1997）『中国の経済発展』（杜進訳）日本評論社
ルクセンブルク，ローザ（1985）『ロシア革命論』（伊藤成彦・丸山敬一訳）論創社
歴史探検隊（1990）『ジョーク「ロシア革命史」』文春文庫
レーン，デービッドほか（2007）『国家社会主義の興亡——体制転換の政治経済学』（溝端佐登史他訳）明石書店

英語文献

Abed, George and Hamid Davoodi (2000), "Corruption, Structural Reforms, and Economic Performance in the Transition", *IMF Working Paper*, No. 132.

Ades, Alberto and Rafael Di Tella (1997), "National Champions and Corruption : Some Unpleasant Interventionist Arithmetic", *Economic Journal*, Vol. 107 (July), pp. 1023-42.

Advig, Jens (1991), "The Economics of Corruption : A Survey", *Studi Economici*, Vol. 43, pp. 57-94.

Atkinson, Anthony and John Micklewright (1992), *Economic Transformation in Eastern Europe and the Distribution of Income*, Cambridge University Press.

Babetsukii, Ian and Nauro Campos (2007), "Does Reform Work? An Econometric Examination of the Reform-Growth Puzzle", *William Davidson Institute Working Paper*, No. 870.

Bardhan, Pranab and John Roemer (eds.) (1993), *Market Socialism : The Current Debate*, Oxford University Press.

Bardhan, Pranab (1997), "Corruption and Development : A Review of Issues", *Journal of Economic Literature*, Vol. 35, pp. 1320-46.

Becker, Gary (1968), "Crime and Punishment : An Economic Approach", *Journal of Political Economy*, Vol. 76 (2), pp. 169-217.

Bell, Daniel (1994), "Socialism and Planning : Beyond the Soviet Economic Crisis", in Roosevelt and Belkin (eds.) (1994) (原文は1991年).

Bergson, Abram (1948), "Socialist Economics", in Howard Ellis (ed.), *Survey of Contemporary Economics*, Vol. 1, Blakisten.

Bhaumik, Sumon and Saul Estrin (2005), "How Transition Paths Differ : Enterprise Performance in Russia and China", *William Davidson Institute Working Paper*, No. 744.

Black, Bernard, Reinier Kraakman, and Anna Tarassova (2006), "Russian Privatization and Corporate Governance : What Went Wrong?", in Merritt Fox and Michael Heller (eds.), *Corporate Governance Lessons from Transitio Economy Reforms*, Princeton University Press.

Brabant, Jozef van (1998), *The Political Economy of Transition : Coming to Grips of History and Methodology*, Routledge.

Brada, Josef and Ali Kutan (2002), "The End of Moderate Inflation in Three Transition Economies", *William Davidson Institute Working Paper*, No. 433.

Braguinsky, Sergei (1996), "Corruption and Schumpeterian Growth in Different Economic Environments", *Contemporary Economic Policy*, Vol. 14 (July), pp. 14-25.

Bramall, Chris (1993), *In Praise of the Maoist Economic Planning : Living Standards and Economic Development in Sichuan since 1931*, Clarendon Press.

Brunetti, Aymo, Gregory Kisunko, and Beatrice Weder (1997), "Institutions in Transition : Reliability of Rules and Economic Performance in Former Socialist Countries", *World Bank Working Paper*, No. 1809.

Brus, W. and K. Laski (1988), *From Marx to the Market : Socialism in Search of an Economic System*, Oxford University Press (佐藤経明・西村可明訳『マルクスから市場へ』岩波書店, 1995年).

Campos, Nauro and Fabrizio Coricelli (2002), "Growth in Transition : What We Know, What We

Don't, and What We Should", *Journal of Economic Literature*, Vol. 40, pp. 793-836.
Chen, Yang (2007), *Ownership in China's Transitional Economy : The Limitations of Conventional Property Rights Theory*, Edwin Mellen Press.
Chenery, Hollis and Moises Syrquin (1975), *Patterns of Development, 1950-1970*, Oxford University Press.
Chow, Gregory (2002), *China's Economic Transformation*, Blackwell Publishers.
Clarke, George and Lixin Xu (2002), "Ownership, Competition, and Corruption : Bribe Takers versus Bribe Payers", *World Bank Working Paper*, No. 2783.
Davoodi, Hamid (2001), "IMF Reserach on Corruption", in Transparency International, *Global Corruption Report*, 2001.
de Melo, Martha, Cevdet Denizer, Alan Gelb, and Stoyan Tenev (2001), "Circumstance and Choice ; The Role of Initial Conditions and Policies in Transition Economies", *World Bank Economic Review*, Vol. 15, pp. 1-31.
Deaton, Angus (2008), "Income, Health, and Well-Being around the World : Evidence from the Gallup World Poll", *Journal of Economic Perspectives*, Vol. 22 (2), pp. 53-72.
Denisova, Irina, Markus Eller, Timothy Frye, and Ekaterina Zhuravskaya (2008), "Who Wants to Revise Privatization and Why? : Evidence from 28 Post-Communist Countries", *Center for Economic Policy Research Discussion Paper*, No. 6603.
Djankov, Simeon and Peter Murrell (2000), *The Determinants of Enterprise Restructuring in Transition : An Assessment of the Evidence*, World Bank.
Domar, Evsey (1957), *Essays in the Theory of Economic Growth*, Oxford University Press.
Easterly, William (2006a), "The Big Push Déjà Vu", *Journal of Economic Literature*, Vol. 44 (1).
Easterly, William (2006b), *The White Man's Burden : Why the West's Efforts to Aid the Rest Have Done So Much Ill and So Little Good*, Penguin Books.
EBRD (2004), *Transition Report 2004*.
EBRD (2005), *Transition Report 2005*.
EBRD (2006), "What Do Russians Think about Transition".
EBRD (2007), *Transition Report 2007 : People in Transiition*.
EBRD and World Bank (2006), *Life in Transition Survey*.
Elliott, John (1985), *Comparative Economic Systems* (second edition), Wadsworth Publishing Company.
Ellman, Michael (1979), *Socialist Planning*, Cambridge University Press (佐藤経明・中兼和津次訳『社会主義計画経済』岩波書店, 1982年).
Ellman, Michael (1980), "Against Convergence", *Cambridge Journal of Economics*, Vol. 4, pp. 199-210.
Ellman, Michael and Vladimir Kontorovich (eds.) (1992), *The Disinterration of the Soviet Economic System*, Routledge.
Estrin, Saul, Jan Hanousek, Evzen Kocenda, and Jan Svejinar (2007), "Effects of Privatization and Ownership in Transition Economies", *William Davidson Institute Working Paper*.
Falcetti, Elisabetta, Martin Raiser, and Peter Sanfey (2002), "Defying the Odds : Initial Conditions,

Reforms, and Growth in the First Decade of Transition", *Journal of Comparative Economics*, Vol. 30, pp. 229-50.

Falcetti, Elisabetta, Tatiana Lysenko, and Peter Sanfey (2005), "Reforms and Growth in Transition : Re-examinig the Evidence", *EBRD Working Paper*, No. 90.

Fidrmuc, Jan and Ariane Tichit (2004), "Mind the Break! Accounting for Changing Patterns of Growth during Transition", *William Davidson Institute Working Paper*, No. 643.

Fischer, Stanley, Ratna Sahay, and Carlos A. Vegh (1996), "Stabilization and Growth in Transition Economies : The Early Experience", *The Journal of Economic Perspectives*, Vol. 10 (2), pp. 45-66.

Fischer, Stanley and Ratna Sahay (2001), "The Transition Economies after Ten Years", in Lucjan Orlowski (ed.), *Transition and Growth in Post-Communist Countries : The Ten-year Experience*, Edward Elgar.

Fisman, Raymond and Jakob Svenson (2000), "Are Corruption and Taxation Really Harmful to Growth? Firm Level Evidence", *World Bank Working Paper*, No. 2485.

Frydman, Roman, Cheryl Gray, Marek Hessel, and Andrzej Rapaczynski (1997), "Private Ownership and Corporate Performance : Evidence from Transition Economies", *World Bank Working Paper*, No. 26 ("When Does Privatization Work? The Impact of Private Ownership on Corporate Performance in the Transition Economies", *Quarterly Journal of Economics*, Vol. 114 (4), Nov. 1999, pp. 1153-91).

Frye, Timothy (2001), "Keeping Shop : The Value of the Rule of Law in Warsaw and Moscow", in Murrell (ed.) (2001).

Frye, Timothy (2005), "Original Sin, Good Works, and Property Rights in Russia : Evidence form a Survey Experiment", *William Davidson Institute Working Paper*, No. 801.

Garnaut, Ross, Ligang Song, Stoyan Tenev, and Yang Yao (2005), *China's Ownership Transformation : Process, Outcomes, Prospects*, International Finance Corporation.

Goldman, Marshall (2003), *The Piratization of Russia : Russian Reform Goes Awry*, Routledge.

Gomulka, Stanislaw (1998), "Output : Causes of the Decline and the Recovery", in Peter Boone, Stanislaw Gomulka, and Richard Layard (eds.), *Emerging from Communism : Lessons from Russia, China, and Eastern Europe*, the MIT Press.

Gregory, Paul and Mark Harrison (2005), "Allocation under Dictatorship : Research in Stalin's Archives", *Journal of Economic Literature*, Vol. 43, pp. 721-61.

Grossman, Gregory (1977), "The 'Second Economy' of the USSR", *Problems of Communism*, Vol. 26, pp. 25-40.

Güngör, Bayram and Rahmi Yamak (2002), "Growth and Inflation Effects of Economic and Political Reforms in Transition Economies", *Russian and East European Finance and Trade*, Vol. 38 (1), pp. 102-14.

Guriev, Sergei and Ekaterina Zhuravskaya (2008), "(Un) Happiness in Transition", http://papers.ssrn.com/sol3/papers.cfm?abstract_id=1077709

Havrylyshyn, Oleh and Donald McGettigan (1999), "Privatization in Transition Countries : Lessons of the First Decade", *IMF Economic Issues*, No. 18.

Havrylyshyn, Oleh and R. van Rooden (2000), "Institutions Matter in Transition, but So Do

Policies", *IMF Working Paper*, 00/70.

Hayo, Bernd (2004), "Public Support for Creating a Market Economy in Eastern Europe", *Journal of Comparative Economics*, Vol. 32, pp. 720-44.

Hellman, Joel, Geraint Jones, and Daniel Kaufmann (2000), "'Seize the State, Seize the Day': State Capture, Corruption, and Influence in Transition", *World Bank Working Paper*, No. 2444.

Hellman, Joel and Mark Schankerman (2000), "Intervention, Corruption and Capture: the Nexus between Enterprises and the State", *EBRD Working Paper*, No. 58.

Hendley, Kathryn, Peter Murrell, and Randi Ryterman (2001), "Law Works in Russia: The Role of Law in Interenterprise Transactions", in Murrell (ed.) (2001).

Hodgson, Geoffrey (2006), "Institutions, Recessions and Recovery in the Transitional Economies", *Journal of Economic Issues*, Vol. 40 (4), pp. 875-93.

Hoff, Karla and Joseph Stiglitz (2005), "The Creation of the Rule of Law and the Legitimacy of Property Rights", *World Bank Policy Research Working Paper*, No. 3779.

Horvat, Branko (1982), *The Political Economy of Socialism: A Marxist Social Theory*, Sharpe.

Huang, Yasheng (2008), *Capitalism with Chinese Characteristics: Entrepreneurship and the State*, Cambridge University Press.

Hung, Nguyen Tri (1999), "The Inflation of Vietnam in Transition", *CAS Discussion Paper*, No. 22.

Huntington, Samuel (1968), *Political Order in Changing Societies*, Yale University Press (内山秀夫訳『変革期社会の政治秩序』サイマル出版会, 1972年).

Huther, Jeff and Anwar Shah (2000), "Anti-corruption Policies and Programs: A Framework for Evaluation", *World Bank Working Paper*, No. 2501.

Hutton, Sandra and Gerry Redmond (eds.) (2000), *Poverty in Transition Economies*, Routledge.

Iwasaki, Ichiro and Taku Suzuki (2007), "Transition Strategy, Corporate Exploitation, and State Capture: An Empirical Analysis of the Former Soviet States", *Communist and Post-Communist Studies*, Vol. 40 (4), pp. 393-422.

Jefferson, Gary and Thomas Rawski (1999), "China's Industrial Innovation Ladder: A Model of Endogenous Reform", in Gary Jefferson and Inderjit Singh (eds.), *Enterprise Reform in China: Ownership, Transition, and Performance*, Oxford University Press.

Johnson, Simon, Daniel Kaufmann, and Andrei Shleifer (1997), "The Unofficial Economy in Transition", *Brookings Papers on Economic Activity*, Vol. 28, pp. 159-240.

Johnston, Michael (1989), "Corruption, Inequality, and Change", in Peter Ward (ed.), *Corruption, Development and Inequality: Soft Touch or Hard Graft?*, Routledge.

Kaldor, Nicholas (1932), Book Review on Landauer's Planwirtshaft und Verkehrwirtshaft, 1931, *Economic Journal*, Vol. 42 (No. 166).

Kaprinski, Andy, Kuba Wilamowski, and Pawel Morawsiki (2004), "Beliefs and Myths about the Transition to a Market Economy in Poland: Perceived Changes in the Person's Financial Situation between 1992 and 1998", http://come.uw.edu.pl/wpr4.pdf.

Kaufmann, Daniel and Paul Siegelbaum (1997), "Privatization and Corruption in Transition Economies", *Journal of International Affairs*, Vol. 50 (2), pp. 419-58.

Kaufmann, Daniel and Shang-Jin Wei (1999), "Does 'Grease Money' Speed Up the Wheels of Commerce?", *World Bank Working Paper*, No. 2254.

Kaufmann, Daniel (2004), "Corruption, Governance and Security: Challenges for the Rich Countries and the World", http://www.worldbank.org/wbi/governance/pubs/gcr 2004.html.
Kaufmann, Daniel, Aart Kraay, and Massimo Kasturuzzi (2006), "Governance Matters IV: Aggregate and Individual Governance Indicators 1996-2006", *World Bank Policy Research Working Paper*, No. 4280.
Kean, Mihcael and Eswar Prasad (2002), "Inequality, Transfers, and Growth: New Evidence from the Economic Transition in Poland", *Review of Economics and Statistics*, Vol. 82 (2), pp. 324-41.
Kessides, Ioannis (2005), *Reforming Infrastructure: Privatization, Regulation, and Competition*, World Bank (生島靖久訳『インフラストラクチャーの改革——民営化と規制と競争の経済学』シュプリンガー・フェアラーク東京, 2005年).
Khanin, Grigorii (1992), "Economic Growth in the 1980's", in Ellman and Kontorovich (eds.) (1992).
Kirzner, Israel (1992), *The Meaning of Market Process: Essays in the Development of Modern Austrian Economics*, Routledge.
Klittgaard, Robert (1988), *Controlling Corruption*, University of California Press.
Kolodko, Grzegorz (2000), *Post-Communist Transition: The Thorny Road*, University of Rochester Press.
Kolodko, Grzegorz (2001), "Postcommunist Transition and Post-Washington Consensus: The Lessons for Policy Reforms", in Mario Blejer and Marko Skreb (eds.), *Transition: The First Dacade*, MIT Press.
Kornai, Janos (1994), "Transformational Recession: The Main Causes", *Journal of Comparative Economics*, Vol. 19, pp. 39-63.
Kornai, Janos (2000), "What the Change of System from Socialism to Capitalism Does and Does Not Mean", *Journal of Economic Perspectives*, Vol. 14 (1), pp. 27-42.
Kowalik, Tadeusz (1987), "Lange, Oskar Ryszard", in John Eatwell et al. (eds.), *The New Palgrave: A Dictionary of Economics*, Vol. 3, Macmillan.
Krueger Anne (1974), "The Political Economy of the Rent Seeking Society", *American Economic Review*, Vol. 64 (3), pp. 291-303 (トリソン=コングレトン編 (2002) 第2章に邦訳所収).
Lange, Oskar (1936/37), "On the Economic Theory of Socialism", *Review of Economic Studies*, Vol. 4 (1, 2), pp. 72-76 (1936), pp. 123-42 (1937).
Lange, Oskar (1967), "The Computer and the Market", in C. H. Feinstein (ed.), *Socialism, Capitalism and Economic Growth*, Cambridge University Press.
Lavoie, Don (1985), *Rivalry and Central Planning: The Socialist Calculation Debate Reconsidered*, Cambridge University Press.
Layard, Richard (1998), "Why So Much Pain? An Overview", in Boone et al. (eds.), *Emerging from Communism: Lessons from Russia, China, and Eastern Europe*, the MIT Press.
Lederman, Daniel, Norman Loayza, and Rodrigo Reis Soares (2001), "Accountability and Corruption: Political Institutions Matter", *World Bank Working Paper*, No. 2708.
Lee, Young and Patrick Meagher (2001), "Misgovernance or Misperception?: Law and Finance in

Central Asia", in Murrell (ed.) (2001).
Leff, Nathaniel (1964), "Economic Development through Bureauctratic Corruption", *American Behavioral Scientist*, Vol. 8, Nov. pp. 8-14 (西原編 (1976) に邦訳所収).
Lieberman, Ira, Ioannis Kessides, and Mario Gobo (2008), "An Overview of Privatization in Transition Economies", in Ira Lieberman and Daniel Koph (eds.), *Privatization in Transition Economies : The Ongoing Story*, Elsevier.
Lui, Francis (1985), "An Equilibrium Queuing Model of Bribery", *Journal of Political Economy*, Vol. 93 (4), pp. 760-81.
Macours, Karen and Johan Swinnen (2007), "Rural Poverty in Transition Countries", *LICOS discussion paper*, No. 169.
Maddison, Angus (2006), *The World Economy*, Development Centre of the Organisation for Economic Co-operation and Development.
Mauro, Paolo (1993), "Country Risk and Growth", *mimeo* (筆者未見, Shleifer and Vishny (1993) に引用されている。Mauro (1995) の原形と思われる).
Mauro, Paolo (1995), "Corruption and Growth", *Quarterly Journal of Economics*, Vol. 110 (August), pp. 681-712.
Mauro, Paolo (1998), "Corruption : Causes, Consequences, and Agenda for Further Research", *Finance and Development*, March, pp. 11-14.
Megginson, William and Jeffry Netter (2001), "From State to Market : A Survey of Empirical Studies on Privatization", *Journal of Economic Literature*, Vol. 39 (June 2001), pp. 321-89.
Milanovic, Branko (1998), *Income, Inequality, and Poverty during the Transition from Planned to Market Economy*, World Bank.
Miller, David (1994), "A Vision of Market Socialism : How It Might Work — And Its Problems", in Roosevelt and Belkin (eds.) (1994) (原文は 1991 年).
Mitra, Pradeep and Ruslan Yemtsov (2006a), "Increasing Inequity in Transition Economies : Is There More to Come?", *World Bank Policy Research Working Paper*, No. 4007.
Mitra, Pradeep and Ruslan Yemtsov (2006b), "Inequity and Growth in Transition : Does China's Rising Inequality Portend Russia's Future", paper presented at the Annual Bank Conference on Development Economics at St Petersburg.
Murrell, Peter (1992), "Evolutionary and Radical Approaches to Economic Reform", *Economics of Planning*, Vol. 25, pp. 79-95.
Murrell, Peter (ed.) (2001), *Assessing the Value of Law in Transition Economies*, University of Michigan Press.
Nakagane, Katsuji (2009), "SOE Reform and Privatization in Transition : China in Comparative Perspective", Shinichi Ichimura (ed.), *Transition from Socialist to Market Economies*, Palgrave.
Naughton, Barry (1995), *Growing out of the Plan : Chinese Economic Reform, 1978-1993*, Cambridge University Press.
Newcity, Michael (1997), "Russian Legal Tradition and the Rule of Law", in Sachs and Pistor (eds.) (1997).
Nguyen, Quoc Viet (2006), "Explaining the Transition to the Rule of Law in Vietnam", dissertaion

presented to the University of Kassel.

Nolan, Peter (1995), *China's Rise, Russia's Fall: Politics, Economics and Planning in the Transition from Stalinism*, St. Martin's Press.

Orenstein, Mitchell (2001), *Out of the Red: Building Capitalism and Democracy in Postcommunist Europe*, University of Michigan Press.

Peerenboom, Randall (2002), *China's Long March toward Rule of Law*, Cambridge University Press.

Pei, Minxin (2001), "Does Legal Reform Protect Economic Transactions? Commercial Disputes in China", in Peter Murrell (ed.) (2001).

Pew (2002), *What the World Thinks in 2002*, December 2002.

Pew (2003), *Views of a Changing World*, June 2003.

Pew (2007), *A Rising Tide Lifts Mood in the Developing World*, July 2007.

Pew (2008), *The Chinese Celebrate Their Roaring Economy As They Struggle with Its Costs*, July 22, 2008.

Pistor, Katharina (1997), "Company Law and Corporate Governance", in Sachs and Pistor (eds.) (1997).

Popov, Vladimir (2007), "Shock Therapy versus Gradualism Reconsidered: Lessons from Transition Economies after 15 Years of Reform", *Comparative Economic Studies*, No. 49, pp. 1-31.

Radulescu, Roxana and David Barlow (2002), "The Relationship between Policies and Growth in Transition Countries", *Economics of Transition*, Vol. 10, pp. 719-45.

Ravallion, Martin and Shaohua Chen (2004), "China's (Uneven) Progress against Poverty", *World Bank Policy Research Working Paper*, No. 3408.

Reynolds, Douglas (2005), "Soviet Economic Decline: Did an Oil Crisis Cause the Transition in the Soviet Union?". http://www.hubbertpeak.com/Reynolds/SovietDecline.htm

Reynolds, Douglas (2006), "Peak Oil and the Fall of the Soviet Union", *Peak Oil News*, August 30.

Richter, Rudolf (1992), "A Socialist Market Economy: Can It Work?", *Kyklos*, Vol. 45, pp. 185-207.

Rodlik, Dani (2007), *One Economics, Many Recipes: Globalization, Institutions, and Economic Growth*, Princeton University Press.

Roemer, John (1994), "Market Socialism, a Blue Print: How Such an Economy Might Work", in Roosevelt and Belkin (eds.) (1994) (原文は1991年).

Roland, Gérard (2000), *Transition and Economics: Politics, Markets, and Firms*, MIT Press.

Roosevelt, Frank and David Belkin (eds.) (1994), *Why Market Socialism? Voices from Dissent*, M. E. Sharpe.

Rose-Ackerman, Susan (1999), *Corruption and Government: Causes, Consequences, and Reform*, Cambridge University Press.

Rozelle, Scott and Johan Swinnen (2004), "Success and Failure of Reform: Insights from the Transition of Agriculture", *Journal of Economic Literature*, Vol. 42 (June), pp. 404-56.

Rutkowski, Jan (2003), "Rapid Labor Reallocation with a Stagnant Unemployment Pool: The Puzzle of the Labor Market in Lithuania", *World Bank Working Paper*, No. 2946.

Sachs, Jeffrey and Wing Thye Woo (1994), "Structural Reforms in the Economic Reforms of China, Eastern Europe, and the Former Soviet Union", *Economic Policy*, April, pp. 101-45.

Sachs, Jeffrey and Katharina Pistor (eds.) (1997), *The Rule of Law and Economic Reform in Russia*, Westview Press.
Sachs, Jeffrey (2005), *The End of Poverty : How We Can Make It Happen in Our Lifetime*, Penguin Press (鈴木主税・野中邦子訳『貧困の終焉――2025年までに世界を変える』早川書房, 2006年).
Samorodov, Alexander (1992), "Transition, Poverty and Inequality in Russia", *International Labour Review*, Vol. 131 (2), pp. 335-53.
Sanfey, P. and U. Teksoz (2005), "Does Transition Make You Happy?", *EBRD Working Paper*, No. 91 (*Economics of Transition*, Vol. 15 (4), October 2007, pp. 707-31).
Schurmann, Franz (1966), *Ideology and Organization in Communist China*, University of California Press.
Shirley, Mary and Patrick Walsh (2000), "Public versus Private Ownership : The Current State of the Debate, *World Bank Working Paper*, No. 2420.
Shleifer, Andrei and Robert Vishny (1993), "Corruption", *Quarterly Journal of Economics*, Vol. 108, pp. 599-617.
Sik, Ota (ed.) (1991), *Socialism Today? : The Changing Meaning of Socialism*, Macmillan.
Silverstovs, Boriss and Olena Bilan (2005), "Modelling Inflation Dynamics in Transitition Economies : The Case of Ukraine", *Eastern European Economics*, Vol. 43 (3), pp. 66-81.
Staehr, Karsten (2003), "Reforms and Economic Growth in Transition Economies : Complementarity, Sequencing and Speed", *BOFIT Dicussion Paper*.
Steele, David (1992), *From Marx To Mises : Post-Capitaliste Society and the Challenge of Economic Calculation*, Open Court.
Steinfeld, Edward (1998), *Forging Reform in China : The Fate of State-Owned Iundustry*, Cambridge University Press.
Stiglitz, Joseph (1994), *Whither Socialism?*, MIT Press.
Stiglitz, Joseph (1999), "Whither Reform? Ten Years of the Transition", paper presented for the Anuual Bank Conference on Development Economics, Washington D. C., April 28-30.
Tanzi, Vito and Hamid Davoodi (1997), "Corruption, Public Investment, and Growth", *IMF Working Paper*, No. 139.
Tanzi, Vito (1998), "Corruption around the World : Causes, Consequences, Scope and Cures", *IMF Working Paper*, No. 63.
Tanzi, Vito and Hamid Davoodi (2000), "Corruption, Growth, and Public Finances", *IMF Working Paper*, No. 182.
Thomas, Vinod et al. (2000), *The Quality of Growth*, Oxford University Press.
Tinbergen, Jan (1961), "Do Communist and Free Economies Show a Converging Pattern?", *Soviet Studies*, Vol. 12 (4) pp. 333-41.
Todaro, Michael and Stephen Smith (2003), *Economic Development* (Eighth Edition), Pearson Education Limited.
Tomlinson, Jim (1990), *Hayek and the Market*, Pluto Press.
Tornell, Aaron (1999), "Privatizing the Privatized", *NBER Working Paper*, No. 7206.
Transparency International, *Global Corruption Report*, various issues.

Uslaner, Eric (2008), *Corruption, Inequality, and the Rule of Law : The Bulging Pocket Makes the Easy Life*, Cambridge University Press.

Vietnamese Academy of Social Sciences (2007), *Vietnam Poverty Update Report 2006, Poverty and Poverty Reduction in Vietnam 1993-2004*, National Political Publisher.

Vu, Anh T. T. (2006), "Competition and Privatization in Vietnam : Substitutes or Complements?" paper presented at the 2nd VDF-Tokyo Conference on the Development of Vietnam at GRIPS.

Ward, Benjamin (1958), "The Firm in Illyria : Market Syndicalism", *American Economic Review*, Vol. 48 (4), September, pp. 566-89.

Ward, Benjamin (1967), *The Socialist Economy : A Study of Organizational Alternatives*, Random House.

Wei, Shang-jin (1997), "How Taxing is Corruption on International Investors?", *NBER Working Paper*, No. 6030.

Wei, Shang-jin (1999), "Does Corruption Relieve Foreign Investors of the Burden of Taxes and Capital Controls?", *World Bank Working Paper*, No. 2209.

Weiskopf, Thomas (1993) "A Democratic Enterprise-Based Market Socialism", in Bardhan and Roemer (eds.), (1993).

Weitzman, Martin and Chenggang Xu (1994), "Chinese Township-Village Enterprises as Vaguely Defined Cooperatives", *Journal of Comparative Economics*, Vol. 18 (2), pp. 121-45.

Wiles, Peter (1977), *Economic Institutions Compared*, Oxford : Blackwell.

Williamson, John (2004), "A Short History of the Washington Consensus", Paper presented for a conference "From the Washington consensns towards a New Global Governance", Barcelona, Sept. 24-25.

Williamson, Oliver (1991), "Economic Institutions : Spontaneous and Intentional Governance", *Journal of Law, Economics and Organization*, Vol. 7, pp. 159-87.

Winiecki, Jan (2004), "Determinants of Catching Up or Falling Behind : Interaction of Formal and Infromal Institutions", *Post-Communist Economies*, Vol. 16 (2), pp. 137-52.

World Bank (2000), *Anticorruption in Transition : A Contribution to the Policy Debate*, World Bank.

World Bank, *World Development Indicators Database*.

World Bank, *World Development Report*, various issues.

Yusuf, Shahid, Kaoru Nabeshima, and Dwight Perkins (2006), *Under New Ownership : Privatizing China's State-Owned Enterprises*, Stanford University Press.

中国語文献（ピンイン順）

蔡昉（2007）「中国労動力市場発育与就業変化」『経済研究』第 7 期, 4-14 ページ

馮飛・張永生・張定勝（2006）「企業績効与産権制度——対重慶鋼鉄集団的案例研究」『管理世界』第 4 期, 130-39 ページ

何増科（2002）『反腐新路——転型期中国腐敗問題研究』中央編訳出版社

胡鞍鋼主編（2002）『中国戦略構想』浙江人民出版社

胡一帆・宋敏・張俊喜（2005）「競争，産権，公司治理三大理論的相対重要性及交互関係」

『経済研究』第 9 期，44-57 ページ
胡一帆・宋敏・張俊喜（2006）「中国国有企業民営化績効研究」『経済研究』第 7 期，49-60 ページ
劉貽清・張勤徳主編（2005）『"郎"旋風実録——関於国有資産流失的大討論』中国財政経済出版社
劉小玄（2004）「民営化改制対中国産業効率的効果分析——2001 年全国普査工業数拠的分析」『経済研究』第 8 期，16-26 ページ
陸挺・劉小玄（2005）「企業改制模式与改制績効」『経済研究』第 6 期，94-103 ページ
薛暮橋（1980）『中国社会主義経済問題研究』北京外文出版社
張維迎（1999）『企業理論与中国企業改革』北京大学出版社
趙世勇・陳其広（2007）「産権改革模式与企業技術効率——基於中国製造業改制企業数拠的実証研究」『経済研究』第 11 期，71-81 ページ

あとがき

　私は，2001年に半年ほど東京大学経済学部で特殊講義として「移行経済論」を教え，2003年に青山学院大学に移ってから大学院の「国際経済政策」論で毎年移行経済論を取り上げ，学部の「中国経済Ⅱ」では移行経済としての中国を論じ，そして2008年には1年間にわたって早稲田大学社会科学総合学術院において「移行経済」を講義してきた。そこではきちんとした講義録を用意してきたわけではないが，講義用にレジュメを作ったり，パワーポイントファイルを準備する中で，少しずつテーマを整理し，自分の考えをまとめていくことができた。その意味で，私のつたない講義を辛抱強く聴いてくれた累計数百人，あるいはそれ以上の学生諸君にまずは感謝したいと思う。

　私自身のフィールドが現代中国であるために，ロシアや中東欧（かつては東欧と呼ばれていた），あるいはヴェトナムといった他の移行経済国について必ずしも明るいわけではない。直接依拠した資料や文献も英語や日本語，あるいは中国語のものに限られている。中欧とヴェトナムにはそれぞれ一度行ったことはあるが，ロシアに至っては一度も入国した経験がない。しかし学会などを通じてその地域に関わる多くの専門家と知り合い，彼らから話を聞く中で，多少の「現場感覚」めいたものを得ることはできた。また本書を書くに当たって多くの友人や先輩方から資料の提供なり，アドバイスなどの面でご協力をいただいた。とくに，岩崎一郎（一橋大学），袁堂軍（同），田口雅弘（岡山大学），栖原学（日本大学），トラン・ヴァン・トウ（早稲田大学），故今井健一（アジア経済研究所）の各氏からは資料や文献，それに専門的情報の教示をいただいたし，それに佐藤経明先生（横浜市立大学名誉教授）や岡田裕之先生（法政大学名誉教授）からは折に触れ貴重なご意見や示唆を得ることができた。また時には三輪芳朗（東京大学）氏から刺激的な「経済体制論」を吹き込まれてきた。

　しかし，そもそも畏友である岩田昌征氏の『現代社会主義の新地平』（日本評論社，1983年）を読まなければ，このような無謀ともいえる「移行経済論」

を書くことはなかっただろう。氏はその本の中で，資本主義，ソ連のような集権制社会主義，そしてユーゴスラヴィアの自主管理型社会主義を「歴史的同位対立物」と呼び，生まれた順序からいって長男，次男，三男程度の差しかないと主張した（本書第3章注20参照）。この本について日本国際問題研究所から書評を依頼され，著者の理論的枠組みや実証方法についての批判的コメントを論文にまとめる機会を得た（中兼 1984）。その書評論文に対して氏からは手厳しい反論や批判を受けたのだが，その時からいつかは社会主義経済体制の持つ脆弱性について整理し，まとめておきたいと考えるようになった。もし氏のあの本，さらには氏の枠組みに対する強烈な違和感がなければ，本書は生まれなかっただろう。その意味で私の体制移行経済論の最大の恩人は岩田昌征氏である。

その後，私自身中国経済研究，とくに農工間資源移転の研究や農業集団化の研究に専念してしまったために，氏の「反論」と「批判」に対する再反論や再批判はしばらく棚上げにしてしまった。しかし歴史と現実は非情である。私が反論する前に「社会主義体制崩壊」という現実が答えを出してしまった。そこで，また上記の中国農業制度研究が一区切りついたこともあって，改めて岩田氏の言う3つの体制が決して歴史的同位対立物ではないことを，社会主義経済計算論争の再検討も含めてまとめたのが中兼（1993）である。本書の第3章はその延長上にあるといってもいい。

もう1つ，本書出版のきっかけになった小さなエピソードを紹介しよう。1982-83年に私はスタンフォード大学フーバー研究所の客員研究員をしていたのだが，ある晩，その研究所のパーティで1人の東欧研究者から声を掛けられ，東ヨーロッパの社会主義について議論したことがある。そのさい，彼は私に「君はフランス語を知っているかね？」と聞いてきた。当時はフランス語のフの字も知らなかったので，「知りません」と答えると，「東ヨーロッパ社会には，フランス語でいう élan vital がないんだよ」と彼は言ったのである。vital ということで，恐らく vitality のことだと一知半解し，そのまま話を続けたのであるが，家に帰って英語の辞書を調べると，「élan vital：【哲】生命の飛躍，生の躍動《Bergsonの用語》」（研究社『新英和・和英中辞典』）と載っているで

はないか。因みにランダムハウスの『英和辞典』では，「(特にベルクソン哲学で) エラン・ビタル，生命の飛躍[躍動]：創造の原理であり真の実在である力；生物内にあって成長・進化を飛躍的にもたらす；独自の進化論の基本概念」となっている。その時から，なぜ社会主義体制には躍動感がないのか，そして新しいものが生まれないのか，こうした疑問がずっと頭の中に引っかかっていた。本書はこの疑問に対する私の1つの，しかし最終的な答えでもある。

　本書の中で，私は現代において，そして今後も，人間社会が採りうべき経済体制は基本的には「資本主義体制」(ただし，そこにはいくつかのタイプがある)しかないことを主張しているが，誤解して欲しくないのは，私自身決してこの体制の賛美論者ではないことである。私は研究者の道を歩んでから，いわゆる会社人間のように激しい競争や緊張に身を置くことはほとんどなかった。自分自身そうしたものに弱いことを知っているからである。むしろ競争のない，また私有欲のない，しかし (というよりも，したがって) 非効率な社会主義社会の方が，自由と民主主義さえ保証してくれるならば，たとえ生活は宮沢賢治の詩のような質素なものでも自分には向いているような気さえする。しかし，多くの人がもっと豊かになりたい，もっといい生活をしたいと考えている以上，そうした人間の本質的欲望を長期にわたって満たす経済体制は何か，という問題について個人の希望や好き嫌いとは別に考えるのが社会科学の責任である。

　(学問の世界では) 好むと好まざるとに関わらず英語が多くの分野において共通語になっているように，経済学でも新古典派経済学 (的概念や手法) が共通語になっているか，なりつつある。英語も経済学も単なる手段と考えれば，それらを使って各々がなるべく多くの人に理解してもらうように自分のメッセージを発信していけばいいのである。アメリカ文明批判を英語で行い，新古典派経済学批判を新古典派概念で展開すればいい。経済体制にしても同じことではなかろうか。資本主義体制という基本的枠組みの中で，各国が，また大多数の人がさまざまな制約の下で (新古典派経済学的用語を使えば) 社会的厚生を最大にするように制度や政策を組み合わせ，決定していけばいいのである。社会主義の理念の1つである「平等」を実現しようと思えば，北欧諸国が実施しているような高福祉高負担の資本主義体制を採用すればいい。また資本主義体制の

下では，仮にミラーのように（第3章コラム3参照）社会主義理念に共鳴し，企業を労働者自主管理にしようと思えばできるが，社会主義体制の下では，仮にローマーたちの言う民主的な「市場社会主義」体制を採るにしても公有制の強い縛りがあるために，自由な企業制度は作れない。資本主義と社会主義，どちらが可能性を広げた体制なのか，言うを俟たないだろう。

　2008年にアメリカ起源の金融・経済危機が世界に波及し，グローバリズムと市場主義，それに現代資本主義に対する批判が急速に高まった。しかしだからといって社会主義の復活を求める人はほとんどいない。それはなぜだろうか？　市場にあまりにも重点を置きすぎ，補完的な非市場的配分メカニズムの重要性を軽視したことに対する反省はあるが，資本主義に代えて計画を核とする体制を求めようとする意見は出てこない。それはある意味で体制移行20年，あるいは（中国のように）30年の歴史的成果と教訓であるともいえる。民主主義が決して完成され，固定化された政治体制でないのと同様に，資本主義も決して最終的に完成された体制ではないし，終章でも指摘したように，それは地域により，そして時代により変わっていく体制なのである。

　本書を編むに当たって，図表の作成や文献の整理，検索など，私の助手として平松佳子さんのご協力をいただいた。彼女の協力は東大時代以来のものであるが，それなしには本書は完成しなかっただろう。また，前作『経済発展と体制移行』に続き，名古屋大学出版会の橘宗吾氏からは編集面での大いなる励ましと助言を受けた。さらに，同出版会の長畑節子氏による丁寧な校正作業に対して心から感謝したい。なお，本書は，青山学院大学国際政治経済学会から出版助成を受けたものであり，同学会に対しても深甚の謝意を表す次第である。

2010年1月

中兼　和津次

人名索引

ア 行

青木昌彦　51, 76, 78, 297
アクトン, J.　222
アデス, A.　233-4
アドヴィーグ, J.　229
アトキンソン, A.　149
アプルボーム, A.　97, 276
アベド, G.　239
阿部望　59, 69, 71, 145
アマーブル, B.　283-4
アマルリーク, A.　45
アルベール, M.　283
アロー, K. J.　137
イースタリー, W.　21, 287-9, 293-4
イェーガー, T. J.　6
イェムツォフ, R.　152-3
石川晃弘　70, 99, 290
石川滋　290
石原享一　170
伊藤誠　74, 286, 290-1
猪木武徳　300
今井賢一　224, 283
岩崎一郎　235
岩田昌征　26, 52, 95
ヴァン・ドール, I.　102
ヴィシュニー, R.　230, 232-3
ウィニエツキ, J.　165
ウィリアムソン, J.　110, 295
ウー, W. T.　165
ヴー, A. T. T.　193
ウェイ, S. -J.　10, 232-3, 237, 308
ウェーバー, M.　15, 81, 165, 295
上垣彰　116
ヴェルト, N.　275
ウォード, B.　52, 70, 295
ヴォスレンスキー, M.　32, 40-1
ウォルシュ, P.　186, 188, 198
ウスラナー, E.　235, 237-8
ウルブリヒト, W. E. P.　36
エストリン, S.　201, 203

絵所秀紀　20
エリオット, J.　298-9
エリツィン, B.　113, 205
エルマン, M.　24, 27, 67, 101-3
エンゲルス, F.　26, 105, 107, 276
王進喜　43
大内力　179
オーエン, R.　105, 107
大野泉　279
大野健一　21
岡稔　46
オレンスタイン, M.　112

カ 行

カー, E. H.　30, 62-4, 85
カーズナー, I.　295-6
ガイダール, E.　111, 113-4, 206
カウツキー, K.　28
カウフマン, D.　185-6, 219, 222, 225-7, 232-3, 307-8
華国鋒　115
何増科　221
加藤弘之　170, 217
カプリンスキ, A.　253
カルデリ, E.　52
カルドア, N.　297
ガルブレイス, J. K.　101
カレール=ダンコース, E.　276
宦郷　83
カンポス, N.　141, 169, 247
キーン, M.　153
ギエレク, E.　56
ギュンギョル, B.　145
金日成　3, 277
クーロン, J.　112
グエン, Q. V.　175-6
クズネッツ, S.　150, 153, 159
クタン, A.　146
クラーク, C.　234
グリエフ, S.　261
クリットガード, R.　229, 239-41

クルーガー, A.　218, 227
グルシコフ, V.　54
グレゴリー, P.　34-5, 97
グロスマン, G.　95
ケインズ, J. M.　81
ケシデス, I.　204, 213
ゲレメク, B.　112
胡鞍鋼　221
胡一帆　202-3, 221, 239
コウォトコ, G.　119, 129, 150, 208
江青　61
ゴールドマン, M.　46, 66, 83, 179, 204, 252
呉軍華　206
呉敬璉　292
小島麗逸　45, 115
コスイギン, A. N.　50
ゴットワルド, K.　35
ゴムルカ, S.　128-30
胡耀邦　115
コリチェッリ, F.　141, 247
コルナイ, J.　i, 8, 16, 38-9, 52, 70, 76-7, 88, 102-3, 119, 127-8, 137-8, 292, 299
ゴルバチョフ, M.　4, 66, 74, 113-4
コワリク, T.　297
コングルトン, R.　217-8
コントロヴィッチ, V.　67

　　　　　　サ 行

サーキン, M.　18
蔡昉　157, 280
サックス, J.　111-4, 165, 288, 293
サッチャー, M.　114
佐藤宏　49, 155, 299
サヘイ, R.　164
サミュエルソン, P. A.　137
サモルドロフ, A.　155
サンフェイ, P.　260
シーゲルボーム, P.　186, 225-6
ジェファソン, G.　132
塩川伸明　31, 64, 276, 284, 302
塩沢由典　297
塩原俊彦　221, 284
シク, O.　52, 73, 138, 299
下河辺淳　74
シャー, A.　239, 241
シャーニン, L.　33
シャーマン, F.　53

シャーリー, M.　186, 188, 198
シャンカーマン, M.　235
ジャンコフ, S.　198, 200, 202
シュイ, C.　210
シュイ, L.　234
シュライファー, A.　228, 230, 232-3, 308
ジュラフスカヤ, E.　261
シュルツ, T. W.　20, 218
シュンペーター, J.　81-2, 93-4, 107
蒋介石　275
ジョンストン, M.　231
ジョンソン, S.　227, 308
ジラス, M.　40, 45
シルヴェルストフ, B.　146
スウィージー, P.　28
スウィネン, J.　155, 161
スヴェンソン, J.　232
鈴木卓　235
鈴村興太郎　297
スターリン, I. V.　22, 30, 33-6, 41, 44, 47-8, 52, 89, 97, 176, 274-6, 285
スタインフェルド, E.　207-8
スタハノフ, A. G.　43, 82
ステア, K.　140, 169
スティール, D.　300
スティグリッツ, J.　119-21, 130, 210, 252, 300-1
スノー, E.　174
栖原学　56
スメルサー, N. J.　7
スモレンスキー, A.　205
薛暮橋　46
セン, A.　20-1, 33, 52, 54, 202
ソルジェニーツィン, A.　49, 276
ソロー, R.　137

　　　　　　タ 行

ダヴーディ, H.　232, 237, 239
田口雅弘　57, 111, 115
武田友加　155
渓内謙　62-4
田畑伸一郎　113, 284
タンジ, V.　219, 232, 237
チェネリー, H.　18
チェン, Y.　210
チトー, J. B.　52
チャーチル, W.　275

人名索引　331

中央大学社会科学研究所　70
チュバイス, A.　206
チョウ, B.　60
張維迎　208
張勤徳　204, 207
趙世勇　203
陳其広　82, 203, 288
辻村明　99
都留重人　101
ディ・テラ, R.　233
ディートン, A.　260
デイヴィス, R. W.　62, 97, 276
ティチット, A.　168
ティンバーゲン, J.　19, 65, 101-4
テーラー, F. M.　92, 295-6
テクソズ, U.　260
デニソーヴァ, I.　268
デメロ, M.　164, 169
ドイッチャー, I.　137
鄧小平　53, 61, 75, 114-5, 131, 149, 270, 279
トーネル, A.　208
ドーマー, E.　33
トーマス, V.　236
トダロ, M.　218
ドッブ, M.　137
トムリンソン, J.　298
トラン・ヴァン・トウ　171, 184, 193
トリソン, R.　217-8
トロツキー, L.　33, 39

ナ 行

永井清彦　36, 97
中兼和津次　5, 16-8, 37, 81, 88, 92, 103, 118, 132, 138, 180, 184, 190, 215, 247, 276, 282, 302
中山弘正　33, 284
ナポレオン, B.　63
成田修　109
南京兌　214
ニェズナンスキイ, F.　96, 221
ニェルシュ, R.　83
西部忠　300
西村可明　69, 184, 205
ニューシティー, M.　173, 176
ヌルクセ, R.　20
ネッター, J.　200
ノイマン, P.　233
ノイラート, O.　295
ノーヴ, A.　96
ノートン, B.　131-2, 279
ノーラン, P.　118, 142

ハ 行

ハーヴィッツ, L.　78
バーグソン, A.　93-4, 298
パーソンズ, T.　7
バーダン, P.　229
バーナード, C. I.　79, 82
ハーニン, G.　55
バーロウ, D.　168
ハイエク, F. A.　65, 92-4, 121, 288, 295-301
ハヴェル, V.　287, 289
バウミーク, S.　203
ハヴリリシン, O.　163, 197
ハスラム, J.　63
ハットン, S.　154
バトラー, E.　299
バベツキ, I.　169
速水祐次郎　290
バラン, P. A.　20
ハリソン, M.　34-5, 97
バルツェロビッチ, L.　111-5
バローネ, E.　30, 46-7, 92-3, 296
ハンチントン, S.　217-8, 235, 244
ピーレンブーム, R.　175
ピストル, K.　173, 175
ヒューザー, J.　239
平泉公雄　299
平井吉夫　46
ビラン, O.　146
馮飛　195
ファルセッティ, E.　163-4, 167
ファンダー, A.　42
フィスマン, R.　232-3
フィッシャー, S.　163-4
フィドルムク, J.　168
プーチン, V.　172, 205, 207, 284
フェリトマン, L. H.　33
フクヤマ, F.　105
フデイ, F.　70
ブハーリン, N. I.　33, 295
フライ, T.　175, 210
フライドマン, R.　196
ブラギンスキー, S.　235-6

プラサド, E.　153
ブラダ, J.　146
ブラック, B.　204, 208
ブラバント, J. V.　ii, 23, 49, 118
ブラモール, C.　72
フリードマン, M.　88, 299
フリーランド, C.　205-6, 252
フルシチョフ, N. S.　49, 53, 55, 96
ブルス, W.　50-2, 68, 82, 84-5, 87, 137-8
ブルネッティ, A.　238
プレオブラジェンスキー, E. A.　33, 295
ブレジネフ, L.　55
フン, N. T.　146
ペイ, M.　175
ヘイヨ, B.　253
ベクシャク, J.　111
ベッカー, G.　226
ベル, D.　64, 289
ヘルマン, J.　234-5
ベルンシュタイン, E.　28
ベレゾフスキー, B.　207
ヘンドリー, K.　173
ホーチミン　3, 277
ホジソン, G.　165
ポターニン, V.　205
北海閑人　275, 277
ホドルコフスキー, M.　205, 207
ホフ, K.　210
ポポフ, V.　169
ホルヴァート, B.　58, 70
ホワン, Y.　292

マ 行

マーハー, P.　175
マウロ, P.　231-2, 236-7
マクゲッティガン, D.　163, 197
マコース, K.　155
マコーレー, A.　155
マズロー, A. H.　271
マディソン, A.　55-9
間宮陽介　92
マルクス, K.　iv, 7, 9, 14, 26, 84, 87, 105, 107, 125, 137, 276, 286-7, 300
マレル, P.　120-1, 130, 198, 200, 202
ミーゼス, L. E. V.　92-4, 295-6, 298-300
ミックルライト, J.　149
ミトラ, P.　152-3

宮鍋幟　92
ミュルダール, G.　244-5
ミラー, D.　53, 105-7
ミラノヴィッチ, B.　144, 150, 153
三輪芳郎　85
ムジャヴァナーゼ, V.　221
武藤博己　212
村上泰亮　286
メッギンソン, W.　200
メドベージェフ, R.　276
メンシコフ, S.　101
毛沢東　3, 22, 30, 33, 36, 39, 43-4, 53, 59, 61, 71-2, 74, 89, 100, 115, 174, 271, 274-7, 282, 285, 291
モーイェフ, V.　54
盛田常夫　i, 23, 51, 69, 83, 90, 95, 98, 299

ヤ 行

ヤコブレフ, K.　30
山内弘隆　212
ヤマク, Y.　145
山田鋭夫　284, 297
山田雄三　297
ユスフ, S.　203
葉剣英　277

ラ・ワ行

ラーナー, A. P.　92, 295-6
ラヴィーニュ, M.　i, 9, 14, 47, 75, 110
ラヴォア, D.　295-6, 301
ラコシ, R. J.　35
ラコフスキ, M.　115
ラスキ, K.　68, 71
ラッセル, B.　45-6
ラドゥレスク, R.　168
ランゲ, O.　51, 53-4, 65, 73-4, 76, 82, 92-4, 295-300
リー, Y.　175
リー・クワンユー　88
リーバーマン, I.　186, 214
陸挺　202
李東生　207
リヒター, R.　295, 297
リプトン, D.　111-3
劉小玄　202
劉貽清　204, 207
林毅夫　163, 208

リンデンベルク, G. 112
ルイ, F. 229
ルイセンコ, T. 45
ルービック, E. 82
ルクセンブルク, R. 33
ルトコウスキー, J. 157
レイノルズ, D. 66-7
レイヤード, R. 120
レーガン, R. 67
レーダーマン, D. 234
レーニン, V. I. iv, 1, 7, 9, 14, 26, 28, 30-1, 33, 48, 63, 275-7, 295
レーン, D. ii, 9
レッドモンド, G. 154
レフ, N. 218, 235, 244

郎咸平 204, 224
ローズ・アッカーマン, S. 240
ロースキー, T. 132
ローゼンスタイン・ローダン, P. N. 20
ローマー, J. 53, 105-7
ローランド, G. ii, 122-6
ロストウ, W. W. 286
ロゼル, S. 161
ロドリク, D. 293
ロビンズ, L. C. 92
ロビンソン, J. 291
ワイスコフ, T. 105, 107
ワイツマン, M. 210
ワイルズ, P. 149
渡邉真理子 224

事項索引

A-Z

ASEAN　161
BEEPS（Business Environment and Enterprise Performance Survey）　220, 307
Central Eastern Eurobarometers（CEEB）　253, 259
CMEA　159
CPI　219, 222, 224, 242, 306
EU　117, 160-1, 165, 279
FTA　161
GATT 加盟　117
Gender Enpowerment Measure（GEM）　41
IMF　20-1, 109-10, 112, 114, 163, 216, 220, 236, 279
IMF8 条国　116-7
International Country Risk Guide　232, 306
MBO（management buy-out）　185
MEBO（management employees buy-out）　185
NDB　259
NEM（新経済メカニズム）　51, 69, 100, 137
New Democracy Barometers（NDB）　253
NGO　119, 220
OECD　116, 150
Political Risk Services　232, 306
POS システム　74
SDI（戦略防衛構想）　67
TCL 集団　207
TFP（全要素生産性）　201
Transparency International（TI）　219, 222, 232, 306
UNDP　240
World Competitiveness Report の腐敗指数　233
WTO　116-7, 161

ア　行

愛国主義　33, 80, 272
曖昧な所有制度　134
曖昧な財産権　209-10
曖昧な所有権　210, 291

赤い帽子の企業（紅帽企業）　131, 193
悪性インフレ（inflationary spiral）　144
アジア型資本主義　284
（アルペン・）ライン型　283
アングロサクソン型　283-4
安定性　51, 99, 140, 167, 234, 238, 253, 255, 297-8, 302
移行主導型の発展　280
移行生活調査（LiTS：Life in Transition Survey）　252, 254, 259, 263, 265, 268
移行の受益者　249, 251, 259
移行費用　141, 191, 247, 249
異端者　44, 97
一党独裁制　171, 173
一般均衡　51, 92, 289, 296-7, 300
イデオロギー　ii, 3-4, 14, 45, 201, 277, 282, 291
イリュリア・モデル　52
インサイダー・コントロール　208
インセンティブ　154, 186-7, 213, 236
インフォーマル・メカニズム　175
インフレ期待（expectation）　145
ヴァウチャー民営化　116, 185
ヴェトナム革命　30
内向き（inward looking）　81, 94
売り手市場　128
エイシアン・インテリジェンス（Asian Intelligence）　307
エージェント　190, 240
エコノミスト・インテリジェンス・ユニット（Economist Intelligence Unit）　306
オイルショック　57, 61
オープン・インフレ　38, 145
親方日の丸　183, 212-3
オリガルヒ　152, 204-6, 223, 252, 285
温情主義（paternalism）　70, 245

カ　行

海外直接投資（FDI）　160, 220, 232, 239
改革開放　i, 59, 61, 114, 130, 142, 148, 155, 165, 193, 206, 221, 270, 291

事項索引　335

改革指数　145, 164, 166-9
階級闘争　59, 61
外国貿易統制　115
外資　50, 114, 140, 149, 165, 200-1, 233
会社法　173
開発主義 (developmentalism)　286
開発独裁　9, 64, 85, 88, 100, 104, 108, 286, 291
開発モデル　85, 100
外部ガバナンス　183
外部者民営化 (outsider privatization)　185
外部性　183, 188
価格改革　117, 145
価格の自由化　111, 113, 115-7, 170-1, 182
華僑　114
影の経済 (シャドウ・エコノミー)　95
餓死　14, 72, 105, 274, 277
過少雇用 (underemployment)　156
過剰就業 (overemployment)　156
過剰労働 (surplus labor)　156
化石化 (fossilization)　99
価値観　12, 14, 88, 220, 247, 260, 265, 267-8, 271-2
過程としての社会化　137
過渡期　36-7, 93
カトリック　44, 165, 271-2
ガバナンス・スコア　176
ガバナンス調査　307
株式会社化　193-4
カリスマ的指導者　114, 271
環境条件　12, 14, 16, 55, 61, 67, 140, 162-5, 168, 176, 196, 268, 271
環境問題　179
関係 (コネ)　175, 221
監獄　35, 97, 207
管制高地　31-2
官製資本主義　204-5, 241, 284
完全競争　289
完全民営化　183
カントリー・リスク　220
完備契約　187
官僚主義　43, 53, 112
官僚制　53, 72, 244
官僚的調整　8, 77
機会損失 (opportunity loss)　190
機会の平等　28, 149, 156
機会利益　190-1
企業移動関数　228-9

企業家 (entrepreneur)　81-2, 94, 106-7, 195, 203, 244, 281, 292, 296, 298
企業家精神 (entrepreneurship)　81
企業ガバナンス　106, 183, 186, 189-90, 208
企業規模　191, 196, 233-4
企業統治　119, 173
企業の党支配　182
飢饉　34, 274-5
疑似資本主義　152, 284
規制　75, 116, 119, 187-8, 213, 217-8, 239, 241, 244, 293
規制された市場　137
偽装失業 (disguised unemployment)　156
期待利益　122-4
客観的格差　156
ギャラップ　260
急進的アプローチ　121
キューバ革命　30
教育水準　164, 253, 261, 268
狭義の移行　7-8, 17-8, 24, 108, 129, 140-1, 247, 305
協議メカニズム　71
共産主義の軛　280, 294
共産党一党支配　176, 206
共産党独裁　31, 37, 91, 270
強制　5, 9, 32, 35-6, 38, 79-80, 96-7, 274-5, 289
行政的 (administrative) 腐敗　216
行政的＝指令システム　31
強制的調整　77, 97-8
行政の裁量性　225
競争的社会主義 (competitive socialism)　298
協同 (cooperation)　29
協同組合型企業　106
共同所有　30
共同体 (コミューン)　29, 92, 105, 176, 283, 290
脅迫　35, 79-80, 97
行列　37-8, 67, 145, 229, 276
局所的実際の知識　121
キリスト教　15, 271
均衡化傾向　298
金銭の刺激 (pecuniary incentives)　43, 195
近代化　6, 282, 286, 302
近代合理主義思想　27, 286
金融　16, 96, 112, 119, 134, 146, 169, 173, 185, 206, 283

金融危機　170, 282
金融規律のハード化　128
クーデター　35, 282
クーポン民営化　185
グラースノスチ（言論の自由）　66
クライエンテリズム　175
クレムリョーフカ　40
グローバル競争力報告　306
グローバル態度調査（Global Attitudes Survey）　262
軍事力強化政策（富国強兵）　86
軍備拡張競争　67
軍民転換　128, 146
経営開発研究所（Institute of Management Development）　307
経営効率　187, 190, 194-6, 201, 208, 212
計画化（planning）　23, 25-7, 29, 32, 43, 46-8, 50-1, 58, 74, 94, 98, 102, 112, 118-9, 138, 164, 245, 288-9, 298
計画価格（公定価格）　117, 146
計画課題　46, 70, 78
計画からの成長　109, 130-2
計画経済　5, 8, 20, 23, 25, 28, 34, 37-8, 46, 48, 50-1, 54, 63-4, 72, 77, 80-1, 85, 92-7, 121, 132, 134, 145-7, 149, 156, 179, 236, 257, 285, 288-9, 295
計画者　16, 48, 288-9
計画者主権（planner's sovereignty）　16
計画体制　15, 94, 132, 296, 299
経済安定化プログラム　111
経済改革　25, 66, 140, 241-2, 253, 280, 299
経済構造　110, 140
経済政策　4, 17, 22, 112, 137, 140, 162, 164
経済的私有化　184
経済的土台　7, 11
経済的誘因　79, 82
計算価格（accounting prices）　54, 92, 298-9
経常勘定の完全な交換性　115
経常的意思決定　50, 87
結果の平等　28, 149
権威主義体制（authoritarian regime）　8
権威主義的政府　265, 284
限界代替率　51
限界費用　92, 226
顕在失業（open unemployment）　156
現実の理念　26, 29, 31, 33, 45, 75, 95, 291
現存社会主義　14, 26

現場情報システム　283
幻滅の資本主義　286
言論の自由　29, 166, 176, 264
公益企業　234
広義の移行　7-9, 17-8, 23-4, 91, 108, 139-41, 171, 246, 272
広義の社会体制　7-8, 11, 37, 87
工業化　16, 32, 35, 62, 85, 146-9, 274
工業化率　146-8, 164
公共財　90, 183, 188-90, 210-1, 228
公共調達腐敗（public procurement corruption）　217
公式経済　96, 228, 237
公正な裁判　176, 264-5
構造調整貸し付け　20
郷鎮企業　130-1, 148, 193, 209, 221, 291
公定価格　38, 170
強盗資本主義　204, 206
強盗民営化（piratization）　204
抗日戦争　277
幸福観　260
幸福ギャップ（happiness gap）　261
幸福の経済学（economics of happiness or well-being）　260
「効率的潤滑油（efficient grease）」仮説　233
合理的経済人（ホモ・エコノミクス）　81
コーポラティズム　175
コーポレートガバナンス　202
国際経済化　141, 158-9
国際主義　29, 33, 63
国鉄の民営化　19, 212
国民党独裁　291
国民福祉（厚生）　125-6, 188, 212-3
国有企業　11, 51, 117, 119, 128, 134, 148, 154, 156-7, 182-90, 192-8, 201-3, 205-8, 212-3, 222, 224, 234-5, 253, 290
国有資産の流失　204, 206-7, 252
国有部門　11, 122, 148, 192
個人的（individual）腐敗　216
ゴスナブ　46
戸籍制度　148
骨化（ossification）　99
国家宇宙開発総局（NASA）　67
国家計画委員会（ゴスプラン）　29, 46, 80
国家指導型（state-led）の資本主義　292
国家社会主義（state socialism）　8
国家捕囚　207, 217, 227, 233-5, 237, 241-2

国家捕囚企業（captor）　237
小農業者党　97
コミューン　53, 70
コミュニティ　77, 105, 290
コミンフォルム　36, 52
コメコン　128-30, 159-60
コンピューター社会主義　54, 68, 72, 74, 80, 91
コンピューター物神化論　74

　　　　サ　行
再構築（restructuring）　147
財産権　87, 107, 173, 175, 203, 208-10, 238
財産税　269
最適計画　48
最適体制　102
最適腐敗度　226
裁量　239-41, 244
産業構造　iii, 18, 141, 146, 148, 164, 284
産業構造の転換　141, 146, 156
産業政策　146, 233, 269
産業連関　47, 134-5
産業連関表　47, 135
三権分立　176
三線建設　72
「慈愛政府」（benevolent government）　188
シークエンシング（政策順序）　iii, 109, 133-6, 182, 211, 242, 279
私営企業　11, 117, 130-1, 187-9, 193, 196-8, 202-3, 206, 208, 234
私営企業の優越性　198
時間割引率　123
自給自足（autarky）　159
刺激の低下（disincentive）　43
資源配分　7, 14, 21, 30-1, 72, 85, 101, 119, 162, 166, 269, 289
自己実現欲求　271
自己利益（self-interest）　79
事実上の民営化（de facto privatization）　184, 210, 223, 291
自主管理型社会主義　52, 58, 90, 95, 103
市場化　i, iii, 16, 102, 115-7, 119, 126, 132, 136, 139, 142, 145-6, 148-9, 152-3, 156, 170-1, 181-2, 192, 207, 209-11, 239, 269, 281, 284-6, 288
市場価格　117, 146, 300
市場環境　196, 208

市場競争　44, 134, 186-7, 202-3, 240, 283
市場社会主義　9, 50-1, 53-4, 65, 74-5, 89-90, 104-7, 138, 286, 290, 295, 298-9
市場制度　7-8, 33, 49, 100, 118, 186
市場的調整　8, 77, 95, 97
市場の失敗　188-9, 198
市場派　186, 208, 257
市場ベース型経済　284
システム上の空白　119
慈善的調整　77
自然独占　187-8
自然発生的（spontaneous）民営化　184
持続可能性　75, 95
下からの開発　21
失業　27, 82, 101, 141, 154, 156, 158, 189, 249
失業率　140, 156-8, 247, 249, 253
実行可能性（feasibility）　65, 124
実行可能性（practicability）　93
実効性（enforceability）　166
実用主義（プラグマティズム）　75, 114, 132
私的帝国　81-2, 107
私的便益　230
私的利益　179, 216-7, 221, 230, 234
ジニ係数　150, 152, 253
自閉的同調　99
自閉的無関心　99
司法制度　119, 173, 175-6, 208, 210
死亡率　236, 249
資本収縮　141
資本集約度　196
「資本主義」の分類学　283
資本主義的理念　12
資本主義の精神（Geist）　15
市民社会　6, 84, 119, 281, 287
市民的自由　171, 241-2
社会意識調査　253
社会システム　7, 288
社会主義イデオロギー　14-5, 212, 271-2
社会主義革命　i, iv, 7, 22, 84, 103, 140, 274, 287
社会主義教育運動　33
社会主義経済計算論争　65, 92, 295, 300
社会主義工業化論争　33
社会主義市場経済　iii, 69, 75, 90, 104, 117, 170, 279-80, 290-1
社会主義的競争　82
社会主義的経済共同体　159

社会主義的理念　12, 15
社会主義の精神　291
社会主義の理念　ii, 85
社会主義人　82
社会商品小売総額　170
社会的厚生関数　15-6, 78, 89, 272
社会的効用曲線　15
社会的所有制　71
社会的退化　i, 83-4, 86, 95, 98-100
社会的便益　230
社会的誘因　79
社会保障　249, 283
社会民主主義型経済　284
社隊企業　130-1
収穫逓増部門　183, 188
就学率　168, 247, 249
宗教の自由　264-5
重慶鉄鋼集団　194
集権的意思決定　91
重工業　31, 35, 68, 86
重工業化　32, 37, 85-6, 146-7
重工業優先　32-3, 86
集産主義経済　297
私有資産　269
囚人のジレンマ　27
私有制　7-11, 27-8, 40, 69, 82, 86-8, 91-2, 106, 125-6, 133-6, 141, 182, 186, 209-10, 269, 289-91
修正（modified）収斂理論　102
修正された集権化（modified centralized）　49
修正資本主義　101
集団所有　31, 131, 193, 202, 291
自由としての開発　21
自由な参入（entry）と退出（exit）　82
自由貿易　159, 161, 227, 287
住民運動　179
収斂　19, 54, 66, 100-4, 228, 273, 278, 281
主観的格差　155-6
儒教　165
シュタージ　42
主体性　28-9, 52
主（体）とする　10
純機会利益　191
小規模民営化　115, 184, 186
少数民族　28, 41, 268
消費者に対する厚生　200
情報技術（IT）　83

情報効果　186-7
情報処理能力　46, 48, 51, 54, 76-7, 93, 98-9
情報量　51, 54, 76-7, 80
情報量と情報処理能力の乖離　46, 48, 54
書記局　31
初期条件　12, 17, 25, 35, 84, 128, 140, 162, 164-5, 167-9, 177, 241, 271, 304
植民地　1-3, 29, 274, 281
ショック療法　iii, 57, 108-9, 111-6, 118-28, 130, 133, 136, 162-3, 182, 195, 208, 219, 269, 278-80, 288, 293-4, 302
所得再分配　90, 152
所得税　269
所得分配　iii, 16, 107, 140, 149-50, 153-4, 194, 231, 235, 251, 269, 281
所有制度　7, 31, 86, 125-6, 133, 166, 181, 186, 202, 208-10
所有制妄想（ownership obsession）　292
所有派　186, 208-9
自力更生　61, 72
自律の決定権　80
自律的ダイナミズム　74-5, 81, 291
指令　8-9, 31, 39, 80, 118, 175
進化的アプローチ　121
新経済政策（ネップ）　33, 89, 102
人権　247
新古典派　ii, 12, 20, 81, 110, 112, 120, 210, 289, 300
人の犠牲　22, 42, 62, 213, 249, 274-5
新富人　152, 204
人民公社　53, 105, 130-1
人民行動党　88
新民主主義　36
信頼（trust）　175, 235, 238, 256, 288
親和性　ii, 9-10, 18, 88, 125
数理計画法　73
スターリン体制　31, 63, 275-6
スターリン批判　4, 53
成果指標　179, 196-7, 239, 247
整合性（consistency）　76
政策順序　→シークエンシング
生産可能曲線（転形曲線）　15
生産財　33, 68, 85, 87, 113, 117, 134, 147, 170, 221, 298
生産大隊　130
生産物市場　68
生産様式　11-2

事項索引　339

生産要素　12, 87, 99, 134, 218, 222, 298, 300
生産要素市場　68
生産力　11-3, 29, 71, 77, 85, 100, 129, 156, 190
政治家（politicians）の介入　190
政治局　31
政治経済リスク・コンサルタンシー（Political and Economic Risk Consultancy）　307
政治市場　189
政治的（political）腐敗　216
政治的干渉　187
政治的競争　253
政治的自由化　171
政治的自由度　88, 172
政治的（権力の）真空（political vacuum）　129
政治的目的　189, 201
精神教育　80
精神的刺激　43, 53, 61
税制改革　113
生存欲求　271
成長率　iii, 12, 16-8, 33, 43, 55, 58-9, 99, 127-8, 139, 142, 144, 150, 154-5, 157, 161, 163-4, 167, 197, 232-3, 247, 280, 302, 304-5
制度化（institutionalization）　iii, 6, 18, 130, 132, 134, 136, 170, 172, 181, 184, 204, 207, 209-11, 215, 220, 223-4, 238, 242, 281, 284-5, 291, 302, 304
制度改革　iii, 51, 68, 122, 125-7, 130, 134, 157, 169-70, 192-3, 203, 211
制度間の非整合性　74
制度的空白（systemic vacuum）　166, 219-20, 222-4, 241
制度的真空状態　285
制度的信頼性　238
制度派　208
政府指導価格　117
政府の失敗　188
生命の「損益計算書」　274
世界価値調査（WVS：World Value Survey）　260
世界競争力年鑑　307
世界銀行　3, 20-1, 109-10, 143, 155, 166, 176, 202-3, 216, 218, 220, 232, 236, 238, 240, 253, 279, 293, 305-7
世界経済フォーラム（World Economic Forum）　306
世界世論調査（World Poll）　260

世界ビジネス環境調査（WBES：World Business Environment Survey）　306
設計　12, 14, 30, 73, 94, 97, 121, 131, 137, 230, 243, 287-9, 293
絶対貧困　154-5
説明責任　239-41
潜在能力（capability）　21
戦時共産主義　31, 37, 50, 295
戦時的配給システム　98
漸進主義　iii, 108-9, 115, 118-27, 130, 133, 136, 162-3, 206, 219, 222, 253, 269, 278-80, 291, 294, 302
選択的分権化（selectively decentralized）　49
選択のバイアス（selection bias）　196
先富論　149
全要素生産性　161
戦略的調整　117
双軌制（計画と市場との併存）　221
操作可能性（practicability）　124
贈収賄（bribery）　217
総設計師　131, 279
創造的破壊　82, 94
双対関係　21
ソヴナルホーズ　96
増分主義　109, 130-1, 184, 291
疎外　28, 106, 179
訴訟件数　175
外向き（outward looking）　81
ソフトな予算制約　38, 70, 113, 128, 137, 203
粗野な資本主義　284-5
ソ連一辺倒　36
ソ連邦の解体　i

タ 行

滞貨　27, 37, 51, 82, 288
対外貿易　16, 206
大企業は摑み，小企業は自由化する（抓大放小）　117
大規模民営化（large-scale privatization）　116-8, 184, 191
大計画（big plan）　289
第三世界　2-3, 64, 102
大衆民営化（mass privatization）　115-6, 185-6, 225
大衆路線　53, 71
体制移行の「完了」　281
体制間の距離　103

体制内改革　48, 65, 68, 74-5, 89, 108
体制の持続可能性　ii, 75, 93, 103
態度（attitudes）　262
大不況　127, 282
大躍進　33, 59, 61, 71, 114, 275-7
大陸欧州型資本主義　284
大量粛正　276-7
大理論（big ideas）　293
脱国有化（denationalization）　183
脱政治化（depoliticization）　182, 226
他人志向的同調主義　99
タルカーチ（押し屋）　95-6
単系的歴史観　286
探索（searching）　21, 288
チェチェン紛争　41
地下経済（unofficial economy）　228
知識の役割　121
チベット問題　41
地方分権　53, 91
中央集権型　49
中間地帯　2-3, 281
中国革命　iv, 30, 64, 274-5, 277
中国的特色のある資本主義　292
中国的特色のある社会主義　292
超インフレ（hyperinflation）　144
調整メカニズム　9, 77, 95-6, 98, 128
朝鮮戦争　275
調達　217, 233-4, 240
直接投資（FDI）　160
貯蓄率　16
ツァーリ　275
ツァーリの伝統　176
通貨の交換性　115-7
帝国主義　2, 29, 159, 281
低信頼社会　237
データが非対称（asymmetrical）　78
撤退費用　122-6
デモンストレーション効果　73
天安門事件　247, 270, 277
転換恐慌（transitional depression）　119
転換クズネッツ曲線（transformational Kuznets curve）　152
転換不況（transformational recession）　57, 109, 119, 125, 127-9, 169, 249, 258, 267, 269, 281
電撃戦（blitzkrieg）　120
伝統　162, 165, 176, 244-5, 260, 271, 296, 302

『ドイツ・イデオロギー』　26, 87, 107
ドイモイ政策　i, 146
党＝国家体制　31
档案　42
党委員会　41, 49, 53-4, 176
動員経済（mobilized economy）　64
東欧革命　1
動機性　51, 78
動機付け　78-80, 106
東西冷戦　36, 273
倒産　82, 106, 186-7, 300
投資決定　50-1, 68, 87
投資最大化モデル　34
動態的均衡　298
道徳的刺激　195
投入係数行列　135
党による支配　8, 173
動物の精神あるいは血気（animal spirits）　81
透明性　225, 238, 240-1
独裁者主権　16
独裁制　8, 91
独裁体制　9, 15, 34, 74, 87-8, 141, 166, 262, 269-70
独占　40, 44, 106, 112, 116, 134, 148, 187-8, 198, 205, 217-8, 239-41, 290, 298
独占利益　188
都市化　16, 149, 164
土地改革　36, 275
土地生産性　161
特権　39-41, 43, 53, 299
土法高炉　71
泥棒政治（kleptocracy）　204

ナ　行

内生性（endogeneity）問題　163
内生的改革　109, 132, 163
内戦　3, 30-3, 45, 98, 145, 274
内的整合性　10, 88
内部ガバナンス　183
内部者民営化（insider privatization）　185
内務人民委員部　97
ナショナリズム　33
ナチス　34, 36, 271, 276
ナッシュ均衡　229
南欧型資本主義　284
軟性国家　244
二酸化炭素排出　179

事項索引　341

日本型の資本主義（システム）　283
ニューハーモニー村　105
人間の安全保障　21
人間の顔をした社会主義　271
ネポティズム　238
ノヴォチェルカースク　49
農業集団化　32-3, 36-7, 274
農村企業　131
能動性　53, 81, 94, 100
ノーメンクラツーラ　32, 39-40, 285
ノリリスク・ニッケル　205

　　　　　ハ　行

バーゲニング　78
ハードな予算制約　38, 208
配給統制　63
波及需要　72
八路軍　30, 275, 277
発見過程（discovery process）　296
発見的道具（heuristic tools）　289
発展主導型の移行　280
発展段階論　286
発展と移行の連鎖（development-transition nexus）　280
パトリス・ルムンバ名称民族友好大学　4
パフォーマンス　58, 61, 95, 120, 139-40, 144, 161-2, 164, 187, 189, 203-4
パレート効率　208
ハロッド＝ドーマー・モデル　86
反革命鎮圧　275
ハンガリー革命　138
ハンガリー動乱　49
半植民地　2-3, 281
比較経済体制論　i-ii
比較優位　15, 86, 159
非公式経済　228-9
非合法経済（shadow economy）　150
非市場的配分メカニズム　83
ビッグ・プッシュ　20-1, 293
ビッグ・プラン　21
必要に応じた分配　29, 107
秘密警察　32, 42, 48, 84, 97, 230
ピュー（Pew）　260
評価の方法や基準　246
標準パターン　18, 147
費用対効果分析　247, 249
平等　6, 8, 14, 27-9, 41, 63, 105-6, 149, 152-3,
155-6, 173, 233-4, 290, 292
平等主義　29, 53, 71, 149
貧困　21, 97, 143, 153-5, 164, 236, 251, 271, 275, 281, 293
貧困の悪循環　28
貧困の共有（shared poverty）　155
貧困率　154-5
フェリトマン＝ドーマー・モデル　86
不確実性　73, 102, 183, 188-9, 296
不完備契約　188
福祉資本主義　101, 107, 149, 274
不足　i, 16, 37-41, 43, 46-9, 51, 53, 67-9, 77, 79, 83, 87, 95-6, 99, 126, 128, 137, 145, 205, 288, 298
物価上昇率　140, 146
物財バランス表　46
物財バランス法　31-2, 47, 99
物的刺激（material incentives）　43
富田事件　277
不透明指数（opacity index）　307
腐敗　ii-iii, 83, 129-30, 139, 156, 166, 170, 173, 175, 181, 194, 204, 206, 208-10, 215-27, 229-42, 244-5, 249, 252, 256, 259, 281, 285, 306-8
腐敗指数　219-20, 222, 231, 233-4, 247, 306-7
腐敗統制（controle of corruption）指数　219, 307
腐敗認知指数　219-20, 222, 224, 306
不平等　27-8, 39, 43, 105-7, 149-55, 173, 215, 231, 235, 238, 251, 253, 269
部分的（piecemeal）改革　132
部分的民営化　183, 192
プライスウォーターハウス・クーパース　307
フランス革命　6, 62-3
フリーダムハウス　18, 88, 171-2, 307
プリンシパル　190, 240
ブルス・モデル　50-1, 68-9, 74, 87, 89, 137, 298
プロテスタント　165, 271
プロテスタントの倫理　81
プロレタリアート独裁　31
文化大革命　33, 53, 59, 61, 114, 275, 277
文化的伝統　268, 271-2
文化的誘因　79, 82
分権的意思決定　91
分権的モデル　49-50, 80

分配と貧困　141, 149, 251
平価切り下げ　146
平均余命　247, 249
ヘーゲル的基準　252
北京大学　270
ペティ＝クラークの法則　85, 147
ベルリンの壁　i, 4, 67, 101, 105, 179
ベルリン暴動　49
ペレストロイカ　29, 62, 66, 184
返還（restitution）　185
貿易独占の廃止　118
包括的開発プログラム　21
法人化　173, 194
法人倫理指数（corporate ethics index）　222, 307
法治　iii, 139, 141-2, 166, 170, 172, 175-7, 210, 223
法治指数（rule of law index）　176
法的インフラ　228, 230
報道の自由　179, 234, 241, 264-5
法による支配（rule by law）　173
法の支配（rule of law）　173, 219
法律的私有化　184
法輪功事件　247
ポーランド一般社会調査（Polish General Social Survey）　253
補完性（complementarity）　76, 166
ポズナニの暴動　49
ホフマンの法則　85
ホフマン比率　147
ボリシェヴィキ革命　62
ボルシェビキ　120

マ　行

マーシャル・プラン　4
マクロ安定化　166
マクロ経済政策　13, 15, 132
マクロ的民営化　184, 193
貧しい社会主義　53
マフィア　173, 228, 237
マルクス主義　iv, 26, 30, 33, 63, 137, 148, 179, 282
マルクス主義的開発論　20
満足度　253, 260-3, 266-8
ミクロ的民営化　184, 193
民営化　iii, 12, 19-20, 69, 87, 111, 115-20, 126, 131, 136, 139, 148, 154, 156-8, 160, 170, 173, 177, 181-6, 188-98, 200-15, 223-6, 234, 240-1, 252-3, 268-9, 271, 279, 281-2, 291, 293, 302, 304
民営化企業（privatized enterprises）　203
民営化法　115, 117, 210
民営部門　154, 157, 192, 224
民間部門　85, 122, 148, 192
民主化　i, iii, 9, 18, 23-4, 84, 88, 129, 139, 142, 168, 170-2, 182, 253, 257, 263-4, 270, 272, 280, 302, 304
民主市場社会主義　9
民主制　8, 265
民主的決定　91
民主的社会主義者　88
民族解放闘争　64
民族主義　272
矛盾動力説　72
無政府的市場　27, 287
モンドラゴン　52

ヤ　行

闇経済　5, 95
闇市場　94-5, 164
唯物史観　iv, 7, 11, 286-7
ユーコス　205
郵政の民営　19
輸出志向型の経済発展　86
輸入代替　159
ヨーロッパ復興開発銀行（EBRD）　23, 157, 163-70, 184, 253-4, 259, 268, 281-2, 305, 307
よき統治（good governance）　219
抑圧　21, 38, 42-3, 46, 98, 145, 164, 299
抑圧インフレ（repressed inflation）　38, 145
抑圧的機構　84
欲求の5段階説　271
四人組　59, 61, 114

ラ・ワ行

利益優先　179
利害調節　299
利己的政府（selfish government）　188
利子率　106, 190
リスク　67, 73, 189, 279, 296, 306
理想的社会主義体制　9
理想的理念　26, 29-31, 45, 48, 55
利他主義（altruism）　79
理念　ii-iii, 12-7, 22, 25-6, 29-31, 33, 37, 39,

43-6, 49-52, 63, 67, 83-4, 98, 100, 107, 117, 271, 291-2, 295
量的指標　103
レイオフ　156
冷戦勇士　119
レオンチェフ逆行列　135
歴史決議　276
歴史的同位対立物　10, 94-5
歴史的背景　i-ii, 25, 148, 268, 271, 278
歴史の終わり　105
レフ＝ハンチントン仮説　218, 222, 227, 231, 233, 244
連合所有　30
連帯（solidarity）　29
連帯運動　52, 57, 112
レントシーキング（rent-seeking）　217

老化　61, 66, 99
労働移動　141
労働英雄　43
労働改造所　97
労働教養所　97
労働参加率　41, 158, 247, 249
労働者自主管理モデル　52, 69, 71, 74, 82, 106
労働に応じた分配　26-7, 43
労働模範　43
露僑　114
ロシア革命　i-ii, iv, 1-2, 22, 25, 29-30, 62-4, 85, 103, 120, 144, 274, 282
ロシア正教　165, 176, 271
ワシントン・コンセンサス　20, 109-11, 114, 121, 163, 210, 279, 293
ワルシャワ条約　128

《著者略歴》

中兼 和津次
なかがね かつじ

1942年　北海道に生まれる
1964年　東京大学教養学部卒業
　　　　アジア経済研究所調査研究部研究員，一橋大学経済学部教授，東京大学大学院経済学研究科教授等を経て
現　在　青山学院大学国際政治経済学部教授，東京大学名誉教授（経済学博士）
主　著　『シリーズ現代中国経済 1　経済発展と体制移行』（名古屋大学出版会，2002年）
　　　　『中国経済発展論』（有斐閣，1999年，アジア太平洋賞大賞・国際開発研究大来賞）
　　　　『中国経済論』（東京大学出版会，1992年，大平正芳記念賞）

体制移行の政治経済学

2010 年 3 月 10 日　初版第 1 刷発行

定価はカバーに表示しています

著　者　中　兼　和津次

発行者　石　井　三　記

発行所　財団法人　名古屋大学出版会
〒464-0814　名古屋市千種区不老町1 名古屋大学構内
電話(052)781-5027/FAX(052)781-0697

ⓒKatsuji NAKAGANE, 2010

Printed in Japan
ISBN978-4-8158-0636-1

印刷・製本　㈱クイックス
乱丁・落丁はお取替えいたします．

Ⓡ〈日本複写権センター委託出版物〉
本書の全部または一部を無断で複写複製（コピー）することは，著作権法上の例外を除き，禁じられています．本書からの複写を希望される場合は，必ず事前に日本複写権センター（03-3401-2382）の許諾を受けてください．

中兼和津次著
経済発展と体制移行
シリーズ現代中国経済1
四六・264頁
本体2,800円

倉田　徹著
中国返還後の香港
―「小さな冷戦」と一国二制度の展開―
A5・408頁
本体5,700円

J. A. シュンペーター著　八木紀一郎編訳
資本主義は生きのびるか
―経済社会学論集―
A5・404頁
本体4,800円

田所昌幸著
国際政治経済学
A5・326頁
本体2,800円

末廣　昭著
キャッチアップ型工業化論
―アジア経済の軌跡と展望―
A5・386頁
本体3,500円